Marat Grinberg

•

"I am to be read not from left to right, but in Jewish: from right to left"

The Poetics of Boris Slutsky

Academic Studies Press

Boston

2011

Марат Гринберг

•

«Я читаюсь
не слева направо,
по-еврейски:
справа налево»

Поэтика Бориса Слуцкого

Academic Studies Press
БиблиоРоссика
Бостон / Санкт-Петербург
2020

УДК 82.09
ББК 83.3(2)
Г85

Перевод с английского Александры Глебовской

Серийное оформление и оформление обложки Ивана Граве
В оформлении обложки использован рисунок Полины Гринберг

Гринберг М.
Г85 «Я читаюсь не слева направо, по-еврейски: справа налево». Поэтика Бориса Слуцкого / Марат Гринберг ; [пер. с англ. А. Глебовской]. — СПб.: Academic Studies Press / БиблиоРоссика, 2020. — 480 с. : ил. — (Серия «Современная западная русистика» = «Contemporary Western Rusistika»).

ISBN 978-1-6446927-6-9 (Academic Studies Press)
ISBN 978-5-6044208-6-7 (БиблиоРоссика)

Книга Марата Гринберга о Борисе Слуцком — самое полное на сегодняшний день исследование творчества этого большого поэта. В книге Гринберга Слуцкий предстает создателем одной из наиболее цельных и оригинальных художественных систем, где советское переплетается с иудейским, а осознание холокоста и сталинизма пронизано библейскими подтекстами. Приуроченный к 100-летнему юбилею со дня рождения поэта, русский перевод этой глубоко новаторской книги представляет читателю совершенно нового Слуцкого. Книга привлечет внимание широкого круга читателей, интересующихся русской, советской и еврейской литературой.

УДК 82.09
ББК 83.3(2)

ISBN 978-1-6446927-6-9
ISBN 978-5-6044208-6-7

© Marat Grinberg, text, 2011
© Глебовская А. В., перевод, 2020
© Academic Studies Press, 2020
© Оформление и макет
ООО «БиблиоРоссика», 2020

*Светлой памяти моей бабушки,
Майи Мощинской
(1929–2007),
посвящается*

У меня остается одна забота на свете:
Золотая забота, как времени бремя избыть.

Осип Мандельштам
«Сестры тяжесть и нежность...». 1920

Воистину труден путь к простоте. С одной ее стороны, в засаде таится прозаичность, с другой — приукрашенность. Она ставит с ног на голову все наши привычные представления. Признание ее правоты приходит без обиняков, в удивленном вскрике, вроде того, который вылетел у праотца нашего Иакова, когда он пробудился в месте, которое потом назовет Бетель (дом Бога): «Воистину, в месте этом — прелесть новизны, а я не заметил».

Рахель
«Предсказуемое». 1927

По другому закону движутся
времена. Я — старый закон.
Словно с ятью, фитою, ижицей,
новый век со мной не знаком.

Я из додесятичной системы,
из досолнечной, довременной.
Из системы, забытой теми,
кто смеется сейчас надо мной.

Борис Слуцкий
«Старый спутник»

Введение

ПОЭТ-ТОЛКОВАТЕЛЬ / ПЕРЕВОДЧИК-ПИСАРЬ

I. Мифология / жизнь, герменевтика, перевод

Не вполне Платонов:
К истории прочтения Слуцкого

> О Слуцком у нас два мифа.
> *Олег Дарк. «В сторону мертвых (между Смеляковым и Сапгиром)»*

> «"Слуцкий слог"... то, что определить нельзя, но можно мгновенно узнать».
> *Лиля Панн. «Военная тайна Бориса Слуцкого»*

Почему Борис Слуцкий и почему сейчас? Чтобы дать ответ на этот предваряющий исследование вопрос, необходимо вспомнить три основных аспекта литературоведения: литературная историография, взаимоотношения между автором и его эпохой и интерпретация, иными словами — герменевтика. Следовательно, представить читателю Бориса Слуцкого и это исследование его творчества значит заново рассмотреть развитие русской и еврейской поэзии, динамику литературного процесса в СССР и русско-еврейскую парадигму во всей ее сложности.

Хотя творчество Слуцкого до сих пор не становилось предметом пристального и полномасштабного литературоведческого исследования, цель этой книги состоит в том, чтобы изменить ситуацию, — за последние десять лет был постулирован ряд основополагающих идей: 1) Слуцкий — один из самых значимых голосов послевоенной советской поэзии, изменивший звучание русской просодии; 2) в приемах стихосложения он идет по стопам футуризма и конструктивизма русского и раннесоветского авангарда; 3) поэзия Слуцкого оказала весомое влияние на раннего Бродского и поэтов его окружения. Эти размышления о Слуцком, выглядящие сейчас едва ли не общими местами, служат преамбулой к преобладающему на сегодняшний день представлению о его творческом пути, которое зиждется на следующих основных посылках: 1) поэзия Слуцкого неотделима от событий его времени, прежде всего — от Великой Отечественной войны; мировоззрение его сугубо советское; 2) сохраняя верность утопическим составляющим советского идеализма, Слуцкий непосредственно после войны, а также после провала хрущевской оттепели разочаровался в советской реальности, и эта утрата иллюзий нашла отражение в его стихах; 3) будучи человеком твердых убеждений, Слуцкий так и не смог избыть угрызений совести после участия в официальной травле Бориса Пастернака в 1958 году; 4) неспособность писать стихи в последние девять лет жизни была связана с психологическим срывом, вызванным неспособностью смириться с утратой жены; 5) при этом по большому счету конец творческого пути Слуцкого как поэта был связан с началом распада советской эпохи — соответственно, его личный крах служит отражением крушения СССР[1].

Некоторые из этих утверждений безусловно верны: Слуцкий был крупнейшим фронтовым поэтом, сознательным последователем В. В. Маяковского и Велимира Хлебникова; он действительно крайне мучительно воспринял смерть жены. Однако гораздо важнее то, что эта нормативная и на данный момент единственно влиятельная оценка его жизни и творчества основывается на трех русскоязычных биографиях Слуцкого[2], сосредоточена на версификационном, тематическом и социальном. Цель моей книги — показать, что Слуцкий стал создателем художественной философии — поэтики, одной из самых последовательных, стройных и проработанных в истории европейской поэзии XX века. Евгений Рейн, старший товарищ Бродского, представивший

---

[1] См., например, [Рассадин 2006].
[2] См. [Ройтман 2003]; [Горелик, Елисеев 2009]; [Фаликов 2019].

его сперва Анне Ахматовой, а потом и Слуцкому, удачно уловил оригинальность последнего: «Величие Слуцкого в том, что он сам сконструировал и соорудил летательный аппарат, на котором поднялся в поэтический воздух» [Ройтман 2003: 8]. Действительно, понять Слуцкого-поэта значит распутать узлы, каковые, с одной стороны, связывают художника с его эпохой, а с другой — с тем, что иные расплывчато называют «вечностью». «Лирическое слово больше самого себя» — так звучит классическое высказывание Л. Я. Гинзбург [Гинзбург 1982: 27]. Соответственно, основная задача поэзии XX века состоит в том, чтобы определить место поэта по отношению к истории и области метафизического: в русской словесности этим занимались Цветаева, Мандельштам, Ахматова, Хлебников, Пастернак, Маяковский и Бродский, в панмодернистской — Т. С. Элиот, У. Б. Йейтс и К. Кавафис (список далеко не полон). Как будет показано в книге, Слуцкому было чрезвычайно важно разгадать эту загадку, однако ответ на нее он находит скорее на уровне поэтики, чем социологии. Этого и следует ожидать от крупного поэта. Однако многие, в целом чрезвычайно ценные исследования, посвященные Слуцкому, подчеркивают именно второй аспект, прежде всего рассматривая советскую переменную в его поэтическом уравнении. Хорошим примером служит то, как Джеральд Смит представил Слуцкого англоязычной аудитории.

Во вступлении и комментариях к своим переводам стихов Слуцкого на английский Смит сознательно отталкивается от того, как воспринимал поэта Ю. Л. Болдырев. Будучи секретарем Слуцкого и его душеприказчиком, именно Болдырев в конце 1980-х и начале 1990-х представил читателю его ранее не опубликованное наследие[3]. Для него стихи Слуцкого — летопись советской жизни и истории, их дотошный дневник. Комментируя такую точку зрения, Смит пишет: «Его произведения, безусловно, являются самым ценным корпусом индивидуальных поэтических свидетельств жизни русских при советской власти, по

---

[3] См., например, вступление Болдырева к подборке стихотворений Слуцкого: Звезда. 1988. № 1. С. 5.

значимости этот корпус сопоставим с прозаическим наследием Солженицына и Гроссмана» [Slutsky 1999: 23]. Это высокая и почетная похвала, и тем самым имя Слуцкого было нанесено на интеллектуальную карту Соединенных Штатов[4]. Однако основы процитированного высказывания представляются спорными, поскольку по большому счету произведения Слуцкого являются свидетельствами не жизни русских при советской власти, а сложности художественного мировоззрения, жестко встроенного в законы и логику собственной метапоэтики; любые комментарии по поводу внешних обстоятельств — национальных, исторических и пр. — приобретают собственный смысл и значение исключительно в рамках упомянутого контекста. В этом отношении творчество Слуцкого продуктивно сравнивать с творчеством антипода А. И. Солженицына, В. Т. Шаламова, который, подобно Слуцкому, понимал, что отклик на любую катастрофу, будь то холокост или ГУЛАГ, требует радикального пересмотра языка как такового. В рамках предлагаемого Смитом прочтения стихов Слуцкого поэт предстает циничным представителем социалистического реализма, чей идеологический догматизм слегка смягчен мудрым скептицизмом. «Он был наилучшим поэтом, насколько ему позволяли место и время», — суммирует Смит. Соответственно, читать Слуцкого значит рыться «на свалке истории». Слуцкий, который — об этом я буду говорить в книге постоянно — любую эпоху рассматривал как неизбежно архаическую, порадовался бы забавному парадоксу, что и его самого изучают как крошащуюся окаменелость. Впечатление Дж. Сталлворти (помещенное на заднике обложки книги Смита и основанное на его рассуждениях), что Слуцкий не был «поэтом-визионером», демонстрирует ограниченность подобного социологического прочтения его произведений.

Впрочем, некоторые все-таки считают Слуцкого визионером. В различных посвященных ему работах в качестве ключевого звучит термин «эпический» (иногда — «трагический»). Б. М. Парамонов, А. А. Урбан, Н. Л. Елисеев — мы упоминаем только

---

[4] См. благожелательный отзыв на сборник Смита: [Kelly 2000].

наиболее заметных представителей данного подхода — рассматривают корпус его произведений уже не в качестве летописи советского опыта, а в качестве отдельной связной эпохи советского бытия[5]. Сложность, как будет показано в этой книге, заключается в использовании термина «эпический» применительно к Слуцкому, однако еще более проблематичным представляется то, что критики продолжают размышлять о поэте в социологическом ключе. Суждения о Слуцком В. И. Шубинского, плодовитого критика, известного поэта и переводчика, — типичный пример такого подхода, одновременно и нестандартного, и спорного: Шубинский нащупывает в Слуцком визионера, но вместе с тем отказывает его стихам в каком бы то ни было метафизическом содержании. Для Шубинского, как и для многих других, Слуцкий не отдельная величина, а представитель определенного типа — военного поколения советских интеллигентов. По мнению Шубинского, Слуцкий стал практически единственным выразителем опыта военного поколения. Критик приходит к выводу, что основным талантом Слуцкого был талант «двойного зренья». Он обладал даром видеть мир, в котором жил, как изнутри, так и снаружи. Тем же даром обладал и Платонов, но тот был гением: он выразил самую суть советского опыта. Слуцкий гением не был и отображал куда менее глубинные и более частные элементы опыта. Притом без осознания этих элементов невозможно понять определенные важные грани российской истории XX века [Шубинский 2005: 126]. Шубинский конкретизирует свою мысль в более поздней работе, где утверждает, что Слуцкий всерьез пытается осмыслить «экзистенциальные основы советского опыта» [Шубинский 2009]. Так, «перенося на природный мир советские бюрократические речевые структуры, Слуцкий их не пародирует, а вскрывает их сущностный, бытийный смысл. Но как только этот смысл вскрывается, он начинает»

---

[5] Болдырев также использует термин «эпический», однако его ви́дение поэта носит скорее исторический, чем мифологический характер. См. [Елисеев 1995]; [Урбан 1984]; [Парамонов 2009]; см. также [Краснова 2006]; [Прусакова 1993].

утрачивать свое идеологическое содержание. Шубинский дает этому определение: «"платоновский" вирус».

Ключевым представляется вывод литературоведа: Слуцкий отказывается заполнять языковой провал каким бы то ни было смыслом — религиозным, политическим или иным; отсюда итог: безумие и молчание. Здесь кроется фундаментальное противоречие. С одной стороны, Шубинский утверждает, что Слуцкий рассматривал советский материал как экзистенциальный, иными словами — философский, исторический и мифологический, а с другой, исследователь душит это предположение в самом зародыше, ибо как может возникнуть экзистенциальное произведение при отсутствии даже намека на метафизическое ви́дение, лежащее в его основе? На деле, вероятно, нужно только рассмотреть творчество Слуцкого в постмодернистском ключе, в котором экзистенциальное произведение — лишь затравка, игра, однако Шубинский просто отмечает, что эта структура не пародийна[6]. В итоге Слуцкий предстает этакой пустышкой, значимой ровно настолько, насколько она способна пролить свет на померкшие остатки некогда ослепительного советского пламени.

Перевернутые парадигмы

> О, если бы мне удалось создать
> одну
> новую
> старую
> рифму!
> *Борис Слуцкий. «Старые рифмы»*

Даже если оставить в стороне очевидную неправомерность сравнения романного нарратива с лирикой, пусть даже и предельно самобытной, возникает закономерный вопрос: почему

---

[6] Анализ творчества Слуцкого как представителя постмодернизма см. в главе 12.

А. П. Платонов достоин звания гения, а Слуцкий — в лучшем случае отпрыска своей эпохи? Похоже, что дело тут не только во вкусовых предпочтениях, но и в неспособности критиков посмотреть на поэта его собственными глазами, подстроить свой методический инструментарий под нужды онтологического и герменевтического анализа. Отчасти в ответ на эту патовую ситуацию с толкованиями, в моей книге ставится двойная задача. С одной стороны (в основном через анализ взаимоотношений между Слуцким и Д. С. Самойловым в третьей части книги), будут вскрыты корни и причины существования повсеместно принятого мифа о Слуцком. С другой стороны — и в этом состоит главный посыл исследования в части анализа и интерпретации — будут очерчены контуры художественной философии Слуцкого и обнаружены ее принципы. Смею утверждать, что открытие, сделанное в книге, состоит в следующем: присутствие оригинального многосоставного мировоззрения в самой основе поэтики Слуцкого (ее, так сказать, modus operandi), продуктом которой является непрерывный лирический стих / комментарий его произведений, наиболее четко определяется при сопоставлении с кодами и парадигмами еврейской культуры. Лучшие стихи Слуцкого поражают языковыми изысками и одновременно парадоксально вызывают в памяти традиции прошлого, переосмысленные и соположенные по-новому. Прелесть открытия в Слуцком оригинального поэта заключается в том, что в этом случае исследователь может не только выйти за пределы отживших свое парадигм, но и обрушить их полностью, указав на своеобразие и неожиданность мышления поэта. Отсюда не следует, что русско-еврейские дилеммы Мандельштама, Пастернака или И. Г. Эренбурга и даже Бродского лишены своеобычия, однако они подтверждают, а не разрушают и не переиначивают то, что нам известно об определенных еврейских культурных конструктах модернизма и о путях формирования еврейской самопрезентации — будь то еврейская / иудейская дихотомия Мандельштама или глубокое, но не реализованное в поэзии ощущение Бродским собственного еврейства [Grinberg 2006a]. Еврейство Слуцкого выходит за рамки тематики, идентичности или биографии. По масштабам и конкретности оно равнозначно его поэтике и тем самым по-новому определяет взаимоотношения между «русским языком и еврейским мировоззрением» [Хазан: 175].

Более того, новое прочтение Слуцкого, представленное в этой книге, позволяет ниспровергнуть целый ряд основополагающих русских и советских литературных парадигм. Все еще широко распространенная версия истории русской поэзии XX века, которая перескакивает от Серебряного века к Бродскому, произвольно объявляя отдельных поэтов и целые движения маргинальными, неприемлема и устарела. Фигура Слуцкого, как показано в этом исследовании, позволяет литературоведам понять не только динамику развития наследия модернизма в советский период, но и возникновение и дальнейшее существование советского постмодернизма. Господствующая трактовка взаимосвязей между официальной и подпольной литературой в советском контексте также требует переосмысления. Западные читатели Слуцкого (Смит, Дж. Янечек [Ройтман: 6]) делают особый упор на его компромиссы с властью в вопросах публикаций. Бесспорно, значительная часть поэтического наследия Слуцкого не дошла до читателя в годы, когда он творил; достаточно много стихотворений было напечатано в усеченной форме.

Да, он писал ради того, чтобы публиковаться, однако это бессознательное устремление оставалось вторичным по отношению к его художественным замыслам[7]. Так, среди его произведений нет ничего написанного на заказ, то есть для удовлетворения насущных идеологических нужд. Как отмечает М. О. Чудакова,

---

[7] Равно неконструктивно делить стихотворения Слуцкого на «хорошие» неопубликованные и «плохие» опубликованные. Это не значит, что все его работы одинаково сильны; судя по всему, Слуцкий и сам подразделял их на три сорта. См. [Сергеев 1997]. В этом отношении примечательно замечание Бродского. В разговоре с С. М. Волковым он отметил, что Слуцкий, по собственным словам, публикует стихи «первого и тридцать первого сорта», хотя было бы лучше, если бы тридцать первого сорта он не писал вовсе. При этом Бродский считал такой разнобой неизбежным, по крайней мере для великого поэта, а Слуцкий видел в сокрытии плохих стихов своего рода позерство (см. [Волков 2000: 155]). О том, как Слуцкий подходил к публикации собственных стихов в подцензурной ситуации, см. главы 5 и 10.

выбора, который стоял перед писателями 1960–70-х, — между официальным книгоизданием, самиздатом или публикацией за рубежом — не существовало в первое послевоенное десятилетие, когда именно те, кто ставил перед собой задачу изменить лицо советской литературы, стремились опубликоваться *здесь и сейчас*, чтобы их работы дошли до изголодавшегося по интеллектуальным текстам читателя [Чудакова 2001]. Попытки Слуцкого пробиться в те годы в печать оказались почти бесплодными. Этот якобы преданный режиму автор смог опубликовать первый сборник стихов только в 1957 году, благодаря содействию Эренбурга, до этого же ему приходилось довольствоваться помятыми машинописными копиями. Впрочем, опять же, будет упрощением объяснить прорыв Слуцкого одними только условиями более либерального климата оттепели. Климат этот действительно позволил ему достучаться до читателя, обнадежил, но основы поэтики Слуцкого не изменились, они заложены в его самых ранних стихах о крахе еврейства, пришедшемся на его эпоху, — это будет показано в главе 1.

Поэт и литературовед О. А. Юрьев прозорливо отметил, что типичного советского писателя можно признать по тому, что он чувствует себя вольготно в подцензурной атмосфере: следуя общепринятым правилам поведения, он подает как признак таланта отказ цензора опубликовать его работы [Юрьев 2009]. Безусловно, эта практика исчезла в атмосфере свободного рынка. Невозможно угадать, как повел бы себя Слуцкий в постсоветских условиях; смею предположить, что остался бы прежним, то есть непрерывно писал бы и публиковал то, что удастся опубликовать. В то же время, хотя Юрьев убедительно изображает советскую литературу как «аквариум», к Слуцкому это не подходит, поскольку перед нами крупный поэт, который всегда плавал в собственном метафизическом океане и в океане мировой культуры, одновременно присутствуя на официальных собраниях и пытаясь повлиять на решения Союза писателей. Эта книга служит попыткой дать ответ на вопрос о том, как чтение работ уникального автора воздействует на наше понимание культурного процесса в широком смысле.

Жизнь: еврейская грамота / дело Пастернака

> На вопрос, что хотел сказать поэт,
> критик может и не ответить,
> но на вопрос, откуда он пришел, отвечать обязан.
> *Осип Мандельштам. «А. Блок»*

Это что касается поэта (и это применительно к Слуцкому важнее всего), но что сказать про человека? Вероятно, Слуцкий с юных лет отчетливо осознавал два факта: он родился евреем — это для него означало, что ему предначертан особый исторический, экзистенциальный и личный жизненный путь, и он родился в России в переломный момент истории. Два названных факта тесно и плодотворно слились в его поэтическом призвании. Рассказывая о перипетиях советской реальности, Д. Л. Быков пишет, что ситуация в СССР была сложнее, чем принято считать; по его словам, «ни либеральные, ни тоталитарные формулы не исчерпывали советской реальности, а чтобы отказаться от них, нужен был несоветский опыт, которого у большинства попросту не было» [Быков 2009а: 199]. Быков прозорливо отмечает: Слуцкий, судя по всему, был одним из тех, кто овладел соответствующими знаниями едва ли не инстинктивно [Быков 2009b]. Безусловно, он существовал как советский человек, советский еврей, даже как представитель СССР для остального мира — и в качестве офицера военных времен, и, позднее, в качестве поэта, со всеми привилегиями и недостатками, которые подразумевало такое положение. Однако он не прятался от окружающей реальности, прикрываясь присущей советской интеллигенции отговоркой о сложности советской ситуации, а придумал собственный оригинальный и воистину сложный подход к ней — независимую художественную вселенную. В этом смысле крайне показательно удивление А. Г. Наймана — он, наряду с Бродским, был участником кружка молодых учеников Ахматовой, — когда она поставила Слуцкого в один ряд с М. И. Алигер, «политкорректной» поэтессой, известной своей патриотической военной лирикой. «Меньше всего, — пишет Найман, —

мне приходило в голову, что Слуцкий и Алигер одного поколения и вообще одного чего-то» [Горелик 2005: 539]. Для него Слуцкий был Слуцким — изобретательным человеком *своего собственного времени*.

Не менее показательно удивление одного автора воспоминаний по поводу того, как Слуцкий вел себя в ходе официального визита в Лондон [Владимиров 1994]. Поскольку автора предупредили, что этот поэт является почти фанатичным сторонником советской системы, он страшно удивился намеку Слуцкого, сделанному «спокойно и серьезно», на то, что он мог бы «выбрать свободу» — то есть остаться на Западе — вместо того, чтобы вернуться домой. Впоследствии он помог автору воспоминаний, Леониду Владимирову, сбежать в ходе поездки в Англию. Притом что этот эпизод действительно привносит определенную стандартную советскую двойственность в психологический портрет Слуцкого, деля его личность на неравные части — нормативную публичную сферу и сферу потайных «разговоров на кухне», на более сложном уровне он также демонстрирует осознание Слуцким собственной неспособности вырваться из советского «зоопарка»[8]. Действительно, серьезное спокойствие — одно из основных свойств Слуцкого, а «свобода» — одно из ключевых понятий его поэтики. Советская «свобода», по словам Слуцкого, странна: уголовный кодекс «брызгал кровью» и смертью, а руины нацистских тюрем, которые за границей были взорваны, использовались для постройки «отечественных тюрем»[9]. В качестве дополнения к этим строкам лондонский эпизод подрывает традиционное представление о Слуцком как о суровом комиссаре или, на противоположном конце спектра, как о Фоме неверующем: перед нами оказывается умный человек, прекрасно сознающий свое незавидное место в мире. Подобно М. М. Зощенко, который, по словам Г. М. Фрейдина, в эзоповом стиле описывал советские времена как смутный век, где люди жили и выживали бок о бок с невероятной жестокостью, считавшейся в порядке вещей

---

[8] «Зоопарк ночью» [Слуцкий 1991b, 1: 128].
[9] «Странности» [Слуцкий 1991b, 2: 141–142].

[Freidin 2003: 223–224][10], Слуцкий называет свою эпоху «ранним средневековьем», которое нужно пережить[11]. Примечательно, что он приводит парадоксальную фразу Ахматовой «Не будем терять отчаяния» в качестве эпиграфа к «средневековому» стихотворению, утверждая: «Не будем терять отчаяния, / а будем его хранить». Эта грусть отражает прочувствованное и трезвое понимание времени и судьбы, причем такое понимание не мешает творчеству, а — в чисто ахматовской манере — сообщает ему пророчески-историографическую функцию[12].

Проект создания биографии Слуцкого, в которой будут приняты в расчет упомянутые ключевые нюансы, уже начался и, безусловно, продолжится[13]. Здесь я хотел бы вкратце остановиться на двух аспектах, имеющих особое значение и для данного исследования, и для любого рассмотрения творчества Слуцкого: это вопросы о степени его знакомства с еврейским наследием и о его участии в травле Пастернака. Вопрос о том, что именно художник знает о цивилизации, с которой связано его творчество, второстепенен — причиной тому фактор творческой интуиции, направляющей его диалог с основами этой цивилизации и их обновление. Притом еврейская традиция сама по себе построена на цитировании и толковании источников — черте, которую современная еврейская культура крайне своеобычно вобрала в себя через процесс «творческого предательства», используя выражение Д. Роскиса; соответственно, проблему эту необходимо рассмотреть. Простой ответ звучит так: *Слуцкий знал много*. Во всяком случае, мне совершенно ясно, что он был хорошо знаком с еврейской Библией и по крайней мере часть ее читал в оригинале. Я также убежден в том — это будет не раз показано при анализе, — что он читал стихи Х. Н. Бялика, как минимум в переводах В. Жаботинского, выполненных на рубеже веков. Он

---

[10] *Freidin G.* Letter to the Editor // Slavic Review. 2009. Vol. 68. No. 1. P. 223–224.

[11] «В раннем средневековье...» [Слуцкий 1991b, 3: 82].

[12] О Слуцком и Ахматовой см. главу 2.

[13] Слуцкому уделено значительное внимание в недавно вышедшей истории советской интеллигенции Владислава Зубка. См. [Zubok 2009].

I. Мифология / жизнь, герменевтика, перевод | 23

говорил на идише, знал и классическую литературу, и современную ему поэзию на этом языке. Наконец, будучи редактором единственного советского издания израильской поэзии в русских переводах, он был прекрасно осведомлен о поэтах, писавших на иврите — как до создания государства Израиль, так и после. Эти компоненты представляют собой полностью доказуемый минимум еврейской просвещенности Слуцкого, однако далеко не исчерпывают ее.

Существует простой факт: Слуцкий был одним из самых начитанных людей своего времени и, соответственно, наверняка всеми силами пытался заполучить любую книгу, которую можно было тайно или явно добыть в СССР. Как показывают выполненные недавно исследования жизни советского еврейства, мир его был не настолько замкнутым и отрешенным от учения и традиции, насколько представлялось раньше[14]. Если говорить о советской еврейской культуре, то родной город Слуцкого, Харьков, был в середине 1920-х годов центром еврейского книгоиздания[15]. Если говорить о религиозной традиции, во многих семьях продолжали в той или иной степени ее придерживаться; возможно, Слуцкий, как ярый молодой комсомолец, и сопротивлялся этому, но традиция все же его окружала[16]. Традиционная еврейская литература, безусловно, оставалась доступной — либо в семьях, либо на книжных развалах, либо в библиотечных хранилищах, к которым Слуцкий имел доступ, особенно в зрелые годы. Нельзя также забывать о том, что ограниченное число официальных публикаций, посвященных иудаизму и Библии, обеспечивали, при мощном преобладании в них марксистско-ленинского жаргона, почти современную версию осмысления

---

[14] См., например, [Veidlinger 2009].

[15] См. [Estraikh 2005: 120–122]. О советской культуре на идише, к которой, безусловно, принадлежал Харьков, см. [Shternshis 2006].

[16] П. З. Горелик, друживший со Слуцким с детства, описывает, что в семье устраивали пасхальный седер и соблюдали другие обряды. На территории бывшей черты оседлости традиция как тайно, так и явно сосуществовала с «новым образом жизни», по крайней мере до войны. См. [Горелик 2003].

Библии и досовременной еврейской литературной историографии[17]. Замечание видного критика Л. Аннинского, что «никакого "бога" не было» в «еврейском семействе» Слуцкого, основано на расхожих представлениях[18]. В этой книге будет показано, что семейный круг Слуцкого, как непосредственный, так и более широкий, сыграл важную роль в формировании его представлений об иудаизме, включая и библейский слой последнего. Я не собираюсь утверждать, что Слуцкий был религиозным евреем — об этом мы просто ничего не знаем, — но он понимал: одно из основных понятий его поэтики, путь, заставляет вспомнить галаху (что переводится с иврита как «путь действия») — свод еврейских законов и норм поведения.

Участие Слуцкого в драматических событиях вокруг издания «Доктора Живаго» за границей и последующего принуждения Пастернака отказаться от Нобелевской премии остается важнейшим определяющим моментом в биографической, критической и мифологической оценке фигуры Слуцкого. Он действительно выступил на официальном собрании, где клеймили Пастернака. Речь заняла три минуты и звучала так:

> Поэт обязан добиваться признания у своего народа, а не у его врагов. Поэт должен искать славы на родной земле, а не у заморского дяди. Господа шведские академики знают о Советской земле только то, что там произошла ненавистная им Полтавская битва и еще более ненавистная им Октябрьская революция. Что им наша литература?! В год смерти Льва Николаевича Толстого Нобелевская премия присуждалась десятый раз. Десять раз подряд шведские академики не заметили гения автора «Анны Карениной». Такова справедливость и такова компетентность шведских литературных судей! Вот у кого Пастернак принимает награду и вот у кого он ищет поддержки!

---

[17] См., например, [Брагинский 1973: 537–652]. Помимо прочего, в этом издании содержатся прекрасные комментарии С. С. Аверинцева на Книгу Иова.

[18] Более подробный анализ того, как Аннинский подавал Слуцкого, см. в главах 6 и 8.

> Все, что делаем мы, писатели самых разных направлений, прямо и откровенно направлено на торжество идей коммунизма во всем мире. Лауреат Нобелевской премии этого года почти официально именуется лауреатом Нобелевской премии против коммунизма. Стыдно носить такое звание человеку, выросшему на нашей земле.

В глазах тогдашнего и последующих поколений читателей, коллег-поэтов и интеллигентов эти три минуты бросили непреходящую тень на всю его карьеру. Объяснения его поступка, как правило либо обвинительные, либо снисходительно-оправдательные, варьируются от вероятных (страх за то, что действия Пастернака положат конец либеральным государственным реформам периода оттепели) до совершенно беспочвенных (нелюбовь и зависть к Пастернаку). Самым вызывающим представляется утверждение Быкова о том, что гармонично-христианское мировоззрение, сложившееся у Пастернака в поздние годы, столкнулось с нигилистическим отсутствием у Слуцкого каких-либо метафизических основ; Быков пишет: «Пастернак был ему чужд мировоззренчески и, если угодно, онтологически — он весь был утверждение жизни, и этого Слуцкий ему подсознательно не прощал. У него не было той опоры, какой для Пастернака стало христианство» [Быков 2006: 793]. Рассуждения Быкова построены на христианизированной телеологии (победа Церкви над Синагогой) и служат любопытной, но неверной трактовкой еврейства Слуцкого в качестве пустого знака и онтологического поражения.

Пастернак, оказавший на Слуцкого сильнейшее влияние в ранние годы, навсегда остался его важным интертекстуальным собеседником. Слуцкий действительно считал свою речь ошибкой и клеймом позора. Но необходимо признать — или как минимум иметь в виду, — что, хотя она и нанесла серьезный вред репутации и душевному спокойствию Слуцкого, она стала *одним из*, а не *определяющим* событием его творческой жизни, последствия которого не изменили и не подорвали основ его поэтики. Будучи масштабной личностью, Слуцкий неизбежно был и личностью непростой, а значит, у него случались провалы и ошибки, которые, как я покажу далее, часто оборачивались благословением. Впрочем, в данном случае это был не вполне свободный выбор. Недавно стало известно, что накануне собрания его вызвали в местком и пригрозили исключением из партии, если он откажется выступать. Исключение из партии равнялось полному остракизму (а то и хуже). Можно задним числом осуждать Слуцкого за принятое им решение, однако нельзя не принимать в расчет серьезности его ситуации. Рейн прекрасно выразил это в своем стихотворении, где описывает первую встречу Слуцкого и Бродского, по ходу которой Слуцкий попытался объясниться:

> Под залпы крови и судьбы,
> Под звуки боевой трубы
> Прошел он гордо на трибуну,
> Где всё сломал за пять минут...
> Но мне не разобраться тут,
> Да и не мне метать перуны
> В него...
> [Рейн 2003: 125–126].

Сам факт, что Слуцкий постоянно вспоминал свой поступок, беспощадно заявляя, что «струсил» и это достойно сеппуку[19], очень многое говорит о нем как о человеке[20]. Я считаю, в конечном итоге этот эпизод может нам многое поведать не столько о поэте и его слове, сколько о возникновении мифа о Слуцком.

---

[19] См. «Где-то струсил. Когда — не помню...» [Слуцкий 1991b, 2: 40].
[20] Нельзя также забывать о том, что в контексте холодной войны публикации на Западе рассматривались как предательство не только в официальных кругах, но и среди представителей либеральной интеллигенции. Некоторые приветствовали их как возможность подорвать советскую систему, другие относились с большой опаской. Например, Варлам Шаламов решительно отказывался печататься на Западе именно потому, что не мог жить с клеймом предателя. См. об этом также [Громова 2009: 149].

Определение поэтики

> Скорее тот, кто стремится понять текст, готов его выслушать и позволяет ему говорить. Поэтому герменевтически воспитанное сознание должно быть с самого начала восприимчиво к инаковости текста. Такая восприимчивость, однако, не предполагает ни «нейтралитета» (в том, что касается существа обсуждаемого дела), ни самоуничтожения, но включает в себя снимающее усвоение собственных пред-мнений и пред-суждений.
>
> *Ханс-Георг Гадамер. «Истина и метод»*

Это исследование, равно как и поэтическое мышление Слуцкого, строится на ряде основополагающих взаимозаменяемых понятий и терминов, а именно: герменевтика, перевод и трансплантация. В трех аналитических разделах исследования представлены три основных элемента поэтики Слуцкого: историографический, полемический и интертекстуальный, которые задают пространственные измерения его творчества. Вторая и третья части посвящены сравнениям и контекстам; соответственно, объем исследования выходит за рамки монографии об одном поэте. Каждая из трех частей разделена на главы, которые в совокупности образуют диалогическое аналитическое пространство. В первой части рассмотрены исторические и мессианские представления Слуцкого через анализ его стихов о холокосте, И. В. Сталине и его эпохе в свете предложенного Д. С. Лихачевым понятия «трансплантация», в том числе сравнительное прочтение произведений Слуцкого и Ахматовой, послевоенные антисемитские кампании и самое известное его стихотворение «Лошади в океане». Во второй части проанализированы построение Слуцким его генеалогии (в связи с дискурсом о евреях в русском контексте), параллели между его поэтикой и творчеством И. Э. Бабеля и Э. Г. Багрицкого, его элегии, а также стихи о различиях между христианством и еврейством. В третьей части рассмотрены интертекстуальные диалоги поэта с современниками: Самойловым, основным поэтическим соперником и соратником Слуцкого; Ильей Сельвинским, его наставником и виднейшим представителем советского конструктивизма; Яном Сатуновским, видной фигурой советского поэтического андерграунда. Соответственно, книга, посвященная Слуцкому, превращается в исследование советской поэзии в целом, как ранней, так и поздней, как официальной, так и подпольной. Кроме того, в этой части проводятся параллели между поэтикой Слуцкого и американского объективизма в лице поэта Чарльза Резникоффа — тем самым творчество Слуцкого включается в более широкое полифоническое пространство модернистских еврейских парадигм. Здесь же рассмотрено построение Слуцким собственного пушкинского мифа, имевшего важнейшее значение на позднем этапе его творческой биографии. Наконец, в Заключении проанализированы поэтический крах Слуцкого и его молчание в последние девять лет жизни.

В центре книги (и, соответственно, представлений самого поэта) находятся образ, понятие и сущность Бога, вокруг которых, по Слуцкому, и вращается советская загадка — противоборство между земным тираном и библейским Божеством. В своих стихах Слуцкий воссоздает главенство Бога как в истории, так и в судьбе поэта. Если это не мощнейшая иудейская поэтика, то что тогда ею является? Наш подход, который подкреплен историческим, интертекстуальным и формалистским анализом текста, одновременно и концептуален, ибо предлагает концепцию иудейской поэтики, и интерпретативен, поскольку приходит к соответствующему выводу через творчество Слуцкого, предлагая читателю переосмыслить взаимоотношения между иудаизмом и поэзией в целом и между русской поэзией и иудаистским мышлением в частности[21]. Повторю, многие из десятков стихотворений Слуцкого, проанализированных в этой книге, не затрагивают еврейской темы как таковой, но притом образуют ядро глубоко религиозного творческого подхода поэта. Во введении к антологии еврейско-русской литературы М. Д. Шраер проницательно отмечает: его цель — вывести «исчисляемые» критерии того, что

---

[21] Содержательные комментарии о «непростых» взаимоотношениях между иудаизмом и поэзией см. в [Shreiber 2000: 272–284].

представляет собой «еврейская поэтика». Ибо «если и существует еврейская поэтика, она, безусловно, включает в себя куда больше, чем тему, сюжет или систему текстуальных отсылок. Рожденная на пересечении авторской идентичности и эстетики, еврейская поэтика часто остается скрытой от глаз. Измерить ее по-настоящему можно "не текстом, но текстурой"» [Shrayer 2007: 44]. Шраер видит воплощение этой текстуры в том, как авторы имитируют идиш в своей русской речи, в некой недешифруемой еврейской интонации. Я бы несколько переформулировал, отметив, что вместо еврейской поэтики можно и нужно говорить о библейской поэтике, раввинистической поэтике, современной еврейской или модернистской еврейской поэтике и — в более широком смысле — о светской еврейской поэтике как отдельной категории [Miller, Morris 2010]. Д. Мирон прозорливо отмечает: «Те, кто полагает, что термин "еврейская культура" следовало бы заменить на множественное число, "еврейские культуры", похоже, ближе к исторической истине». Нужно не только слово «культура» поставить во множественном числе, но и диверсифицировать слово «еврейский», поскольку, цитируя того же Мирона, «современное состояние еврейской культуры напоминает груду металлических обрезков, разбросанных на большом пространстве, на которые противоречивым образом воздействуют различные и зачастую разнонаправленные магнитные поля» [Miron 2010: 403]. Я согласен с мнением этого уважаемого исследователя в том, что, несмотря на «разрывы, разломы, диссонансы» в теме еврейской литературы, мы должны стремиться к «новому теоретическому мышлению», каковое позволит нам «достаточно продвинуться в ментальном и концептуальном пространстве, где можно отыскать точку, откуда нам удастся наблюдать и изучать всю еврейскую литературную галактику» [Miron 2010: 405]. Слуцкому, безусловно, надлежит стать одной из планет этой галактики.

Так уж сложилось, что если речь заходит о тех, кого в России называют «большими поэтами», говорить об их творчестве возможно только в понятиях индивидуальности и уникальности: есть поэтика Мандельштама, Пастернака, Маяковского. Безусловно — на этом построено наше исследование — существует и поэтика Слуцкого. Однако в его случае справедливо говорить о совершенно особой большой поэтике, порожденной еврейским гением, могучим экзегетическим разумом; Г. Блум предлагает такое определение: «Все еврейские экзегезы, от Гиллеля и Иешуа из Назарета до двух Талмудов и каббалы и до "Кузари" Иехуды Ха-Леви и Маймонида, с возможной кульминацией в лице Кафки и Фрейда, можно назвать рядом попыток открыть Танах историческим страданиям народа, который Яхве сделал Своим избранником» [Bloom 2005a: 91]. Хочу добавить, что на русском языке кульминация такой поэтики, а точнее, ее начало и кульминация воплощены в Слуцком; его иудаистская экзегетическая уникальность проступает именно через эту призму. Прочтение и осмысление Писания — основание его творчества, от почтительного и новаторского использования русского языка и традиции до понимания своего времени как хаоса, воплотившегося в той эпохе: революционных, воинственных, сталинских — и в конце распадающихся — Советов. Его произведения в этой книге в значительной степени, хотя и не исключительно представляют собой стихи о катастрофе, размышления о личном и коллективном еврействе, полемическое и интертекстуальное переосмысление дискурсов о евреях: христианского, исторического, мифологического, русской / советской литературы, канонического, современного и модернистского на иврите и идише, — все это обнажает основы художественного и метафизического мышления Слуцкого, которое зиждется на особенном и скрупулезном соотнесении собственных текстов с библейскими. В своем творческом подходе Слуцкий методично задействует «протитипы» из Писания, помещая программатически-генеративную личность поэта в «глобальную еврейскую парадигму» [Хазан 2001: 144–145] — то, что В. И. Хазан точно называет «одной из ключевых характеристик еврейского художника как такового».

Понятие двойственности, бикультурности, бинациональности, которое Шраер вслед за Ш. Маркишем справедливо называет сущностным для определения русско-еврейской литературы, необходимо переосмыслить применительно к пути большого художника. У любого такого автора очень разветвленная система координат, однако его творчество не принадлежит двум народам в равной мере [Shrayer 2007: 42]. Его мировоззрение, ви́дение, наполненное особым содержанием, принадлежит только ему, одновременно вписываясь в более масштабное повествование. Для Слуцкого у этого повествования единственное имя: ТаНаХ. Вместе с тем на уровне поэтики в его мировоззрении уникальным образом совмещаются русское и еврейское мышление, причем самые важные точки их соприкосновения — цитаты, толкование источников, перечитывание, перестановка акцентов, аллюзии, интертекстуальность и увековечивание. Действительно, справедливо отмечалось, что на протяжении десятилетий русская поэзия строилась на принципах цитирования, искажения цитат и пересмотра других текстов — типичными примерами служат поэтики Мандельштама и Ахматовой. Эти поэтические практики, которые у Слуцкого приобретают своеобычное иудейское содержание, и являются тем, что я здесь называю герменевтикой.

Поэтический мидраш: исторический / лирический

> И вспомнили: даже в Библии
> Средь прочих иных идей
> И резали, и били, и
> Уничтожали людей.
>
> *Борис Слуцкий. «Ножи»*

Герменевтика Слуцкого — в моем определении — «мидраш». В своем новаторском исследовании этого жанра Д. Боярин аргументированно высказывается против преобладающего взгляда на раввинистическую гомилетическую литературу поздней Античности как на аллегорическую, дидактическую или полемическую, то есть использующую Писание в качестве прикрытия для пропаганды идеологии и ценностей нарождающегося класса — раввинов. Напротив, по мнению ученого, мидраш следует рассматривать прежде всего как герменевтическое произведение, «*прочтение*... возникающее через взаимодействие читателей-раввинов с гетерогенным и трудным текстом, который для них одновременно и нормативен, и божественен по своему происхождению» [Boyarin 1990: 5]. Сколь ни парадоксально это звучит, таково Писание и для Слуцкого. Его мидраш развивается в двух направлениях: историческом и лирическом. Первое включает в себя то, что в рамках этой главы я буду называть «библейской методологией» Слуцкого. Замечательная формулировка М. Бубера — что в Библии «святость входит в историю, сохраняя за ней все права» — прекрасно описывает метод Слуцкого, именно это и лежит в основании его советского мидраша [Buber, Rosenzweig 1994: 6]. Дабы оценить масштаб, а порой и ужас своего века, Слуцкий идет на радикальный шаг: советский материал становится священным писанием, где новый фараон, тиран, одерживает победу над традиционной святыней, библейским Божеством. Отсюда — стихотворение «Бог»: здесь появляются деспот и «Иегова, / Которого он низринул, / Извел, пережег на уголь», а потом по внезапной прихоти «дал ему стол и угол» [Слуцкий 1991b, 1: 170]. Что удивительно, Сталин у Слуцкого — не просто очередной самозванец и узурпатор, но воплощение новой святыни, «его видали живого», он жил здесь и сейчас. С изумительной исторической и герменевтической прозорливостью Слуцкий преподносит сталинизм как религию, а не как политику, причем делает это без всякой сатиры[22]. Будучи мыслителем с библейским складом ума, он адаптирует библейское историческое мировоззрение к своей эпохе — задача почти неподъемная, чтобы не сказать больше, но притом единственно продуктивная. «Бог» Слуцкого — это экзегеза на Быт. 3: 8, где Бог ходит по райскому саду рядом с Адамом и Евой. В эпоху извращения святости Творец исчезает, а на Его месте возникает тираническое божество — или, по крайней мере, можно увидеть, как оно проезжает мимо в автомобиле. Трактовка уязвимости Бога у Слуцкого одновременно и радикальный

---

[22] Григорий Ройтман усматривает в «Боге» сатиру [Ройтман 2003: 169].

отход от Библии, и прозорливое толкование ее космологии. Его божество не причудливо-произвольно, это и участник человеческой трагедии, и отсутствующий судия. Более того, поэт сознает, что поклонение патриархов и израильтян, изображенное в Пятикнижии, — антагонистически-монолатрическое, а не чисто монотеистическое[23]. Такое прочтение позволяет ему сформировать собственный взгляд на войну богов своего времени. Таким образом, его мидраш вступает «в диалог с библейским текстом, обусловленный и разрешенный» [Boyarin 1990: 17] интерпретативной стратегией этого мидраша: он разом и присваивает, и истолковывает Библию. На место абсолютной божественной справедливости, сведенной на нет в наши дни, поэт ставит собственное слово, служащее откликом и на его эпоху, и на низвержение Создателя. Он показывает войну СССР с Германией, свою «планиду» и «звезду» [Слуцкий 1991b, 1: 97] одновременно и как непреходящую часть этого нового извращенного библейского порядка, и как искупительный исход из него.

В отличие от Цветаевой, которая гневно возвращает Творцу собственное право на существование в этом невыносимом мире [Цветаева 1994–1995, 2: 360], Слуцкий, *прагматичный автор библейского нарратива* в стихах, смотрит на эпоху как на неизбежную данность, притом в конечном итоге неопределенную, а значит — с открытым финалом[24]. Вне всякого сомнения, задним числом эта позиция выглядит нравственно сомнительной, однако для Слуцкого она была единственной возможной. Соответственно, я не соглашусь с утверждением Парамонова, что для Слуцкого лояльность по отношению к советской власти служила лишь «предлогом для его художественных конструктов» [Парамонов 2007]. Да, это так, но притом само устройство его

---

[23] О библейской монолатрии см. [Smith 2002: 57–58, 187–188].

[24] Я опираюсь на фундаментальное исследование библейской поэтики Р. Альтера [Alter 1981: 12], где сказано, что «основной целью новаторской повествовательной техники, разработанной древними еврейскими писателями, было создание некоторой неопределенности смысла, особенно в том, что касается побуждений, нравственной оценки и психологии».

стихов говорит на языке его эпохи голосом библейского спокойствия и святости, пребывающих в кризисе.

Второй уровень мидраша Слуцкого представляет собой лирический комментарий. Как страница Талмуда, в центре которой находится цитата из Мишны, расшифрованная раввинами, а вокруг — более поздние пояснения Раши и других толкователей, в произведениях Слуцкого священное писание советской эпохи сопровождается авторскими «аннотациями». Так построен его цикл о Сталине. В центре — «Бог», писание, а на полях — стихотворения-комментарии, где предпринята попытка сместить чашу весов от тирана к низвергнутому божеству. Обосновывая свои толкования, раввины апеллируют к традиции и словам мудрецов былых поколений. Одновременно и споря, и воздавая должное, Слуцкий вызывает тени своих старейшин, своих «богов» и «наставников»: поэтов своего поколения, погибших на фронте, — М. В. Кульчицкого и П. Д. Когана; своих учителей — Хлебникова, Сельвинского, Маяковского и Н. И. Глазкова; своих поэтических собеседников, в том числе Блока, Ахматову, Мандельштама, Пастернака и Сатуновского. В этой иерархии Пушкин занимает место либо Моисея, либо самого божества, при этом его мифологию Слуцкий пересматривает и переосмысляет с собственных позиций, что будет показано в главе 13. Постоянное мерило, которое объединяет и писание, и комментарии Слуцкого, — его лирический герой, вобравший в себя биографические, экзистенциальные и, опять же, прежде всего герменевтические черты.

По словам Боярина, «практика чтения мидраша — развитие... стратегий интерпретации, представленных в самой Библии» [Boyarin 1990: 15]. Именно в таком ключе выстроено мое прочтение Слуцкого. С одной стороны, его стихи совершенно обособленны и оригинальны, но при этом глубоко интертекстуальны; с другой — они полностью погружены в свою эпоху и радикально из нее выламываются. Так, утверждение О. Ронена, что Слуцкий — «лучший поэт РККА [Рабоче-крестьянской Красной армии]... и поэт, наиболее полно воплотивший в своих стихах последовавшую за 41-м годом историческую эпоху и ее неожиданный конец...» [Ронен 2001], представляется верным. При этом

I. Мифология / жизнь, герменевтика, перевод | 35

поэзия Слуцкого основана на прочтении священного текста, зачастую полемического или искаженного, но всегда внимательного и, следовательно, в продуманной гармонии с языком и смыслом Библии. Снова процитируем Боярина: «Текст Торы обрывочен и диалогичен, в эти разрывы и проникает читатель, истолковывая текст и связывая его воедино в соответствии с кодами своей культуры» [Boyarin 1990: 14]. Слуцкий, русский / советский / еврейский поэт, связывает его в соответствии со своей культурой, языком и традицией — или, говоря точнее, культурами, языками и традициями. В стихах он отражает, а порой и буквально воспроизводит приемы библейского нарратива и поэзии, тем самым создавая библию своего времени, которая парадоксальным образом и приобретает собственную сущность, и прочитывается как органическая часть древнего текста. Подобно древней еврейской поэтике, поэзия Слуцкого чужда всякой аллегоричности. Вместо этого от нее исходит дух подробной фактурности и «чистой актуальности» — воспользуемся блестящим определением прозы Кафки, данным Сьюзен Зонтаг; речь идет не просто о низведении «созидательной божественной силы… до деструктивного контекста», как точно отметил Д. Макфэдьен ([Sontag 2008: 72]; [MacFadyen 2000: 58]). Соответственно, Сталин здесь действительно превращается в божественного суверена, повсеместно признанного Единым, фронтовые секретари — это Ездры и Неемии своего времени («Писаря»)[25], а послевоенные пляжи, забитые ветеранами с ампутированными конечностями, — явленное во плоти мессианское видение Иезекииля («Пляжи 1946 года»)[26]. Тем самым

---

[25] Это стихотворение особенно интересно тем, что в четвертой — шестой строках говорится: «Но слово, / что было Вначале, — / его писаря писали» [Слуцкий 1991b, 1: 99]. Цитируя знаменитое начало Евангелия от Иоанна, Слуцкий в своем стихе лишает это начало христологического смысла, превращая его в раввинистическое экзегетическое утверждение, пересаженное на советскую почву. О пересаживании см. главу 2.

[26] Очень сильное стихотворение, опубликованное во втором издании первого стихотворного сборника Слуцкого «Память» и не включенное в Полное собрание сочинений в трех томах. См. [Слуцкий 1969: 107].

Слуцкий воссоздает центральную для модернизма «диалектику иконоборчества и традиционализма» (определение Р. Альтера), а главное — выступает в роли «подлинно экзегетического писателя», «повязанного текстуальными закономерностями канонического произведения» [Alter 2000: 8, 147].

Перевод как герменевтическое действие

Боярин утверждает: «Свою герменевтическую работу мидраш производит через цитирование» [Boyarin 1990: 26]. Слуцкий производит свою герменевтическую работу через перевод. Самый фундаментальный факт его творческого процесса — то, о чем говорит П. Рикёр: «Если существует язык, существует и интерпретация, то есть перевод» [Ricouer 2004: 17]. Поэзию Слуцкого характеризует самобытная концепция и практика перевода — она превращает ее библейский слой, который в противном случае остался бы зыбкой вспомогательной философской подложкой, в последовательное, точно просчитанное герменевтическое действие. Это работает так же, как и «концептуальные метатропы» (термин Н. А. Фатеевой), что «образуют область, где пересекаются все нити памяти и создается "креативная память", которая обеспечивает перевод из одного "возможного мира" мысли и языка в другой, и, следовательно, генерируют механизм рождения все новых "возможных миров" из одних и тех же мировоззренческих источников» [Фатеева 2007: 64]. Для Слуцкого таким мировоззренческим источником служит еврейская Библия, и тем самым процесс его творчества превращается, используя термин Ю. М. Лотмана, в «припоминание» [Лотман 1992: 11–23]. В изумительном стихотворении «Как мог» [Слуцкий 1991b, 1: 488] рассказчик сравнивает себя с писарем, твердо решившим — с Божьей помощью — закончить труд своей жизни. Труд этот он называет «переложением», тем самым признавая герменевтическую подоплеку собственного творчества, все плоды и невзгоды которого уходят корнями в нелегкое искусство перевода, к каковому среди евреев исторически относились с особой опаской. Давая исторический обзор места перевода в еврейском культурном, теологическом и литературном дискурсе, Н. Сейдман подчеркивает «сопротивление переводу». Вслед за Яном Ассманом она приходит к выводу, что «явления ереси и вероотступничества свидетельствуют о сопротивлении евреев переводу, поскольку... еврейский Бог... — это... непереводимое божество» [Seidman 2006: 20]. Судя по всему, Слуцкий прекрасно осознавал упомянутую сложность. В одном из своих ключевых стихотворений, где он предпринимает попытку вычленить перевод из собственной поэтики и тем самым вернуться к экзегетической еврейской основе стиха, он в лоб утверждает: «Я не могу доверить переводу / Своих стихов жестокую свободу... / Я, как из веры переходят в ересь, / Отчаянно / в Россию перешел»[27]. То, что Слуцкий представляет себя русским поэтом советской выделки, заведомо содержит грех ереси. Сознавая это, он, как будет показано в следующей главе, поспешил пойти на попятный, вновь занявшись переводом.

Перевод Слуцкого — палка о двух концах. С одной стороны, его русский в нем предстает симулякром, фанеровкой, скрывающей подлинное недосягаемое сокровище — сокровенный еврейский язык автора. С другой стороны, если говорить про его поэтическую родословную, Слуцкий — поэт-логоцентрик, для которого русский язык, как и для Хлебникова, «организм, своего рода самодостаточная сущность» [Seifrid 2005: 67]. Так, Д. А. Сухарев совершенно справедливо утверждает, что «Слуцкий — самый крупный русский поэт XX века. Не только по объему сделанного, но и потому, что именно он довел до ума гигантскую реформу, которую начал Хлебников» [Сухарев 1996]. Соответственно, характерные особенности перевода Слуцкого разительно отличаются от других русско-еврейских, а если уж на то пошло, то и американско-еврейских парадигм перевода[28]. Лишь в редчайших

---

[27] Более подробный анализ этого стихотворения см. в главе 3.
[28] Подробнее об американской еврейской литературе в свете перевода см. [Wirth-Nesher 2006]. О различных примерах «перевода» в русской еврейской литературе см. [Shrayer 2007].

случаях он включает в свой лексикон слова на идише или иврите. Скорее печать перевода стоит на уровне как герменевтической макропоэтики, которая воплощена в особом прочтении канонических текстов, так и стилистической микропоэтики — примером может служить использование библейского параллелизма в просодии. Н. Суслова отмечает: один из самых головоломных вопросов в изучении творчества Слуцкого — применение им разнообразных форм версификации. Она приходит к выводу, что характернейшая черта его просодии — преобладание ритмических рисунков, которые «наиболее часто… встречаются в русской народной поэзии» [Суслова 2000: 200][29]. Подобным же образом последовательное использование Слуцким омонимичных, тавтологических и парономастических параллельных рифм связывает его, с одной стороны, с архаическим стихом, а с другой — с Хлебниковым. Слуцкий, подобно Хлебникову, предпочитает диссонансы, предпочитает «прощупать, увидеть, услышать, как гласные строят конкретный смысл стиха» [Самойлов 1982: 229][30]. Замысел Хлебникова состоял в том, чтобы вскрыть первозданные корни русского языка. Если рассматривать начинание Слуцкого с учетом этого, оно выглядит совершенно новаторским: внедрить свои многоуровневые «переводы», характеризующиеся воссозданием библейской мелодики, основанной на параллелях, и созданием новых еврейских архетипов (например, холокоста), в русскую речь, приняв на вооружение самые радикальные и всеобъемлющие и притом специфически русские, модернистские поэтику и тактику. Парономастические параллелизмы Слуцкого в духе Хлебникова, одновременно и архаические и новаторские, служат окном в его библейскую методологию: далее это утверждение будет подкреплено текстологическим анализом.

---

[29] По мнению Давида Самойлова, все развитие русской версификации, по сути, вращалось вокруг взаимодействия между традицией народной поэзии и силлабо-тонической системой версификации, разработанной в XVIII веке. Просодия Слуцкого — возврат к этому взаимодействию. См. [Самойлов 1982: 117].

[30] Об использовании рифмы у Хлебникова см. [Самойлов 1982: 226–239]. Об использовании параллельных рифм см., например, [Лотман 1996].

I. Мифология / жизнь, герменевтика, перевод

Не будучи ни русско-еврейским гибридом, ни слиянием нескольких языков, оригинальная поэтика Слуцкого, воплощенная в его текстах, свидетельствует об уникальной дотошности и изобретательности, с помощью которых автор устанавливает разделы и скрепы между двумя краеугольными и самыми глубинными основаниями своей судьбы: своим языком и своим еврейством. Мнение Бродского служит подтверждением нашего подхода. В единственном своем пространном оценочном суждении о Слуцком он приводит исчерпывающий список составляющих его языка (канцелярит, армейский жаргон, разговорные выражения и лозунги; ассонансы, дактили, зрительные рифмы, гибкость ритма, фольклорные каденции). Формы, которые использует Слуцкий, он связывает с его мировоззрением, утверждая, что «ощущение трагедии, возникающее из его стихов, зачастую перетекает, едва ли не против его воли, из конкретного и исторического в экзистенциальное: туда, где в конечном итоге и место всякой трагедии... Поэт действительно говорит на языке Двадцатого Века...» [Brodsky 1985: 543–544][31]. Утверждение Бродского нуждается в *переводе* в свете его представления о Слуцком как о сугубо еврейском библейском персонаже. По словам Рейна, Бродский был «уверен, что Слуцкий сугубо еврейская фигура... Он видел в нем глубокий и сильный еврейский характер. Характер библейский, пророческий, мессианский» [Горелик 2005: 388–389][32]. Соответственно, понятие «экзистенциальное» скрывает в себе понятие «библейское», а слова «едва ли не против его воли» указывают на надысторическое Божественное направление. Сдвиг от конкретного к эк-

---

[31] Я согласен с утверждением И. З. Фаликова, что для Бродского Слуцкий задает координаты поэтического отношения к языку; аналогичным образом Бродский относится и к другим авторам, например к Платонову и Кавафису. См. [Фаликов 2005]. Интересный рассказ о взаимоотношениях двух поэтов см. [Горелик, Елисеев 2009: 298–311].

[32] Судя по всему, и у Слуцкого был еврейский взгляд на Бродского. Когда Бродский назвал себя битником, Слуцкий иронично, но одновременно и символично возразил: «Вы не битник, а ешиботник [студент иешивы]». Бродский понял значение слова. См. [Сапгир 2010].

зистенциальному — это перефразирование понятия Бубера о библейском включении святости в историю. Бродский признаёт уникальность Слуцкого и тот вклад, который его библейский проект внес в саму фактуру русского языка («Слуцкий едва ли не в одиночку изменил звучание послевоенной русской поэзии»). Это звучание одновременно и восходит к Хлебникову, и решительно порывает с его исторической интуицией, подтверждая, однако, то, что в равной степени относится и к Слуцкому, и к Хлебникову: «Поэтический язык отнюдь не полон, он лишь часть чего-то большего, что невозможно адекватно представить в стихе», поскольку «источник его находится за гранью страницы» [Hallberg 2008: 37].

Для Мандельштама Хлебников — «идиотический Эйнштейн, не умеющий различить, что ближе — железнодорожный мост или "Слово о полку Игореве"»; он, добавляет Мандельштам, никак не выделяет своего времени из тысячелетий [Иванов 2000: 186–194]. Мировоззрение Слуцкого — это прямая полемика с таким подходом, потому что ему нет нужды скрадывать расстояния между железнодорожными мостами и архаическими текстами: приметы его эпохи направляют в нужное русло типажи и образы из Писания, одновременно искажая и высвобождая, превращая современность в его собственный архетип. «Центральная нестабильность» стиха Слуцкого (воспользуемся выражением Р. фон Холлберга) и проистекает из этого заимствования [Иванов 2000: 5]. Более того, как показал Т. Сейфрид, логоцентризм Хлебникова граничит — в его замысле создания универсального языка — с милленаризмом. Слуцкий, напротив, стремится к обособлению, провозглашая полную непроницаемость своего мира[33]. В итоге, несмотря на герменевтические подпорки, его перевод обрушивается внутрь самого себя. После этого поэт продолжает оставаться читателем, но его прочтения больше не порождают мидрашей — он прекращает писать стихи и за последние девять лет жизни не создает ни строчки.

---

[33] В этом Слуцкий близок современным теоретикам перевода, прежде всего Дж. Стайнеру, который говорит о неестественности перевода [Steiner 1998].

Диалектика общего и частного

Методология этой книги строится на принципах раввинистической герменевтики. Первыми о примате «имманентного» анализа поэзии, согласно которому прочтение стиха нужно начинать с самого нижнего уровня, то есть звука и стиля, двигаясь к верхнему (идеи и образы), — заговорили русские формалисты[34]. Мы же будем двигаться в обратном направлении, от поэтики Слуцкого в целом к рассмотрению отдельных стихотворений со всеми их особенностями. Такую структуру интерпретации нам предлагает четвертый принцип из «Тринадцати правил толкования Торы», сформулированных, согласно традиции, рабби Ишмаэлем: «Общее правило, за которым следует частное (или следуют частные). В этом случае общее правило квалифицируется и ограничивается частными, но не больше»[35]. Действительно, на имманентном уровне любое стихотворение Слуцкого проделывает путь от звука к мысли по пути «собирания воедино звуковых рисунков» [Harshav 2007: 154], причем в упомянутом процессе «мысль есть порождение стиха» [Сухарев 2002]. Впрочем, в фундаментальном отношении тезис этот нужно понимать только в русле базовых измерений его поэтики, установленных априори. Так частное, выведенное из целого, которое, в свою очередь, включено в более обширное частное — произведения Слуцкого, прочитанные, как читается мидраш, в качестве единого текста, — образует методологический диалектический круг. Соответственно, для литературоведа основной опорой служит не тематика, не лексические знаки внешней поэтики, но корень, логика и траектория художественного мышления.

---

[34] Прекрасный разбор формалистского подхода, выполненный М. Л. Гаспаровым, см. в [Гаспаров 1997: 9–20].

[35] URL: www.noahid.ru/forum/showthread.php?t=394 (дата обращения: 27.08.2020).

II. Координаты: исток — возврат — затвор

Поэтика позиции

> Слуцкий вообще не прочтен.
>
> *Михаил Генделев. 2007*

> Необходим десяти-, двадцатитомник Б. Слуцкого, чтобы все им написанное сошлось воедино.
>
> *Борис Филевский. 1999*

В стихотворении, написанном незадолго до конца своей творческой деятельности, Слуцкий одновременно и стоически, и страдальчески заявляет:

> Поспешно, как разбирают кефир
> Курортники после кино,
> И мой на куски разбазарили мир.
> Куда-то исчез он давно.
> А был мой мир хороший, большой
> С его мировым бытием,
> И полон был мировой душой
> Его мировой объем...
> [Слуцкий 1990b: 440].

Эти строки можно назвать идеальным примером поэтики и стилистики Слуцкого. Творческая и метафизическая драма поэта коренится в самой что ни на есть будничной аллюзии. Перед нами одновременно и емкая, и точная зарисовка: в советских санаториях отдыхающим обычно выдавали кефир на ужин. Во второй строфе мы видим абсолютное внимание поэта к языку. На протяжении всего лишь четырех строк он четыре раза обыгрывает слово «мир». Что же это за «мировой мир» Слуцкого, который исчез, будучи расчленен, и который поэт тщетно пытается воссоздать в двух последних строках стихотворения? Я считаю, что речь здесь о поэзии Слуцкого, о полном ее корпусе, а говоря точнее — о едином художественном организме, каковой он пытается сохранить, предчувствуя его распад в будущем.

Разумеется, неправомерно отделять Слуцкого от его эпохи и поколения. Сам язык этого стихотворения говорит о том, насколько глубоко, почти до одержимости, автор встроен в их контексты. Однако, как было указано выше, они Слуцкого не определяют. А значит, слова М. Л. Гаспарова о другом поэте, С. И. Кирсанове, полностью подходят и для Слуцкого. Гаспаров пишет: «Есть поэты с биографией и поэты без биографии. Кирсанов был скорее поэтом без внешней биографии. Как вся поэтика его стихов сводилась к раскрытию художественных возможностей слова, так вся его жизнь сводилась к работе над этими стихами»[1].

Тому, что Гаспаров называет поэтикой Кирсанова, Слуцкий дает определение «мой мир», как в приведенном выше стихотворении, или «мой Рим» еще в одном стихотворении того же периода, или «мой дом» еще в одном произведении. Структура замкнута на себя, притом что компоненты ее взаимозаменяемы. Так, не будет преувеличением сказать, что каждое из стихотворений Слуцкого можно назвать программным, содержащим декларацию его мировоззрения. Как и в любом живом организме или многоуровневом художественном произведении, в его работах присутствуют отдельные отклонения от основного хода мысли, которые тем не менее в конечном итоге только подтверждают и усиливают единство сути.

---

[1] См. [Кирсанов 1996: 5]. Терминология Гаспарова созвучна той, которую предлагает Цветаева в статье «Поэты с историей и поэты без истории». См. о ней [Саакянц 1997: 312–316].

Поэзия Слуцкого по своей глубинной сущности метапоэтична. Она рассказывает о самой себе, обращается к самой себе, формируя то, что Гинзбург определяет как «комплекс поэтической мысли» [Гинзбург 1997: 50–120]. После преломления сквозь метапоэтическую призму, историческое содержание его поэзии не исчезает, но — едва ли не парадоксальным образом — делается только ощутимее. Если применить термины П. Целана, оно, «подстегиваемое реальностью и в поисках нее», «несет» свое «существование в язык» [Celan 1986: 35]. Таким образом, «мировой мир» становится одновременно и автореферентным знаком поэтики Слуцкого, который, воспользуемся формулировкой Г. Н. Айги, «оголяет слово» посредством преднамеренной оркестровки («кефир» скрывает в себе «мир»)[2], и суммой суждений поэта о собственной жизни и эпохе, и даже начинает претендовать на универсальность[3]. Этот мир воистину органическое целое. Он представляет собой то, что я здесь буду называть системой.

Ф. А. Искандер отметил, говоря о Слуцком: «Оригинальный поэт, кроме всего, — это такой поэт, который всегда остается верен своей системе, даже тогда, когда это поэтически невыгодно. Просто он иначе не может. Таков Борис Слуцкий» [Искандер 2000: 140]. Притом что на первый взгляд Искандер трактует поэзию Слуцкого прежде всего в политическом ключе (отсюда поэтическая «невыгодность» верности системе, где под системой понимается советскость Слуцкого), он тем не менее намекает на нерушимую цельность творчества Слуцкого, его постоянство и самобытность. Новаторское прочтение Слуцкого, представленное в этой книге, проистекает из высказывания Искандера. Мой подход, как было отмечено ранее, формируется как из различных методов пристального чтения, так и из современных исследова-

---

[2] См.: *Айги Г.* «Летопись всей нашей жизни». О поэзии Яна Сатуновского [Сатуновский 1994: 308].

[3] Слуцкий не случайно упоминает кефир в этом стихотворении, одном из последних. Когда после смерти жены он лечился от клинической депрессии на отделении психосоматики московской 2-й Градской больницы, он ел только раз в день, а на завтрак и ужин получал кефир. Этот напиток имел для него некое символическое значение. См. [Горелик 2005: 353].

ний еврейской экзегезы. Борис Слуцкий, поэт советской эпохи, предстает основоположником еврейской библейской герменевтики в школе русской модернистской логоцентрической поэтики. Эта вторая вводная глава, где произведен структурный анализ четырех стихотворений Слуцкого, задающих основные координаты его мысли, служит компасом ко всей остальной книге.

В фундаментальном исследовании творчества А. А. Блока Д. Е. Максимов предлагает новую парадигму рассмотрения творческой эволюции поэта или отсутствия таковой — он называет ее «путем поэта». Он пишет: «Понятие писательского пути предполагает возможным по крайней мере два основных истолкования. В одном случае можно говорить о пути писателя прежде всего как о его позиции, в другом, включающем и первый случай, — как о его развитии. Позиция писателя — это его кредо» [Максимов 1975: 10]. Максимов добавляет, что в действительности каждый писатель проходит через определенное творческое развитие, но в случае с писателями позиции эта эволюция не становится отдельной темой в их творчестве и не несет радикального характера. Из наших предварительных рассуждений о Слуцком ясно, что он был безусловным поэтом позиции; отсюда неправомерность доминирующих на данный момент нарративов о нем как об эволюционирующем художнике, который прошел трудный путь от убежденного коммуниста до Фомы неверующего. Читая Слуцкого, необходимо постоянно держать в голове талмудическую догму: «В Торе не существует "до" или "после"»[4]. Один читатель пишет впрямую: «Делить произведения Б. Слуцкого по жанрам или по темам — занятие изначально неблагодарное» [Филевский]. Не может по определению быть еврейского Слуцкого, или советского Слуцкого, или диссидента-Слуцкого, или «странного» Слуцкого — перефразируя исследование творчества И. С. Тургенева, выполненное В. Н. Топоровым [Топоров 1998]. Всегда существовал только один Слуцкий, вне зависимости от того, с какой степенью интенсив-

---

[4] Талмуд. Псахим 6б. Раввины разработали синхроническое чтение Библии, рассматривая все ее «моменты как одновременные». См. [Holtz 1992: 35].

ности проявлялась в его стихах та или иная больная тема. Безусловно, я не оспариваю важности темы войны для Слуцкого. Однако в своих военных стихах он остается на том же экзегетическом уровне, как и в тех стихах, что рассмотрены в нашем исследовании. Его мировоззрение и тип мышления, которые я называю «иудаистскими», повсеместно диктуют свои условия. Вопрос в следующем: как сформулировать его позицию? Сколь бы странно это ни прозвучало, исследование поэзии В. И. Иванова, проведенное Аверинцевым, может послужить шаблоном для раскрытия кредо Слуцкого.

Основываясь на теории Максимова, Аверинцев представляет Иванова как поэта позиции, чья творческая биография хотя и не чужда движению, но «характеризуется... неизменностью своих ориентиров, своих "кормчих звезд"» [Аверинцев 1996: 174]. Противопоставляя поэтику Иванова поэтике Блока, хрестоматийного поэта развития, Аверинцев предлагает три локации творчества Иванова: исток — возврат — затвор. Он пишет: «В полноте "истока" все дано изначально, все "вытекает" оттуда, распространяясь и разливаясь, но не изменяя своего состава. <...> "Исток" есть одновременно "цель". Движение идет от "истока", но также, что еще важнее, еще сокровеннее, к "истоку", и это "возврат"» [Аверинцев 1996: 174]. И, наконец, Иванов «чувствует себя принадлежащим себе в "укромной тесноте" дома, ибо она есть для него место и символ собирания себя» [Аверинцев 1996: 117]. Таково плодотворное и самодостаточное затворничество художника в его собственном мире — вспомним «мировой мир» Слуцкого, с которого начали наше рассуждение.

Ученик Слуцкого, современный поэт И. И. Шкляревский, называет своего наставника «философом. Оригинальным философом-одиночкой. Вроде Эзопа. Или Диогена»[5]. Наше исследование наполняет эти слова иудаистским содержанием. Наш основной тезис состоит в том, что исток Слуцкого лежит в еврейской культуре в целом, в ее «букве и духе», которые он постоянно открывал для себя заново и в пределах которых рассчитывал в итоге заклю-

---

[5] См. [Горелик 2005: 460].

чить свое слово. Советская поэтесса Р. Ф. Казакова вспоминает наставления Слуцкого: поэту нужно читать газеты, журналы, иногда и массовую литературу, но на столе у него должна всегда лежать одна большая Книга Жизни, читать которую следует ежедневно, — это может быть Библия, Л. Н. Толстой, Ф. М. Достоевский, античная классика и пр.[6] В контексте нашего анализа подобное замечание, на первый взгляд рискующее показаться проходным, обретает колоссальный смысл. Тот факт, что Слуцкий походя включает Библию — книгу нон грата в советском контексте — в список, в остальном нормативный, служит своего рода скрытым маневром: Слуцкий хочет, чтобы именно в Писании пристальный читатель видел постоянный источник его вдохновения, который он переводит в языковые, исторические и метафизические перипетии собственных стихов[7].

В соответствии с треугольником Аверинцева, четыре стихотворения, проанализированные ниже, определяют три фундаментальных опорных точки всего нашего исследования. Они обнажают герменевтическую силу поэзии Слуцкого в ее конфронтации и с перипетиями его эпохи, и с его личными невзгодами. Первое стихотворение, «Добрая, святая, белорукая...» (1941), представляет собой отклик Слуцкого на надвигающееся уничтожение еврейства. Будучи символической точкой «истока» в его системе, оно содержит первый известный пример перевода как сущности его поэтики. Во втором, «Слепцы» (1948–1950), написанном в разгар сталинской антисемитской кампании борьбы с космополитизмом, которая трагически и непоправимо изменила жизнь поэта, Слуцкий прибегает к сложным экзегезам, превращая гонения тирана на свой народ в радикальное переосмысление библейских пророческих парадигм. В обоих этих

---

[6] Цит. по: Евгений Мажан // Волохонка. 2004. 30 ноября. URL: www.mosoblpress. ru/volhonka/show.shtml?d_id=6328 (в настоящее время ссылка недоступна).

[7] Я безусловно согласен с точкой зрения Владимира Соловьева, пишущего в статье о Слуцком: «Приведу здесь сравнение, которое может показаться натянутым, но я уверен в его адекватности: поэтика Слуцкого сродни библейской. Вот и Межиров сказал мне однажды, что Слуцкий — человек ветхозаветного замеса» [Соловьев 2007: 376].

стихотворениях, разнесенных по оси между двумя трагическими историческими событиями, Слуцкий вступает в полемику с русскими литературными и мифологическими источниками. Тем самым его герменевтика приобретает форму нестираемого полупалимпсеста, в котором все контрапункты движутся параллельно друг другу, существуя независимо, но при этом взаимодействуя в разных ракурсах, как постоянно расходящиеся и сходящиеся пластины бергсоновского, «глубинно иудаистического» веера Мандельштама [Мандельштам 2009–2011, 1: 217][8]. Третье стихотворение, «Уриэль Акоста» (датируется примерно началом 1960-х), появилось после травли Пастернака. Этот текст, который я назвал бы «шма» Слуцкого, служит в его творчестве точкой «возврата», поскольку вновь провозглашает перевод и Тору основами его системы. И, наконец, стихотворение «Переобучение одиночеству» (1977) вскрывает драматическую сложность «затвора» Слуцкого и его финальные попытки восстановить на русском языке иудейский исток своей поэтики. Элегия, написанная после безвременной кончины жены, с потерей которой Слуцкий так и не смог справиться, выявляет лирическое «я» поэта в наиболее обнаженном и одновременно наиболее филигранном с библейской и художественной точки зрения виде.

Тем самым наш первый расклад текстуальной биографии Слуцкого непреднамеренно приобретает хронологический вид. Однако для поэта, старательно уничтожавшего в своем наследии любые приметы хронологии, почти никогда не ставя дат под стихами, жизнь представляла собой одно непрерывное стихотворение, в первом слове которого неизменно скрывалось последнее. В книге «Фрейд и философия» Рикёра есть знаменитое утверждение: «По-видимому, герменевтика подпитывается двойственной мотивацией: готовностью сомневаться, готовностью слушать; обетом стойкости, обетом покорности... случается, что

---

[8] Что примечательно, Боярин тоже использует «О природе слова» Мандельштама в качестве примера к своей концепции поэтики мидраша [Boyarin 1990: 37–38]. Н. Поллак дает Мандельштаму неожиданное определение: «Поэт... читатель талмудической традиции» [Pollak 1995: 7].

бескомпромиссное иконоборчество служит восстановлению смысла» [Ricouer 1970: 27]. В этом ключе в книге предпринята попытка вскрыть и восстановить творческую *позицию* Слуцкого, уникальную по своей наполненности и сложности, спасая ее тем самым от участи кефира, увековеченной поэтом в процитированном выше стихотворении.

Исток

Стихотворение «Добрая, святая, белорукая…», вошедшее в цикл «Стихи о евреях и татарах», написано в мае 1941 года, незадолго до вторжения нацистов на советскую территорию. Приведем его полностью:

> Добрая, святая, белорукая,
> О любой безделице скорбя,
> Богородица, ходившая по мукам,
> Всех простив, ударила тебя.
> И Христос послал тебя скитаться,
> Спотыкаться меж и град и сел,
> Чтоб еврей мог снова посмеяться,
> Если б снова мимо Бог прошел.
>
> …Смешанные браки и погромы…
> что имеем в перспективах, кроме —
> нация ученых и портных.
> Я и сам пишу стихи по-русски —
> По-московски, а не по-бобруйски,
> Хоть иначе выдумал я их.
>
> В этот раз мы вряд ли уцелеем —
> Техника не та! И люди злее,
> Пусть! От нас останется в веках
> Кровушка последнейших евреев —
> В жилах!
> Или просто на руках[9].

---

[9] См. [Левитина 2010: 73].

В коротком, из трех строф, стихотворении содержится глубоко оригинальный отклик как на русско-христианские логику и искусство, так и на надвигающуюся катастрофу; в нем выковывается обоюдоострый меч поэтики и герменевтики. В центре его образной системы, не просто иронической, но глубоко сардонической и даже уничижительной, — образ Богородицы. В третьей строке первой строфы содержится прямая отсылка к важнейшему апокрифическому тексту древнерусской литературы — «Хождению Богородицы по мукам», возникшему не позднее XII века [Лихачев 1999: 306–321]. В романе Достоевского, который Слуцкий особенно любил, этот текст вспоминает Иван Карамазов, а тема его близка к дантовскому «Аду»: Мария проходит через ад, жалея страдающих грешников, после чего просит и Бога Отца, и Христа простить их. Примечательно, что жалость Марии вызывают только грешники-христиане. Увидев евреев, которые терпят муки в огненной реке за то, что мучили Христа, она заключает: «Пусть будет так по заслугам их!», зато глядя на страдания христиан, произносит: «Единственную молитву обращаю к Тебе, чтобы и Я могла войти и мучиться с христианами, потому что они назвались чадами Сына Моего». В русской народной и мифологической традиции Богородицу называют заступницей; Ахматова часто использует это обращение в своих стихах, посвященных Первой мировой войне, а Пастернак — в «Докторе Живаго»; в православном церковном календаре существует ряд праздников в честь Богородицы. Н. А. Бердяев так определяет Ее особое место в русской духовности:

> Богородица идет впереди Троицы и почти отождествляется с Троицей. Народ более чувствовал близость Богородицы-Заступницы, чем Христа. Христос — Царь Небесный, земной образ Его мало выражен. Личное воплощение получает только мать-земля. <...> И русский народ хочет укрыться... за матерью-землей, за Богородицей [Бердяев 1946].

Слуцкий, мыслитель-иудаист, претендующий на русскую литературную родословную, обличает миф о добросердечной и милосердной Богородице в собственном ироническом ключе, который он находит в самом мифе. Стихотворение пропитано терминологией, отсылающей к тексту апокрифа, — это видно по подбору прилагательных (особенно уничижительно определение «белорукая», как становится понятно из концовки стихотворения), глаголов и даже заимствований из церковнославянского («межи град»). Богородица скорбит о любой безделице, однако ударяет еврея, чей физический облик обрисован очень выпукло. С другой стороны, в первом стихотворении этого цикла, «Рассказ эмигранта», которое будет проанализировано в следующей главе, Слуцкий утверждает, что ударить еврея — все равно что ударить Бога; соответственно, его полемика приобретает герменевтический характер через новое прочтение христианской теологии, сводящей на нет еврейского Бога. Использование местоимения «ты» в пятой и шестой строках указывает на эту стратегию: автор намеренно не меняет его, в результате оно может относиться и к евреям, и к Богу. Три оставшихся строки первой строфы только усиливают двусмысленность: «И Христос послал тебя скитаться, / Спотыкаться меж и град и сел, / Чтоб еврей мог снова посмеяться, / Если б снова мимо Бог прошел». Именно потому, что смысл «ты» намеренно затемнен, буквальное и самое проникновенное прочтение этих строк выглядит так: Христос изгнал Бога — «ты» — спотыкаться по миру. Если бы еврей, за долгие века свыкшийся со своей судьбой, увидел, как Бог опять идет мимо (!), он бы рассмеялся, следуя еврейскому принципу выживания: «смех сквозь слезы». Более того, использование глагола «прошел» исполнено дополнительной иронии, поскольку заставляет вспомнить, как ангел смерти прошел мимо еврейских домов (об этом говорится в Исходе и в пасхальной агаде) и тем самым еврейские первородные были спасены[10]. В стихотворении еврей не только вновь оказывается в опасности, но Бог проходит мимо или, в герменевтическом переложении, скитается, то есть не способен ни принести избавления, ни покарать врагов.

Итак, Слуцкий кардинально переписывает миф о Вечном жиде — один из важнейших «подрывных» тропов модернистской

---

[10] Благодарю Гарриет Мурав, указавшую мне на эту аллюзию.

поэзии. Например, в стихотворении «Прорицание Европе», созданном по следам страданий, выпавших на долю евреев в ходе Первой мировой войны, писавший на иврите У. Ц. Гринберг изображает Вечного жида — Агасфера — как подлинного еврейского мессию, прибитого вместо Христа ко кресту[11]. Слуцкий делает это дерзкое, хотя в целом и нормативное толкование еще радикальнее, называя Бога вечным скитальцем, жертвой Марии и Христа, беспомощным, совершенно не способным остановить разрушение. В свете подобной трагической иронии Евангелия обретают черты «Царя Эдипа». По моему предположению, это удивительное и дерзновенное ви́дение — как в плане его вызова христианству, так и в плане вердикта, вынесенного принятому в иудаизме представлению о Божественном всевластии и справедливости, — почерпнуто из выполненного Жаботинским замечательного перевода «Сказания о Погроме» Бялика, ключевого современного еврейского текста о гибели еврейства, где Бог объявляет Себя нищим [Бялик 1994: 173–182][12]. Однако если Бялик клеймит пассивность евреев, Слуцкий воздерживается от нравоучений, полностью отождествляя себя и с судьбой евреев, и с их ироническим взглядом на собственные бедствия.

«Я и сам пишу стихи по-русски — / По-московски, а не по-бобруйски, / Хоть иначе выдумал я их», — признаётся Слуцкий во второй строфе. Будто незавершенный рефрен из другого текста, строки эти вроде бы не на месте. Поэт произносит их шепотом, точно песнопение, где скрыты исток его переводческой поэтики и взятый за основу еврейский текст, который им так и не был написан. Кажется, что он задается вопросом: «Да кто я такой, чтобы рассуждать на еврейские темы?» В конце концов,

---

[11] Подробнее о Гринберге см. [Roskies 1984: 266–274].

[12] Как было указано выше, я убежден, что Слуцкий читал Бялика в дореволюционном издании переводов, выполненных Жаботинским. По мнению Петра Горелика, ближайшего друга Слуцкого, уже в подростковые годы Слуцкий самозабвенно коллекционировал книги и прочесывал книгохранилища и комиссионки в поисках раритетов [Горелик 2003: 35–36].

он ведь тоже полностью ассимилировался и стихи пишет по-русски. Слуцкий обращается к самой сути вопроса о том, возможно ли в рамках нееврейской традиции создавать и поддерживать еврейскую поэтику, зиждущуюся на иудейской герменевтике, направленную и внутрь, и вовне. Действительно, он пишет по-московски, а не по-бобруйски, то есть не на идише и не на многосоставном еврейском языке. Сила, острота и откровенность формулировки Слуцкого требуют того, чтобы Бобруйск был прочитан как метонимическое обозначение «идишкайта». Этот белорусский городок действительно был центром книгоиздания на иврите и еврейской учености, как хасидской, так и миснагидской, а также светской еврейской политики, в том числе сионизма и бундизма, а еще родным городом П. Венгеровой, автора прославленных русско-еврейских мемуаров [Венгерова 2003]; Б. Кацнельсона, мыслителя и вождя социалистов-сионистов, и писавшего на иврите поэта Д. Шимони. Слуцкий не пишет по-бобруйски, но он выдумывает стихи иначе — иначе, нежели по-московски. Использование многозначного и игрового глагола «выдумать» позиционирует Слуцкого как еврейского трикстера в русской традиции. Творческие розыгрыши Слуцкого, уходящие корнями одновременно в Библию, величайший обманщик которой, Иаков, имеет для него особое значение (см. анализ стихотворения «У Абрама, Исака и Якова...» в главе 3), и в слово Бабеля, одесского гения, которого Слуцкий боготворил всю жизнь и напрямую назвал «Выдумщиком» в стихотворении «Кем был Бабель?..»[13], придает его переводческому проекту дерзость, устремленность и многозначность[14].

Параметры своего искусства перевода Слуцкий задает в момент исторической утраты и уничтожения. В последней строфе откровенно звучит отчаяние, поэт определяет две основные

---

[13] См. [Слуцкий 2005: 173–176].

[14] Опираясь на постколониальную теорию, Сейдман называет «шутовской плутовской нарратив... характерным для еврейского перевода» [Seidman 2006: 8].

Питер Брейгель Старший. «Притча о слепых», 1568. Музей Капидамонте, Неаполь

черты надвигающейся катастрофы: невиданное зло будет причинено с использованием бесстрастных технических средств. Все евреи, и в их числе сам поэт, обречены на гибель. Скудная память о них сохранится либо через кровь в их жилах (возможно, речь идет о потомках смешанных браков), либо через кровь на руках палачей и наблюдателей. Последняя строка, «Или просто на руках», завершает круг стихотворения, поскольку в ней белые руки Марии предстают в истинном свете: их белизна, как и белизна христианства, будет обагрена еврейской кровью. Однако, если прочитать это стихотворение как строку из полной текстовой системы Слуцкого, в нем скрыты семена воздаяния. В своем реквиеме по идишу, написанном в последний год войны, поэт предрекает: «Но не как зерно, не как полову, / а как пепел черный рассеивают, / чтоб сам-сто взошло любое слово / там, где рты руины разевают». Мне представляется, что «любое слово» — это русский язык Слуцкого, замешенный на еврействе и превращающийся в воздаяние за уничтоженный идиш. Как недавно отметил Блум, у идиша было более раннее «название "идиш-тайч" (искаженное "еврейско-немецкий") — сложное слово, от которого потом был образован глагол "фартайчн" — "переводить, толковать" (перекладывать с непонятного древнееврейского на понятный идиш)» [Bloom 2008: 26]. Поэтика Слуцкого строится на этом «фартайчн», помещая эхо исторического и, возможно, даже космического возрождения в воссоздающий потенциал его поэзии. Стихотворение «Слепцы», написанное в момент еще одного бедствия, превращает этот потенциал в герменевтическую реальность.

Гладкие пути сделаются неровными...

> Все еврейские экзегезы... можно назвать рядом попыток открыть Танах историческим страданиям народа, который Яхве сделал Своим избранником.
>
> Г. Блум. «Иисус и Яхве»

Что было бы, если бы «1 сентября 1939 года» У. Х. Одена не получило никакого признания? «Слепцы» же так и остались вне поля зрения критики. Это упущение изумляет, ведь перед нами одновременно и гениальное стихотворение, и неприукрашенный метафизический, исторический и мифологический документ. Слуцкий создал полемический герменевтический палимпсест, сопоставляя законы своей эстетики с русской литературной и религиозной историей, с одной стороны, и с иудейской пророческой традицией — с другой. В результате глубоко личное переживание обрело коллективную еврейскую тональность, выраженную языком русского модернизма. Вот текст стихотворения:

Слепцы

Слепцы походкой осторожной
Идут дорогой непреложной
И не собьются ни на шаг.
А я сбивался, ушибался
И так порою ошибался,
Что до сих пор звенит в ушах.

Слепорожденным и ослепшим,
Невидящим, конечно, легче,
Конечно, проще им, чем нам,

Отягощенным с детства зреньем,
Презреньем, иногда прозреньем.

Да, мы глядим по сторонам.
Былым путям — не доверяем
И новые пути торим,
Об их ухабах говорим,
Их повороты предваряем.
[Слуцкий 1990а: 9].

«Слепцы», как поэтический мидраш, одновременно «продолжают и нарушают» [Boyarin 1990: 24] традиции, о которых повествуют. Стихотворение, написанное четырехстопным ямбом, самым распространенным размером русской поэзии от А. С. Пушкина до Блока и далее, выбивается из поднадоевшего традиционализма за счет использования нерегулярной системы рифмовки, усечения строф (шесть строк в первой, по пять — во второй и третьей), варьирования метра и большого количества диссонансов, ассонансов и параллелизмов — последние, повторим, особенно характерны для библейской поэтики. Высокий церковнославянский слог мешается здесь с разговорными выражениями и прозаическими высказываниями. Слуцкий доводит до совершенства стилистические приемы, которыми равно широко пользовались футуристы, акмеисты и конструктивисты. Тем самым, в соответствии с их модернистскими установками, он создает реформированный поэтический язык через видоизменение традиции. Здесь уместно привести высказывание Л. В. Лосева о Слуцком: тот «открыл свободное пространство между выдохшимися стиховыми формами девятнадцатого века и камерным чистым экспериментаторством» двадцатого [Лосев 2006: 63].

«Слепцы» — крайне насыщенный шифр как в смысле религиозного, так и в смысле литературного дискурса. С одной стороны, быть слепцом значит быть зрячим. Внешняя слепота таит в себе внутренние прозрения. На ум, конечно, приходят Гомер и прорицатель Тиресий. Более того, поэтическое воображение эпохи романтизма, пересаженное на модернистскую почву, представляло поэтов как зрячих слепых. К. В. Мочульский называл Блока «слепцом-поэтом-ясновидцем». Еще важнее то, что, помимо этих многочисленных отсылок, «слепцы» занимали особую нишу в русской истории и мифологии. Ведь именно слепые странники, так называемые калики перехожие, были переносчиками русской религиозной поэзии и эпоса начиная с домонгольского периода и в последующие века. Они очень привлекали русских поэтов-модернистов, особенно С. А. Есенина. Встреча Пушкина с этими странниками в Святогорском монастыре подтолкнула его к написанию «Бориса Годунова». Слуцкий подчеркивает эти истоки нарратива о слепцах в первых трех строках первой строфы. Они не сбиваются с пути. Идут они осторожно, но дорога их исчислена и непреложна. Поэт сознательно использует устаревшее прилагательное «непреложная», дабы подчеркнуть, что говорит не только о советской современности, к которой больше подошло бы прилагательное «верная» (как в расхожем лозунге «Верной дорогой идете, товарищи!»), но и погружается в недра русской истории, советский этап которой рассматривает как органическую и неизбежную часть — это будет показано в главе 2. В то же время тема бродяжничества однозначно привносит в стихотворение злободневный жаргон сталинской кампании, направленной против космополитов. Выступая в 1947 году на собрании руководителей Союза писателей — это был один из поворотных моментов кампании, — А. А. Фадеев назвал И. Нусинова, исследователя русской литературы и литературы на идише, одним из «беспачпортных бродяг в человечестве» за изучение влияния европейской литературы на Пушкина[15]. Выстраивая собственную систему образов, Слуцкий задается ироническим вопросом: кто же истинный бродяга — еврей или советский русский?

В целом Слуцкий в своих стихах предстает то зорким библейским наблюдателем, то проницательным рассказчиком, то пытливым лирическим комментатором. Эта динамика прослеживается в первой строфе, где плавное течение трех первых

---

[15] На самом деле Фадеев цитирует В. Г. Белинского. Подробный обзор кампании против космополитов см. в [Костырченко 2003: 310–350].

строк, в которых описаны слепые странники, резко сменяется шероховатой и уклончивой речью поэта, полной диссонансов, — он представляет читателю траекторию собственного жизненного пути, тоже шероховатого и уклончивого. Если говорить в метапоэтическом ключе, то все пережитые им ушибы, блуждания и ошибки, связанные воедино фонетическим рисунком, — это недочеты его творчества, которые он сопоставляет с основами русского литературного и исторического воображения, воплощенного в понятии «слепцы». Мандельштам, о коем Слуцкий, судя по всему, думал постоянно, в «Четвертой прозе» делает знаменитое замечание, что он — единственный русский поэт, работающий «с голоса» [Слуцкий 1991b, 3: 171]. Как поясняет Н. Я. Мандельштам, он записывал стихи, которые сперва слышал в голове. Мне представляется, что та же мысль выражена в последней строке первой строфы, где поэт слышит постоянный звон в ушах — результат его падений. Действительно, в слове «уШах», по сути, заключены и «оШибался», и «уШибался»; Слуцкий впоследствии скажет, что он пишет, вставляя «слово в слово» [Слуцкий 1991b, 3: 245][16]. Звон этот — одновременно и эхо последнего стиха, и предчувствие следующего. Не случайно, что в другом стихотворении он скажет: истинный поэт — ходок [Слуцкий 1991b, 2: 108].

Вторая строфа расширяет герменевтическую сетку. В рамках логики стихотворения излечить слепоту невозможно. «Слепой — по-прежнему слеп», как утверждает Слуцкий в одном из своих последних стихотворений [Слуцкий 1991b, 3: 426]. Будь то врожденная слепота или приобретенная, состояние незрячести необратимо. И хотя до того поэт имплицитно намекал на положительные аспекты мифической слепоты, читатель не должен забывать, что в религиозном контексте отсутствие зрения есть

---

[16] Лучшим подтверждением того, что звукопись в стихах Слуцкого выстроена преднамеренно, служит его декламация собственных стихов — внятная, с подчеркиванием каждого ассонанса и диссонанса. Сохранился ряд записей его публичных выступлений. См., например: Стихотворения (аудиозапись): Слуцкий Б. М. Мелодия, 197?. По словам Горелика, Слуцкий часто оценивал качество стихов, декламируя их вслух [Горелик 2003: 36].

свидетельство болезни духа, каковую необходимо излечить. Именно это совершает Иисус во всех трех синоптических Евангелиях (Мф. 20: 30–34, Мк. 10: 46–52, Лк. 18: 35–43) [May 2001: 38–39, 78–79, 133]. Однако в прочтении Писания, предложенном Слуцким, такое невозможно именно потому, что для него способность видеть — экзистенциальное наследственное свойство евреев. Он бросает дерзкий вызов христианскому позиционированию Еврея как слепца, тем самым переписывая паулианскую догму, согласно которой евреи не способны увидеть вечный свет Христа, поскольку придерживаются мертвого закона. Как метко подметил М. Я. Вайскопф, символическим следствием этого мировоззрения было принятое в Средневековье изображение Синагоги с повязкой на глазах. Соответственно, «евреи считались нацией слепцов» [Вайскопф 2008: 9]. Здесь Слуцкий не просто полемически сдвигает координаты еврейскохристианской оси, но и изображает христианство как удобный симулякр Истины. Свои образы он наносит на «карту... еврейскохристианских различий» [Seidman 2006: 30], в основном составленную через анналы еврейского перевода, частью которого, безусловно, является система Слуцкого. Действительно, путь слепца в поэме достаточно прост. Поскольку он лишен отягчающей жизнь способности рассматривать мир и себя, которой наделены зрячие, он движется вперед беспрепятственно. Слепой скиталец предстает как «нищий духом» из Нагорной проповеди (Евангелие от Матфея), чье благословение — в духовном изгойстве. Непреложная дорога вряд ли истинна.

Во второй строфе целый ряд ключевых слов еще конкретнее отсылает к еврейской символике. Во-первых, «нам» превращает лирическое признание первой строфы в декларацию коллективного кредо. На этом этапе творческого пути Слуцкого, с конца 1940-х до 1953 года, «мы» обретает явственные еврейские коннотации. В другом важнейшем тексте этого периода, «А нам, евреям, повезло», который будет проанализирован в главе 2, еврейство также представлено как экзистенциальное ярмо. Во-вторых, слово «презренье», перекликающееся с «прозреньем» в последней строке строфы, напоминает о традиционном отношении христиан к евреям, а конкретнее — является прямой отсылкой к стихотворению Пушкина 1820 года «Черная шаль»: данное там описание еврея стало одним из самых хрестоматийных в русской литературе — к герою постучался «презренный еврей», а тот «дал ему злата и проклял его» [Пушкин 1985–1987, 1: 228]. Слуцкий превращает проклятие в подлинное, пусть и тягостное достояние. В этом смысле «Слепцы» заключают в себе его художественную стратегию отношения к послевоенным бедствиям сталинской антисемитской кампании, которую — в более масштабном смысле — поэт рассматривает как историческое зло. В главе 2 будет показано, что представление о еврействе как о чем-то на первый взгляд тягостном, но заключающем в себе благословение, станет центральным герменевтическим тропом в основных стихотворениях этого периода, начиная от рассуждений о выдумщике Иакове и до прозвания послевоенных антисемитов Валаком и Валаамом. Наконец, последнее слово второй строфы, «прозренье», напрямую связывает «Слепцов» с «Уриэлем Акостой», превращая первый текст в основополагающий для определения позиции Слуцкого (см. ниже).

Третья строфа «Слепцов» содержит в себе одно из самых кардинальных опровержений традиционного библейского взгляда на исторические горести и невзгоды еврейского народа. В заключительных пяти строках стихотворения причудливо переплетаются разговорные и устаревшие слова — в этом прочитывается герменевтический подход Слуцкого. По-прежнему используется местоимение множественного числа «мы», в котором, как уже было сказано, содержится однозначный еврейский подтекст. Гениальность стихотворения Слуцкого заключается в том, что он не только полемизирует с христианской и русской традицией, но и — в разгар очередного еврейского бедствия — дерзает оспаривать библейский нарратив об исторической стезе евреев. Делает он это не впрямую, не прибегая к использованию того, что Роскис называет «священной пародией», которая широко представлена в современной еврейской поэзии [Roskies 1984: 19–20]. Соответственно, художественная оригинальность проистекает из того, в какую позицию автор ставит себя по отношению к священному тексту. Главенствующий тематический троп иудейских пророческих текстов — представление о евреях как о грешниках, забывших Божественные предначертания и сбившихся с пути праведного. Как и в стихотворении Слуцкого, важнейшие компоненты этого представления — слепота и хождение. Например, Ис. 42: 16: «...и поведу слепых дорогою, которой они не знают, неизвестными путями буду вести их; мрак сделаю светом пред ними, и кривые пути — прямыми: вот что Я сделаю для них, и не оставлю их» [Berlin 2004: 868][17]. Слуцкий дает на эти слова подробный, внятный и, на мой взгляд, продуманный ответ. Разумеется, его евреи, как мы помним из предыдущей строфы, слепыми быть не могут. Более того, в соответствии с видением пророка, «отягощенные зрением» из стихотворения тоже вступают на новую дорогу, однако она вряд ли окажется прямой и светлой, на ней ждут ухабы и повороты. Тем самым Слуцкий сбивает библейский нравственный компас возмездия, которое воплощено в наказании евреев Богом, за чем следуют покаяние и воздаяние. Мессианство Исайи он замещает приземленной фактографичностью. Евреи сбиваются с пути и глядят по сторонам — прежде всего на иностранные культуры (в конце концов, стихотворение Слуцкий пишет по-русски), что признано пороком как в библейской, так и в раввинистической литературе, равно как и, что характерно, в советском климате антикосмополитизма, но теперь именно в этих действиях заключена суть выживания евреев, которые не знают прямых нехоженых путей, а осторожно идут собственными извилистыми дорогами. Соответственно, сопряженный с ошибками, но ведущий к искуплению путь поэта, изображенный в первой строфе, совпадает с уникальным путем его народа. УХабы на еврейских дорогах в буквальном смысле отдаются у него в ушаХ.

Книга Иеремии добавляет еще один явственный слой к мидрашу поэта. Вот что сказано в Иер. 6: 16: «Так говорит Господь: остановитесь на путях ваших и рассмотрите, и расспросите

---

[17] Похожее использование слепоты как знака падения евреев, от которого Бог их излечит, см.: Ис., гл. 42, 44.

о путях древних, где путь добрый, и идите по нему, и найдете покой душам вашим. Но они сказали: "не пойдем"» [Berlin 2004: 937]. Грешные народы отвергают Его повеление вернуться к «путям древним», то есть в русло Закона, и будут за это наказаны. Вторая строка строфы, с ее архаичными «былыми путями», — прямой парафраз данного фрагмента и явственное его отвержение: Слуцкий подтверждает (строфа начинается с прямолинейного «Да») и даже восхваляет сомнения евреев в уроках незапамятных времен. Кроме того, Иер. 18: 15 звучит так: «А народ Мой оставил Меня; они кадят суетным, споткнулись на путях своих, оставили пути древние, чтобы ходить по стезям пути непроложенного» [Berlin 2004: 964]. Устами пророка Бог сетует на то, что Его народ, подобно неверной жене, оставил былые пути. Иудеи разучились следовать по ним, вместо этого они, постоянно спотыкаясь, идут путями неведомыми. Во второй раз Слуцкий напрямую перефразирует слова пророка в последних трех строках строфы[18]. Он полностью развенчивает тональность и смысл Писания, заявляя, что этика Библии более не подходит для определения вех и центральных моментов еврейского бытия. Торная дорога становится мощеной, а крутые повороты предусматриваются заранее. Слуцкий, безусловно, точен, когда в стихотворении «Пророки и прогнозисты», написанном в конце 1960-х годов, говорит о своем творчестве: «В отчете для инстанций директивных / Вдруг ямбы просыпаются хромые, / И прогнозист времен радиоактивных / Подписывается так: Иеремия» [Слуцкий 1991b, 2: 263]. «Слепцы» проясняют смысл этих строк, каковые следует рассматривать в качестве комментария к более раннему стихотворению, подтверждающего, что поэт вступает в диалог с Иеремией. Да, «новые пути», по которым идут зрячие, именно таковы: ухабистый и тернистый стих, эстетически — модернистско-русский / библейско- и герменевтически-еврейский, одновременно отрицающий вечные парадигмы и опирающийся на них.

---

[18] «Новые пути торим» соответствует «они кадят суетным, споткнулись на путях своих», «их повороты предваряем» — «ходить по стезям пути непроложенного».

Обвиненный государством, оплотом кремлевского бога-тирана, в отсутствии корней, Слуцкий вкладывает в «Слепцов» собственное, чуждое раскаяния представление о еврействе, отличающееся глубиной как исторического, так и мифологического охвата. Актуальность уступает место исторической широте. Слуцкий противопоставляет экзистенциальную еврейскую практичность христианской, русской и библейской моделям слепоты, равно как и романтизированному представлению о судьбах еврейства, преобладавшему в дискурсе рубежа веков. Тем самым он вступает в спор со своим ментором Эренбургом, который говорит о неутолимой жажде новизны у евреев и об их стремлении отрицать любые условности [Сарнов 2004b: 355–385]. Евреи Слуцкого с недоверием относятся и к былым путям, но при этом шаг их ровен, осмотрителен, фактографичен и лишен восторженности. Если движение слепцов осторожно и просчитано, то у евреев оно изменчиво и постоянно обновляемо. Конечная проверка этой формулы представлена в канонической точности «Уриэля Акосты».

Возврат

> ...стихи жили в ящике, словно евреи в гетто: рождались, учились, взрослели, создавали семьи, работали и умирали, не выходя отсюда.
>
> Н. И. Басовский. *«Памяти Б. А. Слуцкого»*

Стихотворение «Уриэль Акоста» известно по большей части в сокращенном варианте, при этом полный его текст можно считать уникальным примером еврейской герменевтической поэтики в русской традиции. В его 14 строках сказано:

> Созреваю или старею —
> Прозреваю в себе еврея.
> Я-то думал, что я пробился.
> Я-то думал, что я прорвался, —
> Не пробился я, а разбился,

Не прорвался я, а зарвался...
Я читаюсь не слева направо,
По-еврейски: справа налево.
Я мечтал про большую славу,
А дождался большого гнева.
Я, шагнувший ногою одною
То ли в подданство, то ли в гражданство,
Возвращаюсь в безродье родное,
Возвращаюсь из точки в Пространство...[19]

В книге «Каббала и литературная критика», представляющей собой исключительный пример еврейской герменевтики на службе у западной критической мысли, Г. Блум размышляет о природе смысла в поэзии:

> Великий урок, который современная герменевтика может извлечь из каббалы, заключается в том, что смысл запоздалых текстов — всегда скитающийся смысл, подобно тому, как евреи, запоздалый народ, были народом скитальцев. Смысл скитается, бродит среди людей, как беда, как ошибка кочует из текста в текст, а внутри текста — из тропа в троп. И этим блужданием, этим заблуждением правит прекрасная потребность защищаться. Ибо не только интерпретация является защитой, но и самый смысл — защита, и смысл блуждает, дабы защитить себя [Блюм 1990].

Эта теория «кочующего смысла», созданная толкователем западной традиции, который наделен еврейским сознанием, — яркий пример палимпсестовой структуры «поздней» системы Слуцкого, каковая, существуя «после традиции» [Roskies 1995: 5],

---

[19] Полностью процитировано в [Свирский 1995: 494]. Г. Ц. Свирский пишет, что стихотворение было написано после войны, по ходу антисемитской кампании. Я согласен с Маркишем, что оно относится к началу 1960-х. Как я выяснил, отрывки из биографии Акосты были опубликованы по-русски в 1964 году в сборнике, посвященном иудаизму: при своей антирелигиозной направленности он содержал ряд серьезных научных исследований Библии, истории каббалы и хасидизма. Слуцкий, вне всякого сомнения, читал эту книгу. Вероятно, на написание стихотворения его натолкнуло чтение Акосты. См. в [Беленький 1964: 421–437].

II. Координаты: исток — возврат — затвор

предпринимает отчаянные попытки вернуться к *истоку* через мидраш разрыва и неудовлетворенности. Осколки смысла синхронно кочуют по текстам поэта, защищая возможность существования в XX веке и его верной *позиции*, и само́й библейской поэтики[20]. Смысл, как подчеркивает Блум, создается актом толкования; именно смысл полностью восстанавливает искупительный потенциал диалога Слуцкого с Писанием. По сути, «Уриэль Акоста» начинается в точке разлома и падения, обнажая хрупкость и греховность русского отступничества Слуцкого, а потом приходит к желаемому конечному пункту смирения и обновления. Связь поэта с Акостой, историческим персонажем, выглядит одновременно и иронической, и крайне плодотворной. Известный выкрест XVII века, впоследствии вернувшийся в лоно иудаизма и обнаруживший, что его не устраивают обе религии, в 1640 году совершил в Амстердаме самоубийство, разочаровавшись во всем. В своем авторитетном исследовании, посвященном Спинозе и другим вероотступникам, Й. Йовел представляет Акосту провозвестником как космополитизма, так и индивидуализма [Yovel 1989]. Разнообразные театральные постановки, основанные на биографии Акосты, от немецкой пьесы К. Гутскова 1846 года до варианта на идише, написанного Аврамом Гольдфаденом и поставленного в Московском государственном еврейском театре в 1922 году, выводят на первый план бунтарский дух персонажа[21]. Как и в «Слепцах», о прозрении которых говорится в «Уриэле Акосте», Слуцкий отказывается от ярлыка космополитизма: и политического, и философского, и более узкоконкретного, вернее — этнического, замещая их

---

[20] Важно помнить, что Р. Барт определяет любой текст как промежуточную точку в отношении другого текста. См. [Фатеева 2007: 10].

[21] В спектакле Московского государственного еврейского камерного театра в постановке А. М. Грановского, с С. М. Михоэлсом в роли Акосты, Акоста показан не как специфически еврейский персонаж, а как человек, взбунтовавшийся против своего времени. Судя по отзывам, спектакль провалился именно потому, что Грановский деевреизировал Акосту. См.: Гейзер М. Михоэлс. М.: Молодая гвардия. С. 81. Об Акосте в русском контексте см. [Murav 2003: 117–118].

своим самобытным лирическим взглядом, по-новому задающим всю парадигму Акосты.

Кроме того, продуктивно будет рассмотреть текст Слуцкого в качестве примера converso. По определению Колберта Непаулсинга, «тексты converso... затемненностью и многозначностью скрывают свой полный смысл от некоторых читателей, одновременно... открываясь искушенному читателю, умеющему извлекать глубинные и порой противоречивые смыслы» [Nepaulsingh 1995: 27]. Более того, эта специфическая непрозрачность — результат отсылок к самым разным культурам, что выводит упомянутые тексты за традиционные «монокультурные» рамки [Nepaulsingh 1995: 7]. Действительно, если *расспрашивать* поэзию Слуцкого в иудаистско-герменевтическом ключе (чего, на мой взгляд, его стих и требует от читателя), а не анализировать сквозь привычную парадигму ассимиляционизма, то можно выявить ее глубинный смысл. Вопрос о том, имела ли его модель поэтики предшественников в русской поэзии, пока остается открытым, однако эта модель дает нам в руки инструменты для нового прочтения и осмысления путей русскоязычной еврейской словесности[22]. Более того, такая задача по силам только литературоведу, владеющему мультикультурной методологией и учитывающему «еврейско-христианские» или русско-еврейские различия. Впрочем, отнести поэзию Слуцкого к converso трудно потому, что он строит свою систему — оставим в стороне преходящие проблемы с цензурой и необходимостью публиковаться — на твердом основании русского языка, истории и традиции. Слуцкий — поэт-одиночка, стоящий особняком, но ни в коем случае не мелкий и не проходной. Отсылки и аллюзии, звучащие в его стихах, неизменно наполнены глубоким смыслом в контексте еврейской культуры; в то же время они являются значимым фактом общественной жизни, равно как и истории русской поэзии, и мифологемой XX века. Соот-

---

[22] Случай Г. В. Сапгира, нестандартно проанализированный Шраером и Д. Шраером-Петровым, потенциально представляет собой богатую параллель к еврейскому мышлению Слуцкого. См. [Шраер, Шраер-Петров 2004].

ветственно, хотя слово Слуцкого скрывает «еврейский "тайный транскрипт"» [Seidman 2006: 29] в каталоге русского стиха, сам Слуцкий старательно следит за тем, чтобы его «скрытопись»[23] оставалась переводимой.

Седьмая — десятая строки стихотворения, отсутствующие во всех перепечатках в антологиях и сборниках, — «послание в бутылке» к читателям будущего. Семантически неоднозначное «Я читаюсь... по-еврейски» следует трактовать не как «меня читают» — в этом случае в рамках советского антисемитского контекста оно обретает политические коннотации, а как «меня следует читать» — и в этом случае оно воплощает в себе позицию Слуцкого, в которой частности перевода звучат в полную силу. На протяжении всего своего творческого пути Слуцкий играет с читателем одну и ту же шутку: оригиналы его текстов недоступны изначально, и, значит, стихи — всего лишь симулякры. Читателю доступны только переводы, но здесь уместно вспомнить слова В. Беньямина, что в переводе «оригинал поднимается в более высокие и чистые слои языкового воздуха», а следовательно, «в определенной степени все великие тексты содержат между строк свои потенциальные переводы; в особенности это верно по отношению к священным писаниям» [Benjamin 2004: 257]. Лингвистический утопизм Беньямина, в целом чуждый мировоззрению Слуцкого, в данном случае выглядит уместно. Оригиналом Слуцкому служит Библия, каковую он переводит герменевтически, создавая парадигму, «где объединены буквализм и свобода» [Benjamin 2004: 262]. Отсюда — «Я читаюсь не слева направо, / По-еврейски: справа налево»: с одной стороны, это — очередное провозглашение его герменевтического кредо, а с другой — технический прием, с помощью которого в текст стихотворений вводятся библейские цитаты. Этот прием построен так же, как и круг, что на странице Талмуда говорит о присутствии текста из Библии. Как и в Талмуде, библейскую ссылку необходимо перевести (русский Слуцкого — раввинистический арамейский) и расшифровать. Тем самым

---

[23] Этот термин в связи с поэзией Слуцкого ввел Сухарев [Сухарев 2003].

читатель вписывает себя в творческий процесс поэта, одновременно и завершая, и обнажая его.

«Уриэль Акоста» — стихотворение о грехопадении и жажде славы, о профанации священного и упорствовании в ереси. Мне представляется, что в нем Слуцкий прочитывает через призму собственной творческой судьбы 32-ю главу Книги Исход — историю о золотом тельце, хрестоматийный библейский нарратив о дерзости и идолопоклонничестве евреев. Чем было это невероятное событие, как не полем битвы между тягой к священному и довольствованием низменным, между непознаваемым и ощутимым? Слово «гнев», по-еврейски «аф» (гнев, обрушенный Богом на израильтян, впавших в идолопоклонничество), повторяется в главе пять раз, гораздо чаще, чем в любом другом фрагменте библейского текста. Трижды оно употреблено применительно к Богу и дважды — к Моисею, который уничтожает скрижали Завета, увидев, что народ его пляшет перед кумиром. Поэт сравнивает себя с древними израильтянами, каковые, возжаждав сомнительной славы у подножия горы Синай, в итоге опамятовались, познав гнев своего вождя и Бога — гнев, который принял форму гибели многих, санкционированной свыше (Исх. 32: 27–35).

Понятие «слава» в девятой строке представляется программным; я дал бы ему определение «буберовский leitwort». В совместных с Ф. Розенцвейгом трудах, посвященных Библии и переводу в XX веке, Бубер определяет библейский нарратив как совокупность leitwort'ов — слов и корней, «осмысленно повторяемых в рамках текста, или ряда текстов, или комплекса текстов», посредством которых «смысл текста обнажается, либо проясняется, либо как минимум усиливается» [Seidman 2006: 114]. Не будет преувеличением сказать, что leitwort'ы доминируют в языке Слуцкого; создание их словаря — задача для грядущих исследователей его творчества. Присутствие leitwort'ов усиливает библейское звучание его произведений, устанавливая внутри них связи на уровне не только целых стихотворений, но и разрозненных строк, фраз и слов (опять же, на ум приходит раввинистическое прочтение Писания). Они же включают его поэтическое наследие в область того, что Гинзбург называет дедуктивным поэтическим мышлением, примером чего служат лирические конструкты, основанные на кодовых словах [Гинзбург 1982: 15–42]. В системе Слуцкого «слава» — одновременно и герменевтический, и метапоэтический leitwort. Он обозначает поэзию, загадочность этого феномена и тернистый путь ее создания. В стихотворении «Загадка славы», где Слуцкий подводит итог своим попыткам осмыслить это понятие, слава — одновременно и непостижимая древняя хеттская речь, чьи корни уходят в Библию, и загадка природы, и тишина, после которой «более ни одна / не напишется строчка» [Слуцкий 1990c: 182–183]. Для Слуцкого слава — начало и конец, священный язык, откуда рождается творчество, «стих новый / Ложится в песнь древнюю», если говорить словами другого поэта с герменевтическим складом мышления [Элиот 2000: 367][24]. Так, в «Уриэле Акосте» слава, о которой мечтал поэт, — это одновременно и его творчество на русском языке, и тиран, коего он, понимая особенности своей эпохи, объявляет победителем в противоборстве со Всевышним. Слуцкий подчеркивает советские коннотации слова, в котором тем не менее звучит церковнославянское библейское эхо. Действительно, в Библии «слава» («кавод») — один из атрибутов Бога. Взирая на Бога, Моисей видит Его непостижимую «славу»: «Моисей сказал: покажи мне славу Твою. И сказал Господь: Я проведу пред тобою всю славу Мою и провозглашу имя Иеговы пред тобою, и кого помиловать — помилую, кого пожалеть — пожалею» (Исх. 33: 18–19) [Alter 2008: 505]. Герменевтический прием позволяет сделать так, что «большая слава» начинает относиться к деспоту (см. стихотворение «Слава») [Слуцкий 1991b, 1: 184], которого Слуцкий называет «богом», а «гнев» — исключительно к Иегове, Который вернул Себе Свои права и теперь судит оплошавшего поэта; отсюда «большой гнев» в десятой строке.

---

[24] Между Элиотом и Слуцким вообще существует много общего на уровне звукописи. Слуцкий, который был в состоянии читать английскую поэзию в оригинале, хорошо знал стихи Элиота.

В итоге поэт возвращается в «пространство». Он признаёт, что по ошибке перешел «то ли в подданство, то ли в гражданство». Два этих термина, которыми обозначена русская поэзия, намеренно и полемически взяты из юридического лексикона. Прочтение Слуцким еврейской Библии, каковую в христианском дискурсе пренебрежительно именуют мертвым законом, отличается строгостью и одновременно лиризмом и великодушием; притом его русские стихи, где предпринята попытка извлечь из Библии суть еврейства, ведут в неизбежный тупик распада личности поэта. Оба понятия обладают особой символической нагруженностью. Первое, «подданство», раскрывается в стихотворении «Музыка далеких сфер» [Слуцкий 1989а], где Слуцкий называет себя подданным русской поэзии. Второе, «гражданство», легко истолковать в свете другого стихотворения, опубликованного в 1971 году, где поэт пишет: «Говорить по имени, по отчеству / вам со мной, по-видимому, не хочется. / Хорошо. Зовите "гражданин"... / В понимании Рылеева» [Слуцкий 1991b, 2: 262]. Называя имя К. Ф. Рылеева, декабриста, современника Пушкина, Слуцкий напоминает о долге русского поэта быть пророком и гражданином. Отказывается ли он тем самым от своего места в русской традиции, разрывает ли символически все связи с ее историей и содержанием? На мой взгляд, нет, но только если прочитать три последних строки стихотворения как еще один вклад в его *перевод* Книги Исход.

В рамках существующего, далеко не полного анализа этого стихотворения (в его усеченном варианте) «безродье» и «пространство» Слуцкого намеренно подаются как чисто этнический конструкт, лишенный всякого культурного или религиозного значения[25]. Маркиш, первый, кто процитировал это стихотворение в полном объеме, предлагает наиболее последовательный вариант такого прочтения. Он пишет:

---

[25] См., например, [Гуткина 2004]. Мое прочтение стихотворения в сокращенном варианте сильно отличается от приведенного здесь анализа. См. [Grinberg 2007a: 29–49]; [Гринберг 2008]; [Grinberg 2006b]; [Grinberg 2006a].

Мне представляется, что даже в этих нескольких строках, помимо обиды за отверженность... присутствует определенная «радость узнавания»... радость возвращения. Слуцкий испытывает ностальгию по еврейскому прошлому, еврейской цивилизации, но лишь по *своей собственной*, по домашнему миру детства и юности, проведенных в Харькове — первой столице советской Украины. Это ностальгия по миру, который был очень далек от древней еврейской традиции, по миру почти полностью ассимилированному, но притом особому, безусловно еврейскому, не смешавшемуся с русским и украинским мирами.

Отметим по ходу дела, что эта ностальгия по «малой» еврейской цивилизации — смешанной, размытой, ассимилированной, ограниченной во времени и пространстве — не чисто русское явление...

Слуцкий — еврейский поэт, поскольку в нем присутствует еврейское чувство верности задачи еврейской цивилизации — обнищавшей, скудной, но что ж ему делать, никакой иной он не знает. При этом Слуцкий — русский еврейский поэт — никогда или, выразимся осторожнее, почти никогда не смешивается и не совпадает со Слуцким — русским поэтом, народником и плебеем, который присутствовал не только в официальной печати, но и в самиздате с его знаменитыми стихами против Сталина 1950-х и 1960-х годов [Markish 1999].

Маркиш исключает еврейский фактор из творчества Слуцкого, представляя его в жизни поэта некой произвольной составляющей: поколенческой, показательной, эволюционной, но прежде всего личной и достойной восхищения. В мировоззрении Слуцкого он усматривает знакомую советскую еврейскую модель[26]. В соответствии с выдвинутым здесь постулатом о том, что Слуцкий постоянно открывает Библию для собственных хождений по мукам, выскажу предположение: слово «Пространство», намеренно написанное у Слуцкого с прописной буквы, — это его перевод библейской «Земли обетованной». Подобным же образом

---

[26] Как уже было показано в одной из моих статей, «возврат» Слуцкого в «Уриэле Акосте» также отличается от всех других случаев «возврата» в русской и еврейской поэтике, самые характерные примеры которых — «Спокойной ночи, мир» Я. Глатштейна и «Я рос тебе чужим...» С. Я. Надсона. См. [Grinberg 2007a: 36–37].

его «безродье» обозначает не пустую «скудную» юдоль еврейской цивилизации, но служит отсылкой к Ханаану — родной земле, изначально завещанной праотцам, однако превращенной в «безродную» и бесплодную идолопоклонством. Именно в это пространство, в землю ханаанскую, Бог обещает Моисею привести народ Израиля. Само прилагательное «обширный / занимающий большое пространство», по-еврейски «рехав[а]», которым охарактеризована эта земля (Исх. 3: 8), и глагол «распространять», «ярхив / гирхив» (Исх. 34: 24), — производные от древнееврейского корня «р-х-в», обозначающего в Библии обширность, прежде всего земель; отсюда фраза «рахавей-арец». Поэт одновременно удачливее и прозорливее первого пророка. Наказанный за непослушание, Моисей умирает у границ земли, текущей молоком и медом, — входя в пределы своего созидательного обетования, в земли неведомые и зияющие, но одновременно и совершенно знакомые, как и собственно библейский текст. «Точка», соответственно, — это не юдоль всего русского, а *точка возврата* в системе Слуцкого к истоку, из пространства которого (вернемся к терминологии Аверинцева) «все вытекает». Тем самым Слуцкий возвращает свой герменевтический еврейский проект, актуализированный в понятиях перевода, в рамки русской традиции, о которой, и это не удивительно, в другом стихотворении он говорит, что она постоянно расширяет свои рубежи[27]. Для понимания всего творчества Слуцкого важно, что свою поэтику он выстраивает пространственно, отталкиваясь от первостепенной важности понятия «земля» как в библейской, так и в русской традиции.

Мидраш Слуцкого о золотом тельце вводит его систему в диалог с историей еврейского перевода и с ключевым посвященным ей текстом, статьей Бялика «Галаха и агада» (1917). В ней Бялик приводит цитаты из диспута талмудистов о том, какие «священные книги следует спасать [в субботу] от пожара... если они написаны в переводе на какой бы то ни было язык... Рабби Иоси говорит: "Не следует спасать их от пожара"». Бялик вступает

---

[27] Речь идет о стихотворении «Родной язык». Подробный анализ см. в главе 12.

II. Координаты: исток — возврат — затвор

в диспут и пишет: «Кто станет отрицать, что эта маленькая и сухая галаха дает нам... цельное образное представление об историческом и душевном отношении различных слоев еврейского народа к двум из наиболее важных своих ценностей — к языку и литературе? Не очевидно ли, что этот спор в Мишне и есть та "распря языков", которая продолжается в среде еврейства с того времени вплоть до нынешнего дня?»[28] Откликаясь эхом на слова великого еврейского поэта, откликающегося, в свою очередь, на слова блаженных мудрецов древности, я задаю вопрос: будет ли спасен мидраш Слуцкого?

Далее Бялик приводит цитаты из разных раввинистических источников, посвященные «языковой проблеме», причем важнейшая из них — мнение, зафиксированное в хронике «Мегилат Таанит» и в талмудическом трактате Софрим (1: 7): «Тот день, когда Тора была переведена на греческий язык, был так же тяжел для Израиля, как и день содеяния золотого тельца, а Эрец Исраэль в течение трех дней был тогда покрыт мраком». Неведомо, учитывает ли Слуцкий эти толкования, когда обращается к эпизоду про золотого тельца. Ясно одно: используя Исх. 32 в качестве образца для перевода, он декларирует нестойкость и дерзновенность перевода и с русской, и с еврейской стороны. Свою оценку языка, причины «раздвоения народного сердца», Бялик заканчивает формулировкой того, как этот вопрос будет виден в его эпоху: «Мудрецы говорят: учение должно быть только на древнееврейском. Один говорит: на древнееврейском, или арамейском, или любом ином языке. Другой говорит: еврейские предметы — на древнееврейском, прочие — на любом ином языке. Рабби такой-то говорит: учение должно быть только на еврейском» [Bialik 2000a: 56–57]. Слуцкий же требует, чтобы его тоже читали «по-еврейски». Далее Бялик объясняет, что под «еврейским» следует понимать идиш, который он называет «еврейско-немецким» (в оригинале на иврите — «иври-тайч»): в этот термин, если вспомнить Блума, изначально зало-

---

[28] Бялик Х. Н. Галаха и агада. URL: jhistory.nfurman.com/traditions/halaha.htm (дата обращения: 13.09.2020).

жено понятие перевода. Тем самым этот термин символически указывает на язык Слуцкого, место встречи русской логоцентрики, идишкайта и гебраизмов. Чтобы ответить на поставленный выше вопрос, будет ли спасен мидраш Слуцкого, я вновь обращаюсь к Бялику, который утверждает: «Спасают самые разнообразные священные предметы, и пути спасения их разнообразны, однако внутреннее духовное содержание всегда одно: спасти драгоценное национальное достояние от гибели способом, соответствующим темпераменту и взглядам спасителя» [Bialik 2000a: 63]. Герменевтический перевод / толкование, в чистой форме представленные у различных рабби и у Бялика соответственно, «помечают одновременно и преемственность, и разрыв» [Seidman 2006: 31]. Ракурс и тональность подобного прочтения Слуцкого подчеркивают преемственность как признак его поэтики.

Соответственно, «Уриэль Акоста» — это Книга Исход Слуцкого, которая сглаживает провал его проекта и представленную в нем перестановку параметров библейской справедливости. Это стихотворение одновременно и поправка к «Слепцам», и их завершение, поскольку «Слепцы», где путь поэта и его народа изображен как полный ошибок, предлагают радикально новую формулировку этических и исторических тропов пророков. В этом стихотворении зрячие «мы» периодически обретают прозрение, то есть к ним возвращается способность видеть. Подобное озарение посещает поэта и в «Уриэле Акосте». Его ждет «большая», но не «громкая» слава. Комментируя процитированный выше стих из Исх. 33: 18, Альтер указывает: «Нам вряд ли удастся с точностью установить, что именно слово *кавод* — слава, честь, Божественное присутствие, а в буквальном смысле "весомость" — означало для древнееврейского воображения» [Alter 2008: 505]. В системе понятий Слуцкого «слава» действительно несет в себе как загадочность, так и тяжкие исторические бедствия. Однако в 19-м стихе той же главы Бог вместо этого открывает Моисею Свою «всеблагость» (*тув*), которая, по словам Альтера, есть «проявление Его нравственных свойств как Божества. Притом всеблагость Господа недоступна для человеческих предсказаний, расчетов и манипуляций: Бог обладает неотделимым правом даровать благодать и сострадание любому, кого Он изберет, например Моисею». В рамках своей герменевтики поэт открывает эту *тув* и тем самым делает для себя возможным процесс возврата. Представление о принадлежности к еврейству как об обеспечивающей выживание и обновление «благодати», которая принимает форму неизбежного бремени, восходит к «Слепцам».

В свете такого прочтения «Прозреваю в себе еврея» Слуцкого приобретает глубокий и многослойный смысл. Как в случае двух сообщающихся сосудов в физике, образы двух стихотворений бесконечно перетекают из одного в другое. Смысл постоянно блуждает между ними, но более уже не по ошибке и не из необходимости защищаться, а в силу целительного элемента, заложенного в авторскую поэтику.

И, наконец, герменевтические приемы Слуцкого можно проследить и на уровне языка. Как в «Слепцах», так и в «Уриэле Акосте» звукопись служит одним из организующих принципов стиха. Притом в «Уриэле Акосте», где русский — это перевод с библейского, фонетическая игра построена на прямом включении древнееврейского в фактуру русской речи. Следуя принципам Хлебникова, Слуцкий строит шесть первых строк вокруг повтора одних и тех же согласных в глаголах (-сзр-, -стр-, -прз-, прб-, -рзб- и т. д.), смысл которых видоизменяют приставки (со-, про-, ра-, за-). В этом нет ничего необычного: Слуцкий, как всегда, сполна использует все ресурсы русской речи. Примечательно то, что он прибегает к трехконсонантным «кластерам». Мне представляется, тем самым он «заимствует» из иврита морфологический прием, основанный на создании семантики слова через сочетание трехбуквенных корней со всевозможными морфологическими элементами глаголов, прилагательных и существительных[29]. В результате морфемы в стихе работают как библейские цитаты. Возвращаясь к терминологии Беньями-

---

[29] Моя теория заимствований основана на понятиях Фатеевой «заимствование приема» и «претекст» [Фатеева 2007: 146, 156].

на, я бы сказал, что в переводах Слуцкого широко используется языковой «буквализм», с помощью которого в русском языке создаются слова-заимствования из иврита — тем самым автор заставляет русский язык «читаться справа налево», с «инаковостью» интерпретации.

Это в высшей степени *еврейский* перевод. Э. Гринстейн, библеист-теоретик, дает еврейскому переводу чрезвычайно точное название «иврито-буквальный», отмечая, что «не будет сильным упрощением назвать иврито-буквальный стиль перевода еврейским, в отличие от идиоматического евангелического христианского подхода». Такой еврейский перевод «ведет слушателя к источнику на иврите», где «конфигурация ивритских фраз, слов и даже букв» дает материал для экзегетического прочтения[30]. Действительно, лирический герой Слуцкого, чей «иврито-буквальный» голос доведен в «Уриэле Акосте» до совершенства, — это в чистом виде герменевтическая фигура. «Переводчика как писца... невозможно понять без отсылки к переводчику как автору / толкователю», — пишет один ученый [Ellis 1989: 4]. В творчестве Слуцкого задействованы все три этих роли.

Затвор

В стихотворении, написанном в последний год творческой деятельности, Слуцкий говорит:

> Я знаю, что «дальше — молчанье»,
> поэтому поговорим,
> я знаю, что дальше безделье,
> поэтому сделаем дело.
> Грядут неминуемо варвары,
> и я возвожу свой Рим,
> и я расширяю пределы.
> [Слуцкий 1991b, 3: 404].

---

[30] Цит. по [Seidman 2006: 17].

В канун своего ухода из творчества Слуцкий цитирует Гамлета: «Дальнейшее — молчание». Однажды он уже отмечал, что для него сочинение стихов — это способ «выговориться» [Слуцкий 1989с], а теперь приглашает к «спокойной» последней беседе[31]. Надежда его неколебима: он не только убежден в том, что возведет свой Рим — свою систему, но и, оставаясь верным территориальной образности, играющей столь важную роль в «Уриэле Акосте», утверждает, что одновременно расширяет собственные пределы. Да, пределы, по всей видимости, были расширены совершенно преднамеренно, однако пространство творчества осталось под строгой охраной. Вне всякого сомнения, посягнувшие на нее варвары — это смерть, осмысление которой стало основным занятием поэта после кончины жены, а также распад его эпохи по мере того, как оценка сталинизма и войны начала отступать на второй план в сознании либеральной советской интеллигенции. Притом утверждать, следуя убедительной логике И. И. Плехановой, что творческий закат Слуцкого был вызван разрывом между его экзистенциальной художественной «игрой» и внешним миром, значит не принимать в расчет внутренний и самодостаточный характер поэтики Слуцкого, обладающей, благодаря его познаниям в герменевтике, способностью к регенерации [Плеханова 2003]. Необходимо подчеркнуть: варвары по большей части нападали изнутри. Опоры, которые удерживали Слуцкого в рамках русской традиции, пошатнулись, сделав его одинокое существование в образе русскоязычного писца-поэта-переводчика невозможным. В «Переобучении одиночеству» он пытается снова встать во весь рост в пустоте безъязыкого вакуума. Эта полная мифологической мощи элегия завершает еврейско-герменевтический проект Слуцкого:

> Я обучен одиночеству.
> Я когда-то умел это делать,
> знал эту работу:

---

[31] В описании, о котором речь шла выше, Бродский, в частности, говорит: «Тон его — твердый, трагический и безразличный — так обычно выживший говорит, если вообще на это решается, о том, где выжил и когда».

встать пораньше, лечь попозже,
никому не мешая
и не радуясь
никому.
Долгий день в промежутке от утра и до вечера
провести, никому не мешая
и никому не радуясь.
Я забыл одиночество.
Точно так же, как, проучившись лет восемь игре на рояле
и дойдя до «Турецкого марша» Моцарта
в харьковской школе Бетховена,
я забыл весь этот промфинплан,
эту музыку,
Бетховена с Моцартом
и сейчас не исполню даже «чижик-пыжика»
одним пальчиком, —
точно так же я позабыл одиночество.
Точно так же, как, выучив некий древний язык
до свободного чтения текста,
забыл алфавит —
я забыл одиночество.
Надо все это вспомнить, восстановить, перевыучить.
Помню, как-то я встретился
с составителем словарей того древнего,
мною выученного и позабытого
языка[32].
Оказалось, я помню два слова: «небеса» и «яблоко».
Я бы вспомнил всё остальное —
всё, что под небесами и рядом с яблоками, —
нужды не было.
Подхожу к роялю и тычу пальцами в клавиши:
о-ди-но-че-ство!
Выбиваю мотив одиночества.

---

[32] Скорее всего, речь идет о Ф. Л. Шапиро: его иврит-русский словарь, опубликованный в 1963 году, был в СССР единственным в своем роде. См. [Шапиро 1963].

> У меня есть нужда
> вспомнить, восстановить, реставрировать,
> вновь освоить,
> перечувствовать до конца
> одиночество.
> [Слуцкий 1991b, 3: 390–391].

Стихотворение довершает образ лирического героя Слуцкого, обнажая биографический компонент (смерть Т. Дашковской в 1977 году)[33], герменевтический (чтение Книги Бытия) и экзистенциальный (осмысление развязки). Будучи размышлением об иврите («древнем языке»), оно включает в себя «иврито-буквальный» перевод через воспроизведение библейского ивритского синтаксиса. Строки стихотворения, поочередно и короткие и длинные, повествовательная интонация, «эмфатические» повторы, семантические и синтаксические параллели и преобладание глаголов искусно воспроизводят основы библейского стиля. Слуцкий воссоздает библейскую интонацию, не прибегая к велеречивым архаизмам. Его гибкий размер — преимущественно дактиль — и гетероморфная ритмическая структура естественным образом приближаются к «свободному ритму» библейской версификации[34]. Его лексикон сведен к минимуму: скупой, прозаический, однако вбирающий в себя почти барочные аллитерации; здесь же — биографические подробности. И то и другое достигает библейских глубин.

Что касается биографических отсылок, то описание одиночества в первых строках стихотворения воскрешает в памяти воспоминания поэта о том, как он после войны начал писать стихи [Слуцкий 2005: 177–186]. Покинув уютный родительский дом в Харькове, он перебрался в Москву, где, сперва полный надежд, а потом — в совершенной безысходности, стал в одиночестве сочинять стихи, отрешаясь от окружающей суеты, од-

---

[33] Сразу после смерти жены Слуцкий написал цикл душераздирающих стихотворений, Ройтман называет это «Таниным циклом». См. [Ройтман 2003: 183–197].

[34] Термин предложил Б. Харшав. См. в [Alter 1985: 19].

новременно и от поклонников, и от злопыхателей. Постоянного места жительства у него не было, в итоге он неизбежным образом близко познакомился с одиночеством. Кроме того, он получил самый, по его мнению, важный для поэта урок: вычеркивать ненужные строки. «Переобучение одиночеству» — дань этому уроку. Воспоминание об уроках музыки также крайне важно в специфическом контексте подхода Слуцкого к написанию стихов. В стихотворении, озаглавленном «Музшкола имени Бетховена в Харькове» (опубликовано в 1964 году), он вспоминает, какие мучения претерпел, обучаясь игре на фортепиано. Завершается стихотворение так:

> ...что музыка моя — совсем другая.
> А рядом, мне совсем не помогая,
> скрипели скрипки и хирел хорал.
> Так я мужал в музшколе той вечерней,
> одолевал упорства рубежи,
> сопротивляясь музыке учебной
> и повинуясь музыке души
> [Слуцкий 1991b, 2: 21–22].

Рисуя автопортрет в юности, Слуцкий вычеркивает из сердца чужую музыку и выводит формулу своей поэтики: «знать, как делать» стихи, — то же, что «знать, как делать» одиночество, если вспомнить статью Маяковского «Как делать стихи». Именно в эту решающую минуту в стихотворении возникает еврейский элемент, наполняя понятие одиночества, прежде туманное и связанное с личной трагедией, экзегетическим смыслом.

Слуцкий, пишущий элегию, — поэт травмы. Ее симптом, его амнезия, облекает его лирическое бытие и его характерную для мидраша выразительность в саван забвения. Процесс терапии он начинает с возврата в точку происхождения своего слова, каковую, что не удивительно, находит в Книге Бытия. Слова «небеса» и «яблоко» поэт употребляет герменевтически. Небеса (*шамаим*) — это, разумеется, отсылка к мифу о сотворении мира из Книги Бытия, по которой многие поколения еврейских мальчиков учились в восточноевропейских хедерах чтению на священном языке. Яблоко заставляет вспомнить плод с древа познания (*пери*), что служит комментарием к последующим главам первой книги Торы. Тем самым идишкайт и древняя святость вновь сливаются воедино в фигуре читателя Слуцкого, связывая внутреннюю текстуальную память его системы с исторической, лежащей за пределами текста. Тыча пальцами в клавиатуру пианино, поэт пытается нащупать мелодию одиночества, которого мучительно взыскует. Само слово «одиночество» включает в себя всю 41 строку текста, поскольку Слуцкий, с одной стороны, по примеру Маяковского *изолирует слово*, дабы высвободить его потенциал и смысл [Эткинд 1997: 269], а с другой — *возвышает* его, как в Библии, чтобы конкретизировать и подчеркнуть его значимость [Alter 1985: 19]. Именно поэтому в 35-й строке одноударное слово «одиночество» поделено на слоги и в итоге превращено в пятиударную стопу, метрически равную самым длинным пятистопным строкам стихотворения (12, 34, 30-я). В итоге мелодией одиночества становится само стихотворение, каковое, вопреки всему, посредством сложной просодии, которая не уступает просодии Маяковского и Цветаевой, воссоздает внутренний строй библейской поэтики с ее на первый взгляд упрощенной мелодикой[35].

Вобрав в свой исток в процессе «воспоминания, восстановления, реставрации» уединенность позиции, художественную и экзистенциальную единичность (в этих словах тот же корень, что и в «одиночестве»), странствие поэта замыкается в круг, когда ОдиноЧество находит естественный отклик в переОбуЧении. В то же время травма Слуцкого была летальной и не поддавалась полному излечению; завершить процесс восстановления было невозможно, — соответственно, «Переобучение одиночеству» прозвучало как не достигшая цели *исцеляющая элегия* (воспользуемся термином А. Л. Кроун, который она применяет к «Северным элегиям» и «Поэме без героя» Ахматовой [Crone,

---

[35] Гаспаров отмечает: «Если из Цветаевой вычесть гиперболизм и страсть, а оставить четкость формул и опору на созвучие слов, то это будет поэтика Слуцкого». Цит. по [Гринберг 2008: 83].

Day 2004]). Если в случае Вяч. Иванова, нашего прототипического поэта позиции, «отношения между символами организованы так, что биографическое время только усиливало устойчивость постройки, плотнее прижимая друг к другу составляющие ее кирпичи» [Аверинцев 1996: 187], то биографическое время Слуцкого «разбазарило свой мир», не оставив камня на камне. Теория интертекстуальности Р. Лахман, в которой литература представлена как «акт памяти», во многом дополняет мое понимание душевных невзгод позднего Слуцкого. Исследовательница подчеркивает:

> Пространство памяти вписано в любой текст так же, как и любой текст вписывает себя в пространство памяти. Память текста — это его интертекстуальность… Интертекстуальность демонстрирует процесс, с помощью которого всякая культура постоянно переписывает и заново транскрибирует саму себя, причем под "культурой" здесь понимается книжная культура, семиотическая культура, непрестанно переосмысляющая себя через знаки. Писательство — это одновременно акт и памяти, и новой интерпретации (книжной) культуры» [Lachman 1997: 15–16].

Для Слуцкого актуализация интертекстуальности происходит через перевод, который позволяет герменевтически нарушить и продлить память. Его система была устойчивой, пока два отдельных и разнонаправленных морских течения, еврейская и русская культуры, сливались в океане его перевода. Действительно, у него долгое время «нужды не было» изучать иврит, поскольку даже на русском все его стихи были «выдуманы» по-еврейски. Мог ли он, сломленный человек, теперь заново выучить иврит, который — это видно из его неопубликованных биографических фрагментов — изучал в детстве?[36] Притом необходимое ему переобучение одиночеству как признак особого места иудаизма в мире, текстуальные и исторические еврейские тропы «всего, что под небесами и рядом с яблоками», также

---

[36] РГАЛИ. Ф. 3101. Л. 37. С. 182. Болдырев подтверждает знание Слуцким иврита в [Слуцкий 1991b, 1: 8].

оказались бессмысленными, поскольку русская часть его поэтического пространства уходила из-под ног, не поддаваясь усилиям переводчика. Простой факт, который Слуцкий открыл самостоятельно, заключался в том, что он не может больше существовать в качестве поэта, пишущего в рамках русского языка и традиции.

Перевод в безъязыковом вакууме — невозможность, отмечающая мертвую зону культурного и текстуального пространства Слуцкого. Распад его позиции не соответствует (воспользуемся формулой Роскиса) «сюжетной линии бунта-утраты-возвращения, которая проходит через жизнь очень многих» еврейских писателей-модернистов [Roskies 1995: 9] или стратегии построения идентичности русского / еврейского писателя через самоопределение в качестве «ревизиониста, сочувствующего, самоненавистника», о чем говорит Э. Нахимовски[37]. «Сюжетность» [Seidman 2006: 3] «переобучения» у Слуцкого риторически напоминает «диалектику внешнего и внутреннего», о которой французско-еврейский мыслитель-экзистенциалист А. Неер рассуждает в связи с «потерянным» евреем, каковой на пороге возвращения «лишает» свое слово всего, «что оно собрало во внешнем мире, хотя он уверен, что больше не сможет найти это внутри» [Neher 1990: 100]. Слуцкий, разумеется, был убежден, что сумеет найти внутри себя целый мир, однако переводческая диалектика «снаружи и внутри» распалась, приговорив поэта к молчанию. Как будет показано в этой книге, итоговый автопортрет Слуцкого — читателя, продолжающего читать после написания своей последней строки, — служит финалом его оборванной мидрашевой поэтики. Трикстер отыскал лазейку, но бросил художника. Смертный человек, безутешный вдовец провел следующие девять лет в муках бездеятельности.

---

[37] Цит. по [Shrayer 2007: 512].

Часть первая

ИСТОРИОГРАФИЯ

1
Урсюита 1940–1941 годов: «Стихи о евреях и татарах»

1

Утверждение Теодора Адорно, впоследствии им опровергнутое, о том, что писать стихи после Освенцима — варварство, успело превратиться в клише, при этом остался вопрос: позволительно ли создавать стихи в качестве отклика на катастрофу, накануне ее, в самый разгар? Даже самый поверхностный очерк истории литературы дает на этот вопрос положительный ответ. В гетто сочиняли стихи на идише (прежде всего речь идет об Авроме Суцкевере), а в Освенциме — на польском (Тадеуш Боровский); в 1943 году Ицхак Каценельсон на том же идише создал во французском лагере Виттель «Песнь об убиенном еврейском народе». В Нью-Йорке Яков Глатштейн, один из самых видных модернистов, писавших на идише, уже в 1939 году говорил об уничтожении европейского еврейства, а Перец Маркиш в Москве — в 1940-м. Ури Цви Гринберг предсказывал масштабы катастрофы в написанной на иврите поэме «Башня трупов», опубликованной в 1937 году в Палестине. Чеслав Милош создал свои «Кампо-де-Фьори» и «Бедный христианин смотрит на гетто» в 1943-м. Есть подобные стихи и на немецком, и на венгерском. Чтобы откликнуться на катастрофу в самом ее разгаре, поэт должен ощущать себя частью традиции, которую он может сознательно воспроизводить и которой может по мере надобности бросать вызов.

Хорошим примером служит «Кол нидре» Суцкевера. Как я попытаюсь показать, именно по этой причине на русском в годы войны было создано очень мало стихов о холокосте, а до войны — и вовсе ни одного, по крайней мере до оккупации Германией советской территории. Эренбург и Сельвинский написали ряд стихотворений про уничтожение евреев во время войны, но лишь два поэта, Слуцкий и Сатуновский, откликнулись на него в преддверии.

Цикл Слуцкого «Стихи о евреях и татарах» создавался на протяжении года, с декабря 1940-го по ноябрь 1941-го. Читателю, привыкшему видеть в Слуцком образцового советского гражданина, появление этой темы в его стихах может показаться неожиданностью и даже недоразумением. Однако если рассматривать поэтику Слуцкого как могущественный иудейский стихотворный документ, то не только его столь ранняя реакция на холокост, но и ее глубина, самобытность и необратимость представляются совершенно естественными. Стихотворения из данного цикла обнажают истоки уникального русскоязычного проекта Слуцкого, где чувствуются и влияние еврейской литературной памяти, и его положение в рамках русской поэтической традиции. В этих стихах он выработал основные элементы своего художественного мировоззрения, сосредоточенного на понятиях перевода, иронического рационализма, герменевтической полемики и мессианских сомнений.

Был ли Слуцкий знаком с какими-то из написанных в тот период стихотворений на идише, в которых развивалась тема надвигающейся катастрофы? Возможно. Те, кто знал его в тот период, не обращаются к этой теме в своих воспоминаниях. Другие евреи из его окружения — Давид Самойлов и Павел Коган — хотя и сознавали собственную принадлежность к еврейству, но происхождением сильно отличались от Слуцкого, а кроме того, насколько мы можем судить, мировоззренчески стояли на позиции привычного ассимиляционизма. В военном дневнике Самойлова, стилистически напоминающем дневник Бабеля за 1921 год, гибель еврейства, которую он наблюдал в освобожденной Польше, почти не упоминается; в стихах он ее замалчивает полностью. Коган, погибший на фронте, также не обращался к этой теме, по крайней мере в сохранившихся стихах. Вопрос, впрочем, не в том, читал ли Слуцкий стихи на идише, а в том, насколько искусно он вплетал тему холокоста в свой авторский образ и творческую программу.

Цикл «Стихи о евреях и татарах» состоит из трех стихотворений: «Рассказ эмигранта», «Добрая, святая, белорукая...» и «Незаконченные размышления». Все три посвящены Виктории Левитиной, тогдашней возлюбленной Слуцкого, которая опубликовала их, вместе с воспоминаниями о поэте, в 1993 году в малоизвестном израильском русскоязычном журнале, ныне не существующем; в 2010-м они были перепечатаны в «Дружбе народов» [Левитина 2010]. Если учитывать, кому эти стихи адресованы, видно, что в стихах лирическая и глубоко личная, даже эротическая нота сплетается с исторической и программной. В итоге у Слуцкого получается многослойное построение, которому Левитина дала удачное название «трехчастная еврейская сюита».

2

Вот как выглядит полностью первое стихотворение, «Рассказ эмигранта»:

> По вечерам (хоть их никто не просит!)
> В берлинских подворотнях — там и тут
> Они бросают глупые вопросы —
> Зачем бьют?
>
> Как быть с евреем — это не вопрос.
> Как бить еврея — это да, вопрос.
> Есть мнения, что метод избиения
> Хоть прогрессивен, но излишне прост.
>
> Они травой подножною растут!
> Не укрощать, а прекращать сей люд!
>
> Четырехлетним молодым еврейкам
> Ланцетом выковыривают блуд.

У девочек обыкновенный взгляд.
(Котята под трамваем так глядят.)
Но девочки не нянчат больше кукол,
А это липко видеть, говорят.

Я думаю, не выйдет ничего.
Пусть весь народ хоть в прорубь головой —
Из синтеза простейших элементов
Воспрянет вновь Еврей как таковой.

Вам, сумеркам, не затемнить зари!
ЗДЕСЬ НАЧАЛОСЬ! В усталости и злобе
Еврейский Бог Адама сотворил
По своему картавому подобию!

Он был устал, и человек стал чахл,
И хилость плеч пошла по поколеньям,
Но звезды заплуталися в очах,
Сырые звезды первых дней творенья!

А вы, широкоплечи и крепки,
Мозгам противящие кулаки —
Вы просто отклоненье от Еврея.
Вот кто вы такие.

Я никого обидеть не хочу.
Я просто так, по глупости кричу.
Конечно, криком не поможешь делу.
Но очень душно, если промолчу!

Из всех стихотворений цикла только это было опубликовано отдельно в 1999 году в Петербурге, в подборке стихов Слуцкого на еврейскую и военную тему «Теперь Освенцим часто снится мне...» под редакцией Горелика, всю жизнь дружившего с поэтом [Слуцкий 1999а: 7][1]. Горелик назвал это стихотворение «Рассказ

---

[1] История публикации оказалась сложной. В предисловии к книге Горелик отмечает, что рукопись стихотворения не сохранилась, поэтому он, брат Слуцкого и неназванные друзья восстанавливали его по памяти. Одновременно он отмечает, что через 55 лет после создания стихотворение было

старого еврея (рассказ оттуда)». Авторское название — «Рассказ эмигранта» — важно тем, что добавляет дополнительный слой исторической фактурности тексту, написанному от лица эмигранта из нацистской Германии. Выбор Горелика, напротив, уводит в сторону от сложного замысла Слуцкого, как бы говоря, что лишь старомодный пожилой еврей будет размышлять о Боге перед лицом катастрофы. Слуцкий своим повествованием не только откликается на неотвратимое бедствие, что само по себе уже достаточно неординарный шаг, но и создает чрезвычайно продуманную герменевтическую схему, которая — через перечитывание им еврейского Писания — подает исторический ужас в космическом масштабе. То же самое он повторит в 1940 году — еще до массовых расправ в Бабьем Яре и в крематориях Освенцима, в период официальной дружбы между СССР и Третьим рейхом после заключения пакта Молотова — Риббентропа.

В предисловии к изданию написанных в гетто стихов Суцкевера Р. Висс проницательно напоминает читателю: «Разрушение — антоним творения. Почти ничего ценного не могло быть спасено, и еще меньше могло быть создано по ходу истребления европейской еврейской цивилизации и низведения человеческого образа до никчемного скелета» [Sutzkever 1981: 9]. Какая поэтическая форма, какая традиция способна вынести историческую катастрофу таких масштабов, а уж тем более дать на нее адекват-

---

напечатано в Израиле (вероятно, имеется в виду публикация Левитиной). В «Благодарностях» Горелик выражает Левитиной признательность за участие в подготовке книги. Остается ряд неясностей. Во-первых, рукопись все-таки сохранилась и находилась у Левитиной. Во-вторых, в варианте, «восстановленном» Гореликом, выпущены шестая, восьмая и девятая строфы — самые сложные и дерзкие. Если Горелик знал о публикации Левитиной, остается не до конца понятным, почему ему было просто не включить стихотворение в полном виде, вместе с двумя другими частями цикла, в свой сборник; это, впрочем, свидетельствует о том, насколько непросто проходило возрождение и восприятие еврейских стихов Слуцкого, даже в контексте этого в целом еврейского сборника. Кстати, Горелик цитирует «Стихи о евреях и татарах» в «По течению и против течения». Статья Левитиной, включающая в себя эти стихи, была недавно перепечатана в «Дружбе народов» с предисловием Горелика и Елисеева. См. [Левитина 2010].

ный ответ? В 1943 году учитель Слуцкого Сельвинский предложил глубокую и ироническую формулировку проблемы, которая будет непрестанно стоять перед литературой о холокосте:

Что слова? Истлели слова.

Было время — писал я о милой,
   О щелканьи соловья.

Казалось бы, что в этой теме такого?
   Правда? А между тем
Попробуй найти настоящее слово
   Даже для этих тем
[Сельвинский 1972: 208].

Поэтическое, а точнее говоря — лирическое слово находится в кризисе. Заставить его говорить о любой катастрофе значит поставить под вопрос сами возможности языка, как было проникновенно и убедительно показано Дж. Стайнером [Steiner 1967]. Разные литераторы по-разному выходят из этого затруднения: Ч. Резникофф вообще отказывается от любой поэтичности, давая в своем «Холокосте» голый репортаж, представляющий собой радикальное эстетическое решение [Reznikoff 2007]. Гринберг, напротив, создает в «Улицах реки» многослойное апокалипсическое и мифологическое полотно, где задействованы еврейская литургическая, библейская и раввинистическая традиции [Mintz 1996: 165–202]. Два этих противоположных примера образуют ось поэтических откликов на холокост, и оба показали себя — возможно, в связи с избыточным радикализмом или избыточной близостью к традиции — неоптимальными. Альтер справедливо подчеркивает применительно к Гринбергу, что «навязывать холокосту в длинном стихотворном цикле некую масштабную символическую схему — значит до определенной степени фальсифицировать наше восприятие, пытаясь вывести эсхатологическое столкновение добра и зла из фактов, слишком невыносимых для столь традиционных представлений, имплицитно содержащих в себе надежду» [Alter 1977: 115]. Касательно текста Резникоффа он справедливо отмечает: «В конечном итоге

1. Урсюита 1940–1941 годов: «Стихи о евреях и татарах»

есть некая цепенящая бессмысленность в постоянном повторении сцен дикости и убийств без малейшей попытки их осмысления со стороны поэта, без малейшего намека на варианты развития истории за пределами или после геноцида» [Alter 1977: 132].

Мне представляется, что в «Рассказе эмигранта» Слуцкий прекрасно осознаёт те просчеты, которые обозначились в попытках Гринберга и Резникоффа задним числом описать холокост. Он объединяет две парадигмы, вставляя в свое стихотворение космологически-эсхатологическую интерпретацию, находящуюся примерно посередине между репортажем и поэтически-парадоксальным утверждением. Действительно, первая часть стихотворения (строфы 1–5) — это глубоко личное свидетельство, безжалостное в своей честности, об ужасах в Германии, прежде всего об экспериментах по стерилизации девочек-евреек, описанных Слуцким еще до того, как они нашли широкое применение в Освенциме[2]. Здесь поэт выступает лишь передаточным звеном, он воспроизводит чужую историю. Этот репортажный прием он усовершенствует в более поздних, послевоенных стихах о холокосте, прежде всего в стихотворении «Как убивали мою бабку», речь о котором пойдет в главе 4.

Вторая часть стихотворения (строфы 6–9) представляет собой сложное наслоение эсхатологии, исторической памяти и космогонии. В 1940 году Слуцкий был уверен, что евреи стоят на пороге полного уничтожения, надвигающиеся убийства остановить невозможно. Понимая это, он подчеркнуто остается в пределах традиции откликов еврейства на катастрофы. В своем фундаментальном труде «Против апокалипсиса» Роскис дает определение тому, что у него названо «еврейским диалектическим откликом на катастрофу»: «Чем масштабнее были конкретные зверства, тем старательнее их приводили в соответствие с древним архетипом». Так, любая постигавшая евреев катастро-

---

[2] О гонениях на евреев в Германии Слуцкий мог знать из целого ряда источников: из прессы на идише, общения с евреями с Западной Украины. Более того, до подписания пакта Молотова — Риббентропа и позднее, во время войны и сразу после нее, информация о политике нацистов широко распространялась в СССР. См. [Murav 2008].

фа оказывалась «закреплена в мифическом прошлом», что превращало «точечное... в транстемпоральное» [Roskies 1984: 17]. Слуцкий русифицирует эту парадигму: строка «Пусть весь народ хоть в прорубь головой» служит явственной отсылкой к расправе Ивана Грозного над евреями Полоцка в 1563 году, когда 300 евреев, отказавшихся от крещения, были утоплены в Двине. Этот эпизод изложен в «Энциклопедическом словаре» Ф. А. Брокгауза и И. А. Ефрона издания 1893 года, и Слуцкий, знаток истории, наверняка был с ним знаком. Разница между 1563-м и 1940-м, как четко показывает Слуцкий, заключается в том, что вместо 300 человек погибнут все колена Израилевы. В более позднем своем тексте о холокосте, «Черта под чертою. Пропала оседлость...», он использует схожий, хотя и более радикальный прием вписывания холокоста в русскую историческую память[3]. Там уничтожение евреев сопоставляется с истреблением русских княжеских родов Мстиславских и Шуйских, которые — и это ключевой момент — также были загублены во времена правления Ивана Грозного. Соответственно, для того чтобы вписать холокост в русскую поэзию, Слуцкий задействует обе стороны русской исторической памяти: еврейскую и общую. «Черта под чертою. Пропала оседлость...» и «Рассказ эмигранта» неразрывно связаны между собой: как референтным полем, так и, что еще важнее, интерпретацией исторической памяти и ее переосмыслением через взгляд на катастрофу сквозь призму лирической поэзии.

«Рассказ эмигранта», уртекст Слуцкого, содержит зачатки важнейшего аспекта его мышления, того, что я буду в дальнейшем называть «неполным мессианством». Строки «Из синтеза простейших элементов / Воспрянет вновь Еврей как таковой», безусловно, глубоко мессианские. Слуцкий с большой опаской относится к любым мессианским предвидениям, которые идут вразрез с его трезвым, хотя и глубоко библейским взглядом на историю. Только в стихах, посвященных холокосту, читатель найдет прямые мессианские или эсхатологические утверждения,

---

[3] Анализ этого стихотворения см. в главе 4.

но и в них содержится изрядная доля сомнения. Так, в стихотворении «Я освобождал Украину...» Слуцкий видоизменяет мессианское утверждение из более раннего стиха, заявляя, что даже Эйнштейн не способен вернуть к жизни уничтоженный еврейский мир. Представляется, что между этими строками и строками из «Рассказа эмигранта» есть большое сходство, поскольку в обоих случаях речь идет о науке: физике А. Эйнштейна и химии простейших элементов. По мнению Слуцкого, вся вселенная, само ее физическое устройство отныне несет на себе нестираемый отпечаток насильственного уничтожения еврейского народа. Вопрос состоит в следующем: способна ли природа превозмочь саму себя и справиться с этой утратой — или пропасть останется зиять вечно? Два взгляда, первый — эсхатологический, второй — лишенный мессианской надежды, не отменяют друг друга, а существуют в поэтике Слуцкого параллельно, парадоксальным образом усиливая друг друга.

В строфах 7–9 поэт отходит от мессианских заявлений и предлагает нам еще один мифологический конструкт — космогонию. Слуцкий вновь перестраивает диалектическую парадигму отклика на катастрофу. Он дает понять — эта тема станет центральной в стихотворении «Черта под чертою. Пропала оседлость...», — что холокост в силу своей тотальности является катаклизмом, не имеющим временны́х рамок. Теперь уже недостаточно вызывать в памяти былые преследования — как достоверно произошедшие в истории (при Иване Грозном), так и легендарные, библейских времен. Поэт, взяв на себя ту же задачу, что и мистик, должен пересмотреть сами основания земли, которые, пользуясь образом Бялика, «затмились» после катастрофы, и по-новому взглянуть на ее сотворение, попытавшись осмыслить его недочеты. В конечном итоге Слуцкий ставит перед собой космогоническую задачу — разрешить проблему, центральную и для его мессианства: существует ли на планете хоть что-то, что в состоянии обратить вспять такой процесс исторического уничтожения?

Слуцкий в очередной раз «открывает [еврейскую Библию] историческим страданиям» евреев (Блум). «Здесь началось!» —

возвещает он, заявляя, что причины и краха, и последующего возрождения еврейского бытия нужно искать в несовершенстве сотворения Богом нашего несовершенного универсума. В строфах 7 и 8 с их библейским содержанием Слуцкий использует уместно высокий стиль, напоминающий иудейский слог и библейскую поэтику. Так, «сотворил» в седьмой строфе — это параллель к «творению» в восьмой, а «подобие» — прямая цитата из Книги Бытия (1: 26). Повторно возглашая свою надежду на приход мессианской эпохи, Слуцкий глубже погружается в предысторию, чтобы показать источник провала в истории. Здесь «быт» начинается в «бытии». Бог создал человека по Своему картавому подобию. В русском контексте картавость — признак еврейской речи. Слуцкий по одной-единственной причине добавляет упомянутый штрих к библейскому эпизоду сотворения Адама по образу Бога: Бог этот — еврей. Это не всеведущий демиург творения, но усталое и опустошенное божество из библейской легенды о потопе и блуждании сынов Израиля по пустыне. Образ Бога — усталого, уязвимого, не способного состязаться с самопровозглашенными божествами-извращенцами нашего века, — столь важный для проекта Слуцкого, уходит своими корнями в это однозначно еврейское стихотворение, что подтверждает экзегетическую суть всего мировоззрения поэта. В духе космологии лурианской каббалы он представляет творение как мучительный процесс, сопряженный с усталостью, скудостью и гнилостью. В историческом смысле Адам в результате становится евреем, которого избивают на улицах Берлина. Просчеты, допущенные при сотворении мироздания, читаются в его глазах и во взгляде четырехлетних евреек; отсюда круг еврейских страданий в истории[4].

Издеваться над евреем значит издеваться над Богом, утверждает поэт. Левитина ошибочно связывает то, что Слуцкий

---

[4] В стихотворении, опубликованном в начале 1960-х годов, Слуцкий снова использует образ звезд для описания человеческой природы. Это — очередное подтверждение неэволюционного характера его творчества, а также того, что «Стихи о евреях и татарах» служили для него своего рода исходной точкой. См. «Человек» [Слуцкий 1991b, 1: 309].

изображает Адама слабаком, либо с антисемитскими, либо с еврейско-самоуничижительными представлениями конца XIX — начала XX века. Да, еврей может выглядеть хилым, но дело тут не в обычной слабости; это не признак упадка, а тайна еврейской и всеобщей драмы бытия, несущей в себе надежду на воздаяние. Звезды — символы и величия творения, и его провала — воплощают в себе эту космическую неопределенность, снять которую способно только мессианское возрождение Еврея, а через него и всей планеты. В 11-й строфе, которая явно слабее двух предыдущих, Слуцкий изображает еврея конечным идеалом человечества, почти что заменой Христу. Задействовав расхожий образ еврея как книжника, он утверждает это однозначно, противопоставляя его выродкам, действующим кулаками. В стихотворении «Еврейским хилым детям...», написанном во время послевоенной антисемитской кампании, поэт, используя очень похожий лексикон, предложит более ироничный, более игровой и в итоге более сложный разбор так называемой еврейской слабости:

> Еврейским хилым детям,
> Ученым и очкастым,
> Отличным шахматистам,
> Посредственным гимнастам...
>
> Почаще лезьте в драки,
> Читайте книг немного,
> Зимуйте, словно раки,
> Идите с веком в ногу,
> Не лезьте из шеренги
> И не сбивайте вех.
>
> Ведь он еще не кончился,
> Двадцатый страшный век
> [Слуцкий 1991b, 1: 297].

Это стихотворение, где звучат советский жаргон (строка 8) и почти сионистский призыв к совершенствованию физической формы, достигает свойственной Слуцкому тонкости и глубины в двух последних строках, где сквозь «двадцатый страшный век» просвечивает вся еврейская история, а слова «все еще не кончился» подразумевают полную незавершенность еврейских трагедий.

Космогония Слуцкого образца 1940 года предвозвещает стихотворение «Без евреев» Глатштейна, написанное в то время, когда цивилизация европейских евреев стала всего лишь поводом для создания мемориалов:

> Без евреев не будет еврейского Бога.
> Если вдруг мы покинем этот мир,
> Погаснет свет в Твоем убогом шатре.
> Ибо с тех пор, как Авраам узнал Тебя в облаке,
> Ты пылал на каждом еврейском лице,
> Лучился из каждого еврейского глаза,
> И мы сотворили Тебя по своему подобию.
> В каждой стране, каждом городе,
> Как и мы, Ты был чужаком,
> Еврейский Бог.
> Каждая размозженная еврейская голова —
> Разбитый, расколотый сосуд,
> Ибо были мы Твоим светочем,
> Ощутимыми знаками Твоего чуда.
>
> Все еврейские сады и посевы
> Сожжены.
> На мертвой траве плачут мертвецы.
> Еврейские мудрецы и еврейские праведники истреблены —
> Погублены как один.
> Твои свидетели спят:
> Младенцы, женщины,
> Юноши, старики.
> Даже самые ближние,
> Твои тридцать шесть праведников
> Спят смертным вечным сном.
>
> Кто увидит Тебя во сне?
> Кто Тебя вспомнит?

1. Урсюита 1940–1941 годов: «Стихи о евреях и татарах»

> Кто отречется от Тебя?
> Кто станет взывать к Тебе?
> Кто, стоя на одиноком мосту,
> Оставит Тебя — чтобы вернуться?
>
> Для мертвого народа ночь бесконечна.
> Земля и небо опустошены.
> Свет угасает в Твоем убогом шатре.
> Того и гляди пробьет последний еврейский час.
> Еврейский Бог, Тебя уже почти нет[5].

Между Слуцким и Глатштейном возникает прекрасная перекличка. Еврейский Бог Слуцкого, с Его картавой еврейской речью, создал еврея по Своему еврейскому подобию; в стихотворении Глатштейна еврей создает Бога по своему подобию. Именно благодаря существованию евреев в истории Бог и пребудет вовеки. Э. Александер отмечает, что строки Глатштейна «не только служат выражением особо близких отношений между евреями и их Богом или скептическим намеком на то, что существование Бога сугубо субъективно, но и содержат признание того, что Бог сделал евреев особым инструментом для осуществления Своего замысла, а их жизнь является для Него предметом сугубого интереса» [Alexander 1994: 27]. Схожие представления звучат и у Слуцкого: у него Бог передает евреям Свою извечную усталость. Стихотворение Глатштейна, где, будто в учебнике, перечисляются отношения евреев с Богом до холокоста, помещает момент катастрофы в ту точку, в которой распались идиллические отношения между Богом и евреями. У Слуцкого зерна катастрофы, равно как и воздаяния, посеяны в самый день творения — так в его взгляде появляется оттенок каббалистического гностицизма.

Последняя строфа «Рассказа эмигранта» особенно много говорит об истоках поэтики Слуцкого. Слуцкий, как видно по

---

[5] *Glatshteyn Y.* On yidn // Glatshteyn Y. Shtralndike yidn. Lyrik. New York: Farlag Matones, 1946. S. 37 (на идише). Здесь и далее, если не указано иное, перевод А. В. Глебовской. — *Примеч. ред.*

его стихам о холокосте, в частности «Черта под чертою. Пропала оседлость...» или «Раввины вышли на равнины...» (проанализировано в главе 11), мучается тем, что с помощью традиционных символических и мифологических структур невозможно отобразить причины, события и последствия холокоста. Написав сложное стихотворение о сотворении мира, глубоко мессианское и актуально-историческое, он тут же уравновешивает его явное величие и символическую ясность противоречивым пояснением, мучительным и сдержанным. В последней строфе, переходя в сугубо разговорную тональность, рассказчик понижает и свой экзегетический статус, и ощущение собственной нравственной убежденности, подчеркивая основной императив — не хранить молчания перед лицом исторического и метафизического ужаса: «Конечно, криком не поможешь делу. / Но очень душно, если промолчу!» Получается, что «я» стихотворения многослойно. В первой части, репортажной, оно отсутствует, никак не вмешиваясь в ход повествования. Во второй приобретает экзегетические масштабы, а в третьей превращается в полный сомнений скромный голос художника-иконоборца, брошенного в водоворот истории. Третий элемент в очередной раз связывает это стихотворение с «Чертой под чертою...», где Слуцкий в том же духе, хотя и более торжественно заявляет: «Планета! Хорошая или плохая, / не знаю. Ее не хвалю и не хаю. / Я знаю немного. Я знаю одно: / планета сгорела до пепла давно». Эта глубинная недоговоренность резонирует с криком души в написанном в 1939 году стихотворении Сатуновского об истреблении:

> Как мне сказать стране моей,
> как объяснить ей,
> маме, маме,
> какими
> русскими словами —
> о жути жить?
> о боли быть в Берлине жалким юдэ — жид?
> [Сатуновский 1994: 43].

Парономастическое «жути жить» корреспондирует с «душно» у Слуцкого, а откликом на его неспособность говорить о катастрофе с советской родиной на русском языке становится обращение к переводу.

Итак, «Рассказ эмигранта» вобрал в себя основные измерения поэтики Слуцкого. Он приглашает к сравнительному анализу с поэтическими откликами на холокост как на идише, так и на иврите, поскольку — то ли интуитивно, то ли сознательно — создан в рамках того же герменевтического поля, но при этом остается наиболее образным и многослойным откликом на холокост и в русской, и в еврейской литературе, причем написанным еще накануне уничтожения. Его анализ должен внести значительный вклад в постепенный пересмотр нынешних представлений о трактовке войны и холокоста в советской поэзии. Анализируя военную поэзию как в неофициальной, так и в полуофициальной советской литературе, И. В. Кукулин утверждает, что, хотя неофициальные стихи о войне почти что спасли советскую поэзию от догмы социалистического реализма, их неприкрытый натурализм и избегание клише при описании смерти в контексте личного или коллективного страдания не позволили поднять поэтическую тональность, новую в эмоциональном смысле, до экзистенциального уровня [Кукулин 2005]. Примечательно, что Слуцкого Кукулин в данном исследовании не упоминает. При этом, как видно из моего анализа, в «Рассказе эмигранта» не только представлено сложное экзегетическое ви́дение, но и сделана попытка разрешить связанные с ним внутренние проблемы через саму структуру стиха. То есть метапоэтика поэта и герменевтика в очередной раз сливаются в последовательное и оригинальное мышление.

Как было продемонстрировано во введении, второе, очень сдержанное стихотворение цикла, «Добрая, святая, белорукая…», внедряет в поэтику Слуцкого самый органичный ее элемент — перевод. В дополнение к предшествующему анализу следует указать на следующие параллели между ним и корпусом литературы о холокосте. В стихотворении 1943 года Целан, тогда еще известный под именем Пауля Анчеля, написал, скорбя по умершей матери:

> Падает, мама, снег на Украине,
> Венец спасителя — из тысячи зерен скорби,
> Из моих слез тебя не достигнет ни одна,
> Из былого машет лишь немая гордость...
> [Celan 2001: 8–9].

Как тонко подметил Дж. Фелстинер, «в "венце спасителя" больше иронии, чем пафоса, — христианская икона не может помочь жертве-еврею» [Felstiner 1995: 17]. Гринберг еще дальше развивает эту иронию в стихотворении «Под зубом плуга» из цикла «Улицы реки» (1951):

> Увы, нет у евреев колоколов, чтобы призвать Бога.
> Блаженны христиане, ибо их колокола звонят со шпилей.
> Прямо сейчас звук колоколов разносится по равнине,
>   плывет над светлым
> И благоуханным пейзажем.
> У голосов мощный голос, он хозяин всего.
> Когда-то он гремел над еврейскими крышами, но это в прошлом.
> Блаженно христианство с его колоколами в вышине,
> Которые славят Бога, несущего добро христианам и прочим...
>
> Слава Боженьке с Его колоколами: динь-дон!
> [Teichman, Leder 1994: 447–448].

Гринберг развенчивает положительную символику христианских колоколов. Его сарказм достигает почти того же накала, что и у Слуцкого. И поэт апокалипсиса, писавший на иврите, свидетель катастрофы, и русский минималист, лишь предчувствующий ее, облекают свои мысли в глубоко полемическую религиозную форму. У Гринберга еврейский Бог исключен из картины, вместо этого поэт сосредоточивается на «милосердном» христианском Божестве, Слуцкий же лишает еврейского Бога Его мощи и превращает еще в одного еврея-жертву.

3

«Незаконченные размышления» — первое стихотворение Слуцкого о катастрофе, написанное после начала войны. Это последнее стихотворение цикла, и в нем обрисованы опасности, заложенные в понятие перевода, выполненного в чисто историческом ключе. Стихотворение написано в октябре-ноябре 1941 года, в период расстрелов в Бабьем Яре, на которые Эренбург откликнулся в стихах в 1944-м, но еще до уничтожения еврейских жителей родного города Слуцкого, Харькова (они погибли в декабре 1941-го — январе 1942-го в Дробицком Яре). О расправах в родном городе Слуцкий, скорее всего, узнал в 1943-м — в письме с фронта он пишет брату, эвакуированному из города: «В Харькове 16 000 евреев уничтожены в бараках станкозавода» [Слуцкий 2004: 166]. В первый год войны Слуцкий служил следователем дивизионной прокуратуры, пока не получил серьезное ранение. «Незаконченные размышления» — самая длинная часть трилогии; они, в свою очередь, состоят из двух частей. Первая во многом напоминает поэтический слог зрелого Слуцкого, откровенно разговорный и сугубо прозаический (все это будет характерно для его послевоенных стихов). Она служит примером того, что сам Слуцкий впоследствии называл своими балладами, «взрыв, сконцентрированный в объеме 40 +/- 10 строк... скомканные, сжатые трагедии» [Слуцкий 2005: 191–192].

В первых 44 строках стихотворения описан вагон, набитый солдатами и офицерами, направляющимися на фронт. Стих выстроен в стиле Маяковского, и ритмически и визуально: строки напечатаны лесенкой. Аллюзии при этом современны. Слуцкий отсылает к тогдашним статьям Эренбурга, который призывал советских граждан не испытывать ничего, кроме ненависти, к фашистским агрессорам:

> Чего нам нужно для нашей души?
> Нам нужно злости для нашей души,
> Столетней,
>   Стоялой
>   Злости.

Название цикла «Стихи о евреях и татарах» также находит себе объяснение в этой первой части. Рядовой-татарин начинает петь в поезде о трагедии своего народа, который когда-то правил Русью, а потом потерпел от нее суровое поражение. К нему присоединяются другие, и вскоре «с парадоксальной грустью / русский народ поет про народ, / когда-то царивший над Русью». Поэт приводит цитату из этой песни, а потом воспроизводит изложенную в ней хронику событий из истории Российской империи:

> Здесь был Татарстан. Здесь погиб
> 		Татарстан.
> 	Измена его подкосила.
> 		Донской порубал.
> 		Изрубил Иоанн.
> 			Екатерина казнила.

В заметках о войне, созданных сразу после ее окончания, Слуцкий пишет, что миф о советском интернационализме и дружбе между советскими народами впервые подвергся серьезному испытанию на фронте. Он делает вывод о его полной несостоятельности. Сталин апеллировал к российской имперской истории и воинской славе, это подстегивало русскую ксенофобию. Слуцкий иронически отмечает: «Странно электризовать татарскую республику воспоминаниями о Донском и Мамае. Военное смешение языков привело прежде всего к тому, что народы "от молдаванина до финна" — перезнакомились» [Слуцкий 2005: 118–119]. В стихотворении показана более щемящая ситуация, но и она свидетельствует о тех же пятнах на русской и советской истории, о которых Слуцкий решался говорить вслух уже в 1941 году.

Во второй части стихотворения Слуцкий возвращается к разговору о евреях, обнажая «татарскую» горесть в центре своего существа и превращая татарский напев в еврейский нигун. Приводим ее полностью:

> Еврейские старцы в подвал собрались,
> 	Чтоб там над лежанкой глиняной

1. Урсюита 1940–1941 годов: «Стихи о евреях и татарах»

Случайно
    Меня
        Наректи
            «Борис»
Татарского мстителя именем.

И так я родился. Я рос и подрос,
А завтра из смрада вагона
Я выйду на волю и стану в рост:
Приму по реке оборону.

Тоскуют солдаты о смерти своей,
А лошади требуют корму.
Убьют меня — скажут —
            чудак
                был еврей!
А струшу — скажут — норма!

Я снова услышу погромный вой
О том, кем Россия продана.
О мать моя мачеха! Я сын твой родной!
Мне негде без Родины, Родина!

    Первые семь строк — это сцена иудейского рождества: обряд присвоения имени, связанный с обрезанием, каковое в данном случае проводится тайно. Строки эти заставляют вспомнить стихотворение Багрицкого «Происхождение», с которым Слуцкий, безусловно, был знаком (а возможно, даже служат прямой отсылкой к нему): «Над колыбелью ржавые евреи / Косых бород скрестили лезвия» [Багрицкий 2000: 88][6]. Слуцкий, однако, полностью изменяет самоуничижительный, по крайней мере внешне, тон экспрессионистского стиха Багрицкого. Левитина довольно наивно отмечает, что в 1919 году (это год рождения Слуцкого) его, скорее всего, назвали не Борисом, а Борухом. Безусловно, в переводческом контексте Слуцкого русский Борис скрывает в себе Боруха из идиша и Баруха из иврита. Однако важно осознать, что

---

[6] Другие сопоставления Слуцкого и Багрицкого см. в главе 6.

воспоминание Слуцкого представляет собой конструкцию, которая описывает прежде всего не эпизод биографии, а рождение поэта, обогащая его имя дерзким символическим смыслом. Так, имя поэта отнюдь не случайность; как и Мандельштам, он будет возвращаться к своему имени на протяжении всей творческой жизни. С одной стороны, имя Борис, славянское по происхождению, обозначает воина, благословленного в битве; этот элемент предвосхищает воинскую жизнь Слуцкого (еврейское Барух тоже означает «благословенный»). С другой стороны, оно ассоциируется с неким татарским мстителем и тем самым превращается в интертекстуальный шифр. «Татарский мститель» — это Борис Годунов, сыгравший немаловажную роль и в русской истории, и в русской литературе[7]. Род Годуновых действительно был татарского происхождения. Но что еще важнее, в пушкинском «Борисе Годунове» князь Шуйский говорит о нем: «Вчерашний раб, татарин, зять Малюты, / Зять палача и сам в душе палач» [Пушкин 1959–1962, 4: 207]. Годунов, фигура глубоко неоднозначная как в народном, так и в пушкинском понимании, прекрасно подходит для целей Слуцкого. В научной литературе мстителем обычно называют Лжедмитрия, Слуцкий же называет мстителем Годунова и, соответственно, себя, тем самым связывая свою нелегкую долю с долей солдата-татарина, оплакивающего участь собственного народа в первой части стихотворения. Отношения поэта с Россией предстают не только амбивалентными и, возможно, обреченными (опять необходимо вспомнить о связи с Годуновым), они еще и наполнены тем же ощущением мстительности и гнева, что и татарская песня[8]. Ведь во втором стихотворении цикла именно руки Богоматери того и гляди окрасятся кровью после уничтожения евреев. Поэт направляет свой гнев и на немцев,

---

[7] Эта связь явно многое значила для Слуцкого. В стихотворении «Отчество и отечество» он пишет: «Действительно, со Слуцкими князьями / делю фамилию. А Годунов — / мой тезка...» [Slutsky 1999: 186].

[8] Как отмечает Г. Мурав, «месть» (некоме) — одна из ключевых тем в советской поэзии о холокосте. Стихотворение Слуцкого написано в этом корпусе одним из первых и, соответственно, по сути, предвосхищает троп. См. [Murav 2008].

и на русских, поскольку его судьба и творческое призвание неразрывно связаны с призванием и судьбой его «татар» — евреев. В результате условия перевода обретают соответствующее историческое значение. Пример тому — реконструкция Слуцким его происхождения («так я родился»), каковое он вынужден скрывать, чтобы стать теперь защитником своей страны.

Кукулин отмечает, что в самых лучших и смелых образцах советской военной поэзии смерть показана в новом — безжалостном и суровом — свете; однако такие стихи по большей части были написаны уже после войны[9]. Слуцкий начал уже в 1941-м, беспристрастно отметив: «Тоскуют солдаты о смерти своей». Эта строка резко контрастирует с одной из ведущих тем официальной советской военной поэзии: солдаты тоскуют по родине и уверены, что уцелеют. Строки 14–16 связывают это размышление о смерти с еврейством поэта. Он обречен в любом случае: если его убьют, то заклеймят «чудаком» за то, что он положил жизнь во имя страны, никогда не отличавшейся благосклонностью к его народу; если попытается выжить, то послужит подтверждением расхожего домысла, что евреи — трусы. Как будет показано в главе 4, в послевоенных стихах Слуцкий наполнит эти обвинения целительным для евреев смыслом.

В последней строфе возникает провидческая тональность. В первой ее строке особенно важно будущее время в «Я снова услышу погромный вой»: поэт предвидит волну антисемитизма, которая захлестнет страну (так и произошло); в «Записках о войне» он первым отметил и описал от первого лица антисемитские настроения в Красной армии во время войны. «Снова», равно как и отсылка к лозунгу черносотенцев о том, что евреи продали Россию, показывает: поэт остается в рамках еврейского диалектического отклика на историю, который он пересматривает в отношении холокоста, но оставляет в прежнем виде по отношению к массовой советской юдофобии.

---

[9] Сюда, разумеется, входят послевоенные произведения самого Слуцкого, а также Александра Межирова, Самойлова и неопубликованные стихи Наума Коржавина. Что касается Семена Гудзенко, он много писал и во время войны, равно как и Сатуновский, и Иосиф Деген.

Последние две строки стихотворения на первый взгляд банальны. В конце концов, очень многие стихи еврейской тематики, написанные по-русски в последние три десятилетия прошлого века, изображают отношения между Россией и евреями как отношение матери к неродным детям[10]. Кроме того, существует более ранняя традиция определять таким же способом связь между русским поэтом еврейского происхождения и евреями. Стихотворение Эренбурга «Евреи, с вами жить не в силах…» (1914) служит типичным примером. Данный контекст и глубоко оригинальное восприятие еврейства Слуцким крайне важны для понимания сути стихотворения. Удивительно, что молодой поэт, родившийся и выросший в Советской стране и назначенный выносить приговоры во фронтовых трибуналах, называет свою родину «мачехой» со всеми коннотациями бездушия и жестокости, которые несет в себе это слово[11]. Так далеко в военных стихах не заходил даже Сатуновский. Кульчицкий, который, по большому счету, ввел Слуцкого в поэзию и которого Слуцкий всегда считал своим учителем, в 1941-м, за два года до гибели на фронте под Сталинградом, пишет в незавершенной поэме «Самое такое (Поэма о России)»: «Я очень сильно / люблю Россию»[12]. Слуцкий, безусловно, разделял его чувства, однако его творческое мировоззрение было ненадежным обоюдоострым мечом еврейского и русского, историческим и логоцентрическим, полемическим и символическим. В отличие от других военных

---

[10] Еще в XIX веке Н. С. Лесков использовал эту парадигму в докладе о положении евреев в России; он благожелательно рассуждал: «Пусть сегодня отнесется Россия к ним как мать, а не как мачеха, и они сегодня же готовы забыть всё, что претерпели в своем тяжелом прошлом, и будут ей добрыми сынами». URL: az.lib.ru/l/leskow_n_s/text_0142.shtml (дата обращения: 13.09.2020).

[11] Как известно, основным советским лозунгом, возникшим в самом начале войны, был «Родина-мать зовет!»; самым известным его воплощением стал плакат И. М. Тоидзе, созданный в конце июня 1941 года.

[12] Нужно иметь в виду особый акцент на русском в отличие от советского, который Сталин делал во время войны с целью усилить патриотизм недовольного населения.

в железнодорожном вагоне, поэт внутренне разделён: Россия — его двуглавая мать / мачеха, а он фаталистическим образом ее родной сын. Соответственно, его горестный вопль в конце, столь необычный для его поэзии, — «Мне негде без Родины, Родина!» — это обращенное к подлинной Родине признание, что он не в состоянии выжить без другой родной земли, своего еврейского очага, того, который в «Уриэле Акосте» он назовет «безродьем родным».

Важно помнить, что словами «безродье родное» Слуцкий обозначает собственную поэтическую территорию. Исходя из этого, я полагаю: именно благодаря пространственной организации своей поэтики, внутри которой множество источников сплетаются в единое экзегетическое целое, он смог преодолеть кризис, с такой силой прозвучавший в «Незаконченных размышлениях». То, что могло бы стать еще одной нормативной русско-еврейской парадигмой, упирающейся в неразрешимость или отвержение еврейства, оборачивается рождением художественной системы. Отождествление с Годуновым, которым Слуцкий обозначает не только свою инаковость, но и связь с Пушкиным и русской историей, не уводит его в политику и эстетику малой литературы, а обеспечивает ему место важного голоса в русской литературе[13]. Тому, как такое положение было достигнуто, сохранено и автоканонизировано поэтом, и посвящена эта книга.

---

[13] Как недавно отметил Л. Ф. Кацис, Гинзбург одной из первых признала силу еврейской традиции в русской литературе: адаптируясь к основному дискурсу, эта традиция проявляет себя через диалекты и пр. Кацис утверждает, что надлежит «счесть еврейский элемент в русском языке и в литературе русских евреев на русском языке элементом не "чужеродным", а системообразующим», естественным для поэтики соответствующих писателей. Именно так нужно рассматривать и еврейский элемент у Слуцкого. См. [Кацис 2009].

2
Поэт-историк: добавление трансплантации

> Все это Древней Греции уже гораздо древней
> и в духе Древнего Рима векам подает примеры.
> Борис Слуцкий. *Советская старина*

> Но люблю свою отдельность,
> Единичность или розность.
> Борис Слуцкий. *«Разговаривать неохота...»*

В одном из последних своих стихотворений Слуцкий подводит итоги:

> Ломоть истории, доставшийся
> На нашу долю, — черств и черен.
> Зато нам историография
> Досталась вся
> [Слуцкий 1991b, 3: 119].

На первый взгляд речь в этих строках идет об одержимости его поколения историей, однако закодировано в них другое — его собственный историографический проект: он формулирует суть эпохи, освещенной «черным солнцем» извращенной святости и реалий войны[1]. Историография Слуцкого — это функция от его пространственного мышления, прослеживающегося на всех уровнях его творчества. Учитывая, что у всякого русского поэта возникают свои отношения с временем и вопросы к нему (Пушкин, например, считал себя следующим Карамзиным[2]), особенно в XX веке с его катаклизмами, страсть Слуцкого к истории не

---

[1] См. «Нам черное солнце светило...» [Слуцкий 1991b, 1: 413].
[2] См., например: Bethea D. Pushkin as Historical Thinker [Bethea 2005: 266–282].

выглядит аномальной, однако она совершенно самобытна. Цель этой главы двояка: дать обзор историографии Слуцкого в ее интертекстуальных, политических и метафизических проявлениях и показать, как библейское и экзегетическое мировоззрение влияет на те стихи, где отсутствует явное еврейское содержание. Из проанализированных ниже примеров видно, что «еврейская поэзия» — глубокая, многоаспектная категория, которую не следует сводить только к тематике или лингвистике. Важнейший момент этой главы — введение третьего понятия, имеющего ключевое значение для трактовки творчества поэта: *трансплантация*; вместе с *переводом* и *герменевтикой* оно описывает такие свойства поэтики Слуцкого, как апроприация и интерпретация.

Представляя американскому читателю стихи Бродского, М. Стрэнд отмечает:

> Сознание [Бродского] или, точнее, сознание его стихов почти всегда заключено в контекст той или иной исторической ситуации... Именно взаимоотношения с историей заставляют Бродского занимать не только личную позицию и выступать в своих стихах в качестве представителя многих, именно они придают его поэзии внешний характер[3].

Бродский в данном случае, как в нашем понимании, так и в понимании Стрэнда, служит метонимией для всей русской поэтической традиции или, по меньшей мере, для последнего, самого важного ее этапа, завершением которого стало творчество Бродского. История «безусловно существует» и для Бродского, и для других крупных русских поэтов XX века. Здесь уместно будет привести краткий и поневоле схематичный перечень основных художественных парадигм, которые неизбежно вспоминаются в связи с поэзией Слуцкого. Блок стремился отразить всю совокупность своей эпохи через эволюцию собственной лирической позиции и распад парадигмы «отец / сын» в «Воз-

---

[3] The Academy of American Poets Audiotape Archive recording.

мездии». Пастернак известен хрестоматийным представлением о поэте как заложнике вечности «у времени в плену», а Мандельштам — циклом о веке. Ахматова признаёт, что век болен, но пытается излечить его своей «целительной элегией», в которой увековечена память о петербургской культуре, попавшей под топор истории. Цветаева воспринимает ход времени как бремя и говорит ему решительное «нет», а Маяковский пытается превозмочь Хроноса, взыскуя эсхатологии во плоти. Наконец, Бродский признаёт полную пустоту времени, но надеется ее преодолеть непреходящими средствами языка. В этой схеме Слуцкий — разом «здешний и пришлый», используя меткое определение, данное Р. Густафсоном Толстому [Gustafson 2006].

Слуцкий не разделяет свойственного высокому модернизму презрения к времени и проявляет пристальное внимание к историческому процессу, а не к «истории с большой буквы» (Д. Кьяссон, см. ниже); отсюда историографичность его поэтических конструктов. Действительно, для него время исторично по самой сути, оно размечено сменой эпох. Каждая из них заслуживает отдельного рассмотрения, однако он решает сосредоточиться на своей. «Я историю излагаю», — подчеркнуто объявляет он. Это важнейшее свойство сближает его, с одной стороны, с архаичным, по крайней мере для русской традиции, Г. Р. Державиным, а с другой стороны — с самобытным модернистом Кавафисом. Измерение времени у Слуцкого отмечено спокойствием, приятием его скоротечности — по тональности это похоже на последнее, незавершенное стихотворение Державина «Река времен...». Притом он, как и Кавафис, — «поэт-историк»; последнее подразумевает, по словам Кьяссона, «что любые человеческие поступки, в том числе и собственные, он рассматривает в свете зафиксированного времени» [Chiasson 2009: 70–75][4].

---

[4] Комментарии Стрэнда, посвященные Бродскому, бросают свет не столько на ученика, сколько на наставника: «Он запечатлевает повороты [истории], ее мнимые продолжения с трезвомыслием, иронией и фатализмом, в которых столько же нюансировки, сколько и упрямства». Я опять же соглашусь с Фаликовым в том, что Бродский, используя имя Кавафиса, на деле говорит о Слуцком, своем недостижимом идеале.

При этом если Кавафис (почти в духе Хлебникова, за вычетом языковой акробатики) объединяет эпохи — прошлое для него «никогда не проходит», — то Слуцкий придает своей эпохе форму *библейского сгустка*. Владимир Соловьев очень точно описывает его поэтический метод: «Нетерпеливо переминаясь с ноги на ногу, ждет он, когда современность превратится в историю, ибо воспринимает не движение, а сгустки, не процесс, а результат» [Соловьев 2007: 377]. Leitwort этого результата — «давным-давно», причем его хронология неочевидна: «В месяцы я укладываю года, / вечности я в мгновенья настойчиво вталкиваю...» [Слуцкий 1991b, 3: 403]. Именно «давным-давно» позволяет Слуцкому отформовать катаклизмы своей эпохи — террор 1930-х, войну, холокост и послевоенные сталинские гонения на евреев — в новые священные архетипы[5].

Новое понятие, *трансплантация*, поможет нам постичь суть историографии поэта. Оно позаимствовано из классического труда Лихачева, посвященного развитию древнерусской литературы, и там объясняется так:

> Памятники пересаживаются, трансплантируются на новую почву и здесь продолжают самостоятельную жизнь в новых условиях и иногда в новых формах, подобно тому как пересаженное растение начинает жить и расти в новой обстановке [Лихачев 1973: 22].

Лихачев добавляет, что разница между оригинальными и переводными произведениями в древнерусской литературе крайне размыта, поскольку «переводчики и писцы по большей части были соавторами и соредакторами текста», который «переводили» [Лихачев 1973: 23]. Безусловно, эти переводчики и писцы находились совсем не в тех обстоятельствах, что Слуцкий: им было попросту неведомо представление об авторе — творце текста, как и создателям Библии. Однако упомянутое различие только подчеркивает сконструированность поэтики

---

[5] См., например, стихотворение «То лето, когда убивали...» [Слуцкий 1991b, 1: 423].

Слуцкого и нарочитость его обращения к еврейской Библии. Трансплантация встроена в его пространственный поэтический проект, поскольку именно с помощью этого приема он соединяет собственные библеизмы и русские литературные истоки, тоже сформированные трансплантацией Библии и Византии. В конечном итоге трансплантация его представляет собой нравственно искреннюю попытку осмыслить свою историческую эпоху и оставить от нее какой-то след. Говоря словами самого Слуцкого: «Эпоха закончилась. Надо ее описать. / Ну, пусть не эпоха — период, этап, / но надо его описать, от забвенья спасать, / не то он забудется» [Слуцкий 1991b, 2: 199]. Описать значит осмыслить значение; Слуцкий делает это в политическом, интертекстуальном и неизменно метафизическом ключе.

Политическое

Проект Слуцкого имеет политическую направленность. В центре его — фигура Сталина как божества и победителя в единоборстве с библейским Творцом. Слуцкий вскрывает суть сталинизма. Как блестяще выразился Дж. Брент (можно подумать, что он читал Слуцкого),

> жестокость Сталина не имела ничего общего с его собственной совестью; он действовал против Бога... Сталин был более, чем человеком. Или менее. В некоем важном смысле Сталин просто не имел собственной воли. И он тоже был нечеловеком» [Brent 2008: 247].

В стихотворении «При Адаме...» речь идет именно об этой аберрации:

> Не при Сталине — при Адаме
> Это все началось и пошло,
> Хоть потом разрасталось с годами,
> Переписываясь набело.
> Что валить коренное, как корни,
> На сердитого на старика,

> Если возрасты все покорны
> Злу и все покорны века.
> Не был он чародеем и магом
> И не сам изобрел произвол —
> С нарастающим ровно размахом
> По тропинке истоптанной шёл
> [Слуцкий 1991а: 82].

В контексте экзегетического инструментария Слуцкого отсылка к Адаму является обнажением приема. Здесь его Сталин служит воплощением извечного произвола, которое ближе к «банальности зла» Х. Арендт, чем к демиургу, видящемуся в «Боге». Он не «чудовищная аномалия» и не босс мафии, каким его считает Р. Конквест [Shentalinsky 1990: 15], но естественная часть исторической онтологии человечества, которую Слуцкий в набросках к воспоминаниям называет «рок» (в значении одновременно и участи, и проклятия), а также «необходимости» — в значении неизбежности [Слуцкий 2005: 186]. Последняя строка первой строфы метапоэтична, поскольку слова «переписываясь набело» характеризуют не только круг зла в истории, но и трансплантацию библейских архетипов и шрифтов поэтом на советскую почву. Его «беловик» представлений о древней жестокости чище и аккуратнее: исторический ужас в нем неизбежным образом эстетизирован — и тем самым сконструирована поэтическая историография его замысла.

Стихотворение «Ножи» служит комментарием к этой сущностной проблеме. В нем люди жаждут пустить в ход ножи, чтобы раз и навсегда истребить тех, кто им не нравится:

> Уже надоело мерить
> Всем по семь раз
> И всё хотелось отрезать
> Хотя бы один раз.
>
> Раз! Но чтоб по живому
> И чтобы — твердой рукой.
> К решению ножевому
> Склонялся род людской.

> И вспомнили: даже в Библии
> Средь прочих иных идей
> И резали, и били, и
> Уничтожали людей.
>
> И без большого усилия
> Учености столпы
> Нарекли насилие
> Повитухой судьбы.
>
> Как только обоснование,
> Формулировку нашли —
> Вырезали до основания,
> Дотла сожгли
> [Слуцкий 1990b: 30].

Формулировка в третьей строфе намеренно безлична и приближена к библейской стилистике: «И вспомнили». Она опять же метапоэтична, поскольку в число тех, кто описан третьим лицом множественного числа, равно как и в число «учености столпов», включен и поэт, который нарекает сталинскую жестокость «повитухой судьбы»; в целом этот историографический и трансплантационный прием отражает в себе непрерывность уничтожения. В своей прозе Слуцкий, в укор самому себе и с долей горькой иронии, называет подобную склонность к обобщениям «свободой», при которой тоталитарная сила становится «чем-то приемлемым и даже приятным» [Слуцкий 2005: 186].

Поэт не ищет простого выхода из положения — в форме покаяния или ухода с исторической сцены. Скорее, как видно из следующего стихотворения, он строит собственный поэтический авторитет на том, чтобы бросить прямой вызов проклятию своей эпохи:

> Я очень мал, в то время как Гомер
> Велик и мощен свыше всяких мер.
>
> Вершок в сравненьи с греческой верстою,
> Я в чем-то важном все же больше стою.

> Я выше. Я на Сталине стою
> И потому богов не воспою.
>
> Я больше, потому что позже жил
> И од своим тиранам не сложил.
>
> Что может Зевс, на то плевать быкам,
> Подпиленным рогам, исхлестанным бокам
> [Слуцкий 2005: 496].

Слуцкий охраняет свою эпоху, исторические пертурбации которой затмевают гомеровские мифы, при всем величии последних. Это стихотворение высвечивает антиэпическое направление его мысли. Эпос, равно как и его преемница, ода, полон намеренного презрения к истории; он уходит за временны́е рамки с целью создания мистического прошлого, доисторического по самой сути. Слуцкий утверждает монументальность своего времени, но самого себя ставит над ним и над его тираном, извращенным воплощением этой монументальности. Он, в сущности, как бы говорит из будущего: свидетельство тому — прошедшее время, которое он использует в седьмой и восьмой строках. Он «стоит на Сталине» не потому, что попирает его (это исторически и онтологически невозможно), а потому, что решился его осмыслить[6]. Отмежевавшись от оды, он подтверждает свою верность краткой лирической форме и вместе с тем, как мне представляется, отсылает читателя к одам Сталину Мандельштама и Пастернака, отображающим всю изощренность их поэтик.

Последняя строфа звучит одновременно игриво и загадочно. Поэт утверждает, что Зевс Гомера не способен состязаться с божествами его эпохи. Соответственно, Библия, а не греческий эпос или трагедия, должна служить прототипом для экспериментов XX века. В конечном итоге героям Гомера нет дела до игр и интриг на божественном Олимпе; они знают, что богов можно перехит-

---

[6] Парамонов также отмечает серьезность оценки Сталина, данной Слуцким; я добавил бы, что это, возможно, единственная действительно серьезная оценка Сталина во всей русской поэзии.

рить. Человеческие жизни и страдания — «исхлестанные бока» — приобретают значимость только тогда, когда святость, подлинная или узурпированная, занимает свое место в истории. В трагедии все роли расписаны с самого начала, все исходы предопределены. Неопределенность, текстуальная и метафизическая черта Библии, — одна из основ мышления Слуцкого. Внутри нравственных и онтологических рамок он дает значительную волю историческим и божественным игрокам, равно как и развитию их сюжетов. В стихотворении, созданном в последние годы творческой деятельности, он описывает свою поэзию, противопоставляя «бытие» (церковнославянское слово, служащее названием одной из книг Ветхого Завета) «быту» — повседневной стороне жизни, которую презирали как романтики, так и модернисты Цветаева и Маяковский. В трактовке Слуцкого оба слоя — высокий экзистенциальный и низкий повседневный — необходимые ингредиенты поэтического рецепта, однако поглощает поэта именно быт, содержащий в себе голую, неприукрашенную картину человеческой участи[7]. Так, божественное у Слуцкого — это не традиционное бытие в вечности и не рок, а тот самый, презренный быт, исторические мелочи, которыми «исхлестаны» человеческие «бока»[8]. В процессе трансплантации Слуцкий ловко превращает «бытие» из русскоязычной Библии в «быт», тем самым включая в русскую поэзию еврейскую Библию с ее упором на историческую повседневность.

В том, как Слуцкий препарирует и разлагает на части свою эпоху, вскрывая причины живучести сталинизма в российской истории, особое значение приобретает понятие терпения. Стихотворение «Современные размышления», которое И. З. Серман метко назвал «антиодой» [Серман 2003], проясняет масштабы этого феномена. «Современные размышления» — характерная для Слуцкого нарративная баллада, где историческое событие изображено «изнутри» — в нем воспроизводятся мысли поэта в день похорон Сталина:

---

[7] См. «С бытием было проще…» [Слуцкий 1991b, 3: 184].
[8] См. «Бог и биология!» [Слуцкий 1990b: 241].

...А думал я другое,
Что вот он был — и нет его,
Гиганта и героя.
На брошенный, оставленный
Москва похожа дом.
Как будем жить без Сталина?
Я посмотрел кругом:
Москва была не грустная,
Москва была пустая.
Нельзя грустить без устали.
Все до смерти устали.
Все спали, только дворники
Неистово мели,
Как будто рвали корни и
Скребли из-под земли,
Как будто выдирали из перезябшей почвы
Его приказов окрик, его декретов почерк:
Следы трехдневной смерти
И старые следы —
Тридцатилетней власти
Величья и беды.

Я шел все дальше, дальше,
И предо мной предстали
Его дворцы, заводы —
Все, что воздвигнул Сталин:
Высотных зданий башни,
Квадраты площадей...

Социализм был выстроен.
Поселим в нем людей
[Слуцкий 1991b, 1: 167].

Тональность стихотворения — библейская, построенная на параллелизмах, и при этом в высшей степени элегическая, заставляющая вспомнить как «На смерть князя Мещерского» Державина, так и «После моей смерти» Бялика. Сталин у Слуцкого воплощен в двух словах: в высоком «величье», которое вбирает в себя извращенную святость, и более разговорной «беде», которая обрушилась на страну. Опять же, власть Сталина изображена как безличная; она, подобно некой кафкианской реальности, состоит из приказов и декретов, а также из земли. Следуя библейской традиции, она физически ощутима (почерк, крики). Но изумительнее всего в этом стихотворении — кода, последняя строфа всего из двух строк, которая, подобно заключительным пассажам Екклезиаста, словно бы добавлена позднее.

Критик Б. М. Сарнов вспоминает, как Слуцкий прочитал ему это стихотворение в 1956 году, вскоре после XX съезда КПСС и развенчания Н. С. Хрущевым «культа личности». Сарнов пишет:

> Отдав должное смелости его главной мысли (заключавшейся в том, что сталинский социализм — бесчеловечен, поселить в нем людей нам только предстоит), я сказал, что в основе своей стихотворение все-таки фальшиво. Что я, как Станиславский, не верю ему, что он действительно в тот день думал и чувствовал все, о чем тут рассказывает. И вообще, полно врать, никакой социализм у нас не выстроен... [Сарнов 2004a: 668–669].

В ответ Слуцкий прочитал еще несколько стихотворений о Сталине, они Сарнову тоже не понравились. В итоге поэт произнес: «Все дело в том, что вам не нравится двадцатый век. Вам не нравятся его вожди, вам не нравятся его поэты...» Сарнов — вдумчивый читатель поэзии, особенно Слуцкого, однако его реакция на это стихотворение, какой бы интересной ни казалась она в ретроспекции, демонстрирует, насколько поверхностно можно судить о произведении, если изъять его из контекста поэтики автора. Сарнов хочет, чтобы Слуцкий клеймил Сталина, но поэт очень серьезно относится к своей связи с XX веком и реконструирует процесс, с помощью которого «современность» (используем опять термин Соловьева) превращается в «сгустки» истории[9].

---

[9] Слуцкий не проводит различия между хорошим Лениным и плохим Сталиным, извратившим ви́дение первого. В стихотворении «Павел-продолжатель» говорится: «Все было сказано уже давно, / и среди сказанного было много лишнего. / Кроме того, по должности дано / ему было добавить много личного» [Слуцкий 1991b, 3: 293]. Сталин (Павел) действительно добавил

2. Поэт-историк: добавление трансплантации

Действительно, Слуцкий показывает бесчеловечность сталинизма, однако важнее то, что две последних строки своей краткостью превращают эпоху сталинизма в космос, самодостаточный в историческом пространстве и канонизированный. Безусловно, Слуцкий не хочет сказать, что был выстроен подлинный социализм, скорее речь о том, что вот-вот начнется новая эпоха с новыми лозунгами и символами, равно как и новыми горестями, — и она тоже будет испытывать терпение народа. Однако для Слуцкого этот процесс не исключает, а подчеркивает факт проникновения уже отжившей эпохи в идущую ей на смену, с последствиями, уникальными для российского / советского случая.

О терпении Слуцкий говорит в типично русском духе. В стихотворении «Терпение» Сталин провозглашает такой тост:

> Трус хвалил героев не за честь,
> А за то, что в них терпенье есть.
>
> «Вытерпели вы меня», — сказал
> Вождь народу. И благодарил.
> Это молча слушал пьяных зал.
> Ничего не говорил.
> Только прокричал: «Ура!»
> Вот каковская была пора
> [Слуцкий 1991b, 1: 412].

Слуцкий употребляет очень выразительный глагол: «вытерпел». Это типично русское понятие, через призму которого поэт осмысляет и тирана, коего теперь изображает не изнутри его времени, где тот пребывает как божество, а изнутри его собственной трусливой психологии, и народ, одновременно представляющий собой безгласную пьяную толпу и долготерпеливых героев[10]. Поэтический подход Слуцкого к сталинизму основывается на том, что, говоря словами одного историка, «гений тоталитаризма

к Ленину Христа, однако суть — особенно в свете онтологического взгляда Слуцкого на природу Сталина — заключается в том, что «все» существовало априори.

[10] См. также стихотворение «От нашего любимого...» [Слуцкий 1991b, 3: 102].

заключается в умении низвести если не всех, то почти всех до роли пособников»[11]. Даже Евгений Слуцкого в его стихотворении — комментарии к «Медному всаднику» Пушкина пьет пиво со своим венценосным преследователем; они оба оправдывают и поддерживают и культ, и его персонализацию, тем самым намекая читателю, что корни сталинизма носят одновременно монархический, народный и литературный характер: «маленький человек», один из первых примеров которого — пушкинский Евгений, отнюдь не невинная жертва [Слуцкий 1991b, 2: 472–473][12]. Для Слуцкого «все существует в бесконечной цепи контекстов», как сказал Стрэнд о Бродском. С одной стороны, он размечает и разграничивает отдельные периоды в рамках общего советского контекста, а с другой — вскрывает их постоянное присутствие в русском духе: и в истории, и в будущем.

Интертекстуальное

Вне зависимости от того, осмысляет ли Слуцкий фигуру деспота с религиозных позиций или обличает его как простого червя, игрушку исторических сил, он в обоих случаях ставит себя в положение, с этической точки зрения уязвимое. Любая попытка серьезно осмыслить нечто тягостное чаще всего воспринимается как попытка объяснить и тем самым оправдать. Слуцкий принимает этот вызов без страха и в своей прозе пишет: «С годами понимал его поступки все меньше... Но старался понять, объяснить, оправдать. Точного, единственного слова для определения отношения к Сталину я, как видите, не нашел. Все это относится к концу сороковых годов. С начала пятидесятых годов я стал все труднее, все меньше, все неохотнее сначала оправдывать его поступки, потом объяснять и наконец перестал

---

[11] *Kenez P.* To the Editor // Slavic Review. 2009. Vol. 68. No. 1. P. 219.

[12] Макфэдьен в схожем ключе говорит о «Боге» Слуцкого: «Здесь невозможно не услышать не то фаталистическую, не то обвиняющую ноту: население поддерживает власть» [MacFadyen 2000: 67].

их понимать»[13]. Парадокс этого признания разрешается в том, какую оценку дает Слуцкий Ахматовой. Он довольно дерзко включает свою историографию сталинизма и российской истории в анналы русской поэтики через диалог с Ахматовой, в котором подвергает сомнению ее первенство как автора мемориально-ламентационных стихов в русской поэзии XX века. Будучи поэтическим наследником Ахматовой — Слуцкий глубоко ее уважал и многим обязан ее поэтике минимализма, — он рассматривает ее фигуру в рамках вопроса об авторитете, центрального, на мой взгляд, для всей его историографии. В стихотворении Слуцкого об Ахматовой, «Я с той старухой хладновежлив был...», она предстает капризной и авторитарной властительницей — это предвосхищает нестандартный взгляд А. К. Жолковского на то, какой образ самой себя культивировала Ахматова [Жолковский 1997]. Вот текст стихотворения:

> Республиканец с молодых зубов,
> не принимал я это королевствование:
> осанку, ореол и шествование, —
> весь мир господ и, стало быть, рабов.
>
> В ее каморке оседала лесть,
> как пепел после долгого пожара.
> С каким значеньем руку мне пожала.
> И я уразумел: тесть любит лесть.
>
> Вселенная, которую с трудом
> вернул я в хаос: с муками и болью,
> здесь сызнова была сырьем, рудой
> для пьедестала. И того не более.
>
> А может быть, я в чем-то и неправ:
> в эпоху понижения значения
> людей

---

[13] [Слуцкий 2005: 186]. См. также [Слуцкий 1991b, 1: 414]. См. в этой связи также стихотворение «Мой хозяин», в котором Макфэдьен проницательно обнаруживает библейскую канву [MacFadyen 2000: 64–65].

> она вручила назначение
>
> самой себе
>
> и выбрала из прав
>
> важнейшие,
>
> те, что сама хотела,
> какая челядь как бы не тряслась,
> какая чернь при этом не свистела,
> не гневалась какая власть.
>
> Я путь не принимал, но это был
> путь. При почти всеобщем бездорожьи
> он был оплачен многого дороже.
> И я ценил холодный грустный пыл
> [Слуцкий 1991b, 2: 370].

«Вселенная» в третьей строфе — это отсылка к эпохе Слуцкого, которую он осмелился «вернуть» в хаос. В стихах Слуцкого хаос всегда противопоставлен миру, космосу, возобновляемости времени[14]; он служит обозначением смерти и непознаваемости вечности; он — неизменный соперник и спутник истории.

В рамках этой концепции Слуцкий задействует и пушкинские, и библейские парадигмы. В некоторых псалмах, особенно в 104-м, а равно и в Книге Иова, безупречный порядок творения, описанный в Книге Бытия, дополняется тем, что хаос (изображенный как воды) или Левиафан показаны в качестве сил, с которыми Бог вступает в единоборство — и одерживает победу. Это не мирный *тоху ва-боху*, а угроза, заложенная в Божественный замысел и природу, — впоследствии именно так эти загадочные слова из Бытия будут трактоваться гностицизмом и лурианской каббалой. Хаос никогда не отступает и проявляется в неповиновении многих народов, прежде всего — избранного, Богу и в почитании лжебогов. Подобным же образом в пушкинском «Медном всаднике» хаос — наводнение, которое обуревает Неву и грозит уничтожением выверенному космосу Петербурга, но главное то, что хаос — исконная черта и самого Петра, и творения этого

---

[14] См. [Слуцкий 1991b, 2: 410].

2. Поэт-историк: добавление трансплантации | 125

демиурга, в чем убеждается несчастный Евгений[15]. Как известно, из пушкинского текста выросла устойчивая традиция[16]. Так, Иннокентий Анненский, предшественник акмеистов, видит воплощение хаоса в змее, не раздавленной каменным монархом («Петербург») [Анненский 1997: 188], а Парнок у Мандельштама является жертвой этого хаоса («Египетская марка») [Мандельштам 2009–2011, 2: 270]. Он воплощен в грабителях, которые отнимают шинель у Акакия Акакиевича. Хаос — определяющая черта наиболее самовоспроизводящегося нарратива в русской литературе, петербургского мифа, чей центральный целительный элемент — поэзия Ахматовой. В этом контексте хаос Слуцкого несет в себе признаки тирании и выступает проявлением зла, которое затопило его эпоху и вкралось в его стихи. Дабы оценить масштабы и изменчивость силы хаоса, лирический голос Слуцкого намеренно делается приглушенным, отмеченным нравственной серьезностью писца. Ахматова, напротив, с презрением относится к хаотической ярости авторитета, не проявляет к ней никакого почтения и втаптывает ее в пыль, предлагая взамен собственный авторитет, исполненный «скорбной страсти» царскосельской музы, превратившейся в страдающую святую России. Слуцкий воздает должное пути Ахматовой по советскому бездорожью, пути своеобычному и тяжкому, однако настойчиво идет собственным путем, ухабистым, но полным исторических и метафизических прозрений: такова избранная им творческая позиция трансплантации библейского космоса в «истоптанную тропинку» извращенной святости и зла[17].

Парадигмы Слуцкого и Ахматовой можно соотнести с двойственностью пушкинского противостояния имперской власти. Согласно одному из бытующих мнений, Пушкин подает себя как альтернативу власти царя: гражданской, нравственной и даже

---

[15] Подробнее о направлениях интерпретации «Медного всадника» см. в [Виролайнен 1999].

[16] О ее истории см., например, [Тименчик 1985].

[17] Фаликов отмечает, что «слепая сила природы, изображенная Пушкиным в его петербургской повести», характерна и для Слуцкого [Фаликов 2000].

религиозной; впрочем, согласно другой, более консервативной трактовке, он в итоге довольствуется тем, чтобы творить в тени трона. В советском контексте эта двойственность проявляется еще более замысловато[18]. Слуцкий, опять же, разрешает ее через интертекстуальную полемику с Ахматовой, в основном — с ее образом безмолвствующего русского народа. Стихотворение «На экране — безмолвные лики...» — ключевой пример интертекста. Там, в частности, сказано:

> Я себя не ценю за многое,
> А за это ценю и чту:
> Не жалел высокого слога я,
> Чтоб озвучить ту немоту,
> Чтобы рявкнули лики безмолвные,
> Чтоб великий немой заорал,
> Чтоб за каждой душевной молнией
> Раздавался громов хорал.
> И безмолвный еще с Годунова,
> Молчаливый советский народ
> Говорит иногда мое слово,
> Применяет мой оборот
> [Слуцкий 1991b, 1: 483].

Советский народ Слуцкого хранит молчание веками: оно уходит и во времена Годунова, и во времена, когда Пушкин запечатлел тогдашний кризис в своей парадигматической фразе «народ безмолвствует». Тем самым «советское» превращается в метонимическое обозначение всей русской истории, а советская немота — в разновидность общего русского безмолвия. Историография Слуцкого переиначивает историографию Ахматовой. В «Реквиеме» она вбирает все страдания Руси в свое скорбящее «я», бесстрашно стирая при этом собственную индивидуальную память. Слуцкий тоже дает немому советскому народу право

---

[18] Самобытное приложение отношений Пушкина с Николаем к советской ситуации, связанной с композитором Дмитрием Шостаковичем, см. в [Волков 2006].

голоса. Но здесь есть одно важное различие. Для Ахматовой Ленинград, скрывающий в себе величие Петербурга, — это «ненужный привесок» к сталинским тюрьмам. Тем самым она делит российскую историю на две неравные части: русскую и советскую, необратимо отсекая советский эксперимент от его русских корней. Для нее вечная печальная Россия противопоставлена безымянному безликому мучителю. Палачи в «Реквиеме», пользуясь определением Д. Голдхагена, не являются ни добровольными, ни недобровольными пособниками [Goldhagen 1997]. Попытки Ахматовой переосмыслить петербургский миф и трансформировать присущие ему мрачность и хаос в типично русскую невзгоду — об этом блестяще пишет Кроун [Crone, Day 2004] — полностью противоположны попыткам Слуцкого одновременно и понять сущность хаоса, и сдержать его[19].

«Путь» Ахматовой досконально изучен и провозглашен образцом русской культурной памяти; «путь» Слуцкого необходимо признать не менее значимым и, как мне представляется, более проницательным[20]. Прекрасный анализ сталинизма, выполненный Брентом, как бы подчеркивает глубину проникновения Слуцкого в суть своей эпохи. Брент пишет:

> Сталин... никогда не был тем, кем был. Он однажды сказал сыну Василию: "Ты не Сталин, и я не Сталин". Сталин — это власть, уникальная власть, проистекающая из устройства советского государства... завораживающая... страсть, вбирающая в себя всё — жертву и палача — и полностью отметающая собственную

---

[19] Макфэдьен пишет по поводу этого стихотворения: «Что именно, помимо и превыше позитивизма, прославляет этот высокий штиль [Слуцкого], не прояснено». Я добавил бы, что он «прославляет» не позитивизм, а историографический проект более общего толка, содержание которого можно вывести лишь из комплексно рассмотренной поэтики Слуцкого [MacFadyen 2000: 59].

[20] Возникает ощущение, что Ахматова сознательно соперничала с «путем» Слуцкого. В его набросках к мемуарам говорится: «Ахматова сказала мне о стихотворении "Бог": "Я не знаю дома, где бы не было этого". А она все время думала про славу, свою и чужую, и понимала в ней толк. Она хотела сказать мне приятное: слишком много приятного говорил ей я. Но кроме того, она ревновала. И мне было сладко на душе» [Слуцкий 2005: 182].

индивидуальность и уникальность. Это тот центр молчания, описать который пытались Бабель и многие другие. Это — всё уносящий ветер [Brent 2008: 313–314].

Имя Слуцкого должно стоять среди первых, если не самым первым, в списке тех, кто «даровал голос» тому безмолвию и описал тот ветер:

> Только ветер, в город прорвавшийся,
> Этот наглый ветер,
>   Зарвавшийся,
> Выдыхаясь и задыхаясь
> Вдоль асфальтового шоссе,
> Представительствует хаос
> В бетонированном космосе
> [Слуцкий 1991b, 2: 414].

Брент добавляет: «Надличностную природу власти Сталина... непросто забыть или развенчать», поскольку она проникла во все поры страны и ее истории. В стихотворении «Трагедии, представленной в провинции...» мысль эта отчетливо выражена в последней строфе:

> Провинция, периферия, тыл,
> Который как замерз, так не оттаял,
> Где до сих пор еще не умер Сталин.
> Нет, умер! Но доселе не остыл
> [Слуцкий 1991b, 1: 286].

Поэт прекрасно понимает, что этот труп, уже превратившийся в историческую реликвию, долго не остынет в стране длящегося терпеливого безмолвия[21]. И это станет «последним словом о Сталине», которое он сможет подыскать.

---

[21] Слуцкий явно многое предвидел в этом стихотворении. По словам Вайскопфа, «сегодняшняя массовая ностальгия по Сталину по-прежнему опирается на мощнейший фольклорно-мифологический пласт. Мартовские шествия, посвященные годовщине его смерти, дышат смутной верой в неминуемое возвращение вождя, сопряженное с тем же пробуждением самой земли... в самом начале весны» [Вайскопф 2001: 371].

Метафизическое

Чем можно оправдать такое ви́дение? Пустота, которую оставил за собой отступающий хаос, почти физически ощутима:

> Всем лозунгам я верил до конца
> И молчаливо следовал за ними,
> Как шли в огонь во Сына, во Отца,
> Во голубя Святого Духа имя.
> И если в прах рассыпалась скала,
> И бездна разверзается, немая,
> И ежели ошибочка была —
> Вину и на себя я принимаю.

Понятия безмолвия и немоты, выраженные в биографическом, историческом и метафизическом ключе, — центральные и для этого короткого стихотворения. Разговорное «ошибочка», по моему мнению, носит метапоэтический характер, это отсылка к недочетам в обобщающих построениях поэта, проанализированным выше. Мне представляется, что Слуцкий исправляет упомянутую «ошибочку», превращая своего лирического героя в писца и *пророка-провозвестника*, а также создавая спиральную концепцию истории, на которой и держится жизнь.

Слуцкий с опаской относится к мантии пророка; в этом смысле он резко порывает и с классической, и с модернистской традицией русской поэзии. Его мировоззрение — трансплантация приземленного по своей сути Пятикнижия, а не более поздних пророческих книг с их зачаточными (хотя и достаточно сильными) мессианскими порывами. В стихотворении «Как мог» Слуцкий подает себя в образе писца, презрительно отзываясь о традиционной роли поэта, пьющего вдохновение из Кастальского ключа (возле которого находятся Дельфийский оракул и святилище Аполлона). Тем самым Слуцкий отказывается от звания пророка, предпочитая ему смиренную роль прогнозиста. Если пророк возвещает лишь волю небес, то прогнозисту не чуждо ничто земное. В то же время судьба у них общая, поскольку «прогнозист времен радиоактивных / Подписывается так: Иеремия» (см. анализ стихотворения «Слепцы» во введении).

Прогнозирование в духе Иеремии заложено в фигуру поэта-писца, что сполна сформулировано в стихотворении, где слово это вынесено в название. Оно стоит того, чтобы быть процитированным полностью:

> Писарь в штабе мирового духа —
> сочинитель боговых приказов.
> Бог подписывает, но идеи
> вырабатывает писарь.
> А фамилию его не нужно
> узнавать: она секретна.
> Хватит с вас, что вам известно
> тысяча одно названье бога.
> Принято считать, что писарь пишет
> то, что бог диктует.
> Впрочем, всем давно известно:
> бог не вышел на работу.
> День не вышел, год не вышел.
> С девятьсот семнадцатого года
> он не выходил ни разу.
> Не пора ли рассекретить имя
> писаря, того, кто вправду пишет, —
> тысяча второе имя бога,
> нет, его единственное имя?
> Может быть, добрее станет писарь,
> если будет знать, что отвечает
> он и что прошла пора секретов?
> Рассекретим писаря! Объявим!
> Огласим его, опубликуем,
> обнародуем и тем заставим
> оглянуться на рассудок
> и с историком считаться.
> Пусть на свет на божий он выходит,
> невеликий, может быть, плюгавый,
> в нарукавниках и с авторучкой,

> в писарских надраенных штиблетах,
> с писарской искательной улыбкой.
> Пусть он, знающий всему на свете цену,
> слышит крики: «Писаря на сцену!»
> [Слуцкий 1991b, 3: 78].

В этом стихотворении Слуцкий взывает к читателю с просьбой не просмотреть его герменевтические приемы: здесь они на виду, однако завуалированы театральностью текста и якобы политическими аллюзиями. В соответствии с принципами литературной и мифологической трансплантации писарь Слуцкого — не просто летописец, фиксирующий ход событий, или вместилище слова Господнего в библейско-пророческом смысле, но *сочинитель*, а также соратник Бога. Его труды сопоставимы с трудами историка. Его жалкий внешний вид, облачение в духе мелкого советского чиновника заставляют вспомнить образ прогнозиста, а заискивающая улыбка заставляет вспомнить гоголевского Башмачкина, выдерживающего сокрушительные удары петербургской пустоты и пустоши, а также ироническую позу трикстера, в которую встает поэт. Здесь Бог не появлялся на сцене с 1917 года, с момента большевистской революции. Поэт / писарь заполняет этот вакуум, создавая священное писание своей эпохи безбожия и извращенной святости.

Однако самой неразрешимой остается для Слуцкого проблема отсутствия Бога. Его толкование Бога — библейское; божество — это «сила» и «право» («Разговоры о боге»), это Бог, «этику твердой рукой стиснувший» («Бог и биология!») и втащивший ее в пределы времени[22]. В то же время Бог этот уязвим; Он может быть побежден и низвергнут. Более того, Он, пишет Слуцкий в одном из последних своих стихотворений, покинул зал еще до того, как в истории началось голосование по всем важным вопросам[23]. «Мир» в поэзии Слуцкого «нравственно велик» (опять процитируем слова Стрэнда о Бродском), а сам

---

[22] Анализ стихотворения см. в главе 8.
[23] «Бог есть» в [Слуцкий 1997].

Слуцкий, что будет видно из дальнейшего анализа, прекрасно осознаёт разницу между добром и злом, равно как и то, что два этих понятия давно перемешались[24]. Соответственно, Божий суд спорен. Даже если поэт / писарь / прогнозист раскроет новое имя Бога, неведомое и в буддистской сахасранаме с ее тысячей священных имен, теперь наконец возможно обнародовать самое истинное имя Бога: Его устранение из «коллектива» человечества, которое летит в бездну из-за осознания такого устранения («Бог был терпелив, а коллектив...») [Слуцкий 1991b, 2: 459]. Чтобы все это стало переведенным на уровень языка, советское «коллектив» и высокое «бездна» соседствуют — типичным для Слуцкого образом — в этом метафизическом стихотворении[25].

Возвращаясь к вопросу о различиях между эпосом и апроприацией Библии Слуцким через экзегезу и трансплантацию, уместно вспомнить слова Альтера из исследования о том, как апроприативная модернистская поэтика превращается в игру: «В еврейской Библии существует... имплицитная концепция истории, которую не разделяет гомеровский эпос»; согласно этой концепции, «в Библии нарратив в целом структурирован как последовательность повторяющихся паттернов» [Alter 2000: 176]. Слуцкий использует тот же принцип в более широком смысле, воплощая его в образе спирали. В одном из последних его стихотворений этому дано определение:

---

[24] См. «Удар» в [Слуцкий 1990b: 210].

[25] Бродский показал, что в своих стихах Слуцкий с внешней легкостью смешивает советский новояз с церковнославянским, диалектизмами и заимствованиями из литературы. Его крайне вызывающие сравнения процесса написания стихов со службой в органах («Начинается длинная, как мировая война...») или вдохновения — со строительством социализма («Погоня»), а стиха — с политруком («Как делают стихи») носят иронический характер, однако еще важнее то, что они служат признаками трансплантации, поскольку превращают советский язык, особенно самый кондовый и официозный, в составную часть авторского священного писания. См. [Slutsky 1999: 243–245]; *Слуцкий Б.* Погоня. URL: www.ruthenia.ru/60s/sluckij/pogona/htm (в настоящее время ссылка недоступна).

2. Поэт-историк: добавление трансплантации

> И поскольку я верю в спираль,
> на каком-то витке повторится
> время то, когда в рифме и в ритме
> был я слово, и честь, и мораль
> [Слуцкий 1991b, 3: 454].

Поэзия Слуцкого представляет собой единый космос, в котором метапоэтика перетекает в историографию и обратно. Как и древнееврейское слово, позиция его глубоко нравственна и одновременно, по моему убеждению, многоголоса и неопределенна. Эта спираль — не ницшеанское вечное возвращение. В ней есть отзвук Екклезиаста, однако она ближе к представлению об освященном времени из Пятикнижия и раввинистической традиции, согласно которому моменты встречи истории и святости, такие как Исход из Египта, не носят разовый характер, но постоянно воспроизводятся через ритуальное повторение. А. И. Хешель называет это еврейской «архитектурой времени». Он разъясняет ее в своем классическом произведении «Суббота» в следующих словах: «Нас учат, что творение — не событие, некогда случившееся раз и навсегда. Сотворение мира есть постоянный процесс... Время — это постоянное обновление, синоним непрекращающегося творения» [Heschel 1994: 100]. Вместе с тем Слуцкий сознает завершенность каждой исторической эпохи, воплощенную в оставленных ею руинах, будь то руины холокоста или ГУЛАГа, или просто в самом ходе времени. Вопреки всему, спираль его говорит о постоянном реконструировании времени посредством стиха, через ритуальные записи поэта, который изображает исторический прогресс или разрушение застывшим, и любое возрождение / воскрешение остается незавершенным. В последней строке поэту полагалось бы сказать «совесть, и честь, и мораль», дав отсылку к советскому лозунгу «Партия — ум, честь и совесть нашей эпохи». Однако в стихотворении дерзко и полемично используется Евангелие от Иоанна (Христос как Слово), и тем самым этот иудейский поэт — а не Христос и не Партия, хотя и Тот и другая принадлежали победоносным религиям его эры, — предстает искупительной буквой и духом поруганной эпохи.

Слово поэта в результате завивается спиралью вокруг жизни. Способность к выживанию, которая, по мнению Слуцкого, является врожденной экзистенциальной еврейской чертой (что будет показано в главе 6), служит антителом хаосу. Наиболее метко это выражено в трех строках стихотворения «Вождь был как дождь...»:

> ...и умер вождь, а мы,
> А мы остались.
> Ему досталась смерть, нам — жизнь
> [Слуцкий 1990b: 173].

Стихотворения Слуцкого о смерти — среди самых душераздирающих во всей русской поэзии по причине их приземленности и библейского отсутствия абстракций. При этом в строках, завершающих его каноническое произведение «Голос друга», изложен весь принцип его поэтики. Стихотворение написано в разгар сталинских послевоенных гонений на евреев, в атмосфере полной безнадежности, и представляет собой песню мертвых, которые в конце возвещают: «Давайте выпьем, мертвые, / Во здравие живых!» [Слуцкий 1991b, 1: 114]. В непосредственном контексте этого стихотворения поэт присоединяет свой голос к голосам мертвых (в более поздних изданиях он добавит, что написано оно от лица Кульчицкого, погибшего на фронте), однако суть и логика его поэтики говорят о том, что он навсегда останется на стороне живых в эпоху постоянного творения[26].

Болдырев проницательно пишет в предисловии к последней осуществленной им посмертной публикации стихотворений Слуцкого: «Может быть, как никто из русских писателей второй половины XX века, Слуцкий постиг и выразил "образ и давление времени" (У. Шекспир). Это постижение выражено им в огромном многосмысленном, многофигурном, многоаспектном историческом витраже, рисующем историю советского общества и советского человека за полвека, созданном лирическими

---

[26] См. в связи с этим стихотворение «Все-таки между тем...» [Слуцкий 1991b, 3: 258].

2. Поэт-историк: добавление трансплантации | 135

и балладными стихотворениями» [Слуцкий 1994b]. Я считаю, что этот витраж представляет собой разветвленную герменевтическую трансплантацию. Критик Л. И. Лазарев вспоминает, что Слуцкий любил назначать поэтам воинские звания: тот — генерал, этот — майор и пр. [Лазарев 2005]. В одном стихотворении он пишет об этом так, параллельно давая глубокий комментарий к своему мышлению и корням, библейским, русским (Пушкин) и военным (фронтовой поэт):

> Я начинал сначала,
> я действовал с иероглифами...
>
> В самом деле,
> что такое
> хорошая рифма?
>
> <...>
>
> И что такое поэзия,
> пусть даже не хорошая,
> а просто — поэзия?
>
> Какие знаки различия
> носит Медный Всадник?
> [Слуцкий 1991b, 3: 449–450].

Иероглифы, о которых здесь идет речь, — это «клинопись» идиша в «Я освобождал Украину...» (проанализировано в главе 4) и «некий древний язык» из «Переобучения одиночеству». Перефразируем вопрос из стихотворения и дадим на него ответ — это уместно в конце данной главы: за «письменным столом», который в другом стихотворении Слуцкий называет своим «веком», поэт носит знаки различия писца и прогнозиста, осмеливающегося подписываться именем Иеремия[27].

---

[27] См. «Двадцатый век» [Слуцкий 1991b, 2: 128]; «Обе стороны письменного стола» [Слуцкий 1991b, 2: 475].

3

Благословенное проклятие: мидраш 1947–1954 годов

> Я вставал с утра пораньше — в шесть.
> Шел к газетной будке поскорее,
> Чтобы фельетоны про евреев
> Медленно и вдумчиво прочесть.
> Разве нас пургою остановишь?
> Что бураны и метели все,
> Если трижды имя Рабинович
> На одной
> сияет полосе?
>
> *Борис Слуцкий. «Домик погоды»*

> Ведь судьба — толковая летчица —
> Всех нас вырулила из января.
>
> *Борис Слуцкий. «В январе»*

Первые строки стихотворения «Случай», написанного Слуцким в начале 1970-х, звучат так: «Этот случай спланирован в крупных штабах и продуман — / в последствиях и масштабах, / и поэтому дело твое — табак. / Уходи, пока цел» [Слуцкий 1991b, 2: 516]. Перед нами — авторское воспоминание: «случай» — это послевоенные антисемитские кампании, устроенные Сталиным[1]. В более раннем стихотворении, «Какие споры в эту зиму шли...», поэт заключает: «На старенькой оси скрипя, сопя, / земля обдумывала самое себя» [Слуцкий 1991b, 2: 257]. Слуцкий постоянно проводит ассоциации между этими кампаниями

---

[1] Самый масштабный научный анализ этих кампаний см. в [Костырченко 2003].

3. Благословенное проклятие: мидраш 1947–1954 годов

и зимой 1953 года, то есть «делом врачей»; она становится зимой его тревоги². Как видно из приведенной выше цитаты, события он рассматривает скорее в метафизическом, чем просто в политическом ключе или в непосредственной связи с антисемитизмом. По сути своей они библейски-архетипичны, что совершенно неудивительно. Подобно тому как предчувствие гибели в «Стихах о евреях и татарах» задает основные направления творческого мышления Слуцкого, последние зверства Сталина заставляют его задействовать экзегетические инструменты во всей полноте.

Во введении уже было сказано, что творчество Слуцкого отвергает и переворачивает многие привычные парадигмы. Одна из них описывает реакцию евреев его поколения на послевоенные события: перед войной они совсем не интересовались «национальным» вопросом и совершенно не осознавали существования антисемитизма, поэтому взрыв антиеврейских настроений застал их врасплох. Мне представляется, что отклик Слуцкого был совершенно иным³. В подкрепление этого мнения в данной главе будет поставлен следующий вопрос: как попавшие под удар писатели отвечали на обвинения со стороны государства? Кампания против космополитизма (1947–1949 годы) была полностью сфабрикованной акцией, целью которой являлась очистка партии и ее административных рядов, а равно и кругов советской интеллигенции, от евреев. Можно рассматривать ее в качестве следствия глубоко укоренившегося, едва ли не врожденного антисемитизма Сталина, как это подает А. И. Ваксберг [Ваксберг 2003], или в качестве оправданной, по меньшей мере в его собственном представлении, прагматической попытки не дать Америке и Западу обрести мировую гегемонию — такую трактовку дает историк Г. В. Костырченко [Костырченко 2003], однако риторика этой кампании и преднамеренно, и случайно строилась на понятиях, которые задают параметры русско-еврейской идентичности

---

² См. стихотворение «В ту зиму» [Слуцкий 1994а: 3].
³ Отклик Слуцкого принято считать полностью совпадающим с этой парадигмой. См., например, [Горелик, Елисеев 2009].

эпохи модерности. После того как жертвы были заклеймены, названы «безродными космополитами» и лакеями Запада, у советских евреев возникла необходимость обосновать собственный вариант космополитизма, который Ронен, основываясь на своих воспоминаниях о том времени, именует «патриотическим космополитизмом» [Ронен 2004]. Он пишет:

> Слова «космополитом, патриотом» я читал слитно, будто они были через черточку, «космополитом-патриотом», вроде того, как Шкловский советовал читать название книги Тынянова: «Архаисты-новаторы». Сейчас это мое инфантильное чтение кажется мне исполненным глубокого исторического и личного смысла, а тогда я просто не понимал, что значит «космополит», но скоро понял.

В свете подобной новаторской, явственно оксюморонной и тем не менее глубокой формулировки еврейский космополит-патриот — это человек, который, будучи влюблен в западную культуру, неизменно сочетает «тоску по мировой культуре» (используя выражение Мандельштама) с преданностью стране своего жительства и ее языку, будь то Венгрия, как в случае отца Ронена, или Россия. В таком виде космополитизм разительно отличается от раннесоветского представления о всеобщем интернационализме рабочего класса. Например, Пастернак, будучи, безусловно, космополитом-патриотом, так формулирует в письме к двоюродной сестре свою задачу при написании «Доктора Живаго»: «Я в нем свожу счеты с еврейством, со всеми видами национализма (и в интернационализме)...»[4] Для него христианское и русское противостоят обоим изводам иудаизма, национализму и интернационализму — вне зависимости от трактовки последнего. И, наконец, данное Ю. Л. Слёзкиным определение «веры в Пушкина», в которую массово обращались евреи в конце 1920-х и в 1930-х годах, — это своего рода аналог определения Ронена [Slezkine 2004: 127].

---

[4] Цит. по: *Иванова Н.* Борис Пастернак: времена жизни. М.: Время, 2007. С. 213.

3. Благословенное проклятие: мидраш 1947–1954 годов

Ряд стихотворений, написанных в качестве отклика на послевоенный взрыв народного и государственного антисемитизма, также коррелируют с моделью «космополита-патриота», хотя их мало и они сильно разнесены во времени. Знаменитый отрывок из поэмы Маргариты Алигер «Твоя Победа» — типичный пример, — как справедливо отмечает Шраер, «почти политкорректен в его советской подаче еврейского вопроса» [Shrayer 2007: 562][5]. В нем автор вспоминает славный довоенный СССР, гордится своей принадлежностью к русской культуре, а в строках, которые распространялись тайно, удивляется росту антисемитизма, одновременно превознося в классическом космополитическом духе вклад евреев, от Г. Гейне до Чарли Чаплина, в мировую культуру [Донат 1973: 411–413]. Неудивительно, что Алигер тоже пострадала в ходе кампании против космополитизма (другой пример — недавно обнаруженная поэма Самойлова «Соломончик Портной»; она будет проанализирована в главе 10). Общая картина, которая возникает из существующих исследований того периода, особенно русскоязычных, почти полностью вписывается в парадигму «космополита-патриота», в ней вновь и вновь звучит знакомое утверждение: обращение к еврейству всегда было следствием внешнего давления. Ваксберг говорит об этом напрямую:

> Именно сталинский и послесталинский антисемитизм возродил в Советском Союзе еврейское национальное самосознание, для которого не было никаких иных социально-исторических и социально-психологических причин. Лидия Корнеевна Чуковская справедливо считала, что «искусственное пробуждение… национальных чувств вбили в (русское) еврейство сапогом». Евреи почувствовали себя чужими в стране, где они родились и жили, где похоронены их близкие и далекие предки [Ваксберг 2003: 468].

Ваксберг, по-видимому, не принимает во внимание того, что эти самые предки рассматривали эту землю как чужую по самому ее иудейскому определению. Однако в рамках данного иссле-

---

[5] Очень ироничный портрет этой поэтессы Слуцкий дает в стихотворении «Мариэтта и Маргарита…» [Слуцкий 1991b, 2: 165–166].

дования представляется, что слишком рано начисто отвергать подобный преобладающий взгляд на советско-еврейскую идентичность. Кроме того, совершенно ясно, что модель «космополита-патриота» была не единственной. В таком контексте случай Слуцкого выступает важным подтверждением того, что отношения между литературой и культурными мифами более общего характера никогда не бывают однозначными, по крайней мере если речь идет о серьезной поэзии. Художественное ви́дение вбирает в себя культурные веяния в своем собственном ключе, переосмысляя их, вплетая в готовую ткань стилистических, интертекстуальных, метапоэтических и мифологических связей. Соответственно, основной тезис этой главы звучит так: противоборство Слуцкого с исторической «зимой» развивается в двух направлениях — метапоэтическом и экзегетическом. Два направления сливаются воедино, порождая фигуру поэта-интерпретатора, который превращает личный и творческий кризис в шифр из мидраша. С помощью последнего он трансформирует историческое проклятие в целительное благословение и поверяет современное и коллективное — патриархальным, а лирическое — Моисеевым. Наряду со «Слепцами», где брошен вызов пророческим устоям, проанализированные ниже четыре стихотворения этого периода подтверждают, что Слуцкий оперировал еврейской Библией во всей ее полноте.

Кризис

> Какой свободой пользуется на деле поэт-апроприатор?
> *Роберт фон Холлберг. «Поэтическая власть»*

На самом базовом и нутряном уровне Слуцкий подходит к послевоенному антисемитизму с личных позиций. Подобно многим другим, он был его жертвой. Публиковаться ему не давали, ему повезло найти работу учителя истории и диктора на радио, где он освещал разные темы[6]. Однако более существенно,

---

[6] См., например, стихотворения «Как меня не приняли на работу» [Слуцкий 1991b, 2: 35] и «В январе» [Слуцкий 1991b, 1: 166].

что параллельно его настиг творческий кризис, коснувшийся самой сути его поэтики. Вопрос, который стоял перед ним неизменно, заключался в том, как сохранить собственное положение крупного русскоязычного поэта (крупного не в глазах власти, а в глазах потомков и традиции), продолжая творить в рамках своей переводной эстетики. В стихотворении «Я не могу доверить переводу...» Слуцкий пытается разрешить этот вопрос раз и навсегда, однако — возможно, почти вопреки собственной воле — натыкается на то, что вынужден отказаться от самой его постановки. Стихотворение это — яростно полемическое. Вот его текст:

> Я не могу доверить переводу
> Своих стихов жестокую свободу
> И потому пройду огонь и воду,
> Но стану ведом русскому народу.
>
> Я инородец; я не иноверец.
> Не старожил? Ну что же — новосел.
> Я, как из веры переходят в ересь,
> Отчаянно
>   в Россию перешел.
>
> Я правду вместе с кривдою приемлю —
> Да как их разделить и расщепить.
> Соленой струйкой зарываюсь в землю,
> Чтоб стать землей
> И все же — солью быть
> [Слуцкий 1991b, 1: 155].

Это — самое нерепрезентативное стихотворение во всем наследии Слуцкого. Если бы он сумел выполнить такую программу, перед нами был бы совсем другой поэт. В тексте воспроизводится самый узнаваемый троп русско-еврейской самоидентификации — вопрос обращения в другую веру. Слуцкий, советский и еврейский неофит, обыгрывает его. Он стремится к тому, чтобы его узнавали: «стану ведом». Использование церковнославянского глагола с его библейскими коннотациями крайне важно: сознавая тот факт, что в русской традиции любой крупный поэт — поэт национальный, Слуцкий едва ли не на эротическом уровне вожделеет признания со стороны русского народа. Однако еще принципиальнее то, что он сопоставляет перевод со сменой веры и, соответственно, изображает его в виде ереси.

Будучи декларацией веры, стихотворение пропитано обманчивой прямолинейностью и максимализмом, причем в итоге и то и другое терпят полный крах, обнажая свои логические изъяны. Христианство, крайне значимое в случае Мандельштама и Пастернака, здесь исключается не столько по причине советского мировоззрения поэта, сколько потому, что он намерен сохранить собственную «жестокую свободу» в этой новой вере. Это крайне типичное для Слуцкого понятие: оно вбирает в себя историографическое внимание к деталям, память и противостояние божественному. Свобода позволяет ему использовать в стихах еврейскую экзегезу. В итоге обращение Слуцкого в новую веру оказывается не тем, чем замышлялось: оно скрытым образом усиливает его переводческую поэтику, вместо того чтобы пошатнуть ее основы. Вновь, как и в «Неоконченных размышлениях», поэт выходит за строго заданные границы собственной идентичности, в которых пытается удержаться.

Подобным же образом приятие поэтом «правды вместе с кривдою» говорит не столько о согласии с советской системой, сколько о новом приложении библейского отсутствия определенности к собственным художественным задачам. Даже в самых его откровенно советских стихах содержатся намеки на своеособость его позиции. «Я не могу доверить переводу...» обрамляют два других произведения: «Я говорил от имени России...» и «Как меня принимали в партию» [Слуцкий 1991b, 1: 107, 95–96]. В первом Слуцкий вспоминает свой опыт фронтового офицера-политработника. В итоге он провозглашает, что предъявит этот опыт как справку, когда станет в качестве поэта говорить от имени России. Это тоже в определенном отношении формулировка трикстера: он будет говорить от имени России, поэтические и лингвистические ресурсы которой с полным правом использует, однако то, что он скажет, будет исключительно его собственным. Второе стихотворение — также рассказ об инициации. Партия, в которую вступает Слуцкий, — разумеется, КПСС. Однако в стихотворении нет ничего, что даже отдаленно напоминало бы об этом. Лирический герой оказывается в некоем первобытном лесу, перед комиссией, «всё знающей о добре и зле». Картина смутная, одухотворенно-потусторонняя, озаренная одновременно светом одинокой свечи и луны. В конце концов поэт дает клятву не трусить и не лгать. Единственная внятная часть этого стихотворения, которая возвращает нас в XX столетие, — упоминание немцев и положения на фронте. Слуцкий отнюдь не эстетизирует партийную мораль и даже не выступает в качестве трансплантатора. Он описывает, как его вводят в священный нравственный чертог, в котором ощутимы приметы разложения. На него тяжко давит обязательство никогда его не покидать. Опять же, чертог этот он называет Партией, чтобы связать его с войной и своей эпохой, однако вряд ли он имеет отношение к идеологии, как в ее чистой революционной форме, так и в железной сталинской. Отношение он имеет скорее к «слову, чести и совести», подкрепленным «жестокой свободой» поэта, а следовательно — к его еврейству и, полагаю, иудаизму, сколь бы экзегетически поэт ни подавал его хоть в положительном, хоть в отрицательном ключе. Так, совершенно не случайно это стихотворение, вошедшее в первый его сборник «Память», почти никогда больше не цитировалось и не перепечатывалось, что отметил Болдырев в разговоре с Гаспаровым [Гаспаров 2000: 248]. Сарнов совершенно прав: «...на самом деле состоял он [Слуцкий] совсем в другой партии...» [Сарнов 2001].

В «Я не могу доверить переводу...» весь спектр «правды и кривды» зашифрован в трех последних строках. Поэт зарывается в землю, тем самым свое обращение в иную веру (или, скорее, еретический обряд) фактически превращая в проявление подобострастия. Зачем Слуцкому понадобилось использовать клише «соль земли»? Описание поэтики Мандельштама, данное К. Ф. Тарановским и пересказанное Роненом, помогает ответить на этот вопрос. По мнению Тарановского, «для поэтики Мандельштама характерна строгая мотивированность всех элементов поэтического высказывания не только в плане выражения и в семантических явлениях, связанных с тыняновским понятием "тесноты стихового ряда", но и в плане содержания на самых высших его уровнях» [Ронен 2002: 14–15]. Как и Мандельштам, Слуцкий — поэт мысли. Избитые выражения он использует совершенно сознательно, наполняя их при этом новым, особым смыслом. Мне представляется, что в данном случае словами «соль земли» Слуцкий описывает свою трансплантацию. Примечательно, что он не уточняет, что зарывается именно в русскую землю, хотя это было бы логично, учитывая, что он желал бы стать ве́домым русскому народу. Однако Слуцкий следует собственной метапоэтической логике. Земля действительно русская — территория русской поэзии, — но присутствие Слуцкого и его метода постепенно кристаллизуется в ней, через соль, в особый поэтический участок[7]. «Корней я сроду не пустил», — заявляет он в другом стихотворении, написанном параллельно с «Я не могу доверить переводу…», однако при этом свою «дубовую избу» он твердо ставит на землю [Слуцкий 1991b, 1: 154]. Тем самым позиция, которая могла бы выглядеть раболепной или подобострастной позицией *мелкого* поэта, превращается в совсем иное высказывание в рамках значительной пространственной поэтики[8].

Слуцкий признал ошибку, присутствующую в этом стихотворении, и, как я уже показал, жестоко заклеймил ее в «Уриэле Акосте». Однако, как следует из нашего анализа, представленное там отрицание перевода далеко не безоговорочно. Судя по всему, на самом-то деле поэт утверждает: «Я не могу доверить *только* переводу» — ритмически это возможно. Действительно, перевод следует воспринимать как концепцию, чрезвычайно близкую Слуцкому, как один из элементов его сложной системы. Глагол «доверить» свидетельствует о намерении поэта. В еврейской

---

[7] В посвященной Слуцкому статье «Сорвавшийся в ересь: о трагедии Бориса Слуцкого» я выдвигаю тезис, что «соль» служит аллюзией на текст Эренбурга, в котором этим словом обозначена сущность еврейства. См. [Гринберг 2006: 90].

[8] Типичный пример анализа «мелких» стратегий см. в [Deleuze, Guattari 1986].

Библии нет понятия «вера»; речь там идет о доверии. Вместо типичного обращения в иную веру Слуцкий доверяет свою жестокую свободу собственному творческому универсуму, важнейшим элементом которого остается перевод.

Проклятие

Поэтический мидраш 1947–1953 годов обнажает, как функционируют его взаимосвязанные элементы: полемический, экзегетический и метапоэтический. Частью этой системы является стихотворение «Про евреев», которое до сих пор остается самым цитируемым из так называемых еврейских текстов Слуцкого. Однако, за вычетом моих более ранних работ, исследователи до сих пор обходили его вниманием [Grinberg 2006a][9]. Это стихотворение принято считать примером язвительной сатиры на грани самоуничижения, однако оно требует совершенно нового истолкования[10]. В свете его полемически-герменевтического склада оно выглядит программным. Вот как оно звучит:

> Евреи хлеба не сеют,
> Евреи в лавках торгуют,
> Евреи раньше лысеют,
> Евреи больше воруют.
>
> Евреи — люди лихие,
> Они солдаты плохие:
> Иван воюет в окопе,
> Абрам торгует в рабкопе.
>
> Я все это слышал с детства,
> Скоро совсем постарею,

---

[9] См. [Grinberg 2006a: 162–170].
[10] Быстрый поиск этого стихотворения в Google свидетельствует о том, что его широко используют самые разные современные русские антисемитские группы, которые видят в его содержании признание инсайдера (Слуцкого) в злоумышлениях евреев против России.

Но все никуда не деться
От крика: «Евреи, евреи!»

Не торговавши ни разу,
Не воровавши ни разу,
Ношу в себе, как заразу,
Проклятую эту расу.

Пуля меня миновала,
Чтоб говорилось нелживо:
«Евреев не убивало!
Все воротились живы!»
[Слуцкий 1991b, 1: 165].

«Про евреев» — продуманно-стратегический текст. В нем Слуцкий использует целый ряд полемических техник: 1) вводит прямую речь, в данном случае — голос своего врага (первые две строфы — это дословное воспроизведение антисемитских заявлений, которые в послевоенном СССР звучали повсюду); 2) интонация однозначно личная, так что не остается никаких сомнений относительно личности лирического героя; 3) используя герменевтический прием, автор направляет проклятие, нацеленное на евреев, против самих антисемитов, победоносно возвещая в конце, что еврей все равно выживет. Это не пример самоуничижительной стратегии, классическое определение которой дал С. Гилман [Gilman 1986][11]. Слуцкий не тиражирует стереотипы, созданные злодеями, а формулирует свой, независимый ответ, уходящий корнями в иудаизм и свободный от банальностей. Пользуясь словами Дж. Батлер (сказанными по другому поводу), «это не апроприация доминантной культуры с целью подчиниться ее правилам, а апроприация, устанавливающая собственные правила доминирования» [Butler 1993: 57].

«Я все это слышал с детства», — подчеркивает Слуцкий, тем самым в одной строке развенчивая миф о филосемитской обстановке в довоенном СССР, который и сегодня звучит во многих

---

[11] Подробнее о самоуничижении см. в главе 6.

3. Благословенное проклятие: мидраш 1947–1954 годов | 147

воспоминаниях и в трудах историков[12]. Возможно, именно послевоенный антисемитизм стал толчком к написанию стихотворения, однако повод для него, по крайней мере у Слуцкого, существовал всегда. Слово «зараза» играет в стихотворении центральную роль. Зараза легко распространяется и поражает все, до чего дотянется. По мнению антисемитов, евреи — про́клятый народ. Слуцкий не возражает против этого определения, однако, радикально видоизменяя его смысл, решает носить это «проклятие» в себе, точно заразу, заражая других всеми проявлениями своего еврейства и впрыскивая в антисемитов его «яд». В итоге зараза представлена как источник жизни, спасший Слуцкого на фронте, и в ней воплощены все самые страшные кошмары антисемитов. Соответственно, проклятие становится благословением, напоминая слова Господа, обращенные к Аврааму: «И благословятся в тебе все племена земные» — но только те, что благоволят к Его избранному народу. Стихотворение представляет собой тонкую апроприацию истории Валака, царя моавитян, который требует, чтобы Валаам проклял израильтян, но вместо этого Валаам, не будучи в силах ослушаться Господа, благословляет их (Числ. 22: 2–24: 9). Слово «заражать» также использует любимый Слуцким Толстой в «Что такое искусство?» при описании природы искусства: оно заражает других собственными образами и настроением [Gustafson 2006: 369–391]. Если принять это во внимание, то все поэтическое наследие Слуцкого можно рассматривать как несущее в себе еврейскую заразу, которая заражает читателя своими множественными смыслами и проявлениями, противостоя антисемитской лжи и историографии. Безусловно, в стихотворении присутствует и подтекст холокоста, замаскированный под отсылку к войне в целом. Утверждая, что все евреи

---

[12] В «Записках о войне» Слуцкий говорит, с каким интересом евреи в освобожденной Венгрии расспрашивали его о еврейской жизни в СССР. Он и другие офицеры рассказывали прекрасные сказки об идеальной жизни советских евреев. Затем Слуцкий добавляет: «Однако настойчивое любопытство зарубежных евреев принесло свои результаты. Вскоре они знали детали… Рассказали им об этом, видимо, галицийские евреи, лишенные солидарности советских граждан» [Слуцкий 2005: 129].

вернулись с фронта живыми, поэт пытается обмануть историю и вернуть к жизни уничтоженную еврейскую цивилизацию. Совершенно очевидно, что в лирическом герое находит воплощение все еврейство[13]. Таким образом в стихотворении возникают историографическое и метафизическое измерения, превращая катаклизм и скорбь в триумф, а мессианское обещание воздаяния — в поэтическую реальность. Аналогичное сплетение коллективных, экзегетических и личных нитей мы видим и в двух других важнейших стихотворениях этого периода: «У Абрама, Исака и Якова…» и «А нам, евреям, повезло…».

Коллективное

Стихотворение «У Абрама, Исака и Якова…», написанное до начала послевоенных антисемитских кампаний, — уртекст этого периода. Будучи экзегетическим стихом в чистом виде, оно предвосхищает взрыв, помещая его в ревизионистскую библейскую рамку. В нем хладнокровно утверждается:

> У Абрама, Исака и Якова
> Сохранилось немногое от
> Авраама,
> Исаака,
> Иакова —
> Почитаемых всюду господ.
>
> Уважают везде Авраама —
> Прародителя и мудреца.
> Обижают повсюду Абрама,
> Как вредителя и подлеца.
>
> Прославляют везде Исаака,
> Возглашают со всех алтарей.
> А с Исаком обходятся всяко
> И пускают не дальше дверей.

---

[13] Параллельный анализ коллективного и личного в использовании Слуцким памяти в стихах о войне см. в [Хейно 2005].

> С той поры, как боролся Иаков
> С богом
>   и победил его бог,
> Стал он Яковом.
> Этот Яков
> Под любым зодиаком убог
> [Слуцкий 1991b, 1: 71].

Стихотворение Слуцкого построено на экзегетическом использовании имен[14]. Имена и процесс наименования — одна из фундаментальных черт Книги Бытия, где они играют основополагающую роль в передаче основного смысла текста: договор между Богом и Авраамом связан с изменением имени патриарха с Аврама на Авраама в главе 17; имя Исаака также глубоко символично. Слуцкий обыгрывает имена патриархов: их канонические варианты из Писания на церковнославянском, священном языке православной традиции (Авраам, Исаак, Иаков) и их просторечные эквиваленты (Абрам, Исак, Яков). Поэтическая игра слов обнажает проблематику стихотворения: несоответствие между каноническим текстом, выхолощенным и поколебленным, и жизнью обычных людей, в данном случае — советских евреев. В итоге Слуцкий задается почти тем же вопросом, что и Бубер в «Наших современниках и еврейской Библии»: как читать Библию без «религиозных» и «научных постулатов», без «надуманных концепций» [Seidman 2006: 4–12]? Слуцкий в качестве решения предлагает гуманизировать библейский текст и провести резкий контраст между жизнью и историей, с одной стороны, и постулатами традиции — с другой. Осуществляет он это через тонкую импровизацию на тему тех литературных элементов, которые и придают Библии неопределенность, утратившуюся в силу канонизации текста.

Слуцкий проделывает то, что Фатеева метко называет — в интертекстуальном ключе — авторским «расщеплением» тексту-

---

[14] Лосев совершенно справедливо считает «Исаака и Авраама» Иосифа Бродского, где тоже присутствует игра с именами, прямым заимствованием из Слуцкого и данью ему [Лосев 2006: 64].

ального источника в противоположность его «углублению» [Фатеева 2007: 15]. Видоизменяя библейское содержание, Слуцкий «встряхивает» сложившийся текст, добавляя в него свежее значение, а не повторяет то, что принято считать интенцией этого текста. Слуцкий действует в духе классического мидраша, для которого характерно изменять, расширять и переписывать нарратив Писания через интерпретацию. Последние шесть строк стихотворения служат иллюстрацией к этому восстановлению библейской неопределенности. Слуцкий меняет — на противоположный — смысл эпизода из Книги Бытия, в котором Иаков сражается с неким божественным созданием (32: 24–30):

> И остался Иаков один. И боролся Некто с ним до появления зари; / и, увидев, что не одолевает его, коснулся состава бедра его и повредил состав бедра у Иакова, когда он боролся с Ним. / И сказал ему: отпусти Меня, ибо взошла заря. Иаков сказал: не отпущу Тебя, пока не благословишь меня. / И сказал: как имя твое? Он сказал: Иаков. / И сказал: отныне имя тебе будет не Иаков, а Израиль, ибо ты боролся с Богом, и человеков одолевать будешь. / Спросил и Иаков, говоря: скажи имя Твое. И Он сказал: на что ты спрашиваешь об имени Моем? И благословил его там. / И нарек Иаков имя месту тому: Пенуэл; ибо, говорил он, я видел Бога лицом к лицу, и сохранилась душа моя.

В том, как поэт изменяет смысл оригинала, переплетаются историческое и экзегетическое. У Слуцкого Бог одолевает Иакова и тот становится Яковом, то есть приобретает русский вариант имени патриарха, и этому Якову суждена убогая доля. Слуцкий пародирует Библию. Тем самым он, видимо, указывает, что в мире, в котором только что случился холокост, а русские евреи опять начинают подвергаться преследованиям, образ одержавшего победу патриарха необходимо кардинально переиначить. Да, Яков у Слуцкого тоже видел Бога, но для него, не столько мифологического, сколько исторического еврея, эта встреча навсегда связана со страданиями и, что даже еще важнее, с выживанием, укорененным в роли Иакова как трикстера.

Таков комментарий Слуцкого — в традиции раввинистической гомилетики: он берет на себя смелость переписать текст, дабы

3. Благословенное проклятие: мидраш 1947–1954 годов | 151

обновить его смысл для своего поколения. Успешной можно считать только ту поэтическую интерпретацию Библии, которая движется в обоих направлениях: с одной стороны, показывает спор поэта с Писанием и традицией, с другой — говорит с каноном на его собственном языке, открывая читателю всю сложность этого текста. Той же цели достигают и стихи Слуцкого: вместо того чтобы отказываться от библейского смысла текста, он сохраняет его через *расщепление*. Привлекая внимание к историческим бедам евреев, поэт выводит на первый план неопределенность Торы и наполняющий ее экзистенциальный ужас перед встречей с Божественным. Он одновременно и воссоздает для собственного стиха «свойства библейских нарративов — умолчания, эллипсы, проблематичность», и подтверждает то, чему Э. Ауэрбах дал классическое определение «постоянных интерпретативных изменений собственного содержания» в Библии, или то, что Ф. Макконнелл в своем прочтении Ауэрбаха называет «бесконечной автоинтерпретацией» Библии и ее «ревизионной динамикой» [McConnell 1986: 149].

В конечном итоге Слуцкий соглашается с библейской диалектикой: увечье Иакова дарует благословение, беды Якова тоже скрывают в себе благословение. Чтобы все это объяснить, Слуцкий пишет в самый разгар этой страшной «зимы» аксиоматическое стихотворение «А нам, евреям, повезло…»:

> А нам, евреям, повезло.
> Не прячась под фальшивым флагом,
> На нас без маски лезло зло.
> Оно не притворялось благом.
>
> Еще не начинались споры
> В торжественно-глухой стране.
> А мы — припертые к стене —
> В ней точку обрели опоры
> [Слуцкий 1991b, 1: 164].

Это стихотворение, в котором дано одно из самых емких определений сталинской России («торжественно-глухая страна»), вписывает представление Слуцкого о коллективизме евреев в диалектику благословенного проклятия. Евреи уже не просто жертвы. В своих страданиях они обрели благословение, нравственную уверенность и единственную возможность выжить. В данном случае правда торжествует над кривдой. Как и Адам с Евой в райском саду, евреи постигают разницу между добром и злом и обнаруживают в этом знании способность противостоять любым невзгодам. Как и поэт, они первыми отказываются от заблуждений по поводу того, что ждет впереди. Это стихотворение заставляет вспомнить строки американской поэтессы Мюриэль Рукейсер:

> Быть евреем в двадцатом веке —
> Значит быть получателем дара. Отказ,
> Стремленье остаться незримым влечет
> Гибель духа и каменное безумие.
>
> Принятие — полная жизнь. Полнота агонии:
> Сумерки в лабиринтах крови
> Тех, кто противится, тщетно, противится. Бог
> В роли заложника среди заложников
> [Rukeyser 2004: 103][15].

Рукейсер создает сильные образы в рамках эфемерного романтизированного пространства мифологизации еврея — так она контекстуализирует холокост. Слуцкий же пишет, стоя на твердом основании не только исторических деталей, но и иудаистской экзегезы. Проблема не в том, что еврей отказывается принимать свое ярмо, в результате чего Бог станет «заложником среди заложников», а в обнаженной здесь изначальной уязвимости Бога в этом ужасном столетии. В ключевом стихотворении данного периода, «Я строю на песке, а тот песок...», Слуцкий воскрешает Божественную силу, притом подавая поэта как исконного библейского пророка, ввергнутого в отчаяние.

---

[15] Интересным комментарием к тексту Рукейсер служит поэма А. М. Карпи, переведенная с итальянского на русский Найманом. Когда речь заходит о памяти про холокост и ГУЛАГ, поэтесса, нееврейка, восклицает: «Проклятье, что я не еврейка...» (Октябрь. 1998. № 6. С. 74).

Моисеево

Большинство вдумчивых читателей Слуцкого признают значимость стихотворения «Я строю на песке, а тот песок…». Большинство также видят в нем подтверждение упрямой и трагической верности Слуцкого всему советскому. О. Н. Хлебников, поклонник Слуцкого и его ученик как поэта, отмечает «библейское звучание» этого стиха — в силу такого звучания «исповедь становится пророчеством» [Хлебников 2009]. Как показывает наше исследование, библейское звучание присутствует во всех произведениях Слуцкого. Вскрывая библейский пласт стихотворения «Я строю на песке, а тот песок…» и, соответственно, его подлинный смысл (а это возможно), необходимо вспомнить слова Тарановского по поводу интенции у Мандельштама; у Слуцкого все продумано, и, следовательно, источник его библейских аллюзий можно установить точно. Держа это в уме, я обращаюсь к шедевру Слуцкого, который на самом деле нужно прочитывать именно в таком, исповедальном ключе:

> Я строю на песке, а тот песок
> Еще недавно мне скалой казался.
> Он был скалой, для всех скалой остался,
> А для меня распался и потек.
>
> Я мог бы руки долу опустить,
> Я мог бы отдых пальцам дать корявым.
> Я мог бы возмутиться и спросить,
> За что меня и по какому праву…
>
> Но верен я строительной программе…
> Прижат к стене, вися на волоске,
> Я строю на плывущем под ногами,
> На уходящем из-под ног песке
> [Слуцкий 1991b, 1: 162].

Это — одно из немногих стихотворений, под которым стоит дата создания: 1952 год. Оно написано уже после начала кампании против космополитов и всего за год до «дела врачей». Сарнов прав: несправедливость, про которую упоминает поэт, — отсылка к официальному антисемитскому бурлеску. Слуцкий и сам пишет об этом в своих прозаических фрагментах:

> До первого сообщения о врачах-убийцах оставалось месяц-два, но дело явно шло — не обязательно к этому, а к чему-то решительно изменяющему судьбу. <...> На этот раз надвигалось нечто такое, что никакого твоего участия не требовало. Делать же должны были со мной и надо мной. <...> Надежд не было. И не только ближних, что было понятно, но и отдаленных. О светлом будущем не думалось. Предполагалось, что будущего у меня и у людей моего круга не будет никакого. Примерно в это же время я читал стихи Илье Григорьевичу Эренбургу, и он сказал: «Ну, это будет напечатано через двести лет». <...> Той же осенью, провожая знакомую, я сказал ей: «Я строю на песке», — и вскоре написал об этом стихотворение [Слуцкий 2005: 194].

Примечательно, что в этих воспоминаниях рассказ о стихотворении стоит будто бы в стороне от остального повествования. *Он — о том, как строят на песке*. Автор словно убежден, что нам будет понятно, о чем речь. Более того, весь образный ряд стихотворения кажется обманчиво прямолинейным и откровенно негативным. Как отмечает Плеханова: «Строить на песке — абсурд, но не для мастера, который находит опору в самом себе» [Плеханова 2003]. Это верно лишь отчасти: опора, обретаемая поэтом, — коллективная, что явствует из предыдущего стихотворения. Кроме того, образ песка здесь, безусловно, куда более многозначен. Экзегетическое прочтение стихотворения, которое я хочу предложить, не отрицает ни политического, ни сугубо личного аспекта. Вопрос, однако, состоит в следующем: как поэт их творчески преображает? Будучи интерпретатором-иудаистом, Слуцкий превращает их в комментарий к Писанию.

В этом стихотворении уровень *драша*, закодированный и герменевтический, пронизывает уровень *пешата*, буквальный и стилистический, — воспользуемся терминологией из истории раввинистической интерпретации [Holtz 1992: 217–257]. В первой строфе сказано, что песок, казавшийся скалою, «потек», будто вода. Читатель, сведущий в Библии, тут же опознает источник образа: Исх. 17: 6–7 и Числ. 20: 8–13. В Исходе Моисей получает указание ударить жезлом по скале, чтобы извлечь из нее воду и напоить усомнившихся израильтян. В Числах он получает указание собрать свой народ у скалы и объявить, что она изведет для них воду. Но вместо этого Моисей дважды ударяет жезлом по скале, за что Бог наказывает его: он не войдет в землю Израилеву. В Числах для обозначения скалы использовано слово *села*, а в Исх. 17: 6 — *цур*, которое также используется в Библии в качестве одного из описаний Бога (см., например, Неем. 9: 15, Пс. 78: 16). В Пятикнижии песок также имеет особые коннотации. В отличие от народной этимологии, там он вызывает положительные ассоциации: это часть Господнего благословения Аврааму. Он обозначает многочисленность потомства Авраама (Быт. 22: 17, 32: 13) и упоминается в Бытии как минимум 21 раз. Кроме того, песок, разумеется, ассоциируется с землей Израиля. Так, в библейском значении строить на песке вовсе не абсурдно. Понятие доверия — одна из объединяющих тем во всех пяти книгах Моисеевых — связывает вышеизложенный эпизод с обещаниями, которые Бог дал патриархам. Доверие ослабевает от Бытия к Исходу, и это характерно для библейской траектории; Авраам доверяет Богу, даже когда возникает угроза жизни его сына, Моисей же — нет: он боится, что одного Божественного слова недостаточно для того, чтобы скала исторгла воду. Доверие — центральное понятие для кризиса, который в тот период переживал Слуцкий, это видно из анализа «Я не могу доверить переводу...».

В свете названных аллюзий первую строку стихотворения я прочитываю буквально. В ней есть два песка: позитивный песок поэтики Слуцкого, на котором он строит все свое творчество, и «тот» — область русской поэтики, истории и политики, неотделимой частью которой является советско-сталинский элемент. Два этих значения конфликтуют между собой. Русская / советская скала, частью которой, опять же, выступает извращенная святость (вспомним Божественное предназначение *цур'а*), способна питать, оставаясь в эстетическом и политическом смысле источником силы для других, однако для поэта она превращается в песок, лишенный библейского обещания; соответственно, область эта в итоге гибельна[16]. Во второй строфе Слуцкий, как мне представляется, осуществляет нечто совершенно удивительное: биографическая пощечина со стороны режима превращается в дерзкий и мудрый комментарий к Писанию. Поэт в буквальном смысле становится Моисеем, наказанным за то, что он дважды ударил по скале, — иными словами, потерял доверие к источнику своей творческой энергии: «Я не могу доверить переводу...» Опять же, эта скала все-таки порождает воду, но вода льется не туда, да и источник ее не в том месте; механизм поэтической системы как бы дает сбой, противопоставляя экзегезу языковой и исторической константам. Подбор слов во второй строфе знаменателен: архаическое «долу» и «корявым» придают строфе священную тональность. Последний образ наводит на мысль о «Слове о полку Игореве», своего рода русской библии, с его образом «вещих пальцев»[17]. Пальцы Слуцкого корявы, поскольку он описывает пророка в момент кризиса — оплошность Моисея стала очевидной. Подобно Моисею — и, что примечательно, в отличие от Иова — поэт не бунтует, но подчиняется наказанию, которое, как мы можем предположить, исходит от библейского Божества; извращенная советская святость распалась.

Прилагая парадигму Моисея к своему творческому кризису, Слуцкий достигает сразу двух целей, как на метапоэтическом, так и на историографическом / метафизическом уровне. Во-первых, он возвращает библейское Божество на Его законное место: Бог вновь — «правота и сила», а не изгой из «Рассказа эмигранта» и не неумеха из «Бога». Во-вторых, он принимает бремя Господ-

---

[16] Для Слуцкого Эренбург, его наставник и один из ключевых представителей советского еврейства, тоже «тот» из этого числа. В посвященном ему стихотворении он сравнивает его с Петром I и пишет: «Он тоже строит на песке...» [Слуцкий 1991b, 2: 153].

[17] В очерке о Михоэлсе, которого он называет «вершиной национального еврейского дендизма», Мандельштам прозорливо упоминает о его «мыслящих пальцах, одухотворенных, как членораздельная речь» [Мандельштам 2009–2011, 3: 223]. Слуцкий наверняка видел Михоэлса до войны — в московском ГОСЕТе — и, возможно, был знаком с очерком Мандельштама.

него наказания и тем самым искупает свое падение. Он висит на волоске (и патриархи, и Моисей знали, каково это, а равно и, разумеется, советские евреи в 1952 году). Однако, прижатый к стенке, поэт умудряется наполнить заново собственный источник и восстановить целостность своей поэтики. Плывущий под ногами песок двух последних строчек вскрывает характерную для Слуцкого в тот период оксюморонную модель: воздействие *благословенного проклятия*. Пески сдвигаются, и возникает земля, поэтическое пространство, в котором опять сливается воедино то, что рассыпалось в «Я строю на песке, а тот песок...»: иудейский и русский факторы творческого бытия Слуцкого. Как «все дороги ведут в Рим», так и все пути Слуцкого ведут к «Уриэлю Акосте». В этом тексте-компасе вскрывается суть самоидентификации Слуцкого с Моисеем. Как я уже указывал, поэт, в отличие от Моисея, получает право войти в свою землю обетованную. В результате экзегет становится художником, самостоятельно строящим собственную судьбу, причем его конфронтация с непознаваемым действительно влечет за собой благословение, а именно — доверие к своему творчеству.

4
Глядя на сожженную планету: стихи после холокоста

Как и стихи 1947–1953 годов, послевоенные произведения Слуцкого, посвященные холокосту, образуют художественное целое и органично вписываются во всю его поэтическую систему. Необходимо отметить, что холокост стал одной из самых важных тем в творчестве советских писателей-евреев. Эренбург и В. С. Гроссман — оба еще до войны добились признания в литературе — оказались среди первых, кто заговорил, на каком-либо языке, о масштабах уничтожения евреев, причем эти авторы, проявив смелость, сделали это в официальной советской печати[1]. Гроссман, потрясенный масштабами катастрофы, ввел ее как составную, хотя и не центральную часть в свое новаторское и первопроходческое описание связи между сталинизмом и нацизмом. Его анализ причин антисемитизма в «Жизни и судьбе» бледнеет в сравнении с другими частями романа, в том числе с рассуждениями о природе советского еврейства и сценами

---

[1] Необходимо отметить следующее. Недавнее утверждение Тимоти Снайдера, что Гроссману «и другим было запрещено показывать холокост как событие, касавшееся только евреев», не полностью учитывает хронологию советско-еврейской политики [Snyder 2009: 14]. Статья Гроссмана «Украина без евреев» была опубликована в переводе на идиш в газете Еврейского антифашистского комитета «Эйникайт» в 1944 году. Про высказывания Гроссмана о холокосте см. у М. Гринберга в [Крейдлина 2002: 264–265]; см. также [Beevor 2005: 247–262, 280–308]. Статья Эренбурга «Помнить» была опубликована в «Правде» в 1944 году (17 декабря). Благодарю Дж. Рубенстайна, предоставившего мне этот текст.

в Освенциме². Слуцкий откликнулся на холокост не потому, что был евреем, который внезапно ощутил связь со своим народом в последний момент его существования — как автопсихологический (в толстовском смысле)³ персонаж Гроссмана Штрум, а потому, что его поэтика по большому счету предрешала необходимость такого отклика. Соответственно, цель данной главы состоит в том, чтобы проследить, как в более поздних стихах об уничтожении проявляются историографические, трансплантационные и мессианские черты его мышления, как они пересматриваются и оттачиваются. Эти стихи я делю на две категории: цикл «дядей и тетей», в котором генеалогия поэта трансформируется в коллективное заявление, и цикл, который, вслед за Блумом, я называю «пролептическим», где представлено проблематическое и вневременное осмысление холокоста внутри собственного архетипического времени.

Дяди и тети

Стихи Слуцкого о холокосте отличаются простотой. Лотман пишет: «Понимание простоты как эстетической ценности… неизменно связано с отказом от украшенности. <…> Следовательно, в структурном отношении простота — явление значительно более сложное, чем "украшенность"» [Лотман 1972: 28]. Слуцкий сложным образом воздерживается от велеречивой истеричности, пусть и пронзительной, которая свойственна многим поэтическим откликам на Шоа: стихи П. Г. Антокольского, давшего Слуцкому рекомендацию для вступления в Союз писателей, — яркий пример такой интонации в русской поэзии⁴. Слуцкий, как будет показано в главе 11, в своем подходе ближе к Целану.

---

² *Гроссман В.* Жизнь и судьба // Гроссман В. Собр. соч.: в 4 т. М.: Вагриус, 1998. Т. 2.
³ Термин позаимствован из [Гинзбург 1999].
⁴ См. в [Колганова 1993: 120, 134]. См. также посвященное ему стихотворение Слуцкого «Претензия к Антокольскому» [Слуцкий 1991b, 3: 224].

Интонация его стихов о холокосте откровенно антиапокалипсическая. Рассказчик понимает, что произошла катастрофа невероятных масштабов, однако это понимание подано в крайне приглушенных тонах. Как и в «Сказании о погроме» Бялика, возникает ощущение, что говорящий намеренно давит крик в самом зародыше, но в результате крик превращается не в молчание, а в исполненную достоинства скорбь[5]. В автобиографических прозаических фрагментах Слуцкого есть комментарии к этому подходу:

> Жизнь, которою я жил четыре года, была жестокой, трагичной, и мне казалось, что писать о ней нужно трагедии, а поскольку настоящих трагедий я писать не мог, писал сокращенные, скомканные, сжатые трагедии — баллады.
>
> Позже я додумался до того, что жестокими могут быть не только трагедии, но и романсы. Еще позже, что о жестоких вещах можно писать и нежестоким слогом [Слуцкий 2005: 192].

Собственные трагедии Слуцкого являются трансплантациями библейских нарративов. Его «еще позже» подчеркнуто отсылает к тому времени, когда он пишет стихи о холокосте — единственные стихи на откровенно еврейскую тему, которые были официально опубликованы в СССР в годы хрущевской оттепели [Слуцкий 1964: 93, 95, 133]. Тексты «Как убивали мою бабку», «Березка в Освенциме» и «Сожжены» («Отягощенный родственными чувствами...») свидетельствуют о попытке ввести еврейскую тему в публичный советский поэтический дискурс.

Прием «дяди и тети», впервые использованный в «Сожжены» (написано в 1952 году, опубликовано в 1961-м), позволяет Слуцкому превратить непостижимую катастрофу в прочувствованную личную реальность. Более того, в результате ее коллективное еврейское измерение делается лишь ощутимее. Мне представляется, что этот подход Слуцкий позаимствовал у Сатуновского, в поэзии которого, как верно отмечает В. Иванив, «воспоминание

---

[5] *Бялик X. Н.* Сказание о погроме / пер. В. Жаботинского. URL: litresp.ru/chitat/ru/%D0%91/byalik-haim-nahman/skazanie-o-pogrome (дата обращения: 13.09.2020).

о дядях» выводит их жизнь и смерть из линейного времени, чтобы ненадолго «воскресить», а потом резко «погрузить» обратно в состояние мемориального небытия [Иванив 2005].

Поэту известно, что его дяди и тети убиты, однако говорит он о них так, будто они еще живы: «Отягощенный родственными чувствами, / Я к тете шел, / чтоб дядю повидать». Ощущение родства — проявление еврейской сентиментальности — переносит жертв в вечную юдоль жизни, но процесс этот тут же обрывает упоминание неизбежной реальности («Я не нашел ни тети и ни дяди»), которая становится особо ощутимой, когда местные жители — неевреи произносят «в землю глядя»: «Сожжены». В последней строфе поэт переводит эту реальность в мемориальное измерение, составляя первый свой каталог катастрофы, всеобъемлющий в нравственном, а теперь еще и в генеалогическом плане: «Все сожжено: пороки с добродетелями / И дети с престарелыми родителями. / А я стою пред тихими свидетелями / И тихо повторяю: / "Сожжены..."». Почему же «свидетели» — местные жители — молчат? Почему смотрят в землю? Ответ таков: оставаясь в ходе войны молчаливыми наблюдателями, они не сделали ничего, чтобы предотвратить гибель своих соседей — евреев; теперь удел их — стыд. Способность Слуцкого говорить о жестокости (а здесь жестокость доведена до предела) нежестокими средствами совершенно очевидна. Кроме того, абсолютно ясно, что он не хочет выступать в роли судьи. Стихотворение напоминает смонтированный фильм: отдельные кадры (приезд в город, разговор с горожанами, их ответное молчание) выстроены так, чтобы служить неприкрытым укором тем, кто не вмешался. Повторяя слово «сожжены», лирический герой не только сообщает о глубине своего горя и признаёт свою неспособность вернуть мертвых к жизни, но и как бы заклинает молчаливых свидетелей, вводя их в вечный, неисцелимый ступор вины и позора[6].

---

[6] Более позднее стихотворение «Березка в Освенциме» видится мне неудачей Слуцкого именно потому, что в нем автор отходит от основных тем своей поэтики, и в результате получается то, что сам он впоследствии назовет

Самое известное стихотворение Слуцкого о холокосте, «Как убивали мою бабку», расширяет троп «дядей и тетей». Оно начинается с вопроса: «Как убивали мою бабку?», на который поэт дает подробный ответ, почти невыносимый в графичности изложения бесчеловечных фактов, поскольку Слуцкого интересуют не только факты, но и процесс. Как указывает О. И. Дарк, рифма «так» («Мою бабку убивали так») и «танк» («Подошел танк») совершенна. Всех обреченных евреев вывозят на окраину города, чтобы расстрелять, и не испытывает страха только бабка поэта — она кроет немцев матом и грозит им именем своего внука, который сражается на фронте. В последней строфе она погибает гордой смертью — не как жертва, а как бунтарка: «Пуля взметнула волоса. / Выпала седенькая коса, / и бабка наземь упала. / Так она и пропала» [Слуцкий 1991b, 2: 30]. В этом она радикально отличается от остальных евреев, истощенных и «бледных от предсмертной тоски»; она гордится своим внуком — *советским* солдатом.

В стихотворении показаны два типа неевреев: 1) немцы и некоторые украинцы, их пособники и 2) остальные жители города, которые полностью на стороне бабки («Из каждого окна / шумели Ивановны и Андреевны, / плакали Сидоровны и Петровны: / — Держись, Полина Матвеевна! / Кричи на них! Иди ровно! — / Они шумели: / — Ой, що робыть / З отым нимцем, нашим ворогом! — / Поэтому бабку решили убить, / пока еще проходили городом»). Это — крестный путь, пройденный вспять и сокращенный. Христа бьют и оскорбляют на пути на Голгофу, бабку же поддерживают и подбадривают. Опять же Дарк прав: Слуцкий

«лакированными» стихами. В этом стихотворении березка, традиционный символ России, показана как символ выживания, победы жизни над смертью. Здесь он уже говорит не только про евреев, но и про «Все нации, которые — сюда, / Все русские, поляки и евреи». Да, это трогательное стихотворение, и его строки «Березка у освенцимской стены! / Ты столько раз / в мои / врастала сны!» свидетельствуют о том, что тема холокоста будоражила Слуцкого постоянно, но оно *советизирует* холокост, смещая акцент (за счет использования языка официальной советской мифологии) с еврейской катастрофы на безликие жертвы немецкого нацизма. Необходимо, однако, отметить, что упоминание евреев в стихотворении все равно было смелым шагом — не по меркам Слуцкого, а по меркам официальной литературы.

это подбадривание подает в несколько циничном ключе, поскольку из него не проистекает никакой физической поддержки. Здесь нет молчаливых свидетелей из «Сожжены», только громогласная толпа простых людей[7]. Это стихотворение — описание неудавшегося карнавала, каким он показан у Бахтина: немцы продолжают творить насилие невозбранно. Слуцкий пытается смягчить неприкрытую иронию этих строк, направленную на таких крикливых бунтарей, сосредоточивая внимание на одной героине — непримиримой старухе-еврейке, более чем подходящей на роль персонажа советской мемориальной поэзии.

Мемориальные стихи цикла «дядей и тетей» складываются в полемический историографический комплекс, в рамках которого Слуцкий объединяет традиционные еврейские представления о катастрофе с мессианскими элементами, каковые неизменно в них присутствуют. Представление о генеалогической забывчивости и отсутствии связи с предками, основополагающее и для библейской Книги Бытия, и для жизни самого Слуцкого (у него не было детей, а в конце жизни, как я попытаюсь показать, он страдал творческой амнезией), постоянно возникает в его текстах[8], но, разумеется, особую значимость приобретает в контексте холокоста. Это часть его *керен ха-Шоа* (кода холокоста) — используя термин, которым израильские литературоведы обозначают образность, связанную с катастрофой [Dekoven Ezrahi 1980]. В стихотворении «У людей — дети...», где якобы описана затхлая, бесплодная атмосфера интеллигентского круга, сказано: «Я жил в среде, в которой племянниц / Намного меньше, чем теть и дядéй» [Слуцкий 1991b, 1: 439]. Эти строки — продолжение «Сожжены». Дело в том, что племянницы сожжены вместе с дядями и тетями. А те, кто выжил, мертвы душой и не в состоянии дать потомство.

---

[7] В письмах с фронта Горелику и в «Записках о войне» Слуцкий совсем иначе описывает украинцев-коллаборационистов и их роль в убийстве евреев. См. [Горелик, Елисеев 2009: 250–252].

[8] См., например, стихотворение «Плебейские генеалогии» [Слуцкий 1991b, 3: 61–62].

В «Родственниках Христа» Слуцкий переводит идею забвения в пример обратной трансплантации, а в стихе, обращенном к внучатому племяннику, также транскрибирует приметы бездетности в очень личные и притом историографические понятия. Два этих стихотворения, при всех своих различиях, служат подтверждением единства творческих задач и приемов Слуцкого. Основываясь на легенде о том, что среди апостолов Христа было два Его двоюродных брата, причем судьба их осталась неизвестной, Слуцкий спрашивает:

> Что же они сделали
> с родственниками Христа?
> Что же с ними сделали?
> В письменных источниках не найдешь ни черта,
> прочерки, пустота.
> Что же с ними сделали?
>
> <…>
>
> Что же они сделали
>   с жителями простыми,
> мелкими ремесленниками и тружениками земли?
> Может быть, всех собрали в близлежащей пустыне,
> выставили пулеметы и сразу всех посекли?
>
> Так или иначе, век или два спустя
> никто не взимал убытки, никто не взывал о мести.
> Полная реабилитация Иисуса Христа
> не вызвала реабилитации членов его семейства.
>
> И вот цветы прорастают из родственников Христа.
> И вот глубина под ними, над ними — высота.
> А в мировой истории не занимают места
> родственники Христа
> [Слуцкий 1991b, 3: 407].

Вопрос, который снова и снова звучит по ходу стихотворения, — чисто риторический: поэт прекрасно знает, что сделали с этими самыми родственниками Христа, за образами которых скрываются жизни реальных евреев. Он боится, что память о них исчезнет, вместо этого останутся одни лишь домыслы и упреки задним числом.

В данном случае Слуцкий радикально видоизменяет еврейский диалектический отклик на историю. Вместо того чтобы переносить современный ужас в каноническое прошлое, он видоизменяет это прошлое, превращая его в сцену из холокоста. Бросая вызов собственной методологии, он при этом не производит трансплантации Библии на почву холокоста, а связывает христианскую историографию и миф, превозносящий Христа и принижающий еврея, с реальностью войны. Образ пулемета, который строчит в поздней ближневосточной Античности, — один из самых ярких и душераздирающих во всем его творчестве; нестабильность этого образа — воспользуемся вновь термином фон Холлберга — леденяще обрушивает миф в историю и наоборот. Поэта не интересует историчность мифа; ему нужны реальные сведения об уничтожении его народа. Тем самым, как мне представляется, он не выстраивает холокост в особую парадигму, а подтверждает то, что причины этого события кроются в западной духовности. Такой ход представляет собой полемический жест, основополагающий для иудаистического мышления Слуцкого, — что будет показано в главе 8.

Элемент этого мышления — его частичное мессианство. Цветы, прорастающие из родственников Христа, по моему мнению, являются не обозначением природных циклов, а отсылкой к традиционной для иудаизма мессианской формуле: *цемах геула* или *ешуа* — ростки спасения (она встречается как в пророческой, так и в литургической литературе). Тем самым уничтоженные евреи становятся частью миропорядка, параметры которого заставляют вспомнить о библейском творении, отделившем воды, что под твердью, от вод, что над твердью, — глубины от вершин: миропорядка во всей его полноте. Поскольку это мессианское ви́дение фрактально, поэт лишь ссылается на него, а не заявляет, что мир, оставшийся после Шоа, возможно вернуть в норму.

Похожий страх того, что современность исчезнет из-за утраты памяти будущими поколениями, — тоже очень библейская тревога — обретает до неловкости личную интонацию в стихотворении, которое Слуцкий посвятил своей племяннице Лёле. Это стихотворение не вошло ни в один из его сборников и напечатано только в журнальном интервью, каковое, будучи уже взрослой, дала сама племянница. На вопрос, почему Слуцкий решил не публиковать это стихотворение, Лёля ответила, что, видимо, он счел его слишком личным. Возможно, что так. Однако в более широком смысле причиной, безусловно, стал специфически еврейский контекст, который не смогли уловить ни интервьюер, ни, к сожалению, сама племянница. Здесь в типичной для Слуцкого манере лирическое переплетается с фундаментальным:

> Мал и слаб мой племянник внучатый,
> Слаб и мал и дышит едва.
> Ты еще одного отпечатай,
> Чтобы стало их два.
>
> Чтоб шумели они и орали,
> Не боясь никого, ничего.
> Наш кончается род. Не пора ли
> Хоть тебе продолжить его?
>
> Этот род уходит корнями
> В праадамовы времена,
> Но столетья его обкорнали
> И добила война.
>
> Мой племянник, малый и слабый,
> Может быть, продолжит со славой
> То, что может совсем замереть,
> То, что мир стремится стереть
> [Щеглов 1999: 371–372].

В этом глубоко прочувствованном стихе с его сложным в своей простоте библейским параллелизмом первых двух строк слабый племянник, его мать и потенциальный будущий ребенок становятся, словно в научно-фантастическом тексте, единственной гарантией того, что еврейское семя вновь взойдет во всей славе и бесстрашии. В Библии, как известно, для Авраама такой неверной возможностью оказался Исаак. В данном случае генеалогическая линия рода Слуцкого становится средством трансплантации. Вся еврейская коллективная память и исторический опыт заключены в этом слабом создании, отпрыске древнего еврейского рода, ниспровергнутого веками истребления, как символического, так и физического, и добитого холокостом. В словах поэта звучит неприкрытый страх — едва ли не слишком мелодраматический для Слуцкого, — что еврейство сгинет окончательно; звучит и уверенность в том, что мир и дальше будет пытаться искоренить евреев. Две последних строки заставляют вспомнить «Родственников Христа» с его сетованиями по поводу того, какая участь уготована памяти о евреях в христианском мире. Остается шанс, что племянник — символ молодого поколения — сможет отвести эту угрозу. Да, он сможет, но как сохранить память о тех, кто не смог? Поэт выстраивает соответствующие мемориальные парадигмы в «Я освобождал Украину...» и «Черта под чертою. Пропала оседлость...».

Мессианское

Стихотворение «Я освобождал Украину...» занимает особо место в анналах поэзии холокоста — своего рода реквием по идишу, языку, истребленному нацистами. Только поэт, глубоко прочувствовавший этот язык, мог создать ему столь филигранный памятник. Вот как звучит это стихотворение:

> Я освобождал Украину,
> Шел через еврейские деревни.
> Идиш, их язык, — давно руина.
> Вымер он и года три как древний.
>
> Нет, не вымер — вырезан и выжжен.
> Слишком были, видно, языкаты.
> Все погибли, и никто не выжил.
> Только их восходы и закаты

> В их стихах, то сладких, то горючих,
> То горячих, горечью горящих,
> В прошлом слишком, может быть, колючих,
> В настоящем — настоящих.
>
> Маркишем описан и Гофштейном,
> Бергельсоном тщательно разыскан
> Этот мир, который и Эйнштейном
> Неспособен к жизни быть привязан.
>
> Но не как зерно, не как полову,
> А как пепел черный рассевают,
> Чтоб сам-сто взошло любое слово
> Там, где рты руины разевают.
>
> Года три как древен, как античен
> Тот язык, как человек, убитый.
> Года три перстами в книги тычем,
> В алфавит, как клинопись, забытый
> [Колганова 1993: 123].

Для того чтобы обеспечить идишу достойные похороны, Слуцкий пускает в ход все ресурсы своего русского языка. Стихотворение богато ассонансами («-р» и шипящие), параллелизмами («настоящем — настоящих», «древен — античен»), архаизмами («персты»), народными присловьями («не как зерно, не как полову»), сельскохозяйственными терминами («сам-сто»).

Хронотоп стиха многогранен. С одной стороны, «три года» наводят на мысль о 1944-м, когда Слуцкий участвовал в боях за Украину, в том числе и за родной Харьков. На тот момент как раз прошло «три года» после истребления украинских евреев батальонами смерти в 1941-м. С другой стороны, «три года» — это срок, прошедший с конца войны, из чего следует, что стихотворение написано примерно в 1948-м. Мне представляется, оно было создано до 1952-го, когда Сталин уничтожил многих литераторов, писавших на идише (Слуцкий упоминает некоторые имена), но для нас повествует и об этой катастрофе — тем громче его звучание как реквиема по языку и культуре на нем.

Несовершенным видом глагола в первой строке («Я освобождал Украину») Слуцкий подчеркивает, что речь идет о воспоминании и что для него война так и не завершилась. В свою очередь, этот ретроспективный взгляд — обязательный залог превращения поэтом «трех лет» в древность. Таков «хроно»-аспект текста. Что касается «топо»-аспекта: топография здесь не менее значима. Традиционным ландшафтом советских стихов о войне являются русские деревни. Слуцкий изменяет эту парадигму, делая «еврейские деревни» (местечки) единственной локацией текста. Тем самым он включает холокост как в русские языковые и географические локации памяти, так и в свою историографическую и пространственную поэтику, переданную через языковые приемы перевода. То, что место истребления идишкайта названо у него «еврейскими деревнями», имеет исключительное значение в общем контексте представления и увековечивания холокоста[9]. По словам Снайдера,

> Освенцим как символ холокоста исключает тех, кто находился в центре этого исторического события»: «говоривших на идише польских евреев… и советское еврейское население… Там погибло относительно немного польских евреев и считаное число советских. Две самых многочисленных группы жертв практически не представлены в мемориальном символе» [Snyder 2009: 14].

Мне представляется, что звукопись стихотворения подспудно усиливает замысел увековечивания. Резкие, даже агрессивные звуки «г», «ч» и «ш» в третьей строфе подчеркивают выразительность прилагательных. Множество звуков «р» во всем тексте служит отсылкой к самому смыслонасыщенному символу истребления советских евреев — слову «яр» (например, Бабий Яр и многие другие яры, ставшие братскими могилами по всей Украине и Белоруссии). Слуцкий, как будет видно из главы 11,

---

[9] Интересную параллель к этому стихотворению представляет собой другое стихотворение, «Украину — поперек и вдоль…», где тоже описывается освобождение Украины, но нет еврейского содержания. URL: ruthenia.ru/60s/sluckij/ukrainu.htm (дата обращения: 13.09.2020).

вернется к тому же приему в более позднем стихотворении о холокосте, «Раввины вышли на равнины...».

Притом что стихотворение, безусловно, посвящено идишу и как метонимическому отображению восточноевропейской еврейской цивилизации, и как органической части его уничтоженных носителей, и, помимо этого, как безусловной самостоятельной ценности, прежде всего оно повествует о поэзии и ее способности или неспособности стать мерилом катастрофы. В последней строке первой строфы поэт, на первый взгляд почти ненамеренно, воскрешает довоенную веру, и официальную, и массовую, в то, что идиш умрет и так, — но тут же поправляет сам себя и, заявляя в следующей строфе об убийстве идиша, подспудно клеймит тех, кто желал ему «естественного» угасания. Анжамбеман между второй и третьей строфами обнажает поэтическую интенцию Слуцкого. С одной стороны, «их» (в «их восходы и закаты») вроде бы относится к говорившим на идише, языкатость которых (это еще одно обозначение еврейской «жестокой свободы») стала «оправданием» для заклания и языка, и народа, а с другой, по большому счету, это отсылка к стихам на идише. Анжамбеман, наряду с опущенным глаголом (в конце последней строфы подразумевается «выжили»), объединяет первое «их», относящееся к людям, со вторым, которое теперь, посредством синтаксического параллелизма, превращается в отсылку к стихам («в их стихах...»).

Действительно, стихи по-прежнему принадлежат народу. Но главное то, что все — и народ, и метафорическая сущность его существования в мире («восходы и закаты») — теперь воспринимаются как элементы поэтического слова. В этом тексте «уцелевшие» сами становятся — воспользуемся емким термином, возникшим после холокоста, — персонифицированными стихотворениями. Слуцкий поспешно сдвигает фокус с жертв, которых уже не оживишь (вспомним «сожжены»), на сохранение стихотворных текстов, единственных, кто уцелел на сожженной планете и способен рассказать о надежде и отчаянии, горестях и страстях этой планеты. С одной стороны, подобный сдвиг по духу близок иудаизму, если вспомнить о важности для иудаизма сохранения и комментирования определенных текстов, а с другой — он создает радикальную дистанцию с ним, поскольку речь идет о сохранении не священного канона, но корпуса светской поэзии, явно несовершенной («колючей»), однако доказавшей свою подлинность самим фактом того, что она уцелела в пережившем катастрофу универсуме. Скептическое отношение Слуцкого к упомянутой точке зрения, которым наполнен весь его модернистский проект, просачивается сквозь мессианские и пролептические образы стихотворения.

Мессианская надежда, звучащая в стихотворении, также связана с сохранившимися поэтическими строками. В этом — национальное и, на деле, миметическое содержание еврейских стихов, поэт полемически сажает их в землю, будто пепел мучеников, чтобы они дали обильные плоды там, где сейчас — одни руины. В отказе сеять их как зерна — можно усмотреть отсылку к знаменитым строкам из Евангелия от Иоанна (12: 24), которые Достоевский поставил эпиграфом к «Братьям Карамазовым»: там говорится, что зерно, упав в землю и умерев, дает плоды; это образ искупления через смерть Христа. Полова, на мой взгляд, — отсылка к программным строкам Ахматовой: «Когда б вы знали, из какого сора / Растут стихи, не ведая стыда, / Как желтый одуванчик у забора, / Как лопухи и лебеда»[10]. Слуцкий, подобно Ахматовой, говорит о «соре» природы, однако если ее лопухи и лебеда растут сами собой, без человеческого участия, то его полова служит указанием на рукотворную катастрофу, поскольку сельскохозяйственный термин «полова» обозначает отходы от переработки зерна, которые пускают на корм скоту, запахивают в землю или сжигают[11]. Так Слуцкий отмежевывается и от

---

[10] Тот факт, что стихотворение Ахматовой («Мне ни к чему одические рати...») было опубликовано в 1940 году, подчеркивает его значимость для Слуцкого. Оно еще было свежо в его памяти, когда он писал «Я освобождал Украину...». См.: Звезда. 1940. № 3–4. С. 75; [Ахматова 1990, 2: 277, 422].

[11] Образ половы, возможно, почерпнут из статьи Ю. Тувима «Мы, польские евреи». Тувим пишет, что евреи — «великолепное мясное месиво, куча кровавых отбросов, органические удобрения, внесенные в польскую землю, чтобы взращенный на ней хлеб свободы казался более сладким» (URL: www.

христианской апокалипсичности, и от модернистского эстетизма, отвернувшихся от рукотворного исторического мира. На их место он ставит обещание едва ли не мессианской эры будущего. Проблема в том, что, в отличие от классической еврейской мессианской идеи или как минимум одного из ее изводов, которому Г. Шолем дал знаменитое название «целительный» ([Scholem 1971: 1–36]; [Biale 1979: 148–170]), идея Слуцкого по сути своей лежит вне зоны темпорального, поскольку никакие законы физики, даже выдающиеся достижения Эйнштейна, не способны воскресить уничтоженных деревень. Кроме того, в становой хребет его мессианства прочно интегрирована смерть — плод пепла: совершенно нееврейский образ, поскольку в иудаизме существует запрет на кремацию. Тем самым поэт четко показывает посредством сравнения (редко используемый в его поэзии прием), что мы рассеиваем слова *как* пепел. Необходимо также держать в уме, что «пепел» в данном случае — это символ, поскольку речь идет не об Освенциме с его газовыми камерами, а об Украине с ее ярами.

Для Слуцкого холокост бросает непреходящую тень на всю еврейскую историю в ее совокупности. Как «Angelus Novus» Клее из «Историко-философских тезисов» Беньямина, поэт «видит сплошную катастрофу, непрестанно громоздящую руины над руинами, сваливающую все это к ногам ангела». Как и ангел, «он бы и остался, чтобы поднять мертвых и слепить обломки», однако, в отличие от ангела, он обращен лицом к ветру времени, к которому ангел обращен спиной, — скрепляя свое лирическое слово с историческим, даже под напором шквала[12]. Поэтический компонент мессианства Слуцкого бросает вызов невозможности

---

lechaim.ru/ARHIV/161/tuvim.htm (дата обращения: 13.09.2020)). Слуцкий преобразует польско-националистическую и христологическую образность Тувима в свою собственную, полумессианскую. Текст Тувима впервые был процитирован по-русски в книге воспоминаний Эренбурга «Люди, годы, жизнь», опубликованной в годы оттепели. Представляется весьма вероятным, что Эренбург, читавший этот текст ранее, рассказал про него Слуцкому или что Слуцкий сам прочитал его по-польски.

[12] *Беньямин В.* О понятии истории // НЛО. 2000. № 6. С. 89.

воплощения мессианства в жизнь в пределах земного времени. Слуцкий отказывается рассматривать собственно воскресение народа, поскольку это прозвучало бы богохульством и превратило бы жертв в пищу для обрядов увековечивания. Вместо этого в неапокалипсическом ключе — Шолем называет «утопически-катастрофическое», или апокалипсическое, мессианство «внезапным разрывом исторической последовательности» [Biale 1979: 149] — поэтическая генеалогия идиша сохраняет свою историчность, поскольку является совокупностью коллективных и индивидуальных путей отдельных представителей народа. Здесь Слуцкий опять же поднимается на символический уровень: в стихотворении упомянуты поэты, писавшие на идише, однако в серьезный разговор об их творчестве он не вступает[13]. Так, «любое слово» относится к его собственным строкам и рассуждениям, в основном лежащим в сфере историографии. Более того, это понятие описывает идеальный поэтический язык как таковой. В стихотворении «Поэтический язык — не лютеранская обедня...» он утверждает:

> Поэтический язык — солдатский митинг перед боем.
> Нет времени для болтовни, а слово — говори любое,
> Лишь бы хватало за сердца, лишь бы дошло,
>   лишь бы прожгло,
> Лишь бы победе помогло
> [Слуцкий 1991b, 1: 343].

Как ни парадоксально, но строки эти служат наиболее убедительным доказательством и единства всего творчества Слуцкого, и его укорененности в переводе. Представления Слуцкого об идеале поэтической выразительности заставляют прежде всего

---

[13] Самая замысловатая фигура в этом стихотворении — Бергельсон, писавший по преимуществу прозу. В одном из вариантов, здесь приведенных, который остался в рукописи Слуцкого, 14-я строка звучит так: «Бергельсоном тщательно рассказан»; в другом же, опубликованном в «Меноре», — «Бергельсоном тщательно разыскан». Иными словами, если считать этот вариант значимым, Слуцкий говорит о том, что мир идиша утрачен еще до войны, хотя его еще и можно обнаружить. Писателей на идише, которых упоминает Слуцкий, расстреляли по приказу сталинского режима в 1952 году.

вспомнить идиш; в четвертой строке, безусловно, речь идет о «прожигающих» стихах на идише — стихах, язык которых был сожжен, а «победа» говорит не только о том, что Советский Союз победил в войне, но и о мессианском возрождении стиха на идише, а через него — и поэзии как таковой. Соответственно, «любое слово» звучит метапоэтически и — в духе Слуцкого — по-еврейски. Вслед за Н. А. Некрасовым видя в поэте «сеятеля», он рассчитывает на обильный урожай[14]. Притом в свете своего исторического мышления он испытывает сомнения в том, какой потенциал и охват заложены в этом слове.

Пролептическое-1

Как было показано в главе 2, Слуцкий склонен канонизировать современный ему мир, превращая его эпохи в архетипы, каждый из которых живет своей жизнью, но притом связан с остальными. Этот прием позволяет произвести трансплантацию библейской мифопоэтики в материал и язык его стихов. Так, в «Я освобождал Украину...» то, что три года названы древностью и античностью, вполне ожидаемо. Поскольку поэт пишет непосредственно после события, он изымает самого себя из истории, чтобы эксгумировать труп языка и показать колоссальный масштаб случившегося через использование принципов собственной поэтики. Он говорит изнутри традиции. Своеобразно то, что эта традиция более не библейская и, соответственно, код для расшифровки содержания еврейского мира, истребленного и сожженного, уже не отыщешь. Традиционные источники и парадигмы сдвинулись в ответ на всеохватность холокоста и на сопротивление поэта тому, чтобы предложить какие-то способы минимизации страшной реальности случившегося. «Может ли поэзия стать такой новой традицией?» — вот вопрос, на который Слуцкий дает ответ, одновременно и утвердительный и неуверенный, — и тут же возражает самому себе.

---

[14] См. примеч. 27 к главе 9.

Рукопись «Я освобождал Укранину...».
Из коллекции Марата Гринберга

    Изъяны подобной диалектики особенно отчетливо видны в последней строфе. Там — и это один из самых сильных образов в поэзии XX столетия — уничтоженный язык сравнивается с убитым человеком. Поскольку три года здесь приравнены к вечности, именно целую вечность «мы» тычем перстами в книги на идише. Слуцкий использует церковнославянское слово «персты», которое говорит о священном характере такого действия, — отсылая, во-первых, к тому, что делали писцы и монахи, а во-вторых — к «корявым пальцам» поэта из «Я строю на песке, а тот песок...». Невнятность этого слова может намекать на слепоту читателей перед лицом текста и их неспособность его прочитать: если речь идет о древних текстах, комментаторы от них отлучены. Но одновременно оно может обозначать непрерывное, настойчивое прикосновение к свитку Торы перстом *яда*, священной указки: от ее кончика тянется рука, с помощью которой евреи извлекают святость из «клинописи» на свитке. Проблема заключается в том, что Тора в данном стихотворении именно этим и является — ускользающим символом, а не смыслонасыщенным интертекстом. Клинопись на идише также заставляет вспомнить изначальную клинопись ассирийцев и разрушение великой вавилонской цивилизации. Подобно падению Вавилона, гибель черты оседлости необратима. И если Иеремия был пророком Вавилонского пленения (отсюда его «Плач»), Слуцкий — подобный Иеремии самобытный предсказатель своего времени. Однако если в «Слепцах» спор с пророком однозначно служит инструментом, с помощью которого Слуцкий создает собственную поэтику, то здесь Писание если не отсутствует совсем, то остается сокрытым, в лучшем случае — как некая не поддающаяся расшифровке и далекая юдоль, а в худшем — как нечто ненужное, почти в кафкианском смысле[15]. Без Писания поэт-герменевтик не способен наполнить свои *руины* общим или конкретным смыслом.

Для Слуцкого «руины» — это leitwort, имеющее нравственное и архетипическое измерения. В стихотворении «Прощание», где за одним столом встречаются Добро и Зло, зубы во рту у Добра, выбитые Злом, встают как «руины» [Слуцкий 1991b, 1: 263]. В другом стихотворении, «Первый век», руины, в сопоставлении с более низменными «развалинами», служат обозначением I столетия — определяющего периода для всего Запада, века Рима и Христа [Слуцкий 1991b, 1: 463]. В реквиеме по идишу «руины» обозначают невозможность смириться с тем, что планета сожже-

---

[15] В письме к Гершому Шолему от 1934 года — в ответ на утверждение, что для Кафки закон не отсутствует, просто он неисполним по своей сути, — Беньямин возражает: «У Кафки... не было ответов на эти вопросы [о законе и Божьем правосудии]. Однако та форма, в которой они ему представали... содержит в себе намеки на состояние мира, где таким вопросам уже нет места, потому что ответы ничему не учат, делая ненужными и сами вопросы» [Rabinbach 1992: 128].

на. Выдвинутая Блумом концепция пролептической репрезентации позволяет осмыслить экзегетический и метапоэтический кризис Слуцкого в более широком теоретическом плане. Ученый пишет:

> Пролептическая репрезентация — это необходимый риторический ресурс любого канонизационного дискурса, что означает: канонизацию невозможно провести, не пожертвовав присутствием в настоящем. Объявляя современное произведение нетленным достижением, классикой, его обрекают на изумительную, явственную, мгновенную утрату части смысла [Bloom 2005b: 52].

Из этого следует, что любая канонизация содержит в себе элемент «неверного прочтения». Тот факт, что к уничтоженной традиции идиша можно подступиться только издалека, как к мертвой окаменелости и, по сути, священному предмету, отрезает путь к ее фактическому возрождению, а любое воздаяние делает неполным и оторванным от жизни. После канонизации мертвую цивилизацию нельзя полностью постичь и описать. Она становится нравственно безупречной и на деле недоступной. В подробном исследовании, посвященном тому, как в разные эпохи в литературе на иврите представляли катастрофу, А. Минц метко подмечает: «В еврейской традиции катастрофа обычно трактуется не как физическое или материальное опустошение; разрушительное событие становится катастрофой, если оно подрывает или опровергает коллективные представления о судьбах еврейского народа в мире» [Mintz 1996: 2]. Слуцкий видит в холокосте такое разрушительное событие именно потому, что оно привело к возникновению непоправимого разрыва в еврейской культурной и коллективной памяти, символом которого служит уничтожение идиша. По причине исключительности этой катастрофы «Я освобождал Украину...» представляется герменевтической неудачей. Если в «У Абрама, Исака и Якова...» поэт одновременно открывает в Библии новизну и с ее помощью отыскивает парадигму благословения для еще одной полосы тьмы, то здесь, как и в «Родственниках Христа», только «прочерки, пустота»: видимо, все мессианские пророчества остались в прошлом. Более позднее стихотворение «Черта под чертою. Пропала оседлость...» представляет собой мемориальный каталог, в котором предпринята попытка разрешить эту загадку.

Пролептическое-2

Стихотворение «Черта под чертою. Пропала оседлость...» было впервые опубликовано в 1985 году в провинциальной грузинской газете. Самый однозначный из всех текстов Слуцкого, посвященных катастрофе, — это не лишает его многоуровневости — написан от первого лица единственного числа, в отличие от «Я освобождал Украину...», где всюду, кроме первой строки, употребляется «мы». Возможно, сразу после войны Слуцкий считал, что все еще сохраняется ощущение общности; чувство это явно исчезло к 70-м годам, когда и появилась «Черта под чертою. Пропала оседлость...». Вот текст стихотворения:

> Черта под чертою. Пропала оседлость:
> Шальное богатство, веселая бедность.
> Пропало. Откочевало туда,
> Где призрачно счастье, фантомна беда.
> Селедочка — слава и гордость стола,
> Селедочка в Лету давно уплыла.
>
> Он вылетел в трубы освенцимских топок,
> Мир скатерти белой в субботу и стопок.
> Он — черный. Он — жирный. Он — сладостный дым.
> А я его помню еще молодым.
> А я его помню в обновах, шелках,
> Шуршащих, хрустящих, шумящих, как буря,
> И в будни, когда он сидел в дураках,
> Стянув пояса или брови нахмуря.
> Селедочка — слава и гордость стола,
> Селедочка в Лету давно уплыла.

> Планета! Хорошая или плохая,
> Не знаю. Ее не хвалю и не хаю.
> Я знаю не много. Я знаю одно:
>
> Планета сгорела до пепла давно.
> Сгорели меламеды в драных пальто.
> Их нечто оборотилось в ничто.
> Сгорели партийцы, сгорели путейцы,
> Пропойцы, паршивцы, десница и шуйца,
> Сгорели, утопли в потоках Летейских,
> Исчезли, как семьи Мстиславских и Шуйских.
> Селедочка — слава и гордость стола,
> Селедочка в Лету давно уплыла
> [Слуцкий 1999а: 8].

В отличие от «Я освобождал Украину...», стихотворение это — однозначно мемориальное. В нем использованы как общепринятый символ, Освенцим, так и более специфически еврейский и исторически конкретизированный — черта оседлости. В советском контексте особенно важно то, что Слуцкий утверждает достаточно категорично: полностью черту уничтожили не революция, не сталинизм, а нацисты.

Объявляя, что черта с ее жизнерадостностью и богатством — духовным, если не материальным — исчезла, Слуцкий в качестве основного ее символа выбирает селедку. Речь идет одновременно о биографической и историографической метонимии, всеобъемлющей в силу своей структуры. Действительно, селедка — традиционное блюдо восточноевропейских евреев; необходимо также вспомнить, что в иудаизме рыба — обобщенный символ мудрости и еврейского народа. В Талмуде о рыбе говорится как о самом священном создании, поскольку рыбы никогда не убивают, чтобы выжить. Трудно сказать, насколько хорошо знал об этом Слуцкий, но совершенно очевидно — и это следует из остальной части стихотворения, — что он был прекрасно знаком с традиционным еврейским образом жизни. Рыба, которая также является и традиционным христианским символом, здесь представлена конкретно еврейской селедочкой. Как и гигантская рыба из Книги Ионы, селедочка вбирает в себя весь еврейский мир. В реальности превратившаяся в дым из труб Освенцима, в языке поэта она обретает облик животрепещущей памяти[16].

В строке «А я его помню еще молодым» использование творительного падежа, в принципе, допускает двойственное прочтение; речь, как мне представляется, идет не о том, что поэт помнит, когда еврейский мир был молодой, а о том, что воспоминания о еврейском мире относятся к молодости поэта. Если в стихотворении «Про евреев» Слуцкий вспоминает антисемитский выпад, то здесь возвращается мыслями к еврейскому миру своей юности. Он знал его во дни его славы, когда он шумел, как буря, в субботу. Образ бури наводит на мысль о «буре и натиске» Гёте, про который Слуцкий, безусловно, знал, — то есть он

---

[16] Притом что Слуцкий сознает все проблемы, связанные с представлением холокоста в литературе, и воплощает их в своих стихах, важнее всего для него сам процесс воспоминания. В этом смысле он разительно отличается от Варлама Шаламова, из произведений которого о ГУЛАГе Слуцкий явно почерпнул многое о том, как нужно писать о катастрофе. Слуцкий был одним из первых почитателей прозы Шаламова. Понятие Шаламова о «новой прозе» как о «преображенных документах» приложимо и к стихам Слуцкого, преображающим документы и мифы. Стихи Слуцкого о советских лагерях произвели на Шаламова сильное впечатление. В его программном рассказе «По ленд-лизу» рассказчик описывает, что на территории лагеря внезапно вскрылась «арестантская общая могила, каменная яма, доверху набитая нетленными мертвецами еще в тридцать восьмом году... открывая колымскую тайну. На Колыме тела предают не земле, а камню. Камень хранит и открывает тайны. Камень надежней земли. Вечная мерзлота хранит и открывает тайны». Понимая, что скоро летняя трава скроет это «человеческое дело», он заключает: «...трава еще более забывчива, чем человек. И если забуду я — трава забудет. Но камень и вечная мерзлота не забудут». Слуцкий твердо верил, что он не забудет, отсюда — настойчивая интонация «Родственников Христа», даже там, где экран смысла за этой памятью уже затянула тьма. Взаимоотношения и связи между творчеством Шаламова и Слуцкого чрезвычайно многообразны и заслуживают отдельного исследования. См.: *Шаламов В.* По ленд-лизу. URL: shalamov.ru/library/3/25.html (дата обращения: 13.09.2020). О «новой прозе» см.: *Шаламов В.* Собр. соч.: в 4 т. М.: Вагриус, 1998. Т. 4. С. 374. О Слуцком и Шаламове см. [Горелик 2005: 529]; URL: shalamov.ru/critique/106 (дата обращения: 13.09.2020). Подробное и неоднозначное исследование творчества Шаламова см. в [Осипов 2008].

вспоминает еврейскую цивилизацию в момент ее расцвета, на пике культурного подъема; «буря» также заставляет вспомнить эпизод из дарования откровения на Синае (Исход). Поэт знал этот мир и в его «будни», когда голос его звучал приглушенно и он чах в тихом гневе. Скорее всего, под «буднями» понимаются 1920-е и 1930-е годы, когда традиционная еврейская жизнь постепенно сворачивалась.

Возможно и еще одно прочтение, позволяющее включить это стихотворение в пролептический контекст. Подтверждение ему содержится в рефрене «Селедочка в Лету давно уплыла», поскольку слово «давно» часто используется Слуцким как опора для создания архетипов. Лирический герой помнит еврейский мир с момента его возникновения (грамматически такая трактовка возможна, в случае если «еще молодым» относится не к «я», а к «его», миру). Соответственно, стихотворение звучит как гимн всей еврейской цивилизации. Хотя холокост и предстает в нем отдельным архетипом, он преломляется — в традиционной еврейской манере — через каноническую призму. Ви́дение Слуцкого осложняется еще и тем, что хотя древние парадигмы и сохранились, они неспособны сохранить разрушенную еврейскую культуру, традицию и людей. Этот элемент сближает стихи Слуцкого со стихами на идише и иврите, посвященными Шоа, особенно со стихами Глатштейна[17]. Использование церковнославянского, что непосредственно и неизбежно наводит на мысль о Библии и священной истории, вообще характерно для методологии Слуцкого. Дабы охватить весь иудаизм и всю еврейскую историю, поэт должен смотреть из «вечности во времена» — воспользуемся определением, которое В. Ф. Ходасевич дал Бялику [Бялик 1994: 52]. Так, «черта» давно исчезла в реке забвения — не в хронологические последние три десятилетия; речь идет и о черте, на которой находились еврейские местечки, и о черте как выселении евреев с их исторической родины. Тем самым поэт усматривает мифическое в специфиче-

---

[17] См. [Glatstein 1993]. О холокосте в израильской поэзии см. [Mazor 2008].

ском и сиюминутном — и это превращает стихотворение в характерный пример его поэтики[18].

Сила стихотворения заключается в том, что оно подразумевает двойное прочтение, заложенное в грамматическую конструкцию[19]. Однако, как мне представляется, на более глубинном уровне этот текст затемняет, а также упрощает те неразрешимые проблемы, которые были явлены в реквиеме по идишу. Его нравственный посыл высказан слишком прямолинейно — если, например, сравнивать с эллипсисами в «Сожжены». В этом смысле здесь узнаваемее и репрезентативнее использованы тропы поэзии холокоста. Минц выделяет вопрос «отношения к врагу» в качестве одного из важнейших для еврейских художественных текстов о катастрофе. По его мнению, «присутствие или отсутствие врага в тексте» указывает на то, «воспринимается ли данная катастрофа как внутренняя еврейская драма или как проявление антагонизма с нееврейским миром» [Mintz 1996: 2]. Именно эту диалектику и обыгрывает Слуцкий. Он не берется судить, он только излагает факты, но среди них есть такой, который отчетливее всякого суждения расставляет всё по надлежащим нравственным и метафизическим местам: планета сожжена. В данном случае «планета» — это и собственно планета, и человечество, и еврейский мир; подразумевается, что с исчезновением последнего два первых теряют свое право на существование. Опять же, полагаю, о том же самом, но выразительнее и глубже поэт уже говорил в «Рассказе эмигранта»[20].

---

[18] Филевский справедливо отметил еще в 1999 году: «И даже в стихах о трагедии еврейского мира и о разрушении этого мира до состояния праха, праха крематория, вдруг звучат интонации абсурдистские, реальная картина обращается мифом».

[19] Н. Николина с полным правом включает Слуцкого в анализ роли грамматических терминов в метапоэтической поэзии XX века [Николина 2004].

[20] В отличие от «Черта под чертою. Пропала оседлость...», в стихотворении о ГУЛАГе «Лопаты» труд заключенных — они копают землю — служит обновлению планеты и заставляет арктическое лето зазеленеть [Слуцкий 1991b, 1: 253]. Это одновременно и иронический, и полумессианский образ, который побуждает вспомнить «Родственников Христа». Слуцкий действи-

Еще одним важным аспектом представления катастрофы в еврейской литературе служит, по словам Минца, сосредоточенность на утраченном мире. Слуцкий выражает эту сосредоточенность с помощью чрезвычайно нормативного приема перечисления, который он, однако, наполняет крайне своеобразным содержанием. Последняя строфа включает в себя перечисление — подобный прием действительно очень широко представлен в поэзии о холокосте (можно как минимум вспомнить примеры из Глатштейна и Гринберга), а также встречается во многих русско-еврейских стихах на ту же тему. Однако перечисление Слуцкого особо примечательно — и по причине своей беспощадности, и потому, что в нем задействованы средства перевода и палимпсеста. Благодаря историческому разнообразию словарь стихотворения превращает его в амальгаму сложного и неиерархического дискурса. Здесь слова из иврита («меламеды») соседствуют с советизмами («партийцы, путейцы»), славянизмами («десница и шуйца») и мифологической лексикой («Лета»), придавая тексту священное и культурное значение в еврейском, русском, советском и западном контекстах. В этом торжественном и одновременно живом, дышащем списке меламеды занимают особое место; они обладали неким уникальным «нечто», которое необратимо кануло в «ничто». Этим «нечто» Слуцкий придает традиции особый статус в своем мемориальном списке.

Что еще примечательнее, Слуцкий отсылает нас к истории Древней Руси и тем самым вводит холокост в пределы русского исторического и литературного дискурса. Судьбы евреев он уподобляет судьбам Мстиславских и Шуйских, княжеских родов, уничтоженных в правление Ивана Грозного. Именно их жизнеописания, сохранившиеся в русских летописях, становятся для Слуцкого той почвой, на которую он пересаживает (трансплантирует) свое увековеченье памяти о евреях в России. Более

тельно считал эти два катаклизма и связанными, и различными; в его историографии они объединены в одно. В «Раввины вышли на равнины...» он дает глубокий комментарий к взаимоотношениям между планетой (природой) и разрушением (см. главу 11).

того, его память о евреях воплощена в тщательно отобранных русских словах. «Шуйца» уничтоженного древнего еврейского тела сопоставляется через параллелизм с истреблением древнего боярского рода Шуйских, а в третьей строфе еврейский мир показан в «обновах, шелках» — эти образы часто используются в русском фольклоре для описания широты и изобилия традиционной русской жизни (ироническим примером служит поговорка «В долгах как в шелках»). Слуцкий не отнимает у катастрофы ее еврейское содержание, но включает ее в русский поэтический контекст. По большому счету он переводит холокост на русский язык, создавая органичную связь между своим поэтическим пространством и более широким русским. В этом и заключается самое ощутимое достижение стихотворения. Понимая, однако, что с помощью таких нормативных моделей не залатаешь пробелов в сути взаимоотношений между холокостом и поэтическим словом, Слуцкий будет настойчиво к этим пробелам возвращаться, что видно из магистральных тем нашей книги. Одна из них — то, как Слуцкий превращает поэтическое мессианство в метапоэтическое возрождение; данный процесс реконструирован в следующей главе.

5
Уцелевшие и воскрешенные: о лошадях и метапоэтике

> Молчаливый, знающий себе цену Борис Абрамович Слуцкий...
> Так и слышу его голос, доносящийся из маленькой комнаты. Он нараспев читает Ахматовой стихи про тонущих в море лошадей и притесняемых на суше евреев...
>
> *Михаил Ардов*

> И взошел Моисей с равнин Моавитских на гору Нево, на вершину Фасги, что против Иерихона, и показал ему Господь всю землю... И сказал ему Господь: вот земля, о которой Я клялся Аврааму, Исааку и Иакову, говоря: «Семени твоему дам ее»; Я дал тебе увидеть ее глазами твоими, но в нее ты не войдешь.
>
> *Втор. 34: 1–4*

1

Дар поэта определяется непреходящей открытостью его стихов для интерпретации. Проверить это особенно легко на примере тех стихотворений, которые вошли в широкий обиход и сознание, зачастую превращаясь в простой набор расхожих рифм. В значительной степени именно такая судьба постигла стихотворение Слуцкого «Лошади в океане», которое упорно воспринимают как его визитную карточку, часто единственное известное, особенно в своей песенной версии, для большинства читателей. Неудивительно, что Слуцкий не раз довольно язвительно высказывался по этому поводу. О работе над стихотво-

«Лошади в океане». Рис. Полины Гринберг

рением он пишет в своем прозаическом фрагменте «К истории моих стихотворений», отмечая: создано оно в 1951 году в сильную жару; в основе сюжета — история «об американском транспорте с лошадьми, потопленном немцами в Атлантике» [Слуцкий 2005: 187]. Слуцкий говорит: это — «почти единственное мое стихотворение, написанное без знания предмета»; соответственно, оно «сентиментальное, небрежное». Впрочем, подобные претензии к самому себе — лишь прикрытие того, какое значение Слуцкий придавал своим «лошадям». Стало быть, стихотворение требует радикально нового прочтения. Такое прочтение предложено ниже; оно вскрывает центральное место этого текста в поэтике Слуцкого.

В своем исследовании творчества Велимира Хлебникова Барбара Леннквист отмечает, насколько сложно читать Хлебникова, поскольку его

> тексты... похожи на лоскутное одеяло, в котором каждый лоскут рассказывает свою историю и расцвечен по-своему, но в то же время составляет часть нового единого узора... Лишь обнаружив правильный код... читатель будет в состоянии связать различные отрывки воедино [Леннквист 1999: 5–6].

То же справедливо и в отношении Слуцкого.

Код Слуцкого — двухмерный: с одной стороны, он нацелен на раскрытие герменевтического слоя его поэзии, с другой — определяет ее внутреннее метапоэтическое измерение, состоящее из различных leitwort'ов. Оба аспекта декодирования имеют первостепенное значение для предлагаемого прочтения «Лошадей в океане». Возвращаясь к Хлебникову: М. Н. Эпштейн точно подметил, что у него «анималистические образы становятся... тем, чем являются числа для математика: способом наиточнейшего описания всех отношений действительности, но не количественных, а качественных, бытийных» [Эпштейн 2007: 124]. Аналогично для Слуцкого лошади оказываются одновременно и методом максимально точного описания реалий его творческого процесса, историографических, герменевтических и метафизических, и способом создания системы, сквозь которую просвечивает его экзистенциальное — бытийное — мировоззрение. Более того, лошади воплощают в себе общую метонимическую стратегию Слуцкого, каковая, с одной стороны, связывает его поэтику с библейской, а с другой — с современной еврейской, представленной у Бялика[1]. Это стихотворение в определенной мере поддерживает весь его корпус, выступая его краеугольным камнем, наряду с четырьмя поэтическими координатами его поэтической позиции, описанными во введении.

2

«Лошади в океане» были впервые опубликованы в детском журнале «Пионер», где иногда находила прибежище серьезная поэзия, более никуда не допущенная, а впоследствии — перепечатаны в первом сборнике Слуцкого «Память» [Слуцкий 1957]. В 97-страничной книге стихотворение «закопано» на 79-й странице. Что примечательно, Слуцкий не стал выпячивать данное стихотворение — это, как будет показано далее, лишь усиливает его специфический метапоэтический подтекст.

---

[1] О метонимии у Бялика см. [Mintz 1996: 144–147].

«Лошади в океане» — типичный пример сдержанного и лаконичного подхода к поэтическому слову, совершенно свободного от риторики и сентиментальности; это сближает Слуцкого с минималистским направлением в модернизме, ярче всего представленным, по крайней мере в русской поэзии, программой акмеистов, а также воплощает в себе предпринятую им трансплантацию библейского слога, чья поэтика лишена напыщенности, но притом, пользуясь выражением Альтера, функционирует как «высокая речь» [Alter 1985]. Что касается образов лошадей в русской традиции, Слуцкий прежде всего следует за Некрасовым и Маяковским, которые, сохраняя за животными все их природные свойства, усматривают в них человечность, часто отсутствующую в отношениях между людьми[2]. Стихотворение написано пятистопным хореем, связывающим его одновременно и с фольклором, и, как отмечает Ройтман, с философским течением в русской поэзии (Лермонтов, Бунин, Блок, Есенин, Маяковский, Волошин) [Ройтман 2003: 61]. Напомним, что метрическое построение Слуцкий использует как способ архаизации стиха и, соответственно, придания ему библейских свойств. Действительно, Ройтман, используя классификацию Гаспарова, называет этот ритм «архаизирующим».

Попытаемся заново прочитать давно знакомый текст:

>   Лошади умеют плавать,
>   Но — нехорошо. Недалеко.
>
>   «Глория» по-русски значит «Слава», —
>   Это вам запомнится легко.
>
>   Шел корабль, своим названьем гордый,
>   Океан стараясь превозмочь.
>
>   В трюме, добрыми мотая мордами,
>   Тыща лошадей топталась день и ночь.
>
>   Тыща лошадей! Подков четыре тыщи!
>   Счастья все ж они не принесли.

---

[2] Подробнее об образах лошадей в русской поэзии см. [Эпштейн 2007: 101–108].

> Мина кораблю пробила днище
> Далеко-далёко от земли.
>
> Люди сели в лодки, в шлюпки влезли.
> Лошади поплыли просто так.
>
> Что ж им было делать, бедным, если
> Нету мест на лодках и плотах?
>
> Плыл по океану рыжий остров.
> В море в синем остров плыл гнедой.
>
> И сперва казалось — плавать просто,
> Океан казался им рекой.
>
> Но не видно у реки той края.
> На исходе лошадиных сил.
>
> Вдруг заржали кони, возражая
> Тем, кто в океане их топил.
>
> Кони шли на дно и ржали, ржали,
> Все на дно покуда не пошли.
>
> Вот и всё. А все-таки мне жаль их —
> Рыжих, не увидевших земли
> [Слуцкий 1991b, 1: 126–127].

«Лошади в океане» — часть «книги бытия» Слуцкого, и, соответственно, лирическое «я» в этом стихотворении отсутствует. Поэтический рассказ ведет неведомый наблюдатель, представляя все случившееся как данность. «Плыл по океану рыжий остров. / В море в синем остров плыл гнедой» — типичный пример использования Слуцким библейского синтаксического параллелизма: океан / море, остров / остров, рыжий / гнедой. Две последние строки, в которых (это подчеркивает Ройтман) прошедшее время сменяется настоящим, выступают в качестве самостоятельной и отдельной коды-комментария. Здесь подводится итог события, ему придается нравственное и эмоциональное измерение. В отсутствие Божества или Божественного посланника, от чьего имени говорят подобные эпилоги в различных библейских текстах (примером может служить Книга Екклезиаста) и мифах, здесь функция эта передана поэту, который без обиняков заявляет: «...все-таки мне жаль их». Соответственно, своей структурой стихотворение однозначно воспроизводит общую мифологическую и конкретно библейскую структуру. Подобно «прозе Библии» — процитируем работу Макконнелла, посвященную исследованию библейской эстетики, — стихотворение Слуцкого «колеблется между закольцованностью чистого мифа и незавершенностью чистой хроники, не прибившись ни к одной из них» [McConnell 1986: 16].

Слуцкий повествует о трех элементах, одновременно самодостаточных и взаимосвязанных: корабле, океане и лошадях (люди, пассажиры корабля, совершенно не прописаны и служат всего лишь фоном). Каждый из них — часть жизни, воплощенная в стихе поэта: его персонаж. В то же время каждый из них — часть его метапоэтической системы: его слова. Переводя на русский язык «Глория», он намекает на то, что и русское слово «слава», в свою очередь, требует дешифровки и перевода. Тем самым он активирует переводной принцип собственной поэзии, «оригинальный» язык которой неизменно содержит в себе еврейский компонент. Если просто слово «слава» припомнить несложно, то его исходное метапоэтическое значение нуждается в декодировании. Простота эстетики Слуцкого, пользуясь собственным его определением, «обманчива»[3]. Иными словами, она двойственна, образна и многослойна; говоря словами Лотмана — «комплексна».

Метапоэтический посыл стихотворения заключен в понятии «слава», одном из ключевых leitwort'ов Слуцкого (это было объяснено во введении). Его «слава» подразумевает под собой поэзию, однако слава не только удовольствие и роскошь — разом и предпосылка творчества, и препятствие на пути к нему, но также в принципиальном смысле истина и тайна. «Солон, сладок, густ ее раствор», — пишет Слуцкий в стихотворении, где слава

---

[3] См. «В сорока строках хочу я выразить...» [Слуцкий 1991b, 1: 62–63].

принимает облик местного сумасшедшего, который «в каком-то сладком рвеньи» выводит «Катюшу»[4]. Повторим то, о чем уже говорилось выше: для Слуцкого слава — это начало и конец; это священный язык, дающий жизнь его творчеству. Вот почему на русском слово «слава» запомнится легко, но на «исконном» языке Слуцкого останется загадкой.

«Глория» в океане — поэтический конструкт Слуцкого, его система, в которой море и океан также часто ассоциируются с поэзией. Стихотворение «Прозаики», посвященное писателям, отправленным в ГУЛАГ, служит знаменательным примером использования этой образности:

> В землекопы,
> А кто половчей — в лекаря,
> В дровосеки, а кто потолковей — в актеры,
> В парикмахеры
> Или в шоферы, —
> Вы немедля забыли свое ремесло:
> Прозой разве утешишься в горе?
> Словно утлые щепки,
> Вас влекло и несло,
> Вас качало поэзии море
> [Слуцкий 1991b, 1: 251].

Абстрактное символическое соположение поэзии и моря — признак романтического воображения (пушкинское «К морю») [Пушкин 1959–1962, 2: 36], этот прием подхватили и модернисты («Тема с вариациями» Пастернака) [Пастернак 1989–1992, 1: 183]. Слуцкий конкретизирует его, лишает метафоричности («метафора к моей строке нейдет»)[5] и глянца, превращая в то, что Мандельштам в статье «О природе слова» называет «утварью» и «словесным представлением» [Мандельштам 2009–2011, 1: 227]. Формулировка «поэзии море» в таком виде в русской поэзии встречаются всего один раз — здесь, у Слуцкого. Она напоминает

---

[4] «Слава» [Слуцкий 1991b, 2: 502].
[5] «Своим стильком плетения словес…» [Слуцкий 1991b, 2: 267].

традиционное раввинистическое понятие «море Талмуда», которое вбирает в себя весь корпус священных комментариев иудаизма. Слуцкий переводит его в свою русскую поэтическую идиому, насыщая особым метапоэтическим смыслом, отсылающим к священным опорным текстам. «Слава» Слуцкого плывет по морю поэзии, преодолевает простор, который зачастую враждебен его проекту библейской трансплантации. Многочисленные лошади в трюме (Слуцкий, по библейской традиции, использует числа в символическом смысле) — сокрытый компонент этой славы: его слова. В эмблематическом смысле они складываются в остров, отдельное пространство, тем самым подчеркивая территориальную составляющую поэтики Слуцкого.

После взрыва корабль начинает тонуть, но остается ощущение, что он все же достигнет берега. Можно проследить общность между «Лошадями в океане» и «Я строю на песке, а тот песок...», написанными примерно в одно время. В этом смысле корабль служит параллелью к распавшейся скале второго стихотворения: он достигнет не суши, а зыбучих песков, представляющих поверхность историографического, герменевтического и метапоэтического пространства Слуцкого — его метафизического и лингвистического поля боя, где повсюду опасность, кризис и потенциальное благословение. Здесь принципиально то, что лошадей поэт с собой не берет. Подобно Моисею, образ которого краеуголен в «Я строю на песке, а тот песок...», они земли не достигнут. В этом, как будет показано ниже, и заключена вся скрытая суть стихотворения. Лошади прыгают в воду, ненадолго одолевают ее и, словно Иов, протестуют на пороге гибели. Строки «Вдруг заржали кони, возражая / Тем, кто в океане их топил» совершенно гениальны: «во**зра**жая» (человеческое действие) зеркальным образом отражается в «за**рж**али» (лошадиный язык). Соответственно, самой звукописью поэт сообщает лошадям супраанималистическое свойство — душу и язык. Удивительно и то, что среди тех, кто их топит, присутствует сам стихотворец, позволивший собственному созданию умереть. В стихотворении Слуцкого «Чрезвычайность поэзии» раскрыта метапоэтическая сущность лошадей. Там говорится:

> Я пробую босой ногой прибой поэзии холодной,
> А где-то кто-нибудь другой — худой, замызганный, голодный —
> С разбегу прыгнет в пенный вал, достигнет сразу же предела,
> Где я и в мыслях не бывал.
> Вот в этом, видимо, все дело[6].

Здесь, опять же, поэзия в буквальном смысле превращается в море. Лошади, дерзающие считать необоримый океан рекой, и представляются этим «кем-нибудь другим», которому удается достичь пределов смысла существования, да и пределов в целом: дна океана.

Лошади Слуцкого — не романтические скакуны (в соответствии с лирической традицией русской поэзии, он использует более прозаичное «лошади» вместо «кони»), однако они явно выходят за пределы бытописания, беря на себя функцию архивных материалов для его мемориальных проектов. Не случайно, что в творчестве Слуцкого лошади — почти в духе Толстого (вспомним лошадей в батальных сценах из «Войны и мира») — несут в себе приметы уничтожения. В отчаянном стихотворении-воззвании «Говорит Фома» речь идет про лошадей «Суровых, серьезных, почти что важных / Гнедых, караковых и буланых»; они «умирали… не сразу» во время голода на Украине в 1932–1933 годах, устроенного сталинским режимом [Слуцкий 1991b, 1: 146–147][7]. Стихотворение «Лошади в океане» было написано в 1951-м, в разгар официальной антисемитской кампании, и оно стоит рядом с «зимним» циклом Слуцкого. Отсюда важность того, что оно посвящено Эренбургу, главному на тот момент собеседнику Слуцкого. Что примечательно, с лошадьми у Слуцкого связывается и образ Кульчицкого, который «искал не славу, а слова» и был рожден «пасть на скалы океана» [Слуцкий 1991b, 1: 156–157].

---

[6] Цит. по: *Красильщиков А.* Камера пыток. Опыт литературного монтажа // Иерусалимский журнал. 2008. № 27. URL: magazines.gorky.media/ier/2008/27/kamera-pytok.html (дата обращения: 13.09.2020). Необходимо добавить, что авторство Слуцкого окончательно не доказано.

[7] См. также стихотворение «Кёльнская яма», где военнопленных ежедневно кормят кониной [Слуцкий 1991b, 1: 85–86].

Слуцкий восхищался Кульчицким и считал его своим учителем. Однако апокалипсическая тяга талантливого поэта к возрождению мечты о революционном рае 1919-го в 1939 году («Наперевес с железом сизым / И я на проволоку пойду, / И коммунизм опять так близок, / Как в девятнадцатом году») [Кадрина 1965: 356] глубоко чужда Слуцкому с его историографической трезвостью и поруганным мессианством. Кроме того, лошади, разумеется, один из самых важных мессианских и апокалипсических символов в западной культуре. Тот же символ широко используется в русской послереволюционной поэзии и прозе (например, в «Конармии» Бабеля, «Улялаевщине» Сельвинского). Слуцкий полностью лишает своих животных всех этих наслоений. Впрочем, эти наслоения уже встроены в их литературные и архетипические ДНК.

Важнейший вопрос звучит так: почему он не позволяет им доплыть до берега? Причины, которые будут перечислены ниже, варьируются от практических до метафизических и затрагивают самые основы поэтики Слуцкого. Если держать в уме логику метапоэтики, то получается, что лошади и есть его стихи. В стихотворении «Критики меня критиковали...» Слуцкий пишет:

> Легче всех небесных тел
> дым поэзии, тобой самим сожженной.
>
> <...>
>
> Лед-ледок, как в марте, тонок был,
> тонкий лед без треску проломился,
> в эту полынью я провалился,
> охладил свой пыл
> [Слуцкий 1991b, 2: 64].

Поэт, как и лошади, уходит на дно. В свете этого отрывка «Лошади в океане» предстают метапоэтической элегией, плачем-ламентацией по стихам-жертвам[8]. Первым объяснением их

---

[8] Сухарев справедливо называет стихи Слуцкого «плачем» в посвященной поэту телепрограмме 2004 года «Неоконченные споры», которая была в 2009-м, в 90-ю годовщину со дня его рождения, повторена на российском Первом канале.

гибели может служить существование советской цензуры, которую Слуцкий точнее всего описал в стихотворении «Лакирую действительность…»: в нем строки, попадающие в печать, «смирны и тихи», это инвалиды, изуродованные обрубки его некогда честных и бескомпромиссных текстов [Слуцкий 1991b, 1: 247]. Притом «самые сильные и бравые» остаются целы: он дает клятву, что протащит их в печать. Соответственно, нельзя согласиться с утверждением, что Слуцкий сознательно делил свои стихи на предназначенные и не предназначенные к печати. Его «лошади» не лежат вне этих категорий: они отнюдь не «смирны и тихи». Они «сильные и бравые», при этом поэту не удается их сохранить и спасти. Печать становится их могилой. Соответственно, фактор цензуры не проливает особого света на проблему. Эти «лошади» — своего рода расходный материал, как и стихи на политические темы, о сочинении которых Слуцкий жалеет («Те стихи, что я написал и забыл…»); он помнит этих «лошадей», но достаточно смутно («…все-таки мне жаль их…»). Что же мешает ему, по крайней мере в разбираемый момент, включить их в процесс мемориализации?

Слуцкий как поэт живет и выживает благодаря собственной герменевтической системе, которая регулярно оставляет за скобками его поэтического творчества прямые споры с эпохой: он принадлежит своему веку, канонизирует его и комментирует. «Холодный прибой» — неизменный спутник такого существования: с его помощью создается становой стих, держащий в узде поэтические порывы. Однако именно это позволяет Слуцкому вовремя добраться до метафизического конца пути, очистив в процессе собственное слово от экспансивности предшественников, таких как Маяковский и Кульчицкий. Действительно, он — в духе Маяковского — жалеет своих лошадей, однако в символическом смысле не дает им достигнуть берега его поэтики.

Впрочем, остается и более важная причина гибели лошадей. В стихотворении «Древнейший из видов системы…» Слуцкий, подобно З. Фрейду в «Недовольстве культурой», связывает океан с извечным хаосом, в котором «Мы, то есть история, / мы, то есть космос, / мы — мол в океане. / Мы — волнорез, / и волны / когда-нибудь нас изрежут» [Слуцкий 1991b, 3: 118][9]. В этих строках тоже прослеживается метапоэтический подтекст: Слуцкий представляет собственную художественную систему именно космосом и воплощенной историей. Лошади и есть эти «мы», которые несут груз исторической памяти в самом своем чреве. Одна из ипостасей лирического «я» гибнет вместе с ними. А хаос, как известно, — то, с чем поэзия Слуцкого постоянно сталкивается и борется, это видно из его антиахматовского посыла: «Вселенная, которую с трудом вернул я в хаос...» Важно отличать метапоэтическое прочтение стихотворения от аллегорического и притчевого. Шраер-Петров усматривает в лошадях евреев, погибших во время холокоста[10], — проникновенное, но, на мой взгляд, неверное прочтение: о катастрофе Слуцкий всегда говорит впрямую, у него нет причин превращать ее в аллегорию. Ройтман интерпретирует это стихотворение как притчу о жизни и смерти (корни анималистической поэзии действительно следует искать в басне и притче). На уровне буквального, который для Слуцкого был важнее всего, лошади остаются лошадьми, а вот на метапоэтическом, который есть оборотная сторона буквального, — это слова, чьей целью является мемориализация уничтожения. Вопрос, поставленный Слуцким, коррелирует с вопросом Элиота в «Пепельной среде» (если сбросить со счетов христианские обертоны последнего): «Куда это слово ляжет, где это слово / Скажут? О, не здесь! Здесь недостанет молчанья / Не на островах, не в море / Не в океане и не в пустыне» [Элиот 2000: 366]. *Как говорить об уничтожении, если душа просит одного — молчания?* — этим вопросом упорно задается Слуцкий. Как заново сконструировать память и подчиняться ее диктату, как

---

[9] См.: *Фрейд З.* Недовольство культурой. М.: Фолио, 2013. Фаликов усматривает в океане хаотическую «слепую природную силу». См. [Фаликов 2000].

[10] Для Шраера-Петрова рыжая масть лошадей служит показателем их еврейства [Шраер-Петров 1994: 83]. Мне, однако, представляется, что для Слуцкого «рыжина» не этнографический код, как для других русских поэтов, например Багрицкого, а часть метапоэтической палитры и формального параллелизма стихотворения.

наполнить стих, созданный по следам губительного события, смыслом искупления? Вот чего он доискивается.

Ответ на эту загадку Слуцкий начал искать уже в канун уничтожения евреев и продолжал этим заниматься по ходу всего своего творческого пути, что было показано в предыдущих главах и будет подтверждено в главе 11. Уникальность «Лошадям в океане» придает то, что здесь он обнажает свой творческий процесс, позволяя молчанию отклика взять верх над дарованием ему голоса. В итоге лошади гибнут, поскольку поэт не способен наполнить руины языком — они зияют провалами на дне океана, как и идиш, обращенный в прах в «Я освобождал Украину...». Что примечательно, метонимический образ загубленной еврейской цивилизации, селедочка, тоже плавает в море, а точнее — в Лете. Впрочем, судьба лошадей не решена окончательно. Тексты Слуцкого всегда имеют открытый финал. Их смысл можно постичь только через расширение и осмысление многоголосия его системы, в которой и сопряженные, и отстоящие друг от друга части дополняют друг друга. Так, то, что лошадей ждет воскресение, выглядит едва ли не предрешенным. Пробуждая их к новой жизни, Слуцкий станет рассуждать о неполноте своего мессианства.

«Уриэль Акоста» — начальная точка их воскрешения, здесь отражен чрезвычайно глубокий аспект этого процесса. В стихотворении, как я уже показал, слово «слава», противопоставленное слову «гнев», приобретает явственное экзегетическое значение. Гневное божество из «Уриэля Акосты» вершит суд над некогда гордым поэтом («Шел корабль, своим названьем гордый...»). В этом свете «слава», метапоэтический *leitwort* «Лошадей в океане», разрастается, становясь одновременно и библейской цитатой, и комментарием к ней. Два стихотворения составляют два взаимодополняющих столпа священного писания Слуцкого: «Лошади в океане» — часть его *книги бытия*, а «Уриэль Акоста» — центральный текст его *книги исхода*, в котором исправлена ошибка поэта (потопление корабля): корабль возвращается в землю обетованную[11]. Имея под рукой это прочное герменевтическое основание, Слуцкий более очевидным образом возвращает к жизни своих лошадей: открыто — в «Про меня вспоминают и сразу же — про лошадей...», а в закодированном метапоэтическом ключе — в практически не известном стихотворении «Розовые лошади».

3

В стихотворении, опубликованном в 1973 году, Слуцкий пишет:

> Про меня вспоминают и сразу же — про лошадей
> рыжих, тонущих в океане.
> Ничего не осталось — ни строк, ни идей,
> только лошади, тонущие в океане.
>
> Я их выдумал летом, в большую жару:
> масть, судьбу и безвинное горе.
> Но они переплыли и выдумку и игру
> и приплыли в синее море.
>
> Мне поэтому кажется иногда:
> я плыву рядом с ними, волну рассекаю,
> я плыву с лошадьми, вместе с нами беда,
> лошадиная и людская.
>
> И покуда плывут — вместе с ними и я на плаву:
> для забвения нету причины,
> но мгновения лишнего не проживу,
> когда канут в пучину
> [Слуцкий 1991b, 2: 446].

В «Стихах о евреях и татарах» Слуцкий, опираясь на Иезекииля, пророчествует в мессианском ключе: «Из синтеза простейших элементов / Воспрянет вновь Еврей как таковой». Подобным же

---

[11] Необходимо добавить, что в «Лошадях в океане» также есть отсылка к библейскому Исходу. Там лошади тоже тонут вместе с колесницами фараона в Красном море (Исх. 14: 23–28).

образом и лошади возвращаются к жизни, невзирая на горести и превратности творческой судьбы поэта (поэтические подлоги и игру), но важнее всего то, что они вновь пробуждаются к жизни в море поэзии. Лошади — его альфа и омега, а также — это Слуцкий подчеркивает в исповедальном тоне — плод его воображения. Единственная ведомая ему их реальность — реальность артефакта. Однако картина, нарисованная поэтом, всего лишь мираж, поскольку она скрывает сложности и недочеты его позиции и позиционирования, речь о которых шла выше. То, что случилось с лошадьми, — это далеко не только «безвинное горе»[12]. Так, то, что они всё еще живы, видится ему лишь «иногда». Мы знаем, изображенное им — сон, поскольку в стихотворении «Теперь Освенцим часто снится мне...», опубликованном в 1969 году, он сравнивает сон с плаваньем: «Дорога через сон куда длинней, / Чем наяву, и тягостней, и длительней. / Как будто не идешь — плывешь по ней, / И каждый взмах все тише и медлительней»[13]. Кроме того, Слуцкий полагал, особенно в 1973-м, всего за четыре года до ухода в молчание, что забвение может стать необходимым, неизбежным и даже желанным завершением его творческой судьбы; отсюда предчувствие, что лошади погрузятся на дно океана сразу после его пробуждения. Это предчувствие — страновато-осязаемо. Поэт и его лошади замолчат, однако ненадолго.

Стихотворение «Розовые лошади» было опубликовано всего лишь раз, в журнале «Юность», в котором новые стихи Слуцкого печатались регулярно. Хотя Болдырев и знал об этой публикации[14], он не включил текст ни в трехтомное собрание сочинений

---

[12] Эта фраза заставляет вспомнить знаменитое ощущение себя «без вины виноватым», которое возникает у Стивы Облонского в первой главе «Анны Карениной».

[13] Анализ см. в главе 12.

[14] Комментарии Болдырева в собрании сочинений к стихотворениям из этой подборки указывают, что они были опубликованы в «Юности». Кроме того, он отмечает различия между первыми вариантами для «Юности» и дальнейшими переизданиями этих стихов.

поэта, ни в отдельные сборники его произведений. Здесь самое место сказать несколько слов о его редакторских решениях, ибо они являются неотъемлемой частью того, что нам известно о творчестве Слуцкого, а для большинства читателей — и того, как они это творчество воспринимают. Сирота, человек с нестандартной внешностью (авторы воспоминаний обычно называют его карликом или горбуном), Болдырев работал в саратовском букинистическом магазине — должность чрезвычайно значимая в советском контексте, ведь именно такие продавцы снабжали интеллигентов редкими и запрещенными книгами, обычно за солидное вознаграждение. Неопубликованные стихи Слуцкого Болдыреву показал писатель Б. Я. Ямпольский — человек недюжинного таланта и в равной степени нелегкого творческого пути, которому Болдырев продавал свои находки [Ямпольский 1998: 82–87]. Когда Болдырева уволили за распространение «сомнительной» литературы, он перебрался в Москву и там стал секретарем Слуцкого. Невозможно переоценить вклад Болдырева в сохранение и обнародование неопубликованных работ Слуцкого. Его роль в жизни и посмертном бытовании поэта сопоставима — говорю это с величайшим уважением — с ролью М. Брода для Кафки. Брод сберег для потомков все то, что не было опубликовано при жизни Кафки, вопреки желанию самого автора, которое, судя по всему, было совершенно однозначным. Он все сохранил, однако так, как счел нужным: отредактировав, сгладив, представив миру этакого святого, имеющего мало общего с реальным обликом самого знаменитого жителя Праги, человека слишком сложного, чтобы втискивать его в рамки святости. Что касается Болдырева, то он, будучи человеком религиозным, считал обнародование поэзии Слуцкого собственным священным долгом[15]. Оставив многие стихи за рамками авторитетного трехтомного издания, он, судя по всему, изъял из наследия

---

[15] Я признателен Суламифи Лихтаревой-Гигузиной, которая поделилась со мной воспоминаниями о разговоре с Болдыревым, который сказал ей, что для него составление и издание сборников поэзии Слуцкого — христианский долг.

Слуцкого те вещи, которые сам счел невнятными, и в итоге подал поэта как дитя своего времени, к концу жизни раскаявшееся. Что примечательно, многие «еврейские» стихи Слуцкого Болдырев опубликовал в еврейской периодике или в сборниках, не включив их при этом в трехтомник. Его Слуцкий предстал общественно значимой и исконно русской фигурой, чье отношение к еврейству, пробуждавшееся от случая к случаю, было связано прежде всего с его неспособностью терпеть любое зло, в данном случае антисемитизм; его непосредственные связи с жертвами этого зла Болдырев считал чистыми совпадениями. Предположу, не настаивая, что исключение «Розовых лошадей» из трехтомника было преднамеренным шагом. При этом перед нами один из самых изощренных и выразительных текстов поэта.

Вот он:

Розовые лошади

До сих пор не знаю,
Отчего были розовы лошади эти.
От породы?
От крови,
Горящей под тонкою кожей?
Или просто от солнца?
Весь табун был гнедым,
Вороным и буланым.
Две кобылы и жеребенок
Розовели, как зори
В разнооблачном небе.
Эти лошади держались отдельно.
Может быть,
Ими брезговали вороные?
Может быть,
Им самим не хотелось к буланым?
Может быть,
Это просто закон мирозданья —
Масть шла к масти?
Но среди двухсот тридцати

> Коннозаводских,
> Пересчитанных мною
> На долгом досуге,
> Две кобылы и жеребенок
> Розовели, как зори,
> Развевались, как флаги,
> И метались языками
> Большого пожара
> [Слуцкий 1972: 28–29].

Ранее это стихотворение обсуждалось лишь однажды. В. С. Бушин, поэт из националистического лагеря и, подобно Слуцкому, ветеран войны, пишет о нем в газете «Завтра»:

> О чем странный стишок и кто сей поэт-анималист? Вы всё поймете, если я скажу, что он — Борис Слуцкий, напечатано это в 1972 году в журнале «Юность», где поэзией ведал Натан Злотников. Тогда евреев в стране было примерно два с половиной миллиона — «две кобылы и жеребенок», а все остальное население — примерно 230 миллионов. Причем гнедые, т. е. рыжие или бурые, — это можно считать, что русские и другие славяне. Вороные, т. е. черные, — это, скажем, черноволосые тюрки. Буланые, т. е. желтоватые, — это калмыки, буряты и другие представители желтой расы. Все тщательно обдумано. А как возвышенно и проникновенно сказано о кобылах и жеребенке! Они розовы, а не буланы, у них тонкая кожа, горящая кровь, они подобны зорям, флагам, языкам «большого костра», под которым, конечно же, надо понимать мировое еврейство. А остальные 230 — обычные лошади... Вот к каким каббалистическим ребусам прибегали поэт-коммунист и беспартийный интернационалист, чтобы воспеть вековечный «закон мирозданья» — обособленность, неслиянность тонкокожих евреев с прочим «коннозаводским» населением — и восславить их великую спасительную роль для всего человечества... [Бушин 1998].

В той же статье Бушин отдает должное еврейским «мужественным бунтарям», в числе которых называет и Уриэля Акосту: эти люди не боялись отречься от своего народа, клеймя его «косные эгоистические догмы». Разумеется, вряд ли кто станет принимать толкование Бушина всерьез, однако в приведенных ниже строках одного из стихотворений Слуцкого хорошо описана польза от подобных выпадов:

> Люблю антисемитов, задарма
> дающих мне бесплатные уроки,
> указывающих мне мои пороки
> и назначающих охотно сроки,
> в которые сведут меня с ума.
>
> Но я не верю в точность их лимитов —
> бег времени не раз их свел к нулю —
> и потому люблю антисемитов!
> Не разумом, так сердцем их люблю
> [Слуцкий 1991b, 2: 311].

Что примечательно, именно Бушин и привлек внимание к «странному стишку», который сам он прочитывает через призму антисемитской аллегории. Как было показано выше, Слуцкий в этом стихотворении намеренно отказывается от любой аллегоричности, и юдофильской, и юдофобской. Возвращаясь к вопросу о роли Болдырева в том, что это произведение больше нигде не было опубликовано, полагаю, что он его попросту не понял, заподозрив в нем еврейский подтекст, который отвратил его так же, как и Бушина. Оценивая стихи Слуцкого периода кампании против космополитов и «дела врачей», а равно и ряд его произведений о холокосте, Болдырев демонстрирует неспособность осмыслить еврейство поэта на достаточно глубинном уровне. Проводить параллели между Болдыревым и Бушиным было бы ошибочно и неуместно. Последний, русский расист, стремится обличать все еврейское из соображений «справедливости»; Болдырев, представитель русской интеллигенции, человек откровенно либеральных взглядов, стремится приглушить, а то и вовсе свести на нет еврейскую тему, подавая ее как недолговечный атавизм в биографии русского поэта. Оба подхода непродуктивны. «Розовые лошади» — один из центральных текстов в позднем творчестве Слуцкого, ось координат его пространственной поэтики. Вместе с «Лошадями в океане» и «Уриэлем Акостой» он образует сферический треугольник, общая площадь которого больше площади частей — она задает размеры более пространной системы.

«Слова считаю, ворошу», — пишет Слуцкий в последней записной книжке со стихами. Именно этого он и достигает в «Розовых лошадях»: «Но среди двухсот тридцати / Коннозаводских, / Пересчитанных мною...» Как и «Лошади в океане», «Розовые лошади» — это и воплощенный нарратив, кадр из синема-верите (общая сумма — точно 230), а главное — воплощение его метапоэзии. Коннозаводские лошади обозначают стихотворения и слова, но не те, которые пошли ко дну, возражая. Поэт, изумленный их видом, отказывается сообщать нам, «отчего были розовы лошади эти». Как и в «Лошадях в океане», он требует изобретательности от читателя. Можно было бы предположить, что одним из источников выбора цвета являются «Белые стихи» Самойлова, в которых

> ...по главной дорожке
> Шел веселый и рыжий парень
> В желтовато-зеленой ковбойке.
> А за парнем шагала лошадь.
> Эта лошадь была прекрасна,
> Как бывает прекрасна лошадь,
> Лошадь розовая и голубая,
> Как дессу незамужней дамы,
> Шея словно рука балерины,
> Уши словно чуткие листья,
> Ноздри словно из серой замши,
> И глаза азиатской рабыни
> [Самойлов 2000а: 96–97].

Самойлов сознательно подражает, с одной стороны, Артюру Рембо, а с другой — сюрреалистам, поэтику которых Слуцкий считает чуждой для русской поэзии («Ни смутные волхвования, / ни сюрреализма каша / нашей цивилизации / впрок никогда не шли») [Слуцкий 1991b, 2: 111]. Соответственно, корнями своими «Розовые лошади» уходят в иное. В «Лошадях в океане» — тысяча лошадей и четыре тысячи подков. Как я отмечал ранее, число, безусловно, имеет символический смысл, схожий со смыслом числа «40» в Пятикнижии[16]. Притом цвета в «Лошадях в океане» поименованы неправильно. А. Т. Твардовский указал Слуцкому на нестыковку: «Гнедые и рыжие — это две разные масти», — говорил он, о чем Слуцкий пишет в своих прозаических фрагментах. Здесь же цвета различаются четко: гнедые, вороные, буланые и розовые. Соответственно, неопределенность «Лошадей в океане» скрывает в себе посыл будущего стихотворения. Притом остается вопрос: кто же эти розовые скитальцы — кобылы и жеребенок?

В «Розовых лошадях» происходит трансформация: тысяча сжимается до двух. Розовые лошади — это оставшиеся в живых, всплывшие со дна океана, океана его поэзии об уничтожении. По факту розовый — сочетание красного и белого. У Слуцкого — он подчеркивает в «Про меня вспоминают и сразу же — про лошадей...», что выдумал масть, — розовый цвет рождается из скрещивания гнедого и рыжего с небесно-белым: лошади розовеют «в разнооблачном небе». В отличие от «Про меня вспоминают и сразу же — про лошадей...», где воскресение лошадей происходит во сне, здесь они выживают в телесном, ощутимом, неоспоримом и благословенном — библейском — смысле; благодаря силе поэтического воображения две вбирают в себя всю тысячу. В Торе святость подразумевает отграниченность от остального мира, отсутствие связей с ним. В своей изоляции — это важнейшее для Слуцкого понятие — розовые лошади становятся священными. Мне представляется, что и их числом Слуцкий намекает на воскресение. Почему две кобылы и только один жеребенок? Две лошади-матери — пропавшие стихи, оставшиеся не произнесенными воспоминания об уничтожении, теперь вновь обретшие «плоть»; жеребенок и есть вот это сти-

---

[16] Примечательно, что разделение лошадей на тела и подковы напоминает о библейской классификации продуктов питания. Кроме того, Слуцкий также использует число 40 в символическом смысле: «В *сорока строках* хочу я выразить / Ложную эстетику мою» (курсив мой).

хотворение, которое дает катастрофе голос. Обилие звуков «р» в нем служит прямой отсылкой к смыслонасыщенному «р» («яры») в «Я освобождал Украину...». Итак, розовая масть лошадей — это сгусток всего, что представляет собой творчество Слуцкого. Развевающиеся флаги заставляют вспомнить то, что стало советской иконой, «Купание красного коня» К. С. Петрова-Водкина (1912), а большой пожар — напоминание о войне, сталинизме и, разумеется, память о «черте под чертою». Более того, многочисленные риторические вопросы (строки 13–19) — это очередная формулировка извечных и исторически изменчивых вопросов о причине инаковости евреев, что заставляет вспомнить Книгу Исход или Книгу Есфири.

Судя по всему, в стихотворении Слуцкий пересматривает свое представление о неполном мессианстве. Здесь уместно привести интригующее замечание Г. Офрата касательно понимания смерти у Ж. Деррида — одновременно и глубокое, и крайне самобытное в силу его иудейских коннотаций. Офрат пишет: «Смерть как возможность — суть здесь-бытия (Dasein), говорит Деррида, повторяя утверждение Хайдеггера...» [Ofrat 2001: 123]. В определенном смысле взгляд этот совпадает с представлением о смерти в Торе, где смерть всегда конкретна и натуралистична. Слуцкий разделяет ту же точку зрения, однако для него, как и для авторов Библии, жизнь всегда одерживает верх над смертью. Офрат добавляет: «Смерть как возможность подает человеческий опыт открытым будущему, доступным... миру и ожиданию. В это онтотеологическое представление закрадывается измерение еврейского мессианства, поскольку в последнем важное место занимает жизнь под знаком надежды на Искупителя, но без возможности встречи с ним». В этом вкратце и состоит неполное мессианство, которое в конечном итоге служит отзвуком канонической формулировки Маймонида: «Безоговорочно верю в приход машиаха, и хотя он задерживается, я все же каждый день буду ждать его». Уместно вспомнить, что Шолем, проведший классическое разграничение между безудержным апокалипсизмом и рациональным мессианством в еврейской истории, приходит к следующему выводу: «В иудаизме мессианская идея обусловливала своего рода отсроченное существование, в котором ничего нельзя сделать с определенностью, ничего нельзя довести до безусловного завершения» [Scholem 1992: 25]. Слуцкий — в свете его незавершенного мессианства — встает на сторону отсрочивания и тем не менее в данном случае достигает в нем завершения[17]. Дело в том, что в «Розовых лошадях» он, едва ли не вопреки собственным «онтотеологическим» представлениям, *завершает* круг мессианства. Лошадям не только суждено, подобно Моисею, увидеть землю, они смогут войти в нее, как поэт из «Уриэля Акосты», наказанный за удар по скале своей поэтики. Символично, что Илия, «провозвестник мессии» (Офрат), пришествия которого ежегодно ждут, сидя за пасхальным седером, — все-таки является: лошади во плоти и крови выходят на берег. «Любое слово», которое поэт предвосхищает в «Я освобождал Украину...», восходит стократ «там, где рты руины разевают». Главное — в том, чтобы понять: мессианство Слуцкого заключено в потенциале его слова; оно *метапоэтично*.

Существует известная талмудическая легенда, согласно которой мир держится на деяниях 36 праведников, так называемых *ламед-вав цадиким*, остающихся в живых после каждой очередной катастрофы. Буквы еврейского алфавита «ламед» и «вав» обозначают число 36. Мне представляется, что и в стихотворении Слуцкого присутствует игра с числами. Вне всякого сомнения, Слуцкий намеренно возродил своих лошадей в двух, в матери и сыне — уцелевших и воскрешенных. Число 2 соответствует «древнему языку», выученному Слуцким, и букве «бет». Она

---

[17] Неполное мессианство Слуцкого созвучно идее, высказанной Беньямином в работе «О понятии истории»: «Как известно, иудеям было запрещено испытывать будущее. Зато Тора и молитвенник наставляли их в воспоминании. Благодаря этому для них было расколдовано будущее, под чары которого попадают те, кто прибегает к помощи прорицателей. Однако поэтому будущее не было для иудеев гомогенным и пустым временем. Потому что в нем каждая секунда была маленькой калиткой, в которую мог войти мессия» (перевод С. Ромашко). Беньямин, находившийся, как известно, в постоянном диалоге с Шолемом, рассматривает его понятие отсрочки, судя по всему, в позитивном ключе: его «Angelus Novus» не поворачивает историю вспять и подчиняется исторической буре прогресса.

же — первая буква текста Торы, «Берейшит...» — «В начале...». Соответственно, «Розовые лошади» возвращают *книгу бытия* Слуцкого к ее истокам, добавляя в нее измерение целительности. В своем известном комментарии Раши связывает первую строку Книги Бытия с дарованием Ханаана евреям:

> Почему же (она) начинается с «Берейшит» (с сотворения мира)? Потому что «силу дел Своих явил Он народу Своему, чтобы дать им владение племен» (Теилим 111: 6). Ибо если скажут народы мира Израилю: «Разбойники вы, захватившие земли семи народов [Ханаан]», то (сыны Израиля) скажут им: «Вся земля принадлежит Святому, благословен Он. Он сотворил ее и дал ее тому, кто Ему угоден. По воле Своей Он дал ее им (на время), по воле Своей Он отнял у них и дал ее нам»[18].

Двойной образ воскресших у Слуцкого безусловно связан с его Ханааном — постоянно расширяющимся пространственным полем его поэзии, его «безродьем родным». В итоге поэт не испытывает жалости к лошадям. Он смотрит на них с благоговением, восклицая вслед за изумленным Иаковом: «...истинно Господь присутствует на месте сем; а я не знал!» (Быт. 28: 16). Яков, который «под любым зодиаком убог», наконец получает безусловное благословение.

---

[18] URL: www.moshiach.ru/chitas1.php?day=25&month=10&year=2016 (в настоящее время ссылка недоступна).

Часть вторая

ПОЛЕМИКА

6

Написание еврея: генеалогии поэта

1

В «Шуме времени» Мандельштама есть знаменитые строки: «Речь отца и речь матери — не слиянием ли этих двух речей питается всю долгую жизнь наш язык, не они ли слагают его характер?» [Мандельштам 2009–2011, 2: 222]. В его случае «ясная и звонкая», «великорусская» речь матери и «безъязычие» отца и породили речь поэта, который сознает противоречия между ними и вполне способен их опровергнуть и разрешить. По сути, отмечая безъязычие отца, Мандельштам дает глубокую оценку еврейского постпросветительского ассимиляционизма, который привел к отсутствию языка у его отца, к его немоте и неприкаянности[1]. Критическое высказывание Мандельштама — обоюдоострый меч: с одной стороны, он осуждает стремление людей поколения его родителей к ассимиляции, а с другой — отделяет себя от традиционного еврейского мира, клоаки проклятого иудейского хаоса. Он говорит о своих «иудейских развалинах» — порой выказывая к ним почтение, но неизменно отворачиваясь от них в пользу поэтического мировоззрения, которое заключено в его священной привязанности к русскому языку, в союзе христианства и поэзии и в новаторском переписывании культурного и литературного петербургского мифа. Мандельштам —

---

[1] Этот взгляд на позицию Мандельштама предложен мной в [Grinberg 2006a: 75–80].

активный мифотворец; его самовосприятие и сотворение собственной генеалогии — важнейшие звенья модернистской русско-еврейской литературной саги.

Понятие «безъязычия» Слуцкому совершенно чуждо, поскольку оно ведет в пропасть неприкаянности, к «зиянию» там, где в биографии поэта «должны были находиться семья и воспоминания о семье» [Grinberg 2006a: 110]. У Слуцкого есть потребность укоренить свою творческую генеалогию в семейных анналах. При этом он, безусловно, осведомлен о русско-еврейском случае Мандельштама, а также Пастернака, Гроссмана, более ранних советских литераторов: М. А. Светлова, И. Ильфа и И. П. Уткина. Э. Нахимовски совершенно справедливо отмечает, что русско-еврейские писатели «не образуют школы» [Nakhimovsky 1992: 12]. Их парадигмы отличаются гибкостью, перетекают от одного к другому, но при этом не совпадают. Мне представляется, что единственную попытку создать отчетливо русско-еврейскую, а точнее — советско-еврейскую поэтику предприняли Бабель и Багрицкий, которые придумали еврейскую мессианскую модель, совместимую с советским апокалипсизмом. Слуцкий противопоставляет свою версию народа версии Бабеля и Багрицкого и в процессе предлагает историографический экзегетический отклик, сосредоточенный на понятиях выживания евреев, регрессивного мессианства, лирических воспоминаний и преображений святости в профанном, а еврейскости — в более широком историческом контексте, равно как и наоборот. Чтобы осуществить полный критический и интерпретативный обзор этих элементов, в данной главе предложено прочтение «отцовского» цикла Слуцкого — стихов о простых евреях, антисемитизме и ассимиляции.

2

В конце фундаментальной статьи «К вопросу о понимании мессианской идеи в иудаизме» Шолем утверждает:

> Сможет ли еврейская история пережить это вхождение в конкретные пределы и притом не погибнуть в кризисе претензий на мессианство, по сути выдуманных, — вот в чем вопрос, ко-

торый из своего великого и грозного прошлого сегодняшний еврей задает своему настоящему и своему будущему [Scholem 1992: 36].

Шолем имеет в виду сионистский проект, являющийся для него символом вхождения евреев в «конкретные пределы» истории. Я, однако, убежден в том, что в данном контексте сионизм можно заменить на другие эксперименты XX века, которые включали в себя попытку историзации еврея через, по сути, насильственный конец истории средствами мессианского или апокалипсического ви́дения. Советский революционный проект, пусть и интернационалистический по своему замыслу и, соответственно, направленный на отказ от еврейского партикуляризма, видоизменялся и модифицировался целым рядом художников, которые стремились к объединению еврейской и революционной эсхатологий в надежде на то, что конечным продуктом станет приемлемый симбиоз. Бабель и Багрицкий, два еврея из Одессы, служат наиболее выразительными примерами такой попытки. Однако если Бабель сам обнажает в своих произведениях провал этого проекта, то Багрицкий продолжает за проект цепляться. Слуцкий полемизирует с предшественниками. В процессе он не только ниспровергает основополагающие мифы советской литературы и — особенно — развенчанной советско-еврейской мифологии, но и вступает в качестве поэта в конфликт между мессианством и историческим рационализмом, представляющийся Шолему наиболее животрепещущим во всей еврейской истории. Повторим, что Слуцкий не отрицает мессианского потенциала в истории, однако при этом удерживает его в определенных границах, придавая ему внутреннюю незавершенность.

По понятным причинам здесь невозможно дать подробный анализ «Конармии» Бабеля или стихотворений Багрицкого, таких как «Происхождение» и «Февраль»; придется ограничиться кратким комментарием. Характерная черта революционно-мессианского мышления — разделение евреев на две группы: нищих оборванцев, живущих здесь и сейчас, и немногих избранных, провозвестников грядущего конца времен. В «Конармии», при всей сложности текста, присутствует на удивление четкая граница между обычными евреями, коих рассказчик называет «обворованными» (это предполагает, что есть также и «обворовавшие»), и хасидами, такими как последний принц хасидской династии — мессия Брацлавский. Созданный Бабелем мир хасидизма — зеркало его эстетики, в котором смешались священное и профанное ([Гринберг 2003]; [Дымшиц 2005]). Именно благодаря своей внутренней трансгрессии он способен оповестить о наступлении мессианской эпохи, содержащей в себе — как в ее революционном, так и в апокалипсически-еврейском варианте (вспомним терминологию Шолема и лжемессианские движения) — зерна разрушения и насилия. Бабель изо всех сил пытается структурировать этот непонятный мир, освободить его от странных особенностей и тем самым сделать приемлемым для нарождающегося советского канона.

Последний рассказ сборника, «Сын рабби», представляет собой версию более раннего рассказа — «Рабби». «Бесноватые, лжецы и ротозеи» здесь становятся «плечистыми евреями», а суббота, что характерно, придавливает звезды «красным каблучком» [Бабель 2007: 158]. В этом рассказе Бабель убивает своего мессию, а вместе с ним и саму надежду на революционно-еврейское мессианство. «Половые части, эта чахлая, курчавая мужественность исчахшего семита» (Брацлавского), безусловно, уже не способны произвести потомство. Он умирает. Место его захоронения неведомо — на какой-то «забытой станции». Соответственно, воскресения не будет. Его знаменитый сундучок, содержимое которого «свалено вместе» — «портреты Ленина и Маймонида... книжка постановлений шестого съезда партии... страницы Песни Песней», не является символом русско-еврейской бифуркации, описанной Ш. Маркишем. Я сказал бы, перед нами остатки ви́дения Бабеля. Странно, что этот хасидский принц и член партии носит при себе портрет Маймонида, самого рационального еврейского мыслителя; портрет Баал-Шем-Това, основателя хасидизма, или какого-нибудь лжемессии был бы куда уместнее. Возможно, оправданием служит то, что Маймонид включил абсолютную веру в пришествие мессии в число 13 принципов веры. Лютов совершает над умершим последний обряд и тем самым изгоняет еврейскую составляющую из своего творческого универсума. Исторические евреи естественным образом остаются за пределом эстетического поля зрения Бабеля. Делая выбор в пользу опасного и дерзновенного мессианского варианта, исполненного еврейской мудрости и мастерства выживания, а не мирного Третьего интернационала Гедали (см. рассказ «Гедали»), он предвосхищает собственную неизбежную гибель.

Дуализм у Багрицкого даже явственнее, чем у Бабеля. В стихотворении «Происхождение», аллюзия на которое присутствует в последней части «Стихов о евреях и татарах» Слуцкого, лирический герой захлопывает дверь, ведущую в еврейский мир его родителей. Шраер интерпретирует этот жест как вариант еврейского самоненавистничества, детально проанализированного Сандером Гилманом. Проблема в том, что гилмановская модель самоненавистничества «подлежит рассмотрению только в специфических контекстах», а именно в еврейско-немецкой среде XIX и начала XX века [Gilman 1986: 20]. Его попытки приложить ее к постхолокостной и американско-еврейской литературе выглядят неубедительно. Мне представляется, что модус самоненавистничества как патологическое проявление еврейского «стремления быть принятым» попросту не работает применительно к этим русско-еврейским авторам. Даже полемизируя с преобладающим дискурсом русской культуры в отношении евреев, они делают это не с позиции «скрытого языка», а с независимой эстетической, философской и исторической точки зрения. В случае Багрицкого речь идет о точке зрения мессианской.

В «Происхождении» Багрицкий использует словосочетание «еврейское неверие», которое, как отметил в исследовании о еврейском аспекте творчества поэта Шраер, употреблено там дважды. Шраер пишет: «Типично "еврейские" — искания героя, его постоянные вопросы по поводу самого себя и своей среды» [Shrayer 2000: 78]. Он согласен с Маркишем, видящим в еврейском неверии «тот же скептицизм», которым отмечена духовность

Гейне. Представляется, однако, что у Багрицкого эти слова использованы и в более новаторском, и в более конкретном смысле[2]. В первом случае рассказчик задается вопросом: «Ну как, скажи, поверит в мир текучий / Еврейское неверие мое?» Текучий мир, по моему мнению, — это область действия хаотических и мессианских сил, прорвавшихся в историю. Соответственно, неверие не «инструмент самопознания» (Шраер), но своего рода увечье поэта, его наследие, почерпнутое из рационального быта родителей, от которого надлежит отказаться. Впрочем, во втором случае словосочетание использовано в противоположном смысле: «Ну как, скажи, поверит в эту прочность / Еврейское неверие мое?» В процитированном вопросе и заключается суть мессианского мышления Багрицкого. Он использует слово «еврейское» дважды, однако во втором случае оно на деле означает «иудейское». Мессианское иудейское мировоззрение предписывает поэту обосноваться в рациональном родительском универсуме, твердо стоящем на четырех опорах, подобно тому самому «столу». Соответственно, созданная Багрицким картина — не просто результат осмысления и воплощения антисемитских стереотипов, она развивается, с одной стороны, из его собственной самобытной еврейской философии, чьи корни уходят в историческое мессианство, а с другой — из жесткой критики традиционного еврейского общества маскилами, которую Багрицкий наполняет метафизическим содержанием. Как утверждает Кацис, у Одессы Багрицкого нет почти ничего общего с универсумом местечка, изображенным в «Происхождении»; соответственно, перед нами очередной пример активного мифотворчества [Кацис 2000].

«Иудейское», подразумеваемое у Багрицкого, обозначает революционное качество, служащее мостиком между еврейским и советским мессианскими проектами. Как отметил Сарнов,

---

[2] При всем уважении вынужден не согласиться с Фрейдиным, который утверждает, что «Происхождение» «является типичным нарративом модернизации еврея». Шраер справедливо полагает: еврейская тема — центральная в поэтике Багрицкого. Первый анализ еврейской образности этой поэмы см. в [Finkel' 1998].

в первом варианте «Стихов о поэте и романтике» противопоставляются образы Ленина и Троцкого:

> И два человека над временем стали...
> И первый из них был упрям и хитер.
> Бочком пробирался, стыдясь и робея.
> Другой, волосатый, — провизор иль черт —
> Широкий в плечах и с лицом иудея
> [Сарнов 1998: 47].

«Романтика», воплощение революционного духа, идет за вторым персонажем. Троцкий здесь — падший человек, сочетание Исава с пророком и дьяволом, мессианство которого сокрыто в его иудейских чертах. Багрицкий еще больше усиливает еврейско-иудейскую дихотомию в незаконченной поэме «Февраль». Я согласен с Кацисом, что рыжая девушка, которую в кульминационной сцене поэмы насилует рассказчик, — не гойка, а именно еврейка[3]. Поэт, исполненный «иудейской» гордости, через сексуальное насилие мстит за «позор моих бездомных предков» и «миру, / Из которого не мог я выйти». Это — иудейское очищение от еврейской реальности в самой ее сердцевине, пропитанное мессианской беспощадностью[4]. В отличие от бесплодного Брацлавского, революционный командир намерен использовать свое «ночное семя» (ночь подразумевает нечто запретное, загадочное и оккультное), чтобы оплодотворить «пустую» еврейскую матку. Это не акт продолжения рода, а мужское иудейское доминирование над бесплодной еврейской женственностью. Становится ясно, что Шолем был прав, когда указывал: мессианское прошлое еврея опасно — и, вступив в конфронтацию с конкретным историческим материалом, оно может взорваться, разнеся в клочья всю еврейскую историю.

---

[3] Кацис полагает, что Багрицкий позаимствовал ее образ из мемуаров Гейне [Кацис 2003: 382].

[4] Кацис также интерпретирует это стихотворение в мессианском ключе, каковой считает традиционным для иудаизма. Что примечательно, он видит истоки этого стихотворения в поэме Бялика «Мертвецы пустыни», которая, кстати, имела большое значение и для Слуцкого (см. главу 13).

Шраер также интерпретирует концовку «Февраля» в мессианском смысле. Он заключает: «...Багрицкий не был сторонником еврейского мессианства в традиционном смысле слова. Скорее его универсалистский взгляд на еврейскую историю, сформулированный в финале "Февраля", сводится к следующему: евреи — постоянный источник жизненной энергии для человечества, и их разрозненные гены останутся жить в детях ассимилировавшихся евреев» [Shrayer 2000: 94]. Опять же, я убежден в том, что мессианская образность Багрицкого и гораздо конкретнее, и гораздо ближе к дилеммам еврейской истории. В отличие от иудейской гордости Мандельштама в «Четвертой прозе», где по традиции библейский еврей, предшественник христианства, противопоставляется современному, гордость Багрицкого имеет специфическое мессианское содержание. Его предок-иудей чем-то похож на хасидов Бабеля: «Я много дал бы, чтобы мой пращур / В длиннополом халате и лисьей шапке, / Из-под которой седой спиралью / Спадают пейсы и перхоть тучей / Взлетает над бородой квадратной... / Чтоб этот пращур признал потомка / В детине, стоящем подобно башне / Над летящими фарами и штыками...» [Багрицкий 1964: 218]. Есть нечто неприятное в подобной псевдофольклорной фигуре с ее квадратной бородой и перхотью: на ум приходят не столько антисемитские клише, сколько бабелевские «бесноватые» и «ротозеи». Эта фигура не вписывается в пропахший селедкой еврейский мир из «Происхождения». В историческом смысле хасидизм бросил страстный вызов раввинистическому рационализму; понятно, почему эти мессии революционного вероотступничества связывают с ним свое бунтарство. Как мне представляется, Багрицкий сопрягает революционное стремление к переустройству мира с мессианским намерением изменить еврейскую историю. Поэма «Февраль» не закончена, — соответственно, образ повисает в воздухе, строфа обрывается. Однако полагаю, что, в отличие от Бабеля, Багрицкий, «маленький иудейский мальчик» / «детина», так полностью и не разуверился в правильности советского проекта и сожалеет о его незавершенности.

На Слуцкого давит это мессианское наследие. Он возвращается к нему, переписывает, откладывает в сторону и в итоге создает органичный и, как мне представляется, гуманистический отклик, который позволяет восстановить целостность еврейской истории. Его еврей, «родившийся из ужаса и разрухи еврейской истории нашего поколения», на удивление легко переносит «вход в конкретную область».

3

Чтобы полностью оценить понимание Слуцким евреев как народа и коллективного участника исторического процесса, необходимо ввести это понимание в более широкий контекст нарратива о народе в его поэтике. Хорошим примером служит стихотворение «А я не отвернулся от народа...»:

> А я не отвернулся от народа,
> с которым вместе
>   голодал и стыл.
> Ругал баланду,
> обсуждал природу,
> хвалил
>   далекий, словно звезды,
>   тыл.
>
> Когда
>   годами делишь котелок
> и вытираешь, а не моешь ложку —
> не помнишь про обиды.
> Я бы мог.
> А вот — не вспомню.
> Разве так, немножко.
>
> Не льстить ему,
> не ползать перед ним!
> Я — часть его.
> Он — больше, а не выше.
> Я из него действительно не вышел.
> Вошел в него —
> и стал ему родным
> [Слуцкий 1991b, 2: 131].

В этом стихотворении — в типичной для Слуцкого манере — сугубо личное смешивается с эпохальным и метапоэтическим, в результате преходящие обстоятельства вписываются в систему его поэтики. Можно, конечно, интерпретировать это стихотворение в контексте вопроса об отношениях между интеллигенцией и народом [Smith 1999: 121] или как слияние евреев и русского тела [Соловьев 2007: 368–369]. Безусловно, оно приводит на память эпиграф Ахматовой к «Реквиему»: «я была… с моим народом» [Ахматова 1990, 1: 196]. Нет никаких сомнений в том, что Слуцкий намеренно использует эти аллюзии, однако конечный результат выглядит более интересным. Отметим, что в тексте ни разу не использовано местоимение «мы». Поэт осмысляет и пересказывает собственный опыт (все глаголы — в первом лице единственного числа: ругал, обсуждал, хвалил, не вспомню и пр.). Он начинает на полемической ноте («А я…»), как бы вступая в спор с самим собой и с теми, например официальными критиками и откровенными антисемитами, кто может бросить ему обвинение в раздутом самомнении[5]. Говорит он прежде всего о годах войны. Поэт подчеркнуто отказывается припоминать собственные обиды (явственная отсылка к антисемитизму на фронте), обнажая тем самым свою полемическую стратегию: он готов отказаться от упоминания исторических обстоятельств, главное для него — выстроить с народом собственные отношения, в гармонии с поэтикой.

Объявляя, что народ больше, а не выше, Слуцкий порывает с русской мифологией, в которой народ превозносится или освящается, будь то в демонизированной или православно-литургической форме. Для него народ — единый комплекс, море в океане истории и космоса, но не хранитель или творец истины. Истина может быть ему передана, он может высказывать ее вслух или хранить молчание в ходе исторического процесса развития истины — таково библейское определение народа, — однако поэт как экзегетический комментатор находится и внутри

---

[5] Слуцкий моделирует тот же обмен мнениями и в ряде других стихотворений. См. [Слуцкий 1991b, 3: 73, 109, 110, 266, 281, 300].

народа, и вне его. Слуцкий, еврей и интеллигент, очевидно не является выходцем из русского народа. Тем не менее народ становится ему родным.

Последняя формулировка представляется ключевой: то, что Слуцкий — часть народа, воплощено в его пространственной поэтике, которая, пройдя через трансплантацию, образует многоуровневый палимпсест. Едва ли не с высокомерием поэт объявляет себя родным русскому (и даже советскому) народу (в стихотворении «Романы из школьной программы...» он покажет непостоянство такого родства)[6], однако обратная сторона ситуации представляется более значимой: «безродье родное» его поэтики приобретает дополнительное содержание, определяя условия иерархического соответствия между художником и народом в концептуальной форме. При этом народ превращается в переменную. Тот вывод, к коему Слуцкий приходит касательно русского народа, подлежит переносу, с определенными модификациями, на тот народ, из которого он действительно вышел, — на евреев. Не случайно на протяжении всего стихотворения народ не конкретизирован.

Представления Слуцкого о евреях носят двойственный характер. С одной стороны, еврейская история есть особый экзистенциальный и поколенческий путь («Слепцы»), а с другой — она пересекается с общим ходом исторического процесса. Как мы помним, Слуцкий прилагает и к холокосту, и к советской истории XX века пролептическую методологию, где в качестве основного leitwort'а выступает «давным-давно». Действительно, евреи насильственно удалены из исторических анналов посредством христианской экзегезы («Родственники Христа»); соответственно, роль поэта заключается в том, чтобы вернуть их на место. В резком контрасте с мессианским дуализмом Бабеля и Багрицкого, народ Слуцкого одновременно и целостный, и противоречивый.

---

[6] Анализ этого стихотворения см. в главе 12.

В романе «Псалом» — еще одном выдающемся примере трансплантации библейского на русскую почву — Фридрих Горенштейн, чья экзегетическая мощь по своей интенсивности почти равна мощи Слуцкого, говорит о несовпадении между библейским идеалом еврейской нации как священной и ущербным воплощением этого обещания в реальности [Grinberg 2002: 1–7]. Слуцкий в своей лирике отмечает это несовпадение. Его раннее, довоенное стихотворение «Абрам Шапиро» закладывает основы такого восприятия:

Конец (Абрам Шапиро)

Не гром гремит насчет скончанья мира,
Не буря барсом бродит по горам —
Кончается старик Абрам Шапиро —
По паспорту — Шапиро же, Абрам.

Лежит продолговатый и зловещий
И методично,
    прямо в рожу —
        да! —
Хрипит потомкам: «Покупайте вещи —
Все остальное прах и ерунда!»
[Слуцкий 1991b, 1: 29].

В этом стихотворении присутствует сатирический элемент, в котором отдается дань и советским материалистическим предрассудкам, и традиции критики евреев у маскилов. Впрочем, пафос его масштабнее. Здесь изображено, что происходит с библейским патриархом в определенной исторической ситуации — не в древней Месопотамии, а в лишенной корней «черте оседлости» зрелого социализма; вспомним игру с именем Абрам / Авраам в «У Абрама, Исака и Якова...». Здесь нет никакого откровения — «Не гром гремит... не буря... бродит» — два библейских сигнала откровения отрицаются с самого же начала, и этим задается хронотоп стихотворения. Действительно, чтобы скопить свое «богатство», Шапиро приходилось воровать (этого требовала советская система распределения материальных благ). За собой он оставляет колоссальные долги, которые сыновьям его платить «двести лет». В предпоследней строфе Шапиро и сам признаёт, что не оставляет детям никакого наследства, ни материального, ни духовного. В последних строках стихотворения обиженные и разозленные дети патриарха засовывают эти самые никому не нужные вещи в отцовский гроб, закрывая ими его лоб и глаза. Так выглядит жалкая и душераздирающая кончина старого еврея, причем она придает персонажу определенное достоинство.

Героическое начало стихотворения, напоминающее зачины русских былин, одический слог Державина и знаменитую 30-ю главку поэмы Некрасова «Мороз, Красный Нос» [Некрасов 1965–1967, 2: 110]; синтаксический параллелизм строк 3–4 и аллитерация (г–г, б–б) двух первых строк; физический облик Абрама, жалкий в своей человечности («Обросшие старинной кожей кости / И бороденки желтоватый хвостик»); пророческое величие, обернувшееся ничем («Рук своих уродливые звезды / Рассыпав в пальцев грязные лучи»), — все это складывается в язвительный и глубоко проникновенный портрет, в котором автор не стесняется запечатлеть деградацию, ибо в корнях своих эта деградация неотделима от святости. Даже «непросторный» гроб не может вместить в себя всю сложность усопшего. Не случайно грязные лучи пальцев Шапиро предвосхищают мозолистые руки самого поэта в «Я строю на песке, а тот песок…». Шубинский называет стихотворение о Шапиро «карикатурой в духе чуть ли не "Штюрмера"» [Шубинский 2005: 119]. Я не согласен с этим. Слуцкий не «льстит» народу и не «пресмыкается» перед ним. Нарисованная им картина сурова, однако в ней есть ощущение аутентичности и понимания, поскольку она не содержит самоуничижительного дискурса или взгляда со стороны, она укоренена во внутренних дилеммах еврейской истории и мифологии, которые поэт осмысляет и истолковывает по-своему. Кроме того, в его ви́дении звучит эхо нескольких русских голосов.

Мне представляется, что в понимании народа Слуцкий ближе всего к Чехову[7]. Как отмечает Р. Е. Лапушин, народ у А. П. Чехова при суммарном рассмотрении оказывается «противоречащим себе самому»: «жестокий и сострадательный, религиозный, а как будто и не очень, свыкшийся со злом и больше всего на свете любящий справедливость, хитрый и доверчиво-простодушный» [Лапушин 1998]. Более того, Чехов демонстрирует противоречивость характера народа (в качестве примера Лапушин приводит рассказ «Мужики»). Чехову наверняка были бы понятны строки Слуцкого: «Я наблюдал не раз, как в чернь / Народ великий превращался. / И как в народ он возвращался...» [Слуцкий 1991b, 3: 96]. Для Слуцкого такие метаморфозы — не кидания из одной крайности в другую, как это представлено в универсуме Достоевского, но проявления непрерывного непредрешенного процесса, своего рода двойная спираль.

Вернемся к Горенштейну: в пьесе «Споры о Достоевском» он показывает писателя предтечей русского мессианства, в рамках которого не Бог и не идеология, а русский народ выведен в качестве основной ценности. Горенштейн видит в этом представлении полную противоположность «идее иудаизма, в котором религия на протяжении веков не только подавляла, но и подменяла собой национальное существование целого народа» [Grinberg 2002: 58–59]. В своей «чеховской» эстетике Слуцкий восстанавливает библейское представление о народе как весомой ценности, однако не абсолютной, как и в случае «иудейской идеи» Горенштейна. Мессианство Багрицкого и Бабеля несет в себе стремление избавиться от истории, наделив немногих избранных высшим предназначением. Слуцкий вслед за Чеховым предпочитает рассматривать народ как данность.

Уникальность представлениям Слуцкого о народе придает то, что он постоянно держит в уме обещание, данное евреям в Биб-

---

[7] В контексте русско-еврейской интеллектуальной истории представления Слуцкого о народе ближе всего к представлениям раннего Жаботинского. См. в особенности его описание четвертого сына в статье-мидраше об истории пасхального седера [Жаботинский 1992: 171–179].

лии. Для него гарантия святости преломляется через перипетии истории и разрывы между поколениями:

> Молодые евреи за старых,
> За былые грехи
> Не хотят отвечать.
> Их давно уже не привлекает торговля,
> Их давно уже не привлекает печать,
> Деньги — крупные деньги
>   И мелкая слава
> Занимают слабо.
> От среды (от среды ли?) смягчились черты
> И библейской все менее красоты
> И все более красоты среднерусской
> В этой кости, по-прежнему белой и узкой,
> В этой крови — старинной и голубой...
> [Колганова 1993: 227].

В этом стихотворении поэт возвращается к давней парадигме отцов и детей. Выражаясь очень сдержанно, в чеховской манере, он не утверждает и не осуждает разрыв между поколениями, результат распада (и уничтожения) традиционного еврейского общества. У младшего поколения иные экономические, духовные и интеллектуальные потребности; перемены — результат не только естественного изменения среды, но и сломов и перипетий истории[8]. Лирический голос и ви́дение поэта находят самое полное выражение в последних четырех строках. Для Слуцкого кровь, как и в его пушкинском мифе, проанализированном в главе 13, служит иллюстрацией к творческой концепции, источнику обогащения и обновления. Так, то, что он показывает здесь, — это не романтизированный еврейский эссенциализм, но витки спирали — непрерывный нарратив истории и Янусов

---

[8] Слуцкий дает трезвый, но проникновенный анализ наиболее буквального русско-еврейского симбиоза — в форме смешанных браков — в стихотворении «Полукровки» [Колганова 1993: 227].

профиль современного еврея: библейский и русский, древний и сиюминутный, аристократический и замызганный, как и пространственный размах поэтики Слуцкого.

4

> Память... больше человека. Она относится ко Времени и к языку... Язык — орудие воскрешения жизни, которым этот «кирзятник» (прозвище военных поэтов, данное им интеллектуальными диссидентами) владел с метафизической убедительностью.
>
> *Игорь Шайтанов. «Борис Слуцкий: Повод вспомнить»*

«Кровь» отца Слуцкого также содержит в себе витки спирали. Язык поэта — вспомним формулу Мандельштама — сформирован речью и матери, и отца. Мать, выпускница гимназии, преподававшая музыку и любившая стихи, безусловно сыграла важнейшую роль в воспитании поэта. Мне представляется (хотя во всех воспоминаниях тема эта красноречиво отсутствует), что она же познакомила Слуцкого с ивритской и русско-еврейской литературой, в том числе, скорее всего, и с поэзией Бялика. Видимо, она принадлежала к довоенному поколению русско-еврейской интеллигенции, которая одинаково свободно чувствовала себя в русском и еврейском (а зачастую еще и немецком) пласте культуры. По словам Болдырева, именно мать занималась воспитанием детей и настояла на том, чтобы Борис изучал древнееврейский. Сам Слуцкий вспоминает: «Мать очень рано запустила меня на несколько орбит сразу. Музыкальная школа. Древнееврейский язык. Позднее — английский» [Ройтман 2003: 10]. Категорическое утверждение Аннинского, что Слуцкого родители «попросту не интересуют», а «своего еврейского прошлого Слуцкий знать не хочет» [Аннинский 2006], равносильно тому, чтобы сказать: Гоголя не интересовали его украинские корни. Аннинский ошибочно называет отношение Слуцкого ко всему еврейскому пренебрежительным. Действительно, свою мать Слуцкий упоминает в стихах всего несколько раз. При этом известно, что в лирическом универсуме невысказанное, оставшееся в подсознании зачастую не менее, а порой и более красноречиво, чем воплощенное в слова.

Сосредоточенность Слуцкого на отце имеет полемическую цель: оспорить преобладающие мифологические схемы русско-еврейских генеалогий («безъязычие» отца у Мандельштама, «ржавые евреи» Багрицкого, побежденный отец в «Закате» Бабеля). В значительной степени отец Слуцкого Абрам — это еще один Абрам Шапиро (он тоже работал в торговле), который, однако, способен сохранить внутреннюю целостность и обладает, в том его образе, что воссоздал Слуцкий, рядом характерных качеств, подходящих для кровного родственника поэта[9]. Подобно евреям из «У Абрама, Исака и Якова...», он несет на себе печать еврейских невзгод («бедняга»); для поэта он — «отечество» и, соответственно, органичная часть пространственного универсума[10], через который поэт связан со своим народом («Я — часть его») и вводит его в поэтический каталог. Культурная мать и простой отец неплохо соединяются в еврейской генеалогии Слуцкого. В этом смысле его еврейская биография выстроена совсем иначе и с куда меньшим напором, чем его связь с русским народом.

Ключевой «отцовский» текст Слуцкого — «Возвращение», написанный, по всей видимости, в 70-х годах:

Возвращение

Становлюсь похожим на деда
и давно похож на отца.
Серебристою ниткою вдета
седина. Седины — без конца.

---

[9] Еще один Шапиро русской литературы — мандельштамовский портной из «Египетской марки», имя которого отражает биполярность русско-еврейского существования: «Шапиро звали "Николай Давыдыч". Откуда взялся "Николай", неизвестно, но сочетание его с "Давыдом" нас пленило. Мне представлялось, что Давыдович, то есть сам Шапиро, кланяется, вобрав голову в плечи, какому-то Николаю и просит у него взаймы» (Мандельштам 2009–2011, 2: 276).

[10] См. стихотворение «Отечество и отчество» [Слуцкий 1991b, 2: 525].

> Это общедоступное средство —
> подождать, чтобы годы прошли,
> и проступят родство и наследство,
> корни вылезут из-под земли.
>
> Сквозь глобальность и рациональность,
> сквозь одежд современный покрой
> вдруг проступит национальность,
> заиграет отцовская кровь.
>
> Все, что тушевалось, тупилось
> в быстротечной сумятице дней, —
> незатейливость, тихость, терпимость
> выступают ясней и ясней.
>
> И о деде я слышал все то, что,
> чем мне помнится мой отец,
> вдруг доходит, как старая почта,
> мне доставленная наконец
> [Слуцкий 1989b: 91–92].

В этом неброском, но крайне выразительном тексте поэт возвращается к универсальному чувству: старея, он заново открывает для себя связь с прошлыми поколениями, которую женщины-поэты Марина Цветаева (на русском) и Лея Гольдберг (на иврите) ищут в образах своих бабушек[11]. Слуцкий признаётся в том же: «проступят родство...». Вместе с тем это стихотворение изобилует как его личными, так и библейскими leitwort'ами, которые раскрывают особый смысл текста. Они возникают во второй строфе: «средство», «родство», очевидно связанное с «безродьем родным» — его пространством и «наследством», центральным термином библейского мироустройства (древнееврейское «яраш»). В Быт. 15: 3–4 написано: «И сказал Аврам: вот, Ты не дал мне потомства, и вот, домочадец мой наследник

---

[11] См. [Цветаева 1965: 65–66]; *Goldberg L.* From My Mother's Home // The Modern Hebrew Poem Itself. Cambridge (Mass.): Harvard University Press, 1989. P. 128–129.

мой. И было слово Господа к нему, и сказано: не будет он твоим наследником, но тот, кто произойдет из чресл твоих, будет твоим наследником». Переводчик Библии на английский Р. Фридман дает такой комментарий: слово «наследник» «употреблено здесь три раза, чем подчеркнуто: потомки Авраама рано или поздно унаследуют всё, что обещано ему. Впоследствии оно более 60 раз встречается во Второзаконии, непосредственно перед тем, как сыны Израиля входят в Землю обетованную, и после этого не остается сомнений, что обещание будет исполнено» [Friedman 2001: 57]. В Книге Бытия речь идет о продолжении рода Авраама и выполнении данного ему Божественного обещания. Слуцкий производит трансплантацию этой дилеммы в свою поэтику: связь с дедом через отца обеспечивает плодоносность его почвы. Библейская основа стиха провозглашена уже во второй строке: «давно» у Слуцкого — ключевой индикатор трансплантации; его отец — библейский персонаж своего времени.

В последней строке второй строфы усилен пространственный аспект библейских аллюзий и образности Слуцкого, а в последней строке третьей строфы источником изобилия в этом пространстве названа кровь. «Национальность» для Слуцкого не просто показатель этнической принадлежности, но вся целокупность бытия народа. Будучи встроенной в основы его художественной системы (глобальность), она вживлена и в его философию (рациональность) и просвечивает сквозь нее. В статье, посвященной Соломону Михоэлсу и Московскому еврейскому театру, Мандельштам пишет:

> Пластическая слава и сила еврейства в том, что оно выработало и пронесло через столетия ощущение формы и движения, обладающее всеми чертами моды, непреходящей, тысячелетней. Я говорю не о покрое одежды, который меняется, которым незачем дорожить, мне и в голову не приходит эстетически оправдывать гетто или местечковый стиль: я говорю о внутренней пластике гетто, об этой огромной художественной силе, которая переживает его разрушение и окончательно расцветет только тогда, когда гетто будет разрушено [Мандельштам 2009–2011, 3: 222].

Слуцкого тоже не волнуют ни «современный покрой» его собственной одежды, ни совсем иной покрой одежды его местечкового отца. Он рассуждает об основах своей художественной вселенной, русскую составляющую которой обрел через деда по материнской линии, читавшего Толстого (см. стихотворение «Происхождение» в главе 9), а библейско-иудейскую — через Наума, деда по отцу.

Понятие памяти определяет кольцевую композицию стихотворения. Воспоминания об отце, обладающем совершенно «чеховскими» качествами («незатейливость, тихость, терпимость»), подводят поэта к воссозданию облика деда. Такое понимание памяти одновременно и как заповеди в библейском смысле («Помни — Захор»), которая подталкивает время к непрерывному процессу созидания, и как инструмента творчества, который придает жизненных сил вдохновению поэта, — органичная часть стихотворений Слуцкого о народе и из циклов «дядей и тетей». «Как подлинно еврейский творец, [Слуцкий] страдает не от отсутствия памяти, а от ее избытка...»[12] Задача вспоминать постоянно владычествует над поэтом: используя оксюморон, он определяет ее как «нетяготящее / и блестящее / бремя» [Слуцкий 1991b, 2: 454]. В стихотворении «Внезапное воспоминание», в котором проникновенно описан еврейский народный танец, увиденный им в детстве (возможно, на свадьбе), он — едва ли не в набоковском духе — сравнивает память с кирпичом и с лучом прожектора, внезапно ударившим в лицо[13]. В то же время знание о воспоминании укоренено в самом его существе:

> А я — мне нет и десяти,
> стою и не могу уйти:
> наверно, понял,
> что полувека не пройдет
> и это вновь ко мне придет.
> И вот — я вспомнил
> [Слуцкий 1991b, 3: 312].

---

[12] Изначально я этими словами описал Горенштейна. См. [Shrayer 2007: 1081].
[13] О памяти В. В. Набокова см. [Shrayer 1999: 108–133]; [Foster 1993].

Ступор наступает, когда поэт впадает в состояние амнезии и слово «яблоко», которое он вспоминает на древнем языке, не приносит исцеления. Проблема заключается в том, что яблоко служит триггером для воспоминания — это объяснено в стихотворении «И дяди и тети»:

> Яблоко выдала в долг мне судьба,
> чтоб описал, не забыв ни черта,
> дядю, похожего на попа,
> с дядей, похожего на кота
> [Слуцкий 1991b, 3: 254].

Трудно понять, почему и каким образом Аннинский усматривает в этих изобретательных строках «то ли судорогу смеха, то ли дьявольский пасьянс на тему: индивид и толпа», заряженный «самоиронией» поэта. В контексте поэтики Слуцкого строки эти не выглядят неожиданными, в них содержится основная заповедь его поэзии — долг хранить память — и они являются вместилищем его «жестокой свободы». Для Слуцкого поэтическое, экзегетическое воспоминание о деде — получение «послания в бутылке», «старой почты... доставленной наконец». Соответственно, в двух последних строках стихотворение обретает метапоэтический смысл, на котором и зиждется поэтическая конструкция Слуцкого: цепь поколений преобразуется в выполнение художественного обещания.

Слуцкий дает этому тексту название «Возвращение», что наводит на мысль об эволюционном характере его поэтики. Подобное впечатление, однако, обманчиво. Еврейство, как было показано выше — применительно к «Слепцам» и «Уриэлю Акосте», усиливается новым обретением зрения, которое озаряет «быстротечную сумятицу дней». Соответственно, «возвращение» нужно понимать как часть спирального цикла развития творческой позиции. Впрочем, Слуцкий углубляет и усложняет эту позицию, переписывая на свой лад историю о блудном сыне в стихотворении-эпониме. Оно заслуживает того, чтобы его процитировать полностью.

> Блудный сын
>
> Истощенный нуждой,
> Истомленный трудом,
> Блудный сын возвращается в отческий дом
> И стучится в окно осторожно.
> — Можно?
> — Сын мой! Единственный! Можно!
> Можно всё. Лобызай, если хочешь, отца,
> Обгрызай духовитые кости тельца.
> Как приятно, что ты возвратился!
> Ты б остался, сынок, и смирился. —
> Сын губу утирает густой бородой,
> Поедает тельца,
> Запивает водой,
> Аж на лбу блещет капелька пота
> От такой непривычной работы.
> Вот он съел, сколько смог.
> Вот он в спальню прошел,
> Спит на чистой постели.
> Ему — хорошо!
> И встает.
> И свой посох находит.
> И, ни с кем не прощаясь, уходит
> [Слуцкий 1991b, 1: 132].

Основываясь на этом тексте, Соловьев называет Слуцкого библейским поэтом. Он пишет: «Именно так — просто и высоко — описаны в Библии нравы, обычаи и история древних скотоводов»[14]. В Библии, как и в поэзии Слуцкого, «обыденный факт… звучит как исторический, семейный конфликт становится всемирной историей. Напряженный историзм — имманентное свойство поэтики и философии Слуцкого» [Соловьев 2007: 376]. Фаликов считает стихотворение прямым откликом на дело Па-

---

[14] Слуцкий в своем стихотворении воспроизводит элементы Евангелия от Луки, например 15: 23, где отец распоряжается: «…и приведите откормленного теленка, и заколите; станем есть и веселиться!»

стернака, причем парадоксальным образом блудный сын — это сам Пастернак. Я скорее согласен с Соловьевым. Стихотворение, в котором он проницательно усматривает библейский контекст, коррелирует с нарративом Слуцкого об отце.

Поразительнее всего в этом стихотворении финал. Сын, получив от отца обильную пищу, уходит, не попрощавшись. В этом и состоит вся суть: уходит он молча, зная, что вынужден будет вернуться. В его уходе нет мессианского восторга, как у Багрицкого, или обреченных попыток притулиться к разваливающемуся родительскому дому, как у Бялика[15]. На деле он уходит потому, что место его слова — во внешнем мире: в пере-сажи-вании, пере-воде. Уходит он со своим посохом, что немедленно вызывает в памяти фигуру Моисея, стоящую в центре «Я строю на песке, а тот песок...» и «Четвертой прозы» Мандельштама, где его земля обетованная, Армения, и шуба русского литературного наследия тоже сравниваются с судьбой Моисея: «Я бы взял с собой мужество в желтой соломенной корзине с целым ворохом пахнущего щелоком белья, а моя шуба висела бы на золотом гвозде. И я бы вышел на вокзале в Эривани с зимней шубой в одной руке и со стариковской палкой — моим еврейским посохом — в другой» [Мандельштам 2009–2011, 2: 351]. Примечательно, что в стихотворении «Стыдились своих же отцов...» [Слуцкий 1991b, 3: 294], в котором можно усмотреть аллюзии на отречение сыновей от отцов в сталинскую эпоху или на разрыв в цепочке еврейских поколений, Слуцкий постоянно придерживается третьего лица множественного числа, говоря о том, что «они» отказались от родных. Этих сыновей он называет «блудными» и «сукиными сынами». Ни «рухнувшие домики» отцов, ни наглость сыновей не связаны с «отчим домом» Слуцкого, с его блаженным, хотя и требовательным комфортом в этом пространстве, уход из которого требует обязательного возвращения.

Слуцкий не страдает эдиповым комплексом. Скорее, здесь вступает в силу талмудический принцип *зехут авот*, заслуги отцов, гарантирующий милость Бога всем поколениям евреев за

---

[15] См. стихотворение Бялика «Когда я вернусь» [Bialik 2000b: 64].

деяния их предков[16]. В корпусе работ Слуцкого есть по крайней мере еще пять стихотворений, чья центральная тема — тема отца [Слуцкий 1991b, 1: 485; Слуцкий 1991b, 2: 405–406; Слуцкий 1991b, 3: 41, 42–43, 231]. Во всех них он предстает в облике классического украинского еврея, которому не чуждо бытовое и повседневное; в отличие от русских евреев из столицы, он не гоняется за последней модой [Колганова 1993: 221]. Он понимает сына, убеждает всех в истинности его поэзии, но с опаской относится к «стихоплетству» как способу заработка. Аннинский считает его тревоги по поводу того, что сыну слишком много платят за стихи, смешными, однако образ отца вовсе не так уж прост. В стихотворении «Складно!» Слуцкий пишет:

> Но, прочитавши раза три-четыре
> стихотворение,
>   он выходил из мглы
> и в смысле, словно в собственной квартире,
> шагал,
>   прекрасно зная все углы.
>
> <...>
>
> он смысл стиха
> не выпивал — впивал.

Отец действительно может быть фигурой репрезентативной, однако он, как и поэт, совершенно самобытен. Его дом — это космос, где он, наделяя самые простые бытовые действия священным смыслом, создает свет и тьму и, развеяв мрак, превращает стихи сына в собственный космос, который, подобно экзегету, изучил досконально, ибо вскормлен его истоками. Известно, что именно так Слуцкий замышляет и строит свои произведения — как заключенное в круг пространство, само-

---

[16] Совершенно очевидно, что христологическая модель Слуцкому чужда. Этот сын не закричит: «Почему ты оставил меня?», да и не будет принесен в жертву.

стоятельную систему[17]. В этом смысле он заимствует методологию у отца, который снова и снова перечитывает строки сына, будто Священное Писание.

Отец, подобно библейскому демиургу, борется с силами хаоса:

> Он не верил в хаос,
> он думал, что
> бережливость, трезвость, спокойный тон
> мировое зло убьют наповал,
> и поэтому он лицевал пальто
> сперва справа налево, а потом
> слева направо его лицевал.

Повторю, для Слуцкого принципиально важно, чтобы его стихи трактовали в контексте всей совокупности его системы. В противном случае образ отца покажется — как показался даже столь видному исследователю, как Аннинский, — размышлениями о простом человеке, которому не сразу удается осмыслить поэтическую строку, который не понимает значения рифмы и бережлив до одержимости. Напротив, использование слов из библейского словаря (мгла, хаос) у Слуцкого всегда конкретно и смыслонасыщенно, а также напрямую связано с конечной поэтической задачей. Приведенные выше строки взяты из той части стихотворения, где лирический герой видит отца во сне, что подтверждает особую одухотворенность и проникновенность этого портрета отца. В отличие от сына, который подступается к хаосу на собственных условиях, отец его полностью отвергает. Подобно русским модернистам в стихотворении «Ответственные повествования...» [Слуцкий 1991b, 2: 111], где они наполняют хаос здравым смыслом, «порядок в нем наведя», — отец пытается постепенно одержать над ним нравственную победу. В этой роли рационального художника отец напо-

---

[17] Так Слуцкий описывает миры Гоголя и Достоевского, летающие в собственной атмосфере (у Слуцкого: «плавающие в эфире»; на мой взгляд, это несколько разные вещи). См. стихотворение «Похвала средним писателям» [Слуцкий 1991b, 3: 244].

минает портного Мервиса из «Египетской марки» Мандельштама, полубожественную патриархальную фигуру творческого человека, который повелевает хаосом Петербурга и которому рассказчик (Мандельштам) стремится подражать. Таким образом низменный ремесленник превращается в творца. Впрочем, отец Слуцкого портняжит по-иному. Перелицовывая пальто (как известно, пальто — чрезвычайно значимый образ в русской литературе) сперва справа налево, а потом слева направо, он повторяет или, возможно, предвосхищает переводческую герменевтику своего сына, которая привносит еврейское в русское и наоборот. В итоге фигура отца превращается в метапоэтический русско-еврейский знак.

Писатель Давид Маркиш, хорошо, как и его брат, знавший Слуцкого, сравнивает его с Платоновым и отмечает: «Абсолютно сам по себе. Он как Андрей Платонов: за сто километров его интонацию, единственную в своем роде, различишь. Они оба слышали простых людей» [Горелик 2005: 557]. Это платоновское внимание к маленькому человеку, всеми действиями которого руководит подавление хаоса[18], прекрасно выражено в том, как Слуцкий описывает похороны отца, нанизывая одну за другой омонимичные рифмы, прозаизмы и отглагольные наречия:

> а он лежал в своей куртке —
> полувоенного типа —
> в гробу — соснового типа, —
> и когда его опускали
> в могилу — обычного типа,
> темную и сырую,
> я вспомнил его
> выключающим свет по всему дому,
> разглядывающим наши письма
> и дающим нам образование.

---

[18] Оно также заставляет вспомнить стихотворение Е. А. Баратынского «Старательно мы наблюдаем свет...», где пытливый человеческий ум в итоге находит единственный источник мудрости в «точном смысле народной поговорки». О связи между Слуцким и Баратынским см. главу 13.

Место упокоения Абрама просто, словно пещера Махпела. Как и поэт, он сам распоряжается своей судьбой. Он в последний раз выключает свет и переходит в юдоль воспоминаний сына. Справедливо будет сказать, что фигура отца служит маркером начала и конца существования Слуцкого.

5

Среди стихотворений Слуцкого «о народе»[19] наиболее богатое по смыслу — «Самое начало философии», в котором он еще глубже вскрывает собственные корни, сравнивая себя с местечковым философом:

Самое начало философии

Только я глаза закрою —
предо мною налицо
местечкового философа
подростковое лицо.
Выцветшие, голубые
и уже полуслепые
и щербленное пенсне
видятся немедля мне.
О вместилище вопросов,
безответных навсегда,
местечковейший философ,
развеселая беда!
Пустенько, узенько
живется тебе.
Кустики, усики растут на губе.
Но не надо плачу, вою,
потому что тебя для
небеса — над головою,
под подошвами — земля.

---

[19] См. «Последние кустари» и «Одинок этот львовский еврей...» [Слуцкий 1989b].

Кверху голову задрав,
всё отдав ради науки,
ты проходишь, как жираф —
длинношеий, длинноухий.
Собственным умом дойдя
до давно открытых истин,
устремляясь к горным высям,
ты намокнешь от дождя.
Ты озябнешь от мороза,
но прошепчешь: это проза.
Ознобишься на ветру,
заявляя: не умру.
Кто-нибудь из сыновей,
первенец или поскребыш,
истины найдет новей,
если прежде не угробишь
голодухой, золотухой
или чем-нибудь другим.
Длинношеий, длинноухий,
будет он совсем другим
[Слуцкий 1989b: 90–91].

Если Чехов, согласно Лапушину, «подчеркивает в характере народа детские, инфантильные черты, одновременно трогательные и пугающие» [Лапушин 1998: 50], то и местечковый мыслитель Слуцкого похож на ребенка. Он словно бы сошел с картин Шагала или книжных иллюстраций Эль Лисицкого (Слуцкий был большим любителем и пылким пропагандистом изобразительного искусства, равно как и ревностным собирателем). Фольклорная образность и метрический рисунок стиха — четырехстопный хорей, часто встречающийся в народной поэзии, — усиливают это качество[20]. В то же время использованные

---

[20] Как мне подсказал Лапушин, в зачине присутствует отзвук стихотворения грузинского поэта-романтика XIX века Г. Орбелиани «Мухамбази» в переводе Н. А. Заболоцкого, которое знаменитый советский театральный режиссер Г. А. Товстоногов читал в своей постановке пьесы «Ханума» в БДТ в 1972 году. Слуцкий, скорее всего, видел этот спектакль, — возможно, здесь

здесь сравнения — почти сюрреалистического толка (кустики на губе, походка как у жирафа), а уменьшительные (усики, кустики) заставляют вспомнить язык Хлебникова[21]. То есть Слуцкий, как всегда, серьезно подходит к своей задаче трансплантации еврейского материала на русскую почву. Что удивительно, местечковая фигура пускает глубокие корни в русском стихе, выходя за пределы обычного пространства Слуцкого. Пенсне заставляет вспомнить Спинозу, но пенсне — выщербленное, что показывает: рационализм этого философа полон иронии, а то же свойство было присуще и самому Слуцкому[22].

В одном из последних стихотворений Слуцкий пишет:

> Уж раз я наступил на очки
> И раздавил очки,
> Попробую посмотреть на мир
> В надтреснутые очки.
>
> Проходит трещина через мир,
> Я лично слышал треск,
> Но тем не менее мир — блестит,
> И это сильный блеск...
>
> Та бездна, что в мире залегла,
> Что раньше шла стороной,
> Наружу выскочила из стекла
> И вот она, передо мной
> [Слуцкий 2003: 101].

Замутненное зрение, не утратившее иронической рациональности, позволяет поэту видеть и оценивать пропасти, зияющие по-

---

лежит ключ к датированию стихотворения. Еврейский фольклорный образ он создает из множества самых неожиданных источников. См. в [Заболоцкий 2002: 555–557].

[21] В одном из стихотворений Слуцкий обыгрывает уменьшительные Хлебникова, описывая его перезахоронение в Москве [Слуцкий 1991b, 2: 286–287].

[22] Образ Спинозы — центральный для модернистского еврейского дискурса. В «Египетской марке» Мандельштама еврей-часовщик «сидел горбатым Спинозой и глядел в свое иудейское стеклышко на пружинных козявок» [Мандельштам 2009–2011, 2: 282].

среди мирового порядка. Более того, мировоззрение «местечковейшего философа», как и мировоззрение Слуцкого, характеризуется слиянием «быта» и «бытия» (проникновением в лирическое и экзистенциальное через прозаическое) и врожденной предрасположенностью к выживанию. Его типично еврейский девиз — «Не умру». Он зябнет на ветру истории и хаоса, однако смотрит на это прозаически: рационально, терпеливо, без мессианства. Он одновременно и патриарх, и подросток, укорененный и в вечности, и в истории. Пенсне, похоже, только усиливает его дальнозоркость, от которой — о чем прозорливо пишет Соловьев — страдает и Слуцкий: «Любой отрезок времени Слуцкий рассматривает не сам по себе, а в отблесках прошлого и будущего». В шолом-алейхемовском стиле «смеха сквозь слезы» Слуцкий называет это вместилище вечных вопросов «развеселой бедой», что заставляет вспомнить отклик еврея из «Добрая, святая, белорукая...» на бедствия, причиненные Христом. Не претендуя на мессианский порыв и попытку опустить небо на землю, этот философ удовлетворяется тем, что отделяет святость от повседневности (во время обряда авдалы в конце субботы Бога славят именно за это). Он — вершина творения: небеса над головой и земля под ногами существуют именно для него. В то же время поэт не идеализирует ни его, ни условия еврейской жизни. Притом стихотворение — не «вой», но хвала. Его персонаж — типично еврейский философ; он предается экзегезе и мыслит не в абстрактных, а в конкретных категориях: именно это отличает библейскую модель от греческой.

Название стихотворения, «Самое начало философии», — парафраз слов «В начале создал Бог небо и землю...». «Собственным умом дойдя / до давно открытых истин» — не описывают ли эти строки квинтэссенцию еврейского прочтения Библии? Мне даже представляется, что «наука» в 22-й строке — завуалированный Слуцким перевод слова «Тора». Очень похоже он описывает собственную поэтику, называя свои свершения «неоконченными спорами» о вечности во времени, которые «не окончатся со мной» [Слуцкий 1991b, 3: 206]. В согласии с библейским духом этот философ тянется к небесам — и мокнет под дождем. Для Слуцкого дождь — синоним истории как в ее конкретных проявлениях (война, сталинизм), так и в метафизическом измерении этих событий:

> История над нами пролилась.
> Я под ее ревущим ливнем вымок.
> Я перенес размах ее и вымах.
> Я ощутил торжественную власть.
>
> Эпоха разражалась надо мной,
> как ливень над притихшею долиной,
> то справедливой длительной войной,
> а то несправедливостью недлинной
> [Слуцкий 1991b, 3: 156].

Отметим библейский параллелизм в последних двух строках и парономастическую корреляцию «вымок» и «вымах». Если история или болезнь не доконают сына философа, он продолжит занятия экзегезой, однако, при внешнем сходстве с отцовскими, его истины будут не просто более современными, а совершенно иными. Даже еврейское слово «кровь», возможно, обретет русское звучание. Уже познакомившись с буквой и духом системы Слуцкого, мы видим: ошибочно утверждать, будто Слуцкий безоговорочно приемлет то, что принято называть «ассимиляцией», — как в этом стихотворении, так и в «Молодые евреи за старых». Он полемизирует с мессианством, с одной стороны, и с ассимиляционизмом как мировоззрением — с другой, но делает это через призму своей поэтики. Историю он превращает в историографию, творчески переосмысляя ее подробности. А самое главное: осознавая безжалостность и новизну в истории и как неизбежность, и как благословление, он осмысляет размежевание между поколениями, исторической частью которого всегда неизбежно была ассимиляция[23], не как разрыв, но как

---

[23] М. Станиславски точно отметил, что «ассимиляция — принятие евреями нееврейских культур, языков и быта — стала в целом благоприятным лейтмотивом еврейской истории от Античности до наших дней, во многом основным залогом многовекового выживания и адаптивности евреев» [Stanislawski 2001: 7].

знак незавершенности истории (воспользуемся термином Бахтина), где библейское семя постоянно возрождается в народе и во времени. Это однозначно библейский подход, более того — библейски-пророческий. Пророки не стесняются упрекать народ, но в то же время неизменно утверждают его обновление. Слуцкий, сознавая опасности мессианства, оставляет это обновление незавершенным.

Динамика ассимиляции

> Я был росою.
> Я знал, что высохну
> и в пору зноя
> и нос не высуну.
>
> Но в час вечерний,
> а также утренний
> я снова выпаду
> на прежнем уровне.
>
> Участвуя в круговороте,
> извечно принятом в природе...
>
> *Борис Слуцкий*

Даже в самых суровых и язвительных своих суждениях об ассимиляции Слуцкий не забывает про аспект обновления. Стихотворение «Гебраизмы» — одно из ряда его произведений, где присутствует прямая игра с древнееврейскими словами:

> Все пропало.
> Осталось токмо
> Слово «хала»
> И слово «хохма».
> Обменяли хохму на халы,
> Обменяли мудрость на хлеб
> И пропали.
>   Повысыхали,
> Словно пятна дождя на земле
> [Колганова 1993: 64].

Говоря с позиции еврейской культуры, Слуцкий однозначно осуждает ассимиляцию. Он дерзко сопоставляет ее последствия («все пропало») с последствиями холокоста: вспомним «пропала оседлость» из «Черта под чертою. Пропала оседлость...». По Слуцкому, обмен еврейского на русское, неизбежный в процессе ассимиляции, обедняет его участников. Примечательно, что в этом коротком шедевре использовано слово «обменяли», поскольку именно в обмене и состоит суть ассимиляции[24]. А вот поэт-герменевтик, напротив, ничего ни на что не меняет: он занят переводом, трансплантацией и расширением пространства своей поэтики. Неопределенное множественное число глагола (может подразумеваться как второе, так и третье лицо) позволяет поэту исключить себя самого из толпы ассимиляторов. Здесь в область ассимиляции включены вещи, необходимые для выживания физического (хлеб), но не духовного, притом что символом еврейского мира служит нечто куда более важное. В стихотворении обыгрывается значение двух еврейских слов, из чего можно сделать вывод о глубоком знакомстве Слуцкого с языком. Слово «хала» не просто обозначает хлеб, но служит одним из символов традиционной еврейской жизни, в частности — празднования субботы. Это неотъемлемая часть иудаизма ашкеназов. Слово «хохма» (так на идише звучит «хахама») обозначает мудрость и прежде всего ассоциируется с традиционной еврейской раввинистической ученостью. Раввинов, изучающих Талмуд, называют «хахамим».

Для ассимилированных евреев два этих основополагающих понятия утратили все свои важные значения, превратившись в обрывки бессмысленного забытого прошлого. «Халы» во множественном числе становятся просто хлебом, а «хохмы», следуя внутренней логике стихотворения, приобретают разговорное значение, перешедшее из идиша и в русский: шутки, занимательные анекдоты. Еврейскую мудрость обменяли на русский хлеб, при этом подчеркивается духовное оскудение ассимилированных евреев. Лексикон Слуцкого полемичен, особенно учитывая бога-

---

[24] В этом слове также есть отзвук слова «меняла»; такое занятие традиционно считали еврейским, Э. Паунд видел в нем символ иудаизма.

тый символизм понятия «хлеб» в русской литературе и культуре. Мне представляется, что Слуцкий намеренно отсылает нас к Мандельштаму, для которого слово послереволюционной эпохи напоминает хлеб. Своими страданиями и телесностью[25] оно сохраняет эллинистическую природу русского языка, а как «веселье и тайна» — его христианскую суть (в Евангелии от Иоанна Христос назван «хлебом жизни») [Мандельштам 2009–2011, 2: 50][26]. В статье «Пшеница человеческая» Мандельштам описывает «духовую печь истории», в которой выпекают хлеба — народ[27]. Соответственно, понятие «хлеб» вбирает в себя три основополагающих элемента его поэтики: эллинистический, христианский и национальный. Примечательно, что в «Египетской марке», когда попытки автора осмыслить и оправдать свои еврейские семейные воспоминания приводят к возникновению милого сердцу и лирического, но непоправимо пустого символа — «пустого подсвечника», из еврейского «лабиринта» его выводит русский язык, «обвешанный придаточными предложениями, как веселыми случайными покупками». Есть в нем и «пластика первых веков христианства, и калач, обыкновенный калач, уже не скрывает от меня, что он задуман пекарем как российская лира из безгласного теста» [Мандельштам 2009–2011, 2: 302]. Мандельштам — русский Орфей, который обрел хлеб русской лирики, что сформован Божественным (Христос) и национальным (народ) хлебопеком; его слово помогает некогда безмолвному материалу обрести голос. Слуцкий многое почерпнул из поэтики Мандельштама, однако подходы двух поэтов к памяти, воспоминаниям и генеалогии —

---

[25] См. статью «Слово и культура» [Мандельштам 2009–2011, 2: 53].

[26] Об эллинизме см. статью «О природе слова» [Мандельштам 2009–2011, 2: 64–81]. Разумеется, сравнение Слова (Христа) с зерном — один из центральных образов Евангелий, особенно широко известна цитата из Евангелия от Иоанна (12: 24), которую Достоевский поставил эпиграфом к «Братьям Карамазовым».

[27] В той же статье он дает очень критическую оценку мессианизму, с которой Слуцкий, скорее всего, не согласился бы: «Всякий мессианизм гласит... только мы хлеб, вы же просто зерно, недостойное помола, но мы можем сделать так, что и вы станете хлебом» [Мандельштам 2009–2011, 2: 82–83].

все это объединено в шифре еврейства — противоположны. Для Слуцкого традиционную праздничную плетеную халу нельзя обменять на традиционный праздничный плетеный калач (при всем их внешнем сходстве). На закваске исторического и зачастую фольклорного русского слова его еврейская хала обретает пышность и уже не черствеет.

Соответственно, в пятой и шестой строках стихотворения мы видим перевод Слуцкого (хохма = мудрость, хала = хлеб), комментарий (хохма / мудрость превращается в хохму / шутку, полемика с Мандельштамом) и трансплантацию (синтаксические и лексические библейские параллелизмы) в наиболее четком и явном варианте. Образ высыхания относится ко всем этим элементам. Он — центральный для поэзии Бялика, у которого им обозначено прискорбное состояние иудаизма, как в культурном, так и в духовном плане, и тем самым этот образ в очередной раз связывает стихи Слуцкого с прародителем современной еврейской поэзии. Бялик, кстати, позаимствовал этот образ из библейской пророческой символики, где любая сиюминутная деградация несет в себе обещание возрождения[28]. Сравнения Слуцкого конкретны в своей приземленности, как и библейские, — это видно из эпиграфа к данному разделу. Капли дождя (в том числе и исторического) высыхают и испаряются, превращаясь в росу, знак обновления. Да и под дождем истории поэт не чахнет, но продолжает жить.

6

Сьюзен Зонтаг, выдающийся американский исследователь, точно подмечает, говоря о природе выживания евреев: «Коренная проблема евреев — Выживание как высшая ценность, как достижение, путь к которому лежит через страдание»[29]. Слуцкий с этим

---

[28] См. стихотворение Бялика «Как сухая трава…», где обыгрывается Ис. 40: 7–8.

[29] Зонтаг подчеркивает в дневнике свое еврейство: «Печать иудаизма на моем характере, моих вкусах, моих интеллектуальных занятиях, на самом типе моей личности» [Sontag 2008: 214, 296]. Одна короткая цитата на двух страницах, так далеко отстоящих друг от друга?

согласился бы, хотя и отодвинул бы на задний план вопрос страдания. Известный израильский режиссер Амос Гитай в своем фильме «Кедма» (2002) предлагает выразительную формулировку еврейского мессианства, которая проливает важный свет на наш анализ творчества Слуцкого. В финале фильма один из героев, русско-еврейский интеллигент — он пережил холокост, приехал в Палестину и участвовал в стычках с местными арабами в канун войны за независимость — произносит монолог под сгущающимися грозовыми тучами, подобно обезумевшему королю Лиру. Еврейская история, по его мнению, «смертельно скучна, неинтересна», ибо исполнена страданий. Евреи прославляют свои страдания (по сути, «страдания и делают нас евреями»), что заставляет их отрекаться от реальности в пользу мифов-лакримоз, — вспомним знаменитые слова историка С. Барона о еврейской историографии. Причина такого существования — еврейское мессианство: «Этим объясняется все — изгнание, мученичество, мессия... Миллионы людей, целый народ, на два тысячелетия впавший в безумие... Безумие, имеющее цель: веру в мессию». Особенно примечательно то, что сионизм, который герой принимает всей душой, — по сути, только подстегивает это мессианское рвение (говоря словами Шолема), а также ставит его с ног на голову: историю диаспоры теперь положено с пылом ниспровергать ради поисков нового еврея. (Кстати, Бабель и Багрицкий тоже пытаются уйти от образа диаспорального еврея в своих поисках революционного мессии.) «Мне кажется, Израиль более не еврейская страна, ни сейчас, ни уж тем более в будущем», — заключает этот пророк своего времени. Здесь особенно важно то, что Гитай (по собственному признанию [Toubiana 2003: 100]) строит этот монолог на вольной цитате из Хаима Хазаза, самого известного ивритоязычного писателя-экспрессиониста, который «рассматривал исторические события, охватившие еврейский мир, как нечто, равнозначное апокалипсису», говоря словами Г. Шакеда из фундаментального исследования современной литературы на иврите [Shaked 2000: 118]. Для Хазаза Октябрьская и сионистская революции были событиями сходной, взаимодополняющей природы. Подобно Бабелю и Багрицкому (Шакед сравнивает Хазаза с Бабелем), он работает с «рядами антитез: изгнание против возвращения, религиозный традиционализм против секуляризма...».

Проект Слуцкого напрямую соотносится с этими спорами. Вместо того чтобы купаться в страданиях и абсолютистских упованиях, он держится за исторический прагматизм обычного еврея и его нацеленность на выживание. «Я уцелел. / Я одолел. / Я — к старости — повеселел», — пишет он в стихотворении «Национальная особенность» [Слуцкий 1991b, 2: 346]. Вспомним всеобъемлющее высказывание Бродского о Слуцком: все стихи Слуцкого посвящены выживанию; «Тон его — твердый, трагический и безразличный — так обычно выживший говорит, если вообще на это решается, о том, где выжил и когда». Выживание — одновременно и источник, и итог еврейского мировоззрения Слуцкого; он уклончиво называет его своим «еврейским норовом»:

> Польский гонор и еврейский норов
> вежливость моя не утаит.
> Много неприятных разговоров
> мне еще, конечно, предстоит.
>
> <...>
>
> Руганный, но все-таки живой,
> уличенный в дерзостном обмане,
> я пойду с повинной головой
> или кукиш затаив в кармане.
>
> Все-таки живой! И воробьи,
> оседлавшие электропроводку,
> заглушат и доводы мои,
> и начальственную проработку
> [Слуцкий 1991b, 3: 178].

Понятно, что в этом стихотворении впрямую перечислены трудности как обычной, так и творческой жизни при советском строе. «Начальственная проработка», безусловно, относится к очередной попытке цензоров наложить запрет на публикацию стихов Слуцкого. «Обман» поэта подразумевает хитрости, с помощью которых он обходит запреты, вставляя нежелательные стихи между несколько более приемлемыми, — этот процесс описан в «Лакирую действительность...» [Слуцкий 1991b, 1: 247]. В основном, однако, в стихотворении описан процесс выживания. Выживание Слуцкого как поэта обеспечивают два фактора: польский гонор и еврейский норов. Почему польский? Под этим словом зашифрована русская поэзия. В стихотворении, написанном в середине 1960-х, — его особенно любил Бродский — Слуцкий сравнивает врожденную способность русской поэзии выдерживать любые политические и общественные потрясения и судьбу Польши, дело которой «не згинело, хоть выдержало три раздела». Он продолжает: «Для тех, кто до сравнений лаком, / я точности не знаю большей, / чем русский стих сравнить с поляком, / поэзию родную — с Польшей» [Слуцкий 1991b, 2: 46]. Соответственно, Слуцкий, со своим польским гонором, предстает самóй русской поэзией.

А что с еврейским норовом? Поэт намеренно использует архаическое слово, стремясь показать, что еврейство — органичная часть его природы, проросшая корнями в его поэтику. «Норов» — не только характер, но и упрямство, стремление выжить любыми доступными способами. От этого слова происходит прилагательное «норовистый», которое часто употребляют применительно к лошадям, которых невозможно взнуздать или объездить. Поэт вновь воскрешает своих утонувших лошадей, теперь — в собственном лице. В контексте образа еврея в русской литературе «норов» намекает на готовность евреев обходить любые запреты, включая и этические, ради того, чтобы выжить.

В определенном смысле и Слуцкий нарушает собственные запреты ради того, чтобы выжить. Он не говорит вслух о своем недовольстве системой, не клеймит тех, кто его обвиняет. Выражение удовольствия он носит на лице только для того, чтобы в душе порадоваться успеху очередной уловки выживания, давшей ему еще одну возможность писать стихи. Это — альтернатива написанию откровенно диссидентских текстов. Последнюю строфу стихотворения можно прочитать как философские размышления о том, что жизнь, с ее естественными циклами, продолжается, невзирая на личные беды и невзгоды поэта; для общего миропорядка даже незначительные воробьи важнее, чем бормотание стихотворца или начальства. При этом образ воробьев в советском контексте приобретает особую окраску. В советской разговорной речи воробьев часто называли «жидками». Слуцкий очищает слово от антисемитских коннотаций, однако сохраняет коннотации еврейские. В результате оказывается, что речь в стихотворении идет не только о выживании поэта благодаря еврейским чертам его характера, но и о выживании еврейства в целом. И он, и оно шире, чем поэзия и мелкие склоки, оба они способны продлиться в будущее, что бы это будущее ни несло.

Сила поэта заключается в том, чтобы дать новую интерпретацию бедам народа, и он делает это в экзегетическом ключе. В стихотворении «Ваша нация», где обрисован мир советской улицы, которой надоело слушать про еврейские страдания, сказано:

> Угол вам бы, чтоб там отсидеться,
> щель бы, чтобы забиться надежно!
> Страшной сказкой
> грядущему детству
> вы еще пригодитесь, возможно
> [Слуцкий 1991b, 3: 92].

Мне представляется, что ключевое здесь — обращение поэта, лирического защитника народа, к Шекспиру, с произведениями которого он прекрасно знаком. «Наизусть я знаю этот текст!» — восклицает он по поводу «Гамлета» в стихотворении «Мои первые театральные впечатления» [Слуцкий 1991b, 3: 120–121][30]. «Страшная сказка» — это «Гамлет», «Макбет» и «Король Лир». Соответственно, история евреев — действительно трагический рассказ, который постоянно канонизируется и притом истолковывается и продлевается через интерпретацию и способность к выживанию. Во внешнем мире сказка эта может выглядеть

---

[30] Слуцкий создает собственную «переводную» версию знаменитого сонета 66 Шекспира. См.: URL: libelli.narod.ru/sonnet66/Russian/slutsky.html (в настоящее время ссылка недоступна).

страшной, там она еще, возможно, «пригодится», но дело не в этом. Еврей, оставленный наедине с собой, самодостаточен и постоянно возвращается в свою исходную форму. А внешняя злоба способна лишь пробудить его заново[31]:

> Сады плодоносят скорей и скорей,
> кулаки своих яблок стиснув,
> пробуждаются, как в еврее — еврей
> под влиянием антисемитизма.
>
> Им на пользу идут зима и весна,
> как еврею идут на пользу
> любого качества времена
> из-за его упорства.
>
> Выморозить нельзя сады,
> их можно только выжечь.
> С евреем тоже напрасны труды,
> он умудрится выжить.
>
> Тяжелые яблоки висят
> и объявляют: зреем.
> А я доволен, что первым
> сад
> сравнил в стихах с евреем
> [Слуцкий 1993: 75].

Красота этого неизвестного стихотворения (оно было опубликовано лишь единожды — в недолго просуществовавшем армянско-еврейском журнале), которое заставляет вспомнить «Я освобождал Украину...» и показывает, что сожженный идиш обязательно будет воскрешен словом поэта, строками этого самого текста, — в том, что экзегетическая изощренность Слуцкого проявляется тут в полную силу. «Собственным умом дойдя / до давно открытых истин...», поэт впервые в истории поэзии сравнивает еврея с садом, но, разумеется, речь здесь идет не об

---

[31] В стихотворении «Примазываются к России» Слуцкий с иронией высказывается об антисемитизме [Колганова 1993: 269].

открытии, а о возвращении к пророческому сравнению народа Израиля с виноградником Господа. В том, что народ выжил, содержится мессианское обещание: понятие *цемах геула*, раскрытое в «Родственниках Христа», находит в словах Слуцкого очередное воплощение.

7

Уместно будет завершить эту главу стихотворением, посвященным матриарху, метапоэтической спутнице отца Слуцкого. В стихотворении «Еврейская бабушка» Слуцкий персонифицирует свои поэтические строки в образе достойной еврейки, благородной и благожелательной:

Еврейская бабушка

Как еврейская бабушка, эта строка
Хороша. Но сейчас ни к чему.
Слишком схожа, похожа, близка —
Слишком, слишком — ко мне самому.

Как еврейская бабушка, что во главе
Праздничного
            Заседает
                  Стола,
Не идет эта строчка к угрюмой Москве.
Не идет совершенно. А шла!

Но какое она сотворяла добро,
Благо деяла
            внукам своим!
Но какое седин у нее серебро!
Мы пред ней изумленно стоим.

Как сильна эта слабенькая рука
И чего о ней не вспомяну!
Как еврейская бабушка эта строка.
Но не вычеркну, не зачеркну
[Колганова 1993: 281].

Дерзкая тональность этого стихотворения, где поэт бесстрашно сводит воедино свое существование, еврейство и метапоэтику, совершенно поразительна. Опасаясь, что его поэтический голос утонет в океане еврейской личной и коллективной памяти и слово его утратит всякое отличие от стандартного еврейского символа — еврейской бабушки, — он упрямо отказывается зачеркивать строку, ибо, зачеркнув, обречет себя на уничтожение. Здесь Слуцкий уподобляется Пушкину, который тоже отказывался смывать печальные строки из жизни и поэзии[32]. И для Пушкина, и для Слуцкого речь идет о метапоэтике как «чистой актуальности»: поэт заточён в буквах своей строки[33]. Пугающую перспективу попадания в такое положение Слуцкий превращает в искупительно-дерзкую позицию выживания, в библейское состояние изумления. Это стихотворение созвучно «Возвращению». Серебристая нитка седины из «Возвращения», возвещающая обретение дедовского зрения поэтом, переходит в серебро бабушкиной седины. Собственно, образ «седин — без конца» странствует по всему пространству его поэзии. Слуцкий сознает непостоянство своего присутствия в русской поэзии, и это стихотворение предвосхищает его молчание. Когда-то еврейская строчка шла к Москве, теперь они друг другу не соперницы. Поэт выстраивает явную иерархию ценностей: еврейская бабушка — источник благодати, тогда как Москва угрюма. Еврейский стих, с его внешней слабостью, на самом деле многократно сильнее имперской власти и поэзии, связанной со столицей. Еврейскую строчку / бабушку не зачеркнуть. Она выживет и в иной жизни, переместившись в элегическое пространство еврейского кладбища поэта, что и станет темой нашей следующей главы.

---

[32] *Пушкин А.* Воспоминание [Пушкин 1993: 429].

[33] Что примечательно, это типично кафкианская драма. Кафка, как блистательно показал М. Андерсон, исчезает среди собственных букв, чтобы достичь самоуничтожения. Слуцкий, который впоследствии выберет забвение (см. главу 13), борется со стремлением к самоуничтожению. См.: *Anderson M.* Unsigned Letters to Milena Jesenska [Anderson 1989: 241–256].

7
К вопросу об элегии: внутри кладбищенских стен

Емким примером, выбранным для этой краткой главы, служит одно из самых малоизвестных стихотворений Слуцкого, которое своим масштабом многократно перекрывает эти 20 сжатых строк. «Пятиконечная звезда с шестиконечной…» представляет собой прямую полемику Слуцкого против русской элегической традиции. На более глубинных и скрытых уровнях речь идет о переосмыслении целого ряда важнейших тропов современного еврейского литературного канона и рождении уникального метапоэтического ви́дения, на котором строятся историографические представления Слуцкого о русском еврействе. Вот текст стихотворения:

> Пятиконечная звезда с шестиконечной
> поспорили на кладбище еврейском,
> кто просиял среди ночи вечной
> покойным острякам и юморескам.
>
> Пятиконечная звезда: майоры
> госбезопасности, а также просто
> врачи, поэты, забияки, ёры
> и конармейцы башенного роста.
>
> Шестиконечная звезда: раввины,
> а также их безграмотная паства,
> та, что по части прописей — невинна,
> но уважает вещное богатство.

> Сначала наступала пентаграмма,
> а могендовид защищался вяло,
> и всё редели в метриках Абрамы,
> и фининспектор побивал менялу.
>
> Но видно, что-то знает и готовит
> не менее исконный и извечный
> похожий на отмычку могендовид —
> все шесть концов звезды шестиконечной
> [Колганова 1993: 183–184].

Несмотря на очевидную мрачность темы, в стихотворении есть элемент игривости, противоположный обоим свойствам русской кладбищенской элегии: «поиск идеала и уныние» [Фризман 1991]. Полемический подход Слуцкого к этому жанру представляет собой радикальное новаторство. «Пятиконечная звезда с шестиконечной…» не содержит интертекстуальных отсылок к элегической традиции, а служит откликом на собственную элегическую пародию Слуцкого, стихотворение «Сельское кладбище», которое основано на ключевом элегическом тексте в русской поэзии, переводе «Элегии, написанной на сельском кладбище» Томаса Грея, выполненном В. А. Жуковским [Жуковский 1954: 6–7]. Как мне представляется, написанием «Сельского кладбища» Слуцкий открывает полемическое поле в собственном поэтическом пространстве. Такой шаг позволяет ему обнажить еврейские основы своей поэтики, не поколебав при этом своего положения в русской литературе. Поэтический отклик на элегию Жуковского звучит так:

Сельское кладбище (Элегия)

> На этом кладбище простом
> покрыты травкой молодой
> и погребенный под крестом,
> и упокоенный звездой.
>
> Лежат, сомкнув бока могил.
> И так в веках пребыть должны,

кого раскол разъединил
мировоззрения страны.

Как спорили звезда и крест!
Не согласились до сих пор!
Конечно, нет в России мест,
где был доспорен этот спор.

А ветер ударяет в жесть
креста, и слышится: Бог есть!
И жесть звезды скрипит в ответ,
что бога не было и нет.

Пока была душа жива,
ревели эти голоса.
Теперь вокруг одна трава.
Теперь вокруг одни леса.

Но, словно затаенный вздох,
внезапно слышится: Есть Бог!
И словно приглушенный стон:
Нет бога! — отвечают в тон
[Слуцкий 1991b, 2: 324].

На первый взгляд два стихотворения похожи, на деле же — полностью полярны. В обоих использован глагол «спорить», однако приведенные в этом споре аргументы имеют очень разные последствия для поэтического мировоззрения Слуцкого. Используя Жуковского в качестве интертекстуального источника, Слуцкий задействует русскую элегическую традицию во всей ее полноте. Стихотворение знаменитого поэта-романтика, названное философом-протосимволистом Владимиром Соловьевым «родиной русской поэзии», задает две основные координаты элегического модуса: «смерть и природа» [Кобрин 2003]. Жуковский предается меланхолии: он оплакивает смерть юноши, однако не утрачивает слабой надежды на милость Господа к умершим. Слуцкий производит трансплантацию этой нормативной элегической тональности в культурно-историческое измерение. Раздор между крестом и красной звездой вряд ли ограничен лишь советской эпохой. Слуцкий намеренно использует слово «раскол» как напоминание о великом расколе русской православной церкви в XVII веке, служащем символом всех иных расколов в русской истории, в особенности — между секулярностью и традиционализмом. Тем самым Слуцкий в очередной раз помещает советский эксперимент в более широкий контекст русских споров. Они не стихают — такое утверждение в советский период требовало большой смелости, — но лишь за пределами кладбищенских стен. Когда люди умирают, угасают их души. Что примечательно, спор между коммунистической звездой и крестом кипит только при жизни. После смерти это уже не спор, а некое его подобие, причем спорят даже не призраки, но куски металла на памятниках. И металл дрожит, не вдохновленный Богом или покойным, а в ответ на воздействие молчаливых и безразличных сил природы. Кладбище — место окончательного упокоения, способное рассказать живущим нечто о прошлом, но ничего — о настоящем или будущем.

Мне представляется, поэт в конечном итоге не принимает ничьей стороны в этом споре. Технически победа остается за атеистом, но можно предположить, что, если ветер подует снова, «Есть Бог!» прозвучит опять. В этом стихотворении, которое обычно трактуют как доказательство безразличного отношения Слуцкого к религии, не предпринято попытки найти ответ на богословские вопросы, скорее это комментарий по поводу дихотомичности русского бытия. Соответственно, Слуцкий выступает одновременно и как представитель русской традиции, и как самобытный голос внутри нее. «Бог есть» и «Бога нет» здесь — культурные и исторические, а не богословские приметы. Поэт сохраняет четкое, хоть и с оговорками, различие между живыми и мертвыми, поскольку обратное потребовало бы введения Бога как живого персонажа и в его личное, и в экзегетическое мышление. Стихотворение служит инструментом полемики: в нем обозначена система координат Слуцкого и содержится указание на разницу между мировоззренческим комментарием и поэтическим изыском.

В стихотворении «Пятиконечная звезда с шестиконечной...» также задействованы знаки, однако они функционируют как «семиотические маркеры» (Кроун), которые создают «топографию» взаимоотношений между историей и поэтическим пространством Слуцкого. Кроун указывает, рассматривая взаимоотношения между пространством и элегией в петербургской традиции: «При включении исторических событий в текст происходит их мифологизация в форме литературы, речевого акта, специфических добавлений к... глобальному петербургскому тексту» [Crone, Day 2004: 4–5]. Слуцкий осознаёт связь между элегией и пространством (для Жуковского это природа, для модернистов — город). Соответственно, он устанавливает связь между внешним еврейским пространством и своей элегией, конкретизируя в процессе контуры собственного творческого и метафизического «я». Опять же, связь с Жуковским позволяет ему завести речь о кладбище, остававшемся важнейшим тропом русско-еврейской поэзии от поэтов рубежа веков — Семена Фруга и Александра Кнута — до его современников: Семена Липкина, Юрия Карабчиевского и др. Самое откровенно еврейское стихотворение Бродского, разумеется, «Еврейское кладбище около Ленинграда», в котором есть прямые отсылки к стихотворению «О евреях» Слуцкого[1]. В качестве парадигмы и мифологизированного литературного пространства русское еврейское кладбище, особенно в советский период, воплощало в себе уничтожение идишкайта. Слуцкий радикально видоизменяет его контуры.

Реконструируя далее сеть аллюзий этого стихотворения, хочу добавить, что Слуцкий куда ближе к пушкинскому «Когда за городом, задумчив, я брожу...» [Пушкин 1959–1962, 2: 458–459], чем к «Стою печален на кладбище...» [Пушкин 1959–1962, 2: 624]. Второе стихотворение не допускает возможности загробной жизни, а вот в первом изображено два кладбища: общедоступное в Петербурге и семейное в родовой усадьбе Пушкина. Первое отвращает, второе же вызывает у поэта чувство родственной

---

[1] О параллелях между двумя текстами см. [Grinberg 2006a: 161–170].

приязни. Слуцкий соединяет в одно две половинки пушкинского подхода: из «общей» части он берет элемент каталогизации (Пушкин перечисляет покойных только по званиям и профессиям), а из «семейной» — представление о единении с достойными умершими членами клана. В результате его еврейское кладбище превращается одновременно и в личное, и в коллективное пространство, что отсылает к его приемам мемориализации как в стихах о холокосте, так и в стихах «зимы» 1947–1953 годов. В итоге кладбище становится частью его «безродья родного».

Впрочем, Слуцкий идет еще дальше. Один из традиционных еврейских эвфемизмов для кладбища — *бейт-гахаим*, дом живых. Судя по всему, это определение он использует в совершенно буквальном смысле. Да, кладбище — зона вечной ночи, но показано оно живо и конкретно; оно служит естественным продолжением повседневного бытования еврейской истории. Еврейское кладбище полностью лишено безмятежности деревенского кладбища из предыдущего стихотворения. Как на еврейском рынке или в раввинистической академии, здесь кипят споры, звучат язвительные еврейские шутки. Кладбище — амальгама еврейской жизни, мгновенный снимок еврейско-советской реальности. Слуцкий не переписывает историю, в своем разговоре о советском и еврейском символах не занимает однозначной позиции за или против. Его полемика глубже. Важно понимать, что кладбища представляли собой одно из очень немногих мест в СССР, где все еще сохранилась еврейская жизнь. Евреев, даже с виду самых ассимилированных, по-прежнему хоронили на сохранившихся еврейских кладбищах или на еврейских участках общих кладбищ. Соблюдалась традиция посещения могил перед Ион-кипуром и на *йорцайт*, у мертвых просили заступничества за живых. Многие говорили с умершими на идише, поскольку русский те не поняли бы[2]. В связи с этим именно кладбища в значительной степени представляли собой пространство преемственности еврейской традиции. Соответственно, попытки

---

[2] Благодарю Михаила Крутикова, указавшего мне на существование этой культурной практики.

Еврейское кладбище в Санкт-Петербурге. Фото автора

режима их уничтожить воспринимались особенно болезненно. Целый ряд еврейских кладбищ действовал и в советский период, однако большинство, как в столицах, так и в бывшей черте оседлости, были закрыты в 1960-х и 1970-х годах[3].

Некоторые кладбища были разгромлены, надгробные камни использовались для мощения дорог и создания городской скульптуры. Слуцкий, разумеется, знал об этих материальных

---

[3] См. определение слова «кладбище» в «Электронной еврейской энциклопедии» (URL: www.jewishencyclopedia.ru/?mode=article&id=12113&query= (дата обращения: 13.09.2020)). Сам Слуцкий похоронен на нееврейском московском Пятницком кладбище.

и культурных утратах. Помещая еврейские споры советского периода на одновременно и символическое, и легкоузнаваемое кладбище, он как бы откладывает его уничтожение, замещая такое уничтожение обобщенным еврейским автономным пространством. В послереволюционной петербургской элегии предпринимались схожие попытки защитить ландшафт столицы от агрессии нового режима.

Слуцкий наполняет историю, воплощенную в кладбище, историографическим смыслом. Во второй строфе конармейцы оказываются огромного роста, поскольку они являются обитателями послереволюционной и военной эпох, канонизированными поэтом и включенными в его художественную систему. Лежащая под звездой паства раввинов — это, возможно, и не интеллигенты, однако напрашивается вывод, что именно здесь покоится философ из «Самого начала философии». В упомянутых раввинах можно усмотреть связь с меламедами из «Черта под чертою. Пропала оседлость…», а также предвосхищение стихотворения «Раввины вышли на равнины…». Абрамы — это отсылка и к отцу поэта, и к Абраму Шапиро, неприкаянному и развенчанному библейскому патриарху. Нельзя не вспомнить и об Абраме из «У Абрама, Исака и Якова…». Соответственно, хотя непосредственное библейское содержание в этом стихотворении и отсутствует, оно считывается за счет внутренних взаимосвязей с другими текстами Слуцкого. Слуцкий полемически подчеркивает не уничтожение еврейской цивилизации, а ее способность к самовозобновлению. В современной еврейской литературе мертвые часто возвращаются к жизни. Так, в «Ночи на старом рынке» И.-Л. Переца «мертвые встают из своих гробов, дабы перемешаться на сцене с живыми вопреки знаменитому пророчеству Иезекииля о высохших костях, вернувшихся к жизни». «Трудно не заметить мрачность этого взгляда», — справедливо комментирует Р. Висс [Wisse 1991: 105]. Слуцкий не воскрешает мертвых, не дает им вторгаться в мир живых. Вместо этого он создает, по сути, атмосферу магического реализма, пропитанную духом историографического и метапоэтического воздаяния.

7. К вопросу об элегии: внутри кладбищенских стен

Мне представляется, что здесь Слуцкий переосмысляет характерный образ еврейского художника, воплощенный Бяликом в стихотворении «Перед книжным шкафом»[4]. В программном тексте Бялика рассказчик возвращается в традиционный еврейский дом учения, где встречается с еврейским прошлым, которое покинул ради космополитической европейской культуры. Назвав священные тома своими родными свитками, он понимает, что его сокровенная и глубинная связь с ними разорвана. Они более не вдохновляют его, то ли потому, что он утратил способность их расшифровывать, то ли потому, что их древняя мудрость, некогда представлявшаяся ему столь ценной и священной, утратила для него величие, а может, она и всегда была иллюзорной. В обреченной попытке нащупать собственное поэтическое призвание лирический герой заявляет:

> Как знать? Быть может —
> Когда я вновь, гробокопатель, выйду
> С кладбища духа в царство черной ночи,
> Тебя одну с собою принеся,
> Кирка, прилипшая к моим ладоням,
> И с ветхой пылью на усталых пальцах, —
> Быть может, я — беспомощней, бедней,
> Чем раньше был, — воздену руку к ночи,
> Моля ее принять меня на лоно
> И ласково плащом закутать черным,
> И ей скажу, смертельно утомленный:
> Приди, о ночь, и темными крылами
> Покрой меня: я из могил бежал,
> И сердце жаждет вечного покоя![5]

В этих строках Бялика, писавшего на иврите модерниста-визионера, воплощен образ современного еврейского художника, который, будучи свидетелем кризиса цивилизации иудаизма,

---

[4] Перевод О. Румера. URL: litresp.ru/chitat/ru/%D0%91/byalik-haim-nahman/stihotvoreniya-i-poemi/63 (дата обращения: 13.09.2020).

[5] Там же.

Автор на могиле Слуцкого летом 2019 года

видел своими глазами огромную пустошь, оставшуюся после народа, лишившегося славы, и море священных текстов, напоминающее кладбище. Задача поэта — провести раскопки на этой пустоши, его перо — кирка, а строки его испачканы в древнем прахе. В процессе раскопок он создает еврейскую протомодернистскую традицию, из которой вырастают его представления о мире, голом и опустошенном. В итоге обескураженный герой безнадежно взывает в последних строках стихотворения: «Ответьте, звезды, ибо я тоскую»[6].

---

[6] Перевод О. Румера. URL: litresp.ru/chitat/ru/%D0%91/byalik-haim-nahman/stihotvoreniya-i-poemi/63 (дата обращения: 13.09.2020).

Слуцкий не копается на метафизическом кладбище, он создаёт фактурный многослойный образ. Вместо того чтобы воспроизводить нормативное элегическое настроение, дополненное апокалипсическим ви́дением, он включает самого себя в итоговый образ, позволяя семиотическим маркерам стать метапоэтическими вехами. В этом стихотворении они имплицитны, эксплицитны и интертекстуальны. Прежде всего, поэтов хоронят под звездой, что маркирует их уход из традиционной юдоли, но не отменяет их включенности в еврейскую культуру в более широком смысле. Что также примечательно, майоры госбезопасности служат отсылкой к стихотворению Слуцкого «Начинается длинная, как мировая война...», где профессия поэта сравнивается по долговременности со службой в органах[7]. Повторяя стратегию «Сельского кладбища», Слуцкий включает спор между пентаграммой и могендовидом (у Слуцкого это слово звучит именно так — как на идише) в глобальный контекст. Речь идет не просто о войне с традицией — войне, которую объявила советская власть, — перефразируется вся проблематика современной еврейской культуры, одновременно и порвавшей с традицией, и включившей ее в себя. Соответственно, оба знака равно «исконны и извечны». Впрочем, в отличие от «Сельского кладбища», здесь поэт включается в спор, выступая в защиту своей поэтики.

Последняя строка стихотворения чрезвычайно смыслонасыщенна. Зачем Слуцкий подчеркивает форму еврейской звезды? Как ритмом, так и образностью эта строка отсылает к поэтическому завещанию Маяковского, поэме «Во весь голос», где большевистский бард пишет о том, как он войдет, воскреснув, в Центральную контрольную комиссию ВКП(б) и в качестве партбилета предъявит «все сто томов моих партийных книжек». Тем самым Маяковский отождествляет символический корпус своих произведений — «сто томов» — с партийной программой. Они неразрывно связаны. В тексте Слуцкого «сто томов партийных книжек» превращаются в шесть концов шестиконечной

---

[7] Анализ стихотворения см. в эпилоге и в главе 2.

звезды (Слуцкий сохраняет этот параллелизм). Примечательно и то, что в черновом варианте, о существовании которого Слуцкий, разумеется, знал, Маяковский пишет о «шести томах моих партийных книжек»[8]. В рамках этого интертекстуального маршрута могендовид включает в себя поэтику Слуцкого, превращаясь одновременно и в метапоэтический денотат, и в методологический инструмент исследователя. Это мастер-ключ, и каждый из шести его концов открывает шесть взаимосвязанных уровней поэтики Слуцкого: герменевтический, экзегетический, историографический, переводной, трансплантационный и метапоэтический. То, что известно еврейской звезде, перекидывает мостик между пространством Слуцкого и всей ширью еврейского мира. Отповедь, которая здесь готовится, направлена не против звезды, а против креста — это будет показано в следующей главе.

---

[8] См. [Маяковский 1955–1959, 10: 279–285, 335].

8

Разговоры о Боге: между старым и новым

Одно из самых вопиющих высказываний о Слуцком содержится в посвященной ему статье Аннинского. Критик вспоминает, как встретил Слуцкого в псковской церкви. Подчеркнув, что не удивился встрече в таком месте, он добавляет: «И разговор у новообращенных вышел "о чем-то еще" — не о боге». Это «новообращенный», относящееся и к нему, и к Слуцкому, Аннинский не заключает в кавычки, равно как и не объясняет, что Слуцкий делал в церкви. Назвать Слуцкого «новообращенным» — все равно что назвать Пушкина, который присутствовал в Кишиневе на еврейских похоронах, принявшим иудаизм. Заблуждение Аннинского отражает определенные стереотипы, укоренившиеся в русском мышлении: крупный русский поэт должен быть христианином; единственная законная вера — христианство[1]. Слуцкий-человек и Слуцкий-поэт отнюдь не взаимозаменяемы. Впрочем, создание поэтики было для него одновременно и нравственным, и творческим актом, влекущим за собой совершенно реальные личные и общественные последствия. Так, он вводит в свое творческое уравнение вопрос о смене веры, каковой в 1970-х и позднее занимал некоторых представителей московской еврейской интеллигенции. Это

---

[1] При подготовке английского издания я отправил автору письмо с вопросом, из каких источников известно о крещении Слуцкого. Ответа не последовало. К большому сожалению, в своей недавней биографии Слуцкого из серии ЖЗЛ Фаликов приводит эту историю как достоверную.

уравнение, воплощенное в стихотворении «Православие не в процветанье...», высвечивает принципиально иудаистский подход Слуцкого к христианству, — его анализу и будет посвящена данная глава. Во всех своих произведениях Слуцкий говорит о христианстве как о неотъемлемой части русской истории, а о Христе — как о важнейшем герое всемирных анналов[2]. Притом особо примечательно, что он подчеркивает разрыв между иудаизмом и христианством, уличая христианство в том, что оно, из полемических соображений, неверно прочитывало еврейские источники. В этом противостоянии Слуцкий, мастер еврейской экзегезы, решительно встает на сторону иудаизма.

Факт и число

«Православие не в процветанье...» носит безжалостно-обличительный характер. Вот как звучит это в своем роде единственное в русской поэзии стихотворение:

> Православие не в процветанье:
> в ходе самых последних годов
> составляет оно пропитанье
> разве только крещеных жидов.
>
> Жид крещеный, что вор прощенный —
> все равно он — рецидивист,
> и Христос его — извращенный,
> наглый, злой, как разбойничий свист.
>
> Но сумевший успешно выкрасть
> облачения и кресты,
> не умеет похитить
> хоть немножечко доброты.

---

[2] См., например, [Слуцкий 1991b, 3: 282, 421], где «бог», как и в «Сельском кладбище», является культурным знаком, а не воплощением представлений Слуцкого о божестве. См. также «Опять возвращаются к старой истории о Христе...» [Слуцкий 1993: 75–76].

> Жид крещеный — что конь леченый —
> сколько бы ни точил он ляс,
> как ни шествовал бы облаченный
> в многошумный синтетик ряс,
>
> проще с нами, просто жидами,
> что давно, еще при Адаме,
> не добром торговали и злом,
> только фактом, только числом
> [Грозовский 1996: 42].

Эти язвительные строки направлены не столько против Церкви как таковой, сколько против выкрестов. Притом что Слуцкий с первой же строки берет иронический тон, он проводит различие между краденым Христом выкрестов и подлинным Христом Церкви. В большей части стихотворения его собственный голос не слышен вообще, оно заполнено русскими поговорками о выкрестах (строки 5, 9); отсюда и слово «жид»[3]. В отличие от текста «О евреях», где просторечье использовано с иронией, здесь, в интересах интенции стихотворения, оно воспринимается всерьез. Народная мудрость ставит окончательную точку: еврей-выкрест — духовный рецидивист и нравственно недостойное существо. Он отказывается от своей идентичности (а одновременно и от представлений о нравственности и достоинстве), за что Церковь дает ему отпущение. Изменив собственной идентичности, он загрязняет собой Церковь и ведет воровскую жизнь[4]. В последней строфе Слуцкий обнажает свой полемический запал. В словах «проще с нами» звучит коллективный еврейский голос, которым и говорит поэт. Тем самым он ни больше ни меньше как произносит суждение о русско-еврейском сосуществовании и о различии между христианами и евреями: было бы проще, как в историческом, так и в метафи-

---

[3] См.: *Даль В.* Пословицы и поговорки о жидах [Николаев 2009].

[4] Изумительной параллелью к этому стихотворению служит насмешливое стихотворение Бродского о выкрестах, написанное в 1987 году. См. [Лосев 2006: 166].

зическом плане, если бы евреи и христиане разговаривали друг с другом из своих особых углов.

Собственное слово поэт помещает в пределы еврейства: «факт и число» описывают его конкретно-историографическую поэтику, основанную, однако, на экзегезе («еще при Адаме...»). Слуцкий создает параллелизм: простая русская мудрость, касающаяся выкрестов, которую он, русский поэт, разделяет, соответствует простому еврейскому образу жизни, в котором сохраняются достоинство и нравственная прямота. Простота Слуцкого, как всегда, сложна в своей многогранности. Да, его евреи — это купцы, но не того узнаваемого ростовщического типа, что изображен в Евангелиях. В качестве выпада и против ассимиляционизма, и против крещения его полемика звучит самобытным еврейским ответом, сформулированным в процессе активного взаимодействия с русскими дискурсами. Именно с этой позиции он и подходит к устоям христианства.

Полемика о любви

Стихотворение «Разговоры о боге» — основополагающий текст среди тех, которые я буду здесь называть дискурсом Слуцкого о милости. Этот загадочный философский текст превращает дух времени 70-х в глубокий полемический комментарий. Важно отметить значимость 1970-х годов для интеллектуальной истории советского еврейства и советской интеллигенции в целом. 70-е годы, которые принято называть периодом застоя, были тем не менее десятилетием творческого бурления, которое вызвало к жизни всевозможные подпольные публикации и литературные движения (пример тому — школа московского концептуализма)[5]. Тайная еврейская интеллектуальная жизнь группировалась вокруг двух основных течений. С одной стороны, именно в это десятилетие зародилось и окрепло еврейское диссидентское движение с его художественным, религиозным

---

[5] См. [Epshtein 1999]; [Zubok: 297–334]; [Кизевальтер 2010].

и историографическим ответвлениями (в первой половине десятилетия начал неофициально издаваться научный журнал «Евреи в СССР») [Воронель 2003]. С другой стороны, некоторые либерально настроенные молодые евреи-интеллектуалы, в основном москвичи, не знакомые со своим еврейским наследием и лишенные возможности частным или публичным способом приобщаться к религии, обращались в православие и составляли значительную часть новообращенных; отсюда зачин «Православие не в процветанье...». «Доктор Живаго», где клеймится этнический иудаизм и прославляется универсальное христианство в совокупности с русским национализмом, сыграл важнейшую роль в том, чтобы подавать крещение как единственный плодотворный путь для свободомыслящего советского еврея[6]. Другим новшеством этого десятилетия, особенно последних его лет, стал раскол внутри подпольных и полуофициальных литературных кругов на лагеря прозападных либералов и националистов (зачастую антисемитов), которые рассуждали о литературном творчестве в специфически русских христианских терминах. Само по себе несогласие с советской системой перестало быть объединяющим фактором, и на первый план вышли другие, более масштабные вопросы, всегда занимавшие русские умы. «Разговоры о боге» — взвешенная оценка этой обстановки, психологическая и герменевтическая. Вот текст:

> Разговоры о боге
>
> Стесняясь и путаясь:
> может быть, нет,
> а может быть, есть, —
> они говорили о боге,
> подразумевая то совесть, то честь,
> они говорили о боге.
> А те, кому в жизни не повезло,
> решили, что бог — равнодушное зло,

---

[6] Об истории движения за крещение см. [Kornblatt 2004]. См. также [Shrayer 2007, I: 45–51; II: 695–698].

> инстанция выше последней
> и санкция всех преступлений.
> Но бог на кресте, истомленный, нагой,
> совсем не всесильный, скорей — всеблагой,
> сама воплощенная милость,
> дойти до которой всем было легко,
> был яблочком, что откатилось
> от яблони — далеко, далеко.
> И Ветхий завет, где владычил отец,
> не радовал больше усталых сердец.
> Его прочитав, устремились
> к тому, кто не правил и кто не карал,
> а нищих на папертях собирал —
> не сила, не право, а милость
> [Слуцкий 1991b, 3: 416].

Как и всегда в поэзии Слуцкого, непосредственный исторический контекст переплетается с более общими лирическими и в конечном итоге метафизическими уровнями. Бог — важнейший персонаж в художественной вселенной Слуцкого. И хотя промахи и победы поэта вращаются вокруг возвращения библейскому Божеству Его законного статуса, своей отдаленностью от Бога Слуцкий напоминает псалмопевца. На деле в целом ряде стихов, которые, на мой взгляд, часто неверно воспринимают как доказательства атеизма Слуцкого, он переводит жалобы псалмопевца в хладнокровно-ироническую тональность. «Видно», говорит Слуцкий, мы все-таки «разминемся с ним», однако экзегетический круг его поэтики подтверждает, что он с Богом все-таки повидается. Тот факт, что встреча может завести в пропасть, является частью игры[7].

Так, в этом стихотворении очень красноречиво отсутствие самого поэта: оно вскрывает внутренний контраст между *его* «разговорами о Боге» и разговорами неназванных «их». Завуалированность прячет под собой настороженное отношение Слуцкого к христианству, давая читателю возможность усмотреть

---

[7] См. [Слуцкий 1991b, 1: 493; 2: 154; 3: 25–26].

в «них» советскую еврейскую интеллигенцию — многие из ее представителей переживали в 1970-х годах религиозный кризис. Слуцкий наносит на карту их «духовное» странствие. Эти люди, воспитанные в атеистической стране и ассимилированных еврейских семьях, видели в Божественном символ совести и чести — двух светских понятий, входивших в кодекс советской интеллигенции, да и в советскую этику в целом. Будучи пародиями на Иова, они взывают к Богу и в то же время бунтуют против Него, не в силу какого-то особого мировоззрения, не исходя из неких глубинных богословских умозаключений, но по причине своего ущемленного положения в обществе. Действительно, советские боги неблагосклонно относились к собственным еврейским почитателям, особенно в 1970-х, когда государственная политика антисемитизма и процентные нормы жестко закрепились во всех сферах общественного бытования. Соответственно, их бог, разительно отличающийся от представлений Слуцкого о леденящем присутствии и не менее леденящем отсутствии Бога, становится источником зла и своего рода наемным убийцей. В отличие от евреев из стихотворения 1952 года, которые находят в собственных страданиях «точку опоры», эти безымянные персонажи слабы и озлобленны. Их представления о Боге меняются в тон изменениям политики государства. «Честь и совесть» — это отсылка к лозунгу «Партия — ум, честь и совесть нашей эпохи», а «санкция всех преступлений» — напоминание о развенчании сталинизма в период оттепели. Слуцкий рисует безжалостный портрет поверхностной советской «духовности», которая откровенно контрастирует с глубинной политической составляющей его историографических и экзегетических проектов. Неофиты из стихотворения принимают земную политическую *инаковость* за еврейского библейского Бога — «наиболее убедительное изображение трансцендентной *инаковости*» в письменном источнике [Bloom 2005a: 170], а вот сам Слуцкий никогда не забывает об этом различии.

В середине стихотворения риторика переходит в глубоко политическую и богословскую тональность. Несчастные обращаются к Иисусу. Прочитав Ветхий Завет, они не находят в нем утешения. Слуцкий сознательно и безошибочно выстраивает оппозицию Ветхий / Новый Завет вокруг противопоставления милости и закона. Представление о милости (милосердии) как характерной черте Нового Завета и жестком законе как основном постулате Ветхого — один из основополагающих мифов христианства. Если Блум прав и мы, люди европейской культуры, стали теми, кем стали, во многом благодаря чтению Шекспира, то миф этот можно считать уртекстом европейской литературной духовности [Bloom 1998]. Шекспировский «Венецианский купец» вбивает гвоздь милости / закона в коллективную память европейцев так, что уже не забудешь. Шейлок, вожделеющий свой фунт мяса, прикрывается «именем закона», а Порция, блистательная и прелестная в обличье законника, ставит милосердие выше любого закона, божеского и человеческого. Если Шекспир сформировал европейское мировоззрение, то русскую душу, безусловно, сформировал Пушкин. Он прекрасно сознавал дихотомию милости / закона. В «Капитанской дочке» его героиня, образец безыскусной русской простоты, которая при этом столь же благородна душой, сколь и хитроумная Порция, становится защитницей милости против закона. Моля (точно в сказке) сохранить жизнь ее возлюбленному, она просит у императрицы не «правосудия», а «милости». Хотя молодой человек и совершил преступление, императрица милует его, тем самым являя себя примером истинной монархини: прежде всего милосердной, а уж потом справедливой, каким был и сам Христос[8]. Вопрос о милости занимает центральное место в поэзии Пушкина. В «Памятнике», поэтическом завещании, он в открытую заявляет, что своей лирой призывал «милость к падшим». Как будет показано в последней главе, Пушкин играл для Слуцкого особую роль в последнее десятилетие его творческой жизни.

Отсылка к догме «милость / закон» — герменевтический христианский конструкт, который отрицает важнейшее значение милости и для раввинистического иудаизма. Однако нельзя

---

[8] В программной статье Лотмана «Идейная структура "Капитанской дочки"» говорится, напротив, что Екатерина воплощает в себе законность и рациональность, а милосердие воплощено в Пугачеве. См. [Лотман 2008: 9–36].

забывать, что милость названа одним из трех столпов веры (два других — воскресение мертвых и пришествие мессии) в важнейшей еврейской ежедневной молитве, амиде. Соответственно, догматическое противопоставление милость — закон — это продукт христианских антиеврейских исторических и теологических настроений. В то же время между еврейским и христианским представлением о любви действительно существует кардинальная разница. Как пишет М. Соловейчик, иудейское библейское понятие любви «чрезвычайно узко» [Soloveichik 2005]. Бог дает Аврааму избранность исключительно по Своему произвольному решению, с той же произвольностью Он дарует покровительство и последующим поколениям евреев. Классическая христианская любовь универсальна. Ее предметом служит не отдельная группа или человек, но все человечество. Христианская любовь не дифференцирована, иудейская, напротив, конкретна. М. Вышогрод так комментирует эту разницу:

> Недифференцированная любовь, то есть любовь, которая выдается всем поровну, не может быть любовью, направленной на отдельного человека в его отдельных проявлениях, она видит в нем представителя вида, причем видом могут быть рабочий класс, беднота, все созданные по образу Бога или что угодно... Божественная любовь конкретна. Речь идет о непосредственных отношениях Бога с человеком как индивидуальностью, то есть любовь эта эксклюзивна. Всякие любовные отношения, если это не просто проявление любви к классу или коллективу, эксклюзивны, ибо основаны на уникальности другого, из чего проистекает, что любая такая любовь отличается от всех прочих [Wyschogrod 1996: 64][9].

Представления Слуцкого о любви проистекают из его знакомства с Писанием. Он любит и жалеет отдельных людей, а не безликий коллектив. Убедительным примером такой любви

---

[9] В то же время, как справедливо указывает Блум, еврейский Бог не выказывает любви ни к человечеству в целом, ни к детям Израиля в частности. Он гарантирует им Свою защиту в ответ на их обещание повиноваться Его законам. Наоборот, людям дана заповедь любить Бога [Bloom 2005a: 165–170].

служит одно из самых проникновенных его стихотворений о войне, «Немецкие потери», где в последних строках сказано: «Мне — что? / Детей у немцев я крестил? / От их потерь ни холодно, ни жарко! / Мне всех — не жалко! / Одного мне жалко: / Того, / что на гармошке / вальс крутил» [Слуцкий 1991b, 1: 368]. Слуцкий проводит трансплантацию противопоставления христианской и иудейской любви на собственный образ Христа. В «Разговорах о боге» Христос женственен и слаб, карикатура на божество с картин эпохи Возрождения. Он — яблоко, упавшее далеко от дерева — от еврейской Библии[10]. Стихотворение исполнено сожаления по поводу той формы, в которую древние еврейские верования отлились в Евангелиях. В результате оно выходит на герменевтический уровень, сочетая в себе историю советских «разговоров» с многовековыми диспутами.

Если библейское Божество скрыто от глаз, то Иисус из стихотворения Слуцкого вполне зрим. В конечном итоге Он — тот, вокруг кого собираются все нищие, но не их повелитель, поскольку не правит и не наказывает. Еврейское Писание больше их не привлекает именно по причине их собственного духовного изнурения. Ознакомившись с ним, они отказываются от его глубины ради более простой истины[11]. Тем самым Слуцкий создает полемический отклик, мотивированный и исторически, и теологически: он изобличает «выкрестов» и попутно утверждает превосходство иудаизма над христианством. Тем не менее все стихотворение опирается на свое последнее слово — «милость». Вскрывая его многозначность, Слуцкий восстанавливает его исконный русский смысл. Согласно словарю Даля, слово

---

[10] В другом стихотворении Слуцкий называет идею, что «бог» может умереть, «тривиальностью» [Слуцкий 1991b, 3: 369], а еще в одном утверждает, что обещание христианства — это «нуль» [Слуцкий 1991b, 2: 164].

[11] Путь этих советских евреев ко крещению действительно начинался с чтения Библии — единственного религиозного текста, который было несложно раздобыть. Александр Мень, глава движения за обращение (сын родителей-евреев, крещенный при рождении), подчеркивает, что, принимая крещение, еврей признает учение Ветхого Завета, а не наоборот. Об учении Меня см. [Shukman 1996].

«милость» исторически неоднозначно. Оно действительно связано с Божественной любовью и употребляется в ироничных присловьях вроде «На дурака у Бога милости много»[12]. Глубинный смысл милости, особый для поэзии Слуцкого, вскрывается через синхроническое прочтение его произведений. «Разговоры о боге» перекидывают мостик от раннего стихотворения «Мост нищих» к позднему, «Молитва».

«Мост нищих» написан в конце 1950-х годов. Это одно из самых сильных стихотворений Слуцкого, и хотя ему редко воздают должное, перед нами непризнанный шедевр позднего русского модернизма. Оно не звучит, а гремит:

Мост нищих

Вот он — мост, к базару ведущий,
Загребущий и завидущий,
Руки тянущий, горло дерущий!
Вот он в сорок шестом году.
Снова я через мост иду.
Всюду нищие, всюду убогие.
Обойти их — я не могу.
Беды бедные, язвы многие
Разложили они на снегу.

Вот иду я, голубоглазый,
Непонятно каких кровей,
И ко мне обращаются сразу —
Кто горбатей, а кто кривей —
Все: чернявые и белобрысые,
Даже рыжие, даже лысые —
Все кричат, но кричат по-своему,
На пяти языках кричат:

---

[12] *Даль В.* Толковый словарь живого великорусского языка. URL: vidahl.agava.ru (в настоящее время ссылка недоступна).

Подавай, как воин — воину,
Помогай, как солдату — солдат.
Приглядись-ка к моим изъянам!
Осмотри-ка мою беду!
Если русский — подай христианам:
Никогда не давай жиду!
По-татарски орут татары,
По-армянски кричит армянин.
Но еврей, пропыленный и старый,
Не скрывает своих именин.
Он бросает мне прямо в лицо
Взора жадного тяжкий камень.
Он молчит. Он не машет руками.
Он обдергивает пальтецо.
Он узнал. Он признал своего.
Все равно не дам ничего.
Мы проходим — четыре шинели
И четыре пары сапог.
Не за то мы в окопе сидели,
Чтобы кто-нибудь смел и смог
Нарезать беду, как баранину,
И копаться потом в кусках.
А за нами,
      словно пораненный,
Мост кричит на пяти языках[13]
[Слуцкий 1991b, 1: 234–235].

Как справедливо отмечает Ройтман, своей образностью и звукописью это стихотворение напоминает и гротескную атмосферу позднеконструктивистской поэзии, и ночные кошмары кисти Босха [Ройтман 2003: 83]. Кроме того, в нем отдается дань экспрессионистской образности немецкой литературы и искусства периода после Первой мировой войны. В качестве другого веро-

---

[13] Скорее всего, речь здесь идет о Конном базаре в Харькове — Слуцкий вырос поблизости. Соответственно, в стихотворении описано его возвращение в родной город после войны — тем самым оно обретает особое постхолокостное звучание.

ятного интертекста можно назвать «Ночь на старом рынке» Переца — знаменитая постановка этого рассказа состоялась в Московском еврейском театре в 1925 году. По тону стихотворение типично для Слуцкого: подчеркнутые параллелизмы, диссонансы (повтор шипящих в первых трех строках, как и в «Я освобождал Украину...»), синекдохическая персонификация в строках 25–26 (вторая строфа), которая служит отсылкой к Плачу Иеремии, основному библейскому тексту о разрушении[14]. Поскольку состав персонажей интернационален, в стихотворении слышен и отзвук «Стихов о евреях и татарах». Однако здесь общность между татарином и евреем разрывается и совершенно неприкрыто описывается распад советской семьи народов в послевоенную эпоху. Повторяющиеся «пять языков» напоминают о советской пятиконечной звезде, которая становится символом апокалипсической какофонии. Мост в этом стихотворении — проход в загробный мир. Н. М. Камышникова справедливо предполагает, что данный текст функционирует как стоп-кадр катастрофы, сравнимой по масштабам с крушением Вавилонской башни [Камышникова 1998: 56–59]. Ройтман и Камышникова удивлены и несколько смущены отношением Слуцкого к нищим. В конце концов, ведь русский поэт должен проявлять милость?

Стихотворение написано через десять с лишним лет после войны. Оно служит не непосредственным откликом на события, а ответом, продуманным как с поэтической, так и с нравственной точки зрения. Поэт намеренно возвращается в свой воссозданный экспрессионистический ад, чтобы прояснить то, о чем толкует: слово «милость» — однокоренное со словом «милостыня». Два этих слова переплетаются в стихотворении: отказываясь подавать нищим милостыню, поэт демонстрирует отсутствие милости. Его любовь и жалость сосредоточены на нравственных, духовных, этнических и физических качествах каждого отдельного человека. Он не способен любить всех без различий, любить во имя самой любви. Лирический герой — воин, поэт и еврей — не может позволить себе любить всех этих людей; они торгуют своими бедами и не заслуживают его любви.

---

[14] См. [Mintz 1996: 23–48]; [Roskies 1984: 17–20].

Важнее всего в стихотворении то, что лирический герой — еврей. Он голубоглаз и мог бы, в принципе, скрыть свою идентичность. Но под пристальным взглядом нищего-еврея он признаёт ее, подтверждая тем самым собственное родство с нищим, однако оставляет за собой право после случившейся катастрофы наполнить свое еврейство личной трактовкой чести и нравственности. Из текста явствует, что нищий-еврей ведет себя достойнее других, однако в смысле напористости ничем от них не отличается. Он тоже торгует своими бедами и в итоге перестает быть человеком. Еврей на мосту — выживший, однако у его выживания лицо деградации. Мне представляется, что непосредственным интертекстом к этому стихотворению, вскрывающим его интенцию, служит «Сказание о погроме» Бялика, играющее важнейшую роль и в «Добрая, святая, белорукая...». Соответственно, довоенный цикл выступает своего рода прототипом этого стихотворения. И Бялик, и Слуцкий подчеркнуто дистанцируются от внешнего фактора, антисемитизма, сосредоточиваясь на внутреннем состоянии еврейства. После погрома поэт, пишущий на иврите, превращается одновременно и в Бога, и в пророка и усматривает вину за то, что случилось с евреями, в их же духовной деградации. Как и нищие, они тоже намерены торговать своими бедами: «...осколки человека / Разбили лагери у входа к богачам, / И, как разносчик свой выкрикивает хлам, / Так голосят они: "Смотрите, я — калека! / Мне разрубили лоб! Мне руку до кости!" / И жадно их глаза — глаза рабов побитых — / Устремлены туда, на руки этих сытых» — и они утешаются подачками[15]. Нижеследующие строки Бялика однозначно перекликаются со строками Слуцкого:

> Эй, голь, на кладбище! Отройте там обломки
> Святых родных костей, набейте вплоть котомки
> И потащите их на мировой базар
> И ярко, на виду, расставьте свой товар:

---

[15] Перевод Жаботинского. URL: www.stihi-xix-xx-vekov.ru/byalik30.html (дата обращения: 13.09.2020).

> Гнусавя нараспев мольбу о благостыне,
> Молитесь, нищие, на ветер всех сторон
> О милости царей, о жалости племен —
> И гнийте, как поднесь, и клянчьте, как поныне!..[16]

Бог, царь всех нищих, произносящий эти обвинительные строки, отправляет поэта-пророка в пустыню, откуда он не видит более поругание его народа, происходящее под знаменем милости. Стихотворения Слуцкого и Бялика говорят на одном поэтическом языке, исполненном пафоса, что вообще-то Слуцкому не свойственно, а также оперируют одинаковыми понятиями. «Мост нищих» проливает свет на «Разговоры о боге». Те, кто выбрал Божество на кресте, — прямые потомки «пропыленного» еврея на мосту. Поэт называет их «нищими», а потому естественно, что они вопиют не о справедливости, а о милости, каковая в данном случае равнозначна милостыне. В одном из более поздних стихотворений поэт также взывает к милости, но на сей раз в собственном, полемически-нехристианском понимании.

Стихотворение «Господи, больше не нужно...» было написано одновременно с «Разговорами о боге». Читать его следует как непосредственный комментарий:

> Господи, больше не нужно.
> Господи, хватит с меня.
> Хлопотно и недужно
> день изо дня.
>
> Если Ты предупреждаешь —
> я уже предупрежден.
> Если Ты угрожаешь —
> я испугался уже.
> Господи, неужели
> я лишь для страха рожден?

---

[16] Перевод Жаботинского. URL: www.stihi-xix-xx-vekov.ru/byalik30.html (дата обращения: 13.09.2020).

Холодно мне и суетно
на роковом рубеже.

Все-таки многоначалие
больше надежды дает,
проще спасти свою душу
и уберечь свою плоть,
чем если молотом тяжким
судьбы немолчно кует
не подлежащий обжалованию
единосущный Господь.

Но никуда не денешься.
Падаешь, словно денежка,
в кружке церковной звеня.
Боже, помилуй меня!
[Слуцкий 1991b, 3: 429].

Эта никак не завуалированная, уникальная для творчества Слуцкого молитва является откликом на молитву Судного дня и на Книгу Иова. Это — жалоба еврея, стоящего в трепете перед всесильным Создателем. Каждый год, в дни скорби, евреи обязаны размышлять о смерти и давать оценку собственным поступкам. В молитве «Унетане токеф» Господь пересчитывает Свою паству, как пастух пересчитывает овец, решая, кому жить, а кому — умереть. Именно в этом положении и оказывается Слуцкий. Он, как Иов, задается вопросом, для чего он родился: для страха и страданий? В третьей строфе лирический герой, подобно измученным душам из «Разговоров о боге» (они тоже читают Книгу Иова), признаёт, что многоначалие — своего рода язычество (имеются в виду Отец, Сын и Святой Дух) — дает больше надежды и предлагает более легкий путь к спасению, чем повиновение всесильному Богу, Который решает судьбу каждого отдельного человека (еще одна отсылка к Судному дню). Едва только те, кто ведет разговоры о Боге, понимают это, они обращаются к Христу и, словно милостыню, выпрашивают милость, каковую Он, по их мнению, в Себе воплощает.

Путь Слуцкого — и этот путь он считает неизбежным — совершенно иной. Еврей, испытывающий страх и трепет, может рассчитывать на милость, но только со стороны Всевышнего[17]. Вспоминая слова Мандельштама «Время срезает меня, как монету, / И мне уже не хватает меня самого», поэт, оказавшийся совершенно беззащитным, просит своего Бога, единственного Бога, о милости, *рахамим*. Господь, как говорится в молитве Судного дня, всегда удовлетворяет такие просьбы. В конце концов, именно этот Бог в мидраше Слуцкого, созданном до катастрофы, создает человека по Своему печальному «картавому подобию». Стихотворение воистину уникально в истории русской поэзии, ибо является еврейской молитвой, какую можно было написать только в рамках переводческой поэтики Слуцкого[18]. Здесь очень личный традиционный русский призыв к Богу (Боже) и жесткий православный молитвенный императив (помилуй) полностью персонифицированы и иудаифицированы Слуцким. Кроме того, поскольку это — русское стихотворение, он говорит о церковной кружке, а не о синагогальном ящике для *цдаки*. Тем самым полемика обретает лирическое измерение, где крупный русский поэт и стоящий на молитве иудей сливаются в одну герменевтическую фигуру, «закрывают — через непрозрачность и многозначность — свой полный смысл для некоторых читателей, одновременно... открываясь читателю искушенному, умеющему извлекать глубокие и порой противоречивые смыслы» [Nepaulsingh 1995].

---

[17] Слуцкий действительно просит о милости ради Христа, когда обращается к русскому читателю грядущего: «Умоляю вас, Христа ради, / с выбросом просящей руки, / раскопайте мои тетради, / расшифруйте дневники». Примечательно то, что даже в этом проникновенном стихе имя Христа связано с выпрашиванием милостыни. См. [Ямпольский 1998: 87].

[18] Тема прощения в связи с Судным днем возникает в стихотворении «Анализ фотографии», где Слуцкий вопрошает: «Что ты значил, господи, / в длинной моей судьбе?» Утверждая, что он Богу не молился, а «взмаливался», помещая Его в дальний угол вместе с фетишами и пугалами, в последней строке поэт все же спрашивает, простит ли его Господь [Слуцкий 1991b, 3: 25–26].

Часть третья

ИНТЕРТЕКСТЫ

9
В кругу объективистов: Чарльз Резникофф

Обрамляющий вопрос этой короткой главы, выводы из которой останутся намеренно предварительными, звучит так: как включить Слуцкого в более широкий разговор о поэтике в XX веке и о метаеврейской поэтике, выведя его за пределы, обозначенные ивритом и идишем? Программа и творчество Чарльза Резникоффа, ведущего представителя американского движения объективизма в 1930-х годах, представляют собой продуктивную параллель к произведениям Слуцкого. Целан, как известно, называл Мандельштама своим «братом по крови», подразумевая под «кровью» творческое и экзистенциальное родство. Сопоставляя стихи Слуцкого и Резникоффа, невозможно отделаться от ощущения, что и эти две фигуры соединены теми же узами. Резникофф был старше Слуцкого на 25 лет, однако умер всего лишь за год до русского поэта — и выглядит его двойником. Сходства и различия их произведений охватывают одновременно и возможности, и невозможности соответствующих традиций и эпох и уходят глубже, к самому вопросу об осуществимости создания еврейской или, в случае Слуцкого, иудаистской поэтики. Моя гипотеза состоит в том, что и Слуцкий, и Резникофф формировали системы, основанные на переводе, историографии и каноне. Однако там, где Резникофф обнаруживает утрату, которую пытается скомпенсировать через цитаты из Писания, Слуцкий оперирует «только фактом, только числом» — исконным своим еврейским языком, — перенаправляемым в русло герменевтики и метапоэтики. Оба поэта отталкиваются от понятия *ясности*; у Резникоффа она становится симулякром отсутствия, а у Слуцкого превращается в эзотерическую традицию.

По мнению М. Перлофф, «доктрину объективизма следует понимать не столько как продолжение точности имажистов… сколько как возрождение модели символизма; это течение доминировало в англо-американской поэзии как минимум до Второй мировой войны» [Perloff 1985: 200–201]. Отказ объективистов от «искушения трансцендентальностью, стремления заглядывать за границы данного нам мира… в поисках источника смысла» созвучен поэтике акмеизма, которой, что уже указывалось, Слуцкий обязан достаточно многим. Поэтические принципы Паунда — «ясность… внятность и музыка» — напрямую соотносятся с эстетикой Резникоффа и не менее верно описывают и предпочтения Слуцкого. Заявление Слуцкого из стихотворения «Творческий метод» — «Поэты отличаются от прочих / Людей / приверженностью к прямоте / И краткости» [Слуцкий 1991b, 1: 346] — схоже с заявлением Паунда по духу и методологии, тем более если учесть, что автор «Кантос» Слуцкий читал в оригинале еще в 1950-х годах [Горелик 2005: 542]. Его «Не торопясь вязать за связью связь, / на цыпочки стиха не становясь, / метафоры брезгливо убирая» созвучно знаменитому паундовскому «Dichten = condensare» — «поэтике сочинительства через компрессию и конденсацию». Утверждение Дж. Бранса — в свете высказывания У. К. Уильямса о том, что «стих можно создать из чего угодно… стих в этом смысле вне эстетики; чтобы быть поэтичным, ему не обязательно быть "поэтичным"», также описывает взгляды Слуцкого и Резникоффа: оба они чутко вслушиваются в «людскую повседневность» [Bruns 1987: 5].

Несмотря на фундаментальное влияние Паунда, Резникофф столь же фундаментально отошел от своего ментора, в итоге создав свою «антиэпическую» лирику (Ч. Бернстин). Чтение Резникоффа — прекрасная подготовка к чтению Слуцкого. Утверждение Л. Зукофски по поводу поэзии Резникоффа как типичного примера объективизма говорит о сходстве между двумя поэтами: «Процесс письма, представляющий собой детализацию (а не мираж) ви́дения, обдумывания вещей такими, каковы они есть, и направления их по траектории мелодии» [Zukofsky 1931: 273]. Вот высказывание Бернстина касательно творчества Резникоффа в целом: «С формальной точки зрения читать Резникоффа значит рассматривать взаимоотношения части с целым (и целого с частью) в его произведениях по тем же параметрам, по каким кадр соотносится с последовательностью (в кино и фотографии), поверхность — с глубиной (в живописи, но также и в риторике), фрагмент — с совокупностью (в философии, но также и в каббале)». Соответственно, основная черта поэзии Резникоффа — «метонимия: фрагмент как субститут, как намек на нечто другое, что может быть представлено только им, речь идет о манифестации или эманации. Часть представляет все(вышнего)» [Bernstein 1999: 217, 225]. Та же метонимия характерна и для Слуцкого: вспомним «Лошадей в океане», «Черта под чертою. Пропала оседлость...», «Я освобождал Украину...», а также кинематографическую фактуру («кадр соотносится с последовательностью») «Сожжены» и «Моста нищих». Как и для Слуцкого, для Резникоффа все(вышний) обозначает еврейское и библейское. Однако именно здесь и начинаются различия.

По словам Н. Финкелстайна, еврейство Резникоффа можно назвать «противоречиво-последовательным», поскольку «оно по происхождению и выражению является желанием быть одновременно и еврейским поэтом, и американским поэтом» [Finkelstein 1999: 196]. М. Хиндус не усматривает в этом противоречия, с энтузиазмом утверждая: «В его творчестве присутствуют и американец, и еврей, они движутся в гармонии... Ему как-то удалось преодолеть бо́льшую часть противоречий, искушений и дилемм, связанных с самоотождествлением, которые являются скорее правилом, чем исключением для современных еврейских американских писателей. Сохранить безмятежность... [позволило то, что] Резникофф упорно придерживался изначально им выбранного эстетического направления» [Hindus 1977: 24]. Это утверждение, не утяжеленное теоретическим жаргоном, безусловно, ценно. Действительно, ключ к пониманию Резникоффа лежит не столько в культурно-социальных трендах, сколько в его эстетике. В то же время для американской поэзии апроприация еврейства —

отнюдь не простой процесс. Снова процитируем Бернстина: «Стихи [Резникоффа] — это акт возвращения утраченного, где возвращение становится чрезвычайно масштабным проектом, многократно превосходящим начальную точку». Как и у Слуцкого, возвращение утраченного подается в экзегетическом ключе. Хорошим примером служит стихотворение «Самуил», в котором раскрыта американско-еврейская проблематика.

В стихотворении, написанном в 1927 году, происходит слияние лирического героя с пророком Самуилом [Reznikoff 1996: 59]. Дни свои он проводит в храме, поддерживая огонь на алтаре. Он «мыслит псалмами», а его «ум — псалтырь». То есть для Резникоффа процесс поэтического творчества приобретает сакральное измерение. Персонификация псалтыри — не просто изящный образ. Резникофф действительно страстно желал, чтобы его поэзия стала органичным звеном в цепочке священных еврейских текстов, протянувшейся от Библии до его деда. В этом стихотворении он в буквальном смысле становится частью канона в человеческом облике. Присутствуют здесь и принципы объективизма, в них соединяются еврейское и поэтическое призвания Резникоффа. Все происходящее в мироздании поэт швыряет в свое священное пламя, то есть подпитывает собственное вдохновение бытовыми деталями истории и жизни: «Мой дух подобен огню / чтобы вся солома и мусор мира / лишь питали это пламя».

В последней строфе он формулирует свою позицию в духе Екклезиаста:

The seasons change.	Меняются времена года.
That is change enough.	Достаточно этой перемены.
Chance planted me beside a stream of water;	Случай поместил меня у потока воды;
Content, I serve the land,	Умиротворенный, я служу этой земле,
Whoever lives here and whoever passes.	Всем здесь живущим и всем проходящим.

В этих строках С. Фредман смело, но, на мой взгляд, ошибочно усматривает американско-еврейскую парадигму гибридности.

Как мне представляется, Резникофф ведет речь не о гибридности, а о традиционной еврейской модели жизни в изгнании. Самуил поэта оказался в чужой земле случайно, поэтому его пребывание там временно. Евреи традиционно считали свое изгнание случайностью, временной невзгодой, притом что санкционировал такую «трансплантацию» Бог. В знак признательности этой земле за ее гостеприимство поэт соблюдает ее законы и служит ее обитателям и путникам. Он не пребывает на территории «промежуточных» идентичностей (Фредман); напротив, его идентичность чужака, сознающего свою неприкаянность, неколебима, она же обеспечивает ему безопасность. Вне всякого сомнения, перед нами классическое раввинистическое понимание статуса еврея в диаспоре. Подход Резникоффа проистекает из мировоззрения мудрецов: он, будучи еврейским поэтом, отыскивает свою нишу внутри американской традиции, которой законопослушно служит. Соответственно, его парадигма отражает «диаспоральный извод современной еврейской поэтики» (Р. Омер-Шерман), где, говоря словами М. Шрайбер, «обязательства» представлены как «достояние; убыток возвращен в виде прибытка... вопрос "Как петь песни Господа в чужой земле?" сам по себе служит ответом — поскольку песнь изгнания превращается в магистральный нарратив, к коему принадлежат все стихотворения» [Omer-Sherman 2010: 110–111]. Хотя поэзия Резникоффа вбирает в себя все, что его окружает, она остается творением чужака и создается на чужом языке, который поэт апроприировал. Действительно, как указывает Омер-Шерман, «положительным следствием этого печального состояния становится прежде всего приспособляемость» [Omer-Sherman 2010: 109]. Убежище поэта не находится на линии сочленения традиций, но стоит отдельной постройкой внутри этой традиции, в пограничной зоне. Его творчество подпитывается за счет такого состояния (поток воды); результатом становится английский язык Резникоффа. Впрочем, английский он лишь на поверхности.

По меткому замечанию Омер-Шермана, Резникофф «понимает, что некоторые из основополагающих практик иудаизма, его древние обряды, связанные с жизнью и смертью, сформировались в соседстве с территориями и людьми, для них чуждыми, трансмутировавшими в еврейское историческое и монотеистическое русло". Именно этот подход и воплощен в «Самуиле». В то же время из других центральных текстов Резникоффа следует: жизнь в чужой земле мучительна для него именно потому, что она отдаляет его от иудаизма и — особенно — от иврита. «Как труден для меня иврит: / даже слова "мать", "хлеб", "солнце" / звучат чуждо. Как далеко я был изгнан, Сион» [Reznikoff 1996: 107]. Вместе с тем поэт ощущает, что владеет ивритом едва ли не интуитивно. Его мессианское ви́дение — народы, «говорящие на иврите на всех языках под солнцем». Чувствуя, что начинает испытывать слишком сильную привязанность к английскому, он корит себя за выбор языка: «Как Соломон / я женился и женился на речи чужаков; / нет такой, как ты, Суламифь». Он чувствует, что способен воспроизводить еврейский язык: «Мои мысли стали подобны древнееврейскому, / в них только два времени, прошлое и будущее» [Reznikoff 1996: 126]. Фредман полагает, что «хотя стихи [Резникоффа] написаны на правильном английском, язык их как бы трещит по швам от непривычного веса, словно внутри спрятаны ивритские слова»: это идентичность трикстера, подвергшаяся переводу в его миф о языке [Fredman 2001: 30–31].

Применимость подобного анализа к творчеству Слуцкого, безусловно, зиждется на том, что анализируется проблема, как писать «по-еврейски» на нееврейском языке. Мне, однако, представляется, что Резникофф поступал совсем не так, как советский поэт. Об утрате Слуцкий говорит только на пороге творческой амнезии; отсюда «Переобучение одиночеству». Именно в эту временну́ю точку он помещает невозможность возвращения к ивриту. Притом он однозначно заявляет: «Я читаюсь не слева направо, / по-еврейски: справа налево». Резникофф *желает*, чтобы все говорили на иврите; его *мысли* уподоблены древнему языку, однако надежда, что его собственная речь сможет этот язык вместить, рождается у него редко. Именно поэтому «чувство утраты пронизывает все его творчество, точно горячая вода, вырывающаяся из замерзшего гейзера» [Bernstein 1999: 228]. Отсутствие того, что Омер-Шерман называет «кумулятивными убытками и рассеиванием» [Omer-Sherman 2010: 105], осмысленно и признаётся автором как таковое, именно это и делает его позицию продуманно еврейской. По меткому замечанию исследователя, «Резникофф производит явственное впечатление полностью самостоятельного поэта, наделенного язвительной чуткостью, однако сам он при этом считает себя скромным существом внутри пространного исторического континуума» [Omer-Sherman 2010: 111].

Как поэт в еврейском контексте может вернуть утраченное? С одной стороны, он — это подчеркивает Финкелстайн — считает поэзию «арбитром истории». Стихи, вне зависимости от того, на каком языке они написаны, «придают значимость [еврейской] истории»; такой подход напоминает «любое слово» Слуцкого из «Я освобождал Украину...»[1]. С другой стороны — и в этом вся суть — у Резникоффа все еврейские знаки выражены эксплицитно. В его стихах множество отсылок к традиционным еврейским источникам, которые он цитирует напрямую либо переводит, а равно и к событиям из еврейской истории. Принятое им решение можно сформулировать так: «Если я убедился в утрате оригинала, я буду держаться дословного перевода — у меня нет иного выбора». На деле этого не происходит. Положение его следующее: «Еврейство не как "выбор", а как *наследие*: от него не избавишься» [Bernstein 1999: 237]. Он хочет быть евреем, который сохраняет в себе еврея, даже приспосабливаясь к чуждому окружению[2]. Цена, которую он как художник неизбежно вынужден платить за пребывание в диаспоре, — непреходящая маргинальность его работ в рамках более всеобъемлющей культуры[3]. Иудейская позиция, выраженная в «Самуиле»,

---

[1] Финкелстайн также подчеркивает важность мессианизма в мировоззрении Резникоффа.

[2] См. интервью Л. С. Дембо с Резникоффом (Contemporary Literature. 1969. No. 2. P. 193–202).

[3] Омер-Шерман подчеркивает, что пребывание в диаспоре имело для Резникоффа положительное значение, поскольку ему импонировали взгляды русско-еврейского историка С. Дубнова, «что в будущем все нации не будут нуждаться в собственной территории для выражения их "расовой сущности",

является переложением данного факта, но только частичным. Первым на эту проблему обратил внимание Блум.

Его статья «Беды американско-еврейской поэзии» (1972), которую неоднократно критиковали и даже дискредитировали по причине «мрачного взгляда на предмет» [Shreiber 2003: 149–169], является тем не менее примером толковой аргументации и анализа и, как мне представляется, верна по своей сути [Bloom 1972: 69–74]. По мнению Блума, разговор о еврейской поэзии обязательно должен включать в себя отсылку к ее иудейскому компоненту. Так, Блум отмечает непреложный конфликт между созданием творческой мифологии, в рамках которой поэт сопоставляет свой образ с образом могучего «предшественника», и иудаистским монотеистическим мировоззрением. Последнее толкование Слуцким Пушкина, построенное на диалектике между монотеизмом и монолатрией, показывает, что на глубинном уровне размышления Блума применимы и к его случаю, — это будет продемонстрировано в главе 13. Говоря о Резникоффе, Блум отмечает:

> Резникоффу… надлежало бы стать американско-еврейским поэтом, в котором молодые писатели могли бы обрести действительно сильного предшественника… но длительное чтение его произведений вызывает у меня гнетущее ощущение ненужной утраты.

Цитируя сделанное Резникоффом переложение стихотворения И. Галеви «Сердце мое на Востоке…», он недоумевает: «Зачем пытаться переводить Иегуду Галеви в идиоматике Паунда и Уильяма Карлоса Уильямса? Разве такая форма хоть как-то соответствует нагруженности оригинала?» Это ключевой вопрос, обнажающий суть провокационной и смыслонагруженной апропри-

---

а вместо этого будут различаться своим культурным и историческим наследием». Следует, впрочем, добавить, что автономизм Дубнова как политическая модель оказался несостоятелен в довоенной Европе [Miller, Morris 2010: 111]. Еще одна модель, полезная для интерпретации творчества Резникоффа, — предложенное Ж. Делёзом и Ф. Гваттари понятие «малой литературы», которая незаметно, но действенно подрывает традицию большой изнутри.

ативной поэтики Резникоффа. Его перевод отнюдь не буквален, но адекватен; включение программного поэтического заявления Галеви о еврейском изгнании в идиоматику американского модернизма подчеркивает несовместимость двух этих сфер. Проблема не в том, хорошее это или плохое стихотворение (так формулирует вопрос Финкелстайн, не соглашаясь с Блумом), а в том, что «Галеви» Резникоффа предстает одиноким знаком неприкаянности. Оно *предает* метафизическую и лингвистическую «нагруженность» оригинала через свободную форму и анжамбеман, но не способно *творчески* наполнить его герменевтической новизной[4]. В результате возникает симулякр отсутствия и утраты, который, подобно искусству у Платона, трижды отделенному от его истинной формы, сам по себе является утратой — неосуществимым обещанием. Экзегетический круг разорван: «Я женился и женился на речи чужаков; / нет такой, как ты, Суламифь». Блум справедливо указывает, что Резникофф предельно верен себе, когда признаёт эту утрату основой своей поэтики.

Соответственно, и Слуцкий, и Резникофф начинают в одной и той же отправной точке, однако мне представляется, что контраст между ними явственен — и крайне познавателен. Сравнительный анализ текстов двух поэтов бросает новый свет на строки Слуцкого: «Я не могу доверить переводу / Своих стихов жестокую свободу». «Перевод» здесь можно интерпретировать как разновидность эксплицитных отсылок Резникоффа, с помощью которых он осмысляет суть экзегетической и творческой оригинальности. Чтобы избежать того же, Слуцкий создает поэтику, являющуюся одновременно и эзотерическим, но при этом конкретным, хотя и закодированным комментарием к Писанию, и величайшим достижением русской поэзии. Свой язык он называет «еврейским», а не более узко — ивритом или идишем. Он использует интертекстуальные, историографические и прочие коды, герменевтические парафразы и реверсии, что придает

---

[4] Классическое описание современного еврейского культурного и литературного процесса, данное Роскисом, связывает его с понятием творческого предательства. См. [Roskies 1995: 17].

свежесть и его поэтическому слову, и традициям, которые он возрождает и трансплантирует. Вне всякого сомнения, корпус работ Слуцкого — тоже едва ли не симулякр, однако то, как он справляется со своими кризисами, ведет к обновлению пространственной сути его поэтики и не дает его слову стать «малым».

Ясность Слуцкого — вернемся к определению Паунда — не только сложна и обманчива, она еще и высвобождает. Иллюстрацией к этому утверждению может служить то, как они с Резникоффом мифологизируют своих дедов. Мы помним, связь Слуцкого с дедом по отцовской линии — исполнение его поэтического обещания. Что касается деда по материнской линии, его роль раскрыта в стихотворении «Происхождение», являющемся частью мифологической генеалогии Слуцкого.

Происхождение

У меня еще дед был учителем русского языка!
В ожидании верных ответов
поднимая указку, что была нелегка,
он учил многих будущих дедов.

Борода его, благоухавшая чистотой,
и повадки, исполненные достоинством и простотой,
и уверенность в том, что Толстой
Лев, конечно
(он меньше ценил Алексея),
больше бога!

Разумное, доброе, вечное сея,
прожил долгую жизнь,
в кресле после уроков заснул навсегда.

От труда до труда
пролегала прямая дорога.

Родословие не пустые слова.
Но вопросов о происхождении я не объеду.
От Толстого происхожу, ото Льва,
через деда
[Слуцкий 1991b, 2: 505].

В стихотворении прорисована хитроумная мифология, которая позволяет Слуцкому, с одной стороны, недвусмысленно заявить свои генеалогические права на принадлежность к русской традиции, а с другой — сохранить собственное еврейство, выраженное монотеистически. Дедушка — апостол, напоминающий почитаемое им божество, — убежден в священном величии Толстого. Внук к этой вере не принадлежит, однако использует ее в своих целях. Его «родословие не пустые слова» не потому, что он, как еврей, не может предъявлять исконных претензий на русскую традицию, а потому, что он, как еврей, вынужден искать способы существования на территории, где поклоняются собственным богам; он должен учиться сосуществовать с ними *в творческом смысле*. Поэт не только сталкивается с генеалогическим фактором, но и переосмысляет его, создавая «охранную грамоту» — вспомним формулировку Пастернака [Пастернак 1989–1992, 4] — для своего места на русской территории. Образ деда многогранен: чистотой он напоминает библейского священника, а «достоинство» и «простота» заставляют вспомнить приметы эстетики его внука. В строке «Разумное, доброе, вечное сея» процитированы слова Некрасова[5], еще одной важной фигуры в генеалогии Слуцкого (в статье-инициации Эренбург написал о нем, что тот идет по стопам Некрасова). Слуцкий проявляет неслыханную дерзость, объявляя о своей родовой связи с величайшим русским писателем через провинциального учителя-еврея. В этой картине есть едва ли не гротескный элемент, который, однако, не отрицает ее серьезности. Картина освобождает поэта от узости существующих парадигм (как справедливо отмечает Ройтман, текст заставляет вспомнить одноименное стихотворение Багрицкого[6]), бросая вызов и читателю, и культуре в более широком смысле, не только еврейской, но и русской.

Резникофф с той же прямотой говорит о своем деде, оперируя понятиями, которые одновременно являются и безусловно

---

[5] Слуцкий отсылает к программному стихотворению Некрасова «Сеятелям» [Некрасов 1961: 280–281].

[6] [Ройтман 2003: 91]; [Багрицкий 2000: 88–89].

еврейскими, и, на мой взгляд, ограничительными, загоняющими поэта в угол. Начинает он с символического смысла имени деда (как и Слуцкий — вспомним «Стихи о евреях и татарах»). В его мифологической схеме его собственное имя, Чарльз, совершенно случайно. Его так назвали, поскольку врач предложил матери после родов это имя, а потому поэт почти никак с ним не связан — этим он демонстрирует неполноту любой ассимиляции. Нееврейское имя не облегчает ему вхождения в американскую традицию и не вытесняет его еврейской сущности. Для Резникоффа настоящее его имя — еврейское Иезекииль, с его пророческими корнями, данное в память о деде [Fredman 2001: 16]. Подчеркивая, что первейший его долг — перед Богом («Поскольку меня, первородженного, не выкупили, / я принадлежу Господу моему, не себе и не тебе...»), он и нееврейское свое имя связывает с Богом и тем самым с иудаизмом: «...по моему имени, на английском, я — один из Его дома, / один из карлов — Чарльз, чурка; / а по моему еврейскому имени, Иезекииль / (тот, кому Бог дал силы), / вся моя сила, какая есть, Его» [Reznikoff 1996: 81]. Но если первый обет он дает Богу (как и псалмопевец), то второй — деду, через которого сохраняет верность и собственному поэтическому голосу, и еврейскому народу. Один из основных элементов творческой биографии Резникоффа и построения традиции — история его деда, талантливого еврейского поэта, чьи стихи так и не дождались публикации. Фредман убедительно показывает, что навязчивое стремление Резникоффа публиковать стихи за свой счет — когда никто еще не хотел их печатать — связано с желанием не только исправить судьбу деда, но и предать гласности дедовы строки через слова внука. Опять же, здесь встает вопрос об иврите: иврит деда заключен в английском внука. Так, «Мой дед, умерший задолго до моего рождения, / умер среди чужих, и все написанные им стихи / утрачены, / за исключением того, / что он продолжает говорить через меня, / моими стихами» [Reznikoff 1996: 91]. Резникофф, как и его дед, осознаёт, что живет среди чужаков: «Я помню, сколь хрупок мой нынешний дом, / пусть он из камня и стали». Опять же, лучше всего ему удается описание утрат: «Если бы только я мог писать четырьмя ручками в пяти пальцах / и каждой ручкой другую фразу, одновременно, / но раввины говорят: это — утраченное искусство, утраченное искусство» [Reznikoff 1996: 67]. Экзегетическая изобретательность поэту недоступна; последняя строка — прочувствованное извинение. В результате при том, что его попытки вернуть себе слово деда сохраняют психологическую силу и проникновенность, в творческом смысле они обречены. Поэт пытается наполнить дедовское слово программным еврейским содержанием.

Резникофф пишет:

A hundred generations, yes,   a hundred and twenty-five,
Had the strength each
Not to eat this and that
        (unclean!)
Not to say this and that,
Not to do this and that (unjust!),
And with all this and all that
To go about
As men and Jews
Among their enemies
(these are the Pharisees, you mocked
        at, Jesus).
Whatever my grandfathers did
        or said
For all of their brief lives
Still was theirs,
As all of its drops at a moment make
        the fountain
And all of its leaves a palm.
Each word they spoke and every
        thought
Was heard, each step and every
        gesture seen,
By God;
Their past was still the present and
        the present
	Сто поколений, да, сто и двадцать
	        пять
	Имели силу в каждом
	Не употреблять в пищу то и это
	        (нечистое!),
	Не говорить то и это,
	Не делать то и это (неправедное!)
	И со всем тем и этим
	Идти по жизни
	Как мужчины и евреи
	Среди своих врагов
	(это те фарисеи, над которыми ты
	        смеялся, Иисус).
	Все, что мои деды делали
	        и говорили
	По ходу своих коротких жизней,
	Было их собственным,
	Как все капли в данный миг
	        составляют источник
	И все листья — пальму.
	Каждое сказанное слово и каждая
	        мысль
	Были слышны, каждый шаг
	        и жест видны
	Богу;
	Их прошлое было настоящим,
	        а настоящее

A dread future's.	Ужасом будущего.
But I am private as an animal.	Но я укромен, как животное.
I have eaten whatever I liked,	Я ел, что хотел,
I have slept as long as I wished,	Я спал столько, сколько желал,
I have felt the highway like a dog	Я разнюхивал главный путь, как собака,
To run into every alley;	Чтобы забегать во все переулки;
Now I must learn to fast and to watch.	Теперь нужно учиться посту и наблюдению.
I shall walk better in these heavy boots	Мне будет проще идти в этих тяжелых башмаках,
Than barefoot.	Чем босиком.
I will fast for you, Judah,	Я буду поститься за тебя, Иуда,
And be silent for you	И молчать за тебя,
And wake in the night because of you;	И просыпаться ночью из-за тебя;
I will speak for you	Я буду говорить за тебя
In psalms,	В псалмах,
And feast because of you	И пировать из-за тебя
On unleavened bread and herb.	Опресноками и травами.
[Reznikoff 1996: 25].	

Перед нами безупречный пример того, как еврейство поэта — во всех проявлениях — становится его единственной традицией, единственной причиной и целью его творчества. Свою лирическую индивидуальность он приносит в жертву этому коллективному началу. Возникнуть и укорениться такой дискурс может потому, что своей творческой идентичностью Резникофф выбирает еврейского псалмопевца в чужой земле. А потому естественно, что он прославляет обычного еврея:

Go swiftly in your chariot, my fellow Jew,	Поезжай быстрее в своей колеснице, собрат-еврей,
You who are blessed with horses;	Ты, по счастью, имеющий лошадей;
And I will follow as best as I can afoot,	Я же пойду следом, как смогу, пешком,

Bringing with me perhaps a word or two.	И, пожалуй, захвачу с собой слово-другое.
Speak your learned and witty discourses	Произноси свои ученые остроумные речи,
And I will utter my word or two —	А я пробормочу слово-другое —
Not by might, not by power	Не воинством и не силою,
But by Your spirit, Lord.	Но Твоим духом, Господь.
[Reznikoff 1996: 226].	

Строки эти выразительны на грани банальности. Две последних (цитата из Зах. 4: 6, эти слова произносят на Хануку, и они являются самой узнаваемой чертой популярной американской еврейской культуры) подтверждают ожидания читателя, а не перечеркивают их. Резникофф, представительный голос в дискурсе национального меньшинства, становится глашатаем культурных и национальных мифов, расплывчатых и обезличенных, никак не достойных ни Чарльза, ни Иезекииля[7].

Слуцкий, благодаря яркой индивидуальности, равнодушию к чужому мнению, а также по причине отсутствия еврейского культурного аппарата в советском контексте, смог избежать подобной опасности. Он повсеместно, а Резникофф — в лучших своих вещах являются, как это называет сам Слуцкий, «поэтами сути» [Слуцкий 1991b, 3: 192]. В сравнении с поэтами деталей, которые живут только сиюминутным, и поэтами-пророками, риторика которых есть синоним пустоты, поэты сути — те, чье слово способно выжить и закрепиться. Оценивая наследие Паунда, Перлофф настаивает: «Возможно, основной дар Паунда поэту-современнику, как мы начинаем понимать, — это возвращение в поэзию "комического, сатирического, гротескного, по-

---

[7] В контексте сравнения со Слуцким интересно, как слабость еврейской мифологии Резникоффа проявляется в его пьесе «Уриэль Акоста». Резникофф превращает Акосту в сторонника еврейского романтического эссенциализма, в рамках которого самое еврейское действие, что может совершить еврей, — бунтарство в чистом виде, включающее в себя и отречение от иудаизма. Он утверждает: «Мы противостоим всему миру, не был ли я настоящим евреем, / когда противостоял и своим братьям-евреям?» См. [Fredman 2001: 59].

вествовательного", выход за пределы отдельного лирического стихотворения... к более крупной, поместительной поэтической форме... которая вновь стала способна вбирать в себя разные уровни дискурса» [Perloff 1985: 211]. Слуцкий и — отчасти, в ряду иных, непоэтических произведений — Резникофф достигают этой многоуровневости не через создание мегатекстов, таких как, например, «Кантос» Паунда с их явственной доминирующей структурой, а в лирическом стихе. Интересно, что Перлофф, происходившая из семьи евреев — беженцев из Вены [Perloff 2004], не упоминает политические взгляды Паунда. Однако существует корреляция между его тотальной эстетикой и тоталитарной идеологией, влиянию которой он поддался. Соответственно, неясно, попадает ли Паунд, по определению Слуцкого, в число «поэтов сути». Говоря о Резникоффе, Фредман отмечает, что в его произведениях «присутствует поэтическая "чистота", как стилистическая, так и этическая, причем оба этих измерения отражаются друг в друге» [Fredman 2001: 11–12]. Данное утверждение в равной мере подходит и к Слуцкому. Благодаря этической серьезности собственной лирики оба поэта сумели избежать ошибок своих менторов. Однако если случай Резникоффа показывает, как эстетика может оступиться при нисхождении в этику, то Слуцкий отбрасывает тень дерзкого трикстера. Оба ищут еврейской «росы», чтобы наверняка выжить:

We Jews are as the dew,	Мы, евреи, — роса
On every blade of grass.	На каждом стебле травы.
Trodden under foot today,	Растоптанные сегодня,
And here tomorrow morning.	Завтра утром мы будем здесь.
[Reznikoff 1996: 127].	

10
Слепота без прозрения: Давид Самойлов

1

Можно без преувеличения сказать, что почти все разговоры о Слуцком вращаются вокруг его участия в деле Пастернака и его дружбы и соперничества с поэтом Давидом Самойловым (1920–1990). Сценарист и режиссер А. К. Симонов, сын писателя К. М. Симонова, подтверждает, что отношения между Самойловым и Слуцким — «тема… одна из самых интересных во всей поэтической эпохе первой оттепели»[1]. В этой главе будут рассмотрены измерения данной темы, и общий замысел книги дополнится раскрытием корней и причин существующей доныне общепринятой мифологии о Слуцком. Сарнов проницательно подытоживает:

> Есть имена писателей, поэтов, которые в школьное, читательское, народное, если угодно, — называйте как хотите — сознание входят парами. Стоит назвать одно такое имя, как тотчас же возникает непременная — вторая — часть пары: Пушкин — Лермонтов. Толстой — Достоевский. Маяковский — Есенин. Ахматова — Цветаева… Каждая такая сложившаяся пара вовсе не предполагает ни равновеликости образующих ее фигур, ни дружбы, ни вражды, ни вообще каких-либо личных отношений (Пушкин и Лермонтов, Толстой и Достоевский, как известно, не были даже знакомы друг с другом). Но независимо даже от того, понравилось бы это им самим или нет, стоять им теперь

---

[1] *Симонов А.* Дело, что было в начале… [Горелик 2005: 138].

навеки — рядом. Вот такой же неразрывной парой навсегда останутся в сознании читателей стихов — до тех пор, пока не переведутся у нас такие читатели, — эти два имени: Слуцкий и Самойлов» [Сарнов 2000].

Утверждение Сарнова — прекрасная точка отсчета и веская причина обстоятельно пересмотреть ось Самойлов / Слуцкий.

Дополнительный материал к этой теме можно почерпнуть из статьи сына Самойлова, А. Д. Давыдова, посвященной двум поэтам. Он пишет, что у Самойлова был лучший друг, на котором сосредоточились все его сыновние чувства, от восхищения до ненависти. Именно с ним он вел наиболее страстный из всех своих диалогов, постепенно проникший в самую глубину его души [Давыдов 2006: 18]. Недостаток этой точки зрения заключается в том, что понятие диалога предполагает как минимум двух участников, собеседников, которые пытаются понять друг друга. В своих мемуарных фрагментах Слуцкий не упоминает Самойлова; если не считать нескольких эпиграфов, взятых из стихов Самойлова, мы не находим у Слуцкого заметного слоя аллюзий на его произведения. Получается, что тема «Самойлов / Слуцкий» — это не столько диалог, сколько однонаправленный вектор, прочерченный ловким творцом мифов, Давидом Самойловым. Пары, перечисленные Сарновым, не возникли из ничего; это продуманные конструкты, созданные людьми, игравшими заметную роль в формировании нарративов культуры. Некоторые более субъективны, другие — менее; некоторые развивались во времени, другие оставались замершими, неоспоримыми. У меня есть твердое убеждение, что связь Слуцкий / Самойлов надлежит анализировать именно в качестве такого вот нарратива — глубоко субъективного, эдипова, исполненного мировоззренческих расхождений: через него Самойлов переносил свою вину и «грехи» на того, кого избрал в отцы. Рассмотрение этой взаимосвязи в более широком ключе многое раскрывает в истории и динамике послевоенной советской культуры и ее отношении к еврейским дискурсам.

Как известно, Самойлов и Слуцкий прекрасно знали друг друга, начиная со студенческих лет в Москве, где оба были членами поэтического кружка, куда входили в том числе Кульчицкий, Коган, Ю. Д. Левитанский и С. С. Наровчатов, и до самой смерти Слуцкого. Однако, если вернуться к Сарнову, вряд ли можно ставить между ними знак равенства. В данной главе нет задачи проанализировать поэтику Самойлова, равно как и задачи выстроить иерархию поэтов; наша цель — указать на несходство двух авторов. Судя по всему, Слуцкий осознал это достаточно рано и к дружбе с Самойловым относился как к «греху юности». Для Самойлова же она стала наваждением и одним из основных инструментов самоидентификации. Беньямин дал блестящее определение отношений Кафки с Максом Бродом: «дружба, которую следует отнести к одной из не самых простых загадок жизни Кафки» [Беньямин 1938], и то же можно сказать об отношении Слуцкого к Самойлову. Самойлов был, безусловно, талантливым стихотворцем. В его произведениях чувствуется влияние Пастернака и Ахматовой, присутствует глубокомысленность Анненского и пушкинская так называемая легкость — с пристальным вниманием к нарративной форме стиха. Стихотворение Самойлова, говоря словами И. О. Шайтанова, «пронизано ассоциативной [интертекстуальной] памятью» [Шайтанов 2007: 587]. В то же время «его стихи — знак определенного стиля, далеко не только поэтического, в котором сама легкость, уклончивость приобретали значение высказывания. *Как будто бы не о главном...*» [Шайтанов 2007: 258]. Комментатор прав: стиль Самойлова присутствует не только в поэзии, то же отношение он распространял и на свое общественное положение, и на образ жизни, выстраивая на этом собственную философию[2]. Нарратив о Слуцком сыграл важнейшую роль в формулировании упомянутой философии.

---

[2] Поэт Владимир Корнилов довольно жестко, но прозорливо высказывается о позе Самойлова. Соглашаясь с поэтом Борисом Евсеевым, что Самойлов создал много красивых стихотворений, он заявляет: «Нет, это не то. То есть я не против его стихов вообще. Но не попадайтесь на удочку этой, позаимствованной у Пушкина, гладкости!» [Евсеев 2003: 233]. В таком контексте парадоксально звучит письмо Корнилова к Самойлову от 1987 года, где он пишет: «Странное дело, мне постепенно стал надоедать Слуцкий. 35 лет

Можно ли вести конструктивный разговор о поэтике Самойлова, то есть о его *позиции* и художественной системе, в том же смысле, в каком в этой книге он ведется о Слуцком? Полагаю, нет. Самойлов был эволюционирующей фигурой, но не того типа, что Блок, у которого эстетическое развитие отражалось в мировосприятии. Шайтанов называет поэзию Самойлова палимпсестом в строгом смысле этого слова: один слой стирается, его место немедленно занимает другой и т. д. [Шайтанов 2007: 236]. В его стихах присутствует референтная память, но слой ее тонок. Если строфы и достигают философского уровня, суть их остается незамысловатой[3]. Все это строго противоположно тому, что Корнилов называет «стихами дальнего действия» у Слуцкого. Между Слуцким и Самойловым этот оригинальный и смелый поэт усматривает «оппозицию... как в шахматах» [Евсеев 2003: 232–233]. Возможно, в общем смысле у Самойлова присутствуют черты, напоминающие эстетику Слуцкого, например смешение разговорного и высокого стиля, однако у него нет ни метапоэтики, ни метапоэтического веса Слуцкого[4]. В то же время предложенное Блумом понятие «тревожности влияния» не описывает его мифологической стратегии. Отсутствие поколенческого разрыва между Слуцким и Самойловым — не единственное препятствие к применению теории Блума. Блум говорит о противостояниях крупных поэтов, великих поэтических взглядов и теорий. Включение Самойлова в эту категорию стало бы ошибкой интерпретации. Его «неверное прочтение» Слуцкого

любил его, а теперь... Нет, нет, я не отрекаюсь, я его люблю, как свою молодость и зрелость. Но теперь мне ты дороже всех... По-моему, так и должно быть. С молодости — Слуцкого, под старость тебя» [Медведева 2010]. См. также сложный и ценный цикл стихотворений Корнилова о Слуцком «Плач по Слуцкому» [Корнилов 2004, 1: 213–219].

[3] М. С. Харитонов утверждает, что стихи Самойлова можно описать выражением «откровенная корректность» [Харитонов 2002: 20]. См. также обзор дневников Самойлова, составленный Д. Быковым, — там содержится емкое и точное описание мировоззрения и творчества Самойлова [Быков 2003].

[4] Самойлов пишет, что в начале творческого пути подражал Слуцкому, но безуспешно, поскольку не мог совмещать марксизм Слуцкого с собственным неприятием идеологии [Самойлов 2006: 91].

не является герменевтическим приемом в понимании Блума, а отражает создание индивидуальной иллюзии, которая имела серьезные последствия для истории культуры и литературы: случай слепоты без прозрения, заставляющий вспомнить не только Поля де Мана, но и «прозрение» в «Слепцах».

В книге, где смело переосмысляются мифы о русской культуре Серебряного века, Г. С. Рылькова вспоминает предложенную Рикёром герменевтическую парадигму «двойной мотивации» «обретения "истины"» через а) «восстановление смысла» и б) «демистификацию и "отказ от заблуждения"» [Rylkova 2007: 6]. Основная посылка и цель данной книги построены на первом методе. Чтобы понять, как Самойлов прочитывал Слуцкого, придется прибегнуть ко второму методу. Соответственно, ниже будет предложена первая подробная «демистификация» нарратива Самойлова, которая вытекает из текстов Сарнова, Корнилова, Симонова, а также более ранних работ автора этой книги [Гринберг 2008].

2

Во втором варианте своих воспоминаний о Слуцком, снабженных красноречивым заголовком «Друг и соперник», Самойлов описывает Слуцкого следующим образом: «Он ходил, рассекая воздух. <...> Он понимал, что такое талант, и был выше зависти. Он умел отличать ум от глупости. Он умел разбираться в законах. Он умел различать добро и зло. Он был частью общества и государства. Он был блестящ. Он умел покорять и управлять. Он был человек невиданный. Он действительно рассекал воздух» [Самойлов 2000b: 151]. В этом позднем тексте Самойлов смягчает жесткость высказываний, которые содержатся в первом, неопубликованном отзыве о Слуцком, написанном, когда тот еще был жив [Самойлов 2000b: 151]. Притом в нем сохранены все основные элементы принижения Самойловым качеств Слуцкого. Самойлов изображает Слуцкого гигантом, одновременно создавая над ним и собой ауру равенства. Слуцкий монументален, выше зависти — и, соответственно, таков же и Самойлов. А главное, Слуцкий умел распознать талант — читай, талант Самойлова. Единственная разница заключается в том, что Слуцкий выглядит жертвой собственных ошибок, Самойлов же — великодушный провидец, благородно дарующий Слуцкому признание. Мифология Самойлова простирается в трех направлениях: личное, поколенческое и эпохальное. Начну с личного.

В письме к Л. К. Чуковской, которая признаётся Самойлову в своей неспособности по достоинству оценить стихи Слуцкого, Самойлов отмечает, что самая сильная сторона поэзии Слуцкого — его личность. Из дневников Самойлова видно, что именно личностный фактор он считал основным в превращении поэта из просто талантливого в эпохального. Для него стихи Слуцкого не похожи больше ни на чьи, не скучны, однако очень неровны [Самойлов 2000b: 156]. Вместе с тем Самойлов не преминул пояснить, что в его глазах Слуцкий всегда оставался продуктом и явлением своей эпохи, которому предначертано сойти со сцены вместе с ней. В том же письме к Чуковской, написанном в 1981 году, когда Слуцкий уже четыре года хранил творческое молчание, Самойлов подводит черту под Слуцким-поэтом: «Он всегда держался в рамках поколения — и для молодых, наверное, выглядит как поэт прошлого времени. Мы, особенно до тридцати лет, старались свести концы с концами. Позже многие от этого отказались и, как это ни странно, больше сохранили цельность, чем Слуцкий» [Самойлов, Чуковская 2004: 152–153]. Соответственно, все концы сводятся и выносится приговор: Слуцкого читать не будут, он принадлежит времени с маленькой буквы «в», Самойлов же останется, поскольку перерос свое поколение, а с ним и всю эпоху. Глубокомыслие собственной поэзии Самойлов сохраняет и в «прозе»: важнейшее говорится так, как будто оно совсем не главное, а лишь проглядывает сквозь строки. Более того, это же мнение Самойлов высказывает в частном письме. Он понимает, как и любой видный деятель культуры, что его эпистолярное наследие рано или поздно станет общественным достоянием, особенно если учитывать, кому он в данном случае пишет — талантливой писательнице-диссидентке, дочери прославленного критика и детского поэта. Его корпус высказываний о Слуцком или, точнее, против Слуцкого складывается из писем, дневников и статей.

Самойлов не случайно вычленяет личностный элемент в стихах Слуцкого. В письме к В. С. Баевскому, автору первой (и пока единственной) научной монографии о Самойлове, он так отзывается о недавно изданном сборнике стихов Слуцкого: «Есть новая книга Слуцкого, которую можно любить, если любишь его» [Баевский 1992: 42]. Важно, что письмо это датируется 1989 годом. Соответственно, новый сборник по преимуществу состоит из произведений, которые при жизни поэта не были опубликованы[5]. Самойлов отрицает Слуцкого в целом. Он понимает, что единственное свидетельство существования Слуцкого — его стихи. «Его поэтика — это он сам», — подытоживает Самойлов в «Друге и сопернике» [Самойлов 2006б: 165]. Поэт Сапгир, член Лианозовского кружка авангардистов, речь о котором пойдет в главе 12, отмечает, что Слуцкий «был очень похож на свои стихи: такой же определенный, опрозаиченный, конкретный»[6]. Из этого видно, что именно личностный элемент, местами слегка завуалированный и воплощенный в зависти и боязливом восхищении, пронизывает всю самойловскую мифологию о Слуцком.

Возвращаясь к вопросу о знаке равенства, важно вспомнить о несходстве двух поэтов в человеческом плане. Они разнились по происхождению: Слуцкий был родом из провинциальной харьковской еврейской семьи, детство и юность Самойлова прошли в Москве, он был сыном известного врача. К написанию стихов они подходили совершенно по-разному. Слуцкий был трудолюбив до маниакальности. Симонов вспоминает, что, когда он работал в составе комиссии Союза писателей, занимавшейся

---

[5] Имеются в виду либо «Стихотворения» (М.: Художественная литература, 1989), либо «Стихи разных лет. Из неизданного» (М.: Советский писатель, 1988).

[6] URL: www.rvb.ru/np/publication/sapgir1.htm#6 (дата обращения: 13.09.2020). Самойлов пренебрежительно пишет о «конкретности» Слуцкого как о части его совершенно невыносимого образа [Самойлов 2006б: 161].

изучением посмертного творческого наследия Слуцкого, Болдырев показывал им с Е. А. Евтушенко множество неизвестных стихотворений Слуцкого, которые продолжал находить. Евтушенко изумлялся многочисленности стихов в архиве Слуцкого и не верил Болдыреву, утверждавшему, что их свыше двух тысяч. Для Слуцкого, метко отмечает Симонов, написание стихов было упорным трудом и единственным делом его жизни. Для Самойлова, напротив, статус поэта был неотъемлемой частью его богемного образа. Сочинял он относительно редко, дожидаясь «вдохновения»[7]. Писал не только стихи. Начиная с 1960-х годов бóльшую часть своего времени отводил переводам, а также научным исследованиям, посвященным эволюции русского стиха. Человек обаятельный и общительный[8], он — это подтверждают и его дневники, и почти все воспоминания — любил выпить[9]. Кроме того, Самойлов — известный ловелас, в 1950-х годах у него случился спорадический роман со Светланой Аллилуевой. Слуцкий был человеком сложным, противоречивым, однако его этика в вопросах творчества распространялась не только на поэтику, но и на жизненные принципы. Судя по всему, немногочисленные его романы до знакомства с женой были платоническими и неудачными[10]. По сути, с ней одной у него и существовали длительные отношения. В биографии Слуцкого не только отсутствует налет богемности, она отличается затворничеством. Самойлов цепляется за отчужденность своего «друга», подавая ее как проявление снобизма и позерство и трансформируя собственную богемность в философию самодостаточного одиночки.

---

[7] Показательны следующие слова Самойлова: «Совершенно не получается работать. Мне надо недели две спокойно поваляться на диване... Заработки-то, конечно, я делаю, а работать не могу» [Харитонов 2002: 20].

[8] Самойлов отмечал: «Во мне есть радость общения. Эта радость передается людям, и потому они тянутся ко мне» [Самойлов 2002, 1: 311].

[9] См., например, в [Рассадин 2008: 361–362].

[10] Более того, Самойлов ставит под вопрос гетеросексуальность Слуцкого в связи с отсутствием внешнего интереса к женщинам [Самойлов 2000б: 163]. О женщинах в жизни Слуцкого см. [Горелик, Елисеев 2009: 259–272].

Самойлов преобразовывает личную антипатию в рассуждения по поводу литературной истории своего поколения. Он подчеркивает ведущую роль Слуцкого в их довоенном поэтическом кружке [Самойлов 2000b: 152]. Это позволяет ему прийти к выводу, что вина за распад кружка после войны лежит прежде всего на Слуцком: вместо того чтобы и дальше идти по пути создания общей поэтики и программы, Слуцкий выбрал собственную дорогу. Самойлов изображает Слуцкого человеком, цепляющимся за их общую довоенную идеологию («искренний марксизм») с ее попытками реформировать идеологическую ригидность литературного процесса изнутри. Слуцкого он называет носителем «довоенного вселенского утопизма» [Самойлов 2000b: 155], безоглядным последователем Маяковского с его утопическим мышлением. Даже самый поверхностный взгляд на окружение Слуцкого и на его послевоенные стихи показывает иллюзорность этого утверждения. Привязанности Слуцкого оставались неизменными: превыше всех был для него Михаил Кульчицкий. После гибели Кульчицкого на фронте сама мысль о создании какого бы то ни было поэтического кружка казалась ему бессмысленной. Более того, «Стихи о евреях и татарах» однозначно демонстрируют, что его взгляды всегда радикально отличались от взглядов его друзей, особенно Самойлова — это будет видно из анализа отношения последнего к еврейству.

В хронике жизни их поколения Самойлов переплетает личное и творческое. Завидуя недолгой послевоенной славе Слуцкого в самиздате, он не может отделаться от этого чувства даже после смерти Слуцкого [Самойлов 2002, 2: 274][11]. Слуцкий не находит Самойлову места в своей литературной генеалогии; он неоднократно давал ему это понять, иногда в достаточно резкой форме. Ясно также, что Слуцкий, прекрасно сознавая необычайность собственной поэтики в рамках русской литературы и, соответственно, предчувствуя возможность того, что слово его ждет забвение, признавал право Самойлова на присутствие в этой литературе. Самойлов, перефразируя его же слова, не был ни его

---

[11] См. также [Давыдов 2006: 24].

другом, ни соперником: и друзья, и соперники Слуцкого были совсем иного масштаба. Самойлов, похоже, не мог смириться с мыслью, что в их поколении будет два ведущих поэта, и его очень смущало, что Слуцкий считал современным советским поэтом номер один Леонида Мартынова, а себе отводил второе место. Рассказ о погибших надеждах и упущенных возможностях довоенного кружка позволил пересмотреть иерархию и в итоге вовсе убрать оттуда имя Слуцкого[12]. В результате Самойлов представал и держателем первого места, который перерос ошибочный идеализм и страх собственного поколения, и элегическим хронистом. Программа Самойлова достигает апогея, когда он изображает Слуцкого как политика своего времени.

* * *

> Слуцкий никогда не менял веры, не менял идеала, не изменял ему.
> <...> С этой точки зрения он долго был... ортодоксом.
> *Давид Самойлов*

С целью обесценить значение Слуцкого для поэзии Самойлов создает миф, выстроенный вокруг того, что Слуцкий-политик важнее Слуцкого-поэта. Он пишет в своем дневнике в мае 1957 года — что примечательно, накануне публикации первого поэтического сборника Слуцкого «Память»:

> Отказываясь от политического взгляда на жизнь, который он в себе культивировал многие годы, которым гордился и к которому он, по существу, более всего приспособлен по складу ума, — отказываясь от этого взгляда и стараясь принять «поэтический», мартыновский взгляд, Борис много теряет. Его мысли о другом плоски, неинтересны. Да и сама его поэзия взращена политикой, а не голубыми туманами лирических переживаний [Самойлов 2002, 1: 292].

---

[12] См. стихотворение Самойлова «Перебирая наши даты» [Самойлов 2000а].

Ту же точку зрения, в смягченном, правда, виде, Самойлов переносит и в свои воспоминания о Слуцком. «Политическое» он понимает в узком советском смысле, а не в куда более глубоком аристотелевском; он отмечает:

> Яснее и проще всех мыслил Слуцкий. <...> Он точно умел определить, что происходит, но не умел или не хотел предвидеть, что произойдет из того, что происходит. <...> На самом деле в этом проявлялись убежденность в осуществимости утопии и нежелание представлять себе будущее иначе. <...> Политическую реальность он до какого-то времени считал очередным этапом на пути к осуществлению [утопического] идеала. Он остро интересовался политикой именно поэтому и всегда искал в политической ситуации признаки продвижения к идеалу. <...> С этой точки зрения рассматривал и роль Сталина» [Самойлов 2000b: 155, 165].

Утверждение, что поэтический взгляд, который Самойлов полемически изображает в клишированной форме, Слуцкому враждебен, — по меньшей мере крайне спорно. Неудивительно, что в рамках этой полемики он крайне поверхностно прочитывает Слуцкого, а именно такое прочтение и лежит в основе его мифотворчества.

Утверждая политическую природу феномена Слуцкого, каковой он время от времени восхищается («замечательный политический ум») [Самойлов 2002, 1: 233], Самойлов искажает политический образ Слуцкого, который его «друг», по словам Самойлова, начал создавать в период оттепели. «Я хочу писать для умных секретарей обкомов», — якобы сказал Слуцкий Самойлову [Самойлов 2000b: 153]. Именно этот аспект остается наиболее общепринятым и непререкаемым в современной литературе о Слуцком[13]. Самойлов связывает высказывание о «секретарях обкомов» с участием Слуцкого в деле Пастернака и видит в нем воплощение «тактики» Слуцкого. В письме к Слуцкому, написанном летом 1956 года, когда, по словам Самойлова,

---

[13] См., например, [Горелик, Елисеев 2009].

они больше не разговаривали, Самойлов дает точное определение этой тактики и сеет первые семена своей мифологии:

> Прежде всего, о тактике. Если тактикой называть стремление печататься, намерение издать книгу, звучать по радио или выглядывать из телевизора, стать в ряду «наших талантливых» или «наших уважаемых» — что ж, это естественное для поэта намерение, но никакой тактики во всем этом нет, как нет ее и в моей пассивности. <...> «Смешное» в тебе именно и идет от попытки убедить себя и окружающих в том, что ты занят особой тактикой, то есть неким важным, существенным для общества делом, организацией литературной жизни [Самойлов 2000b: 168–169].

Прочитав это письмо, Слуцкий приехал к Самойлову на дачу в Мамонтовку и кратко ответил: «Ты для меня не идеолог». Этот ответ содержит в себе нотки иронии, раздражения и прозорливости.

Самойлов продолжает: после XX съезда КПСС, на котором Хрущев развенчал культ личности, Слуцкий уверовал, что грядет возрождение литературы. Да, придется принести определенные жертвы (одна из них — Пастернак), но главное, чтобы правительство не прекращало либеральных реформ. Согласно Самойлову, Слуцкий превратился в официозного поэта, в парвеню, для которого характерны «инстинктивный восторг перед официальной иерархией и стремление занять в ней место» [Самойлов 2000b: 171]; ту же точку зрения он язвительно выражает в эпиграмме на Слуцкого, сочиненной в 1957 году [Сарнов 2000: 310–311]. Важно подчеркнуть, что нам неведомо, считал ли так сам Слуцкий. Если да, то он был не единственным. Даже в 2006 году критик и литературовед М. О. Чудакова, которую трудно заподозрить в оптимистичной трактовке советской истории, называла речь Хрущева одним из важнейших поворотных моментов в русской истории XX века [Чудакова 2006]. Слуцкий, в отличие от Самойлова, не вел дневника; его писем сохранилось не так много. Однако существует его поэтическое наследие, единственное хранилище его мировоззрения, и в нем представлено куда более сложное и убедительное полотно историографических взглядов поэта-герменевта XX столетия. Как было указано во введении, накануне собрания, посвященного Пастернаку, Слуцкому выдвинули ультиматум, который, с его точки зрения, не оставлял ему выбора. В конечном итоге значимо лишь одно — его собственная оценка этого события, а он считал свой поступок позорным и непростительным. Исходить, как Самойлов, из того, что это было сознательное политическое решение, попросту неверно[14]. Тот факт, что эту версию сочли правдоподобной, доказывает: Слуцкого сделали своего рода козлом отпущения, на которого и Самойлов, и другие литераторы переложили собственное чувство беспомощности и вины.

Наблюдательный исследователь С. Б. Рассадин пишет: в случае Самойлова и Слуцкого следует говорить о разных степенях свободы, — подразумевая, что Самойлов был гораздо свободнее [Рассадин 2002: 424]. Слуцкий, мы помним, называет свою свободу жестокой и ставит ее в зависимость от памяти. Как измерить внутреннюю свободу поэта? Опять же, прежде всего — по его стихам. Симонов справедливо предполагает, что нужно взглянуть на отношение Слуцкого и Самойлова к собственным неопубликованным стихам. У Самойлова — на это указывают и он сам, и многие другие — осталось лишь несколько ненапечатанных стихотворений. По словам Симонова, он не любил про них говорить. Более того, отмечает Симонов, публикация неизвестных стихов Самойлова не изменила его восприятия читателями. Что касается Слуцкого, свыше половины его стихотворений не были напечатаны (по мнению Симонова — как минимум два неопубликованных на одно опубликованное). Притом что

---

[14] Самойлов намекнул Баевскому, что Слуцкий выступил против Пастернака по причине личной неприязни к нему и его стихам. Этому противоречат и глубокое знакомство Слуцкого с поэзией Пастернака, и его собственные стихи, посвященные данному событию. См. [Баевский 1992: 14]. См. также [Баевский 2007: 241]. Самойлов, кроме того, утверждает, что Слуцкий заранее прочитал ему свою речь против Пастернака и Самойлов, загипнотизированный влиянием Слуцкого, счел ее приемлемой [Самойлов 2000b: 168]. Вместе с тем в первом, черновом варианте речи Слуцкого о Пастернаке, хранящемся в РГАЛИ, Слуцкий клеймит Пастернака в намного более жесткой форме.

не попавшие в печать стихи были зачастую более смелыми, решительными и проникновенными, в этой книге однозначно показано: и опубликованные, и неопубликованные произведения Слуцкого являются честным выражением его *позиции*. Все его стихи составляют то, что Симонов называет «континентом» его поэтики [Горелик 2005: 138–139]. Если применить собственную логику Самойлова, Слуцкий был *неестественным* советским поэтом. Поставим вопрос одновременно и в риторическом, и в фактическом ключе: кто обладал большей свободой? Слуцкий, чей приход в литературу — а привел его туда Эренбург — вызвал гнев властей, или Самойлов, принимаемый куда более однозначно? Почему-то в Слуцком, который после войны был в Москве почти бездомным (он 23 раза менял место жительства), видят хитроумного тактика, а Самойлова, у которого имелись удобная квартира в столице и дача в Подмосковье, превозносят как оппозиционера. Ключ к едва ли не парадоксальной живучести мифа Самойлова лежит в его философии пассивности, кою он начал выстраивать еще в письме к Слуцкому от 1956 года.

* * *

> Я попробовал задать ему вопрос, как он поступал, когда на собрании надо было голосовать за что-то или против кого-то, а это ведь нередко значило либо кого-то погубить, либо самому чем-то пожертвовать. Однако он не понял вопрос или уклонился от ответа.
>
> Марк Харитонов

Корнилов так описывает позицию Самойлова, противопоставляя ее позиции Слуцкого:

> Совсем иное дело — Самойлов. Он жил не так, как Слуцкий, и мучений у него не было таких духовных. Он хорошо приспособился к Советам, делал вид: "вот я пью, я пьяница, и ничего худого вокруг не вижу, не знаю…" От этого и стих его сух, "недовешен", иногда неприятно лжив [Евсеев 2003: 232].

Можно соглашаться или не соглашаться с нелицеприятными словами Корнилова, сказанными в последнюю неделю его жизни, однако из них видна суть соглашательства Самойлова с властями. В разговоре с Баевским Самойлов сравнивает себя с солдатом, который не поднял гранату перед приближающимся танком, решив навеки остаться в окопе [Баевский 1992: 20]. Виртуозность Самойлова состояла в том, что он сумел довести этот прагматический компромисс, то есть приспособленчество, до уровня философской позиции и истинного предназначения русского поэта: «Мне выпало счастье быть русским поэтом… / И при этом я выпал, / Как пьяный из фуры, в походе великом. / Как валенок мерзлый, валяюсь в кювете. / Добро на Руси ничего не иметь» (последняя строка — отклик на некрасовское «Кому на Руси жить хорошо»). *Позиция* Слуцкого резко контрастирует с ироническим, но откровенно романтизированным образом поэта, фигурирующим у Самойлова. Слуцкий встает в более скромную позу, представая в образе одинокого, но уверенного в себе художника, знающего, что «на важнейших событиях ты ставишь фамилию, имя, / А потом тебя забывают» («Начинается длинная, как мировая война…»).

Баевский угадывает намерение Самойлова и отвечает ему язвительной эпиграммой: «Современник, не стыдись / И не иди на компромисс, / А коль сходил на компромисс, / Так уж, пожалуй, не гордись» [Баевский 1992: 20]. Угадывает это намерение и Сарнов, который заключает: «А гармоничный, "классический" стих Самойлова, не испытывающего ни малейшей потребности спотыкаться "на гладком месте", был прямым следствием его жизненной философии, его понимания роли и места поэта в жизни» [Сарнов 2000: 314]. Мне представляется, что самопровозглашенное достоинство Самойлова можно разоблачить как «сознательное заблуждение». Подобно персонажу Бродского, жителю Римской империи в поздние ее времена, он хотел бы сказать: «Если выпало в империи родиться, / Лучше жить в глухой провинции у моря» [Бродский 2003: 236]. Самойлов именно так и поступил: два последних десятилетия своей жизни он провел в эстонском Пярну, символически и географически отдалившись от столичной суеты. Однако если Бродский считал существование в советской пустыне чем-то враждебным и неестественным для его слова (вспомним его «Остановку в пустыне») [Бродский 2000] и в итоге с этой пустыней порвал, то уход Самойлова был иного толка. Опять же, пригодился придуманный им контраст со Слуцким. Перенеся «позор» соглашательского компромисса на «друга», что показан как человек, не способный преодолеть свою идеологическую узость и оставить безосновательные надежды, он добавил ценного блеска собственной позиции, которая по самой сути не могла обладать подлинным достоинством.

Симонов развенчивает миф Самойлова, прилагая к двум поэтам парадигму Моцарта / Сальери. Он видит в Слуцком Сальери, по причине его рассудительности, а в Самойлове — Моцарта, в связи с его известной беспечностью, и добавляет: «Только в понятие "моцартианства" в пятидесятые и до конца семидесятых входила не только легкость, но и проходимость, а "сальеризм" не был оснащен инфернальностью и ядом» [Горелик 2005: 139]. Симонов, который усвоил урок приспособленчества и компромисса на примере отца (см. ниже), проявляет здесь особую прозорливость. При этом для Пушкина Моцарт и Сальери, по сути, равны. Приходится доверять Моцарту, не способному лгать, когда он говорит Сальери, имея в виду Бомарше: «Он же гений, / Как ты да я...» Сальери, однако, направляет собственное дарование в трагически неприемлемое и в итоге саморазрушительное русло. В последнем своем поэтическом диалоге с Пушкиным, в канун молчания, Слуцкий, как будет показано в главе 13, обращается именно к этой «маленькой трагедии», сосредоточив в образе Моцарта собственное сходство с величайшим русским поэтом, которое служит ему утешением. Соответственно, Симонов справедливо переписывает роли двух персонажей, заставляя их обменяться масками. Модель «Моцарт / Сальери» применима для случая «Самойлов / Слуцкий» как инструмент «отмены» заблуждения Самойлова, что показывает: конформизм его стихов был не исключением, а правилом[15].

---

[15] В дневнике Самойлов время от времени признаёт, что придерживается тактики приспособленчества. В 1946 году он пишет: Слуцкий подметил недостаток независимости в его стихах, их нацеленность на публикацию.

Итак, Самойлов выглядит типичным советским интеллигентом послеоттепельного периода, ведущим уютное и даже интеллектуально насыщенное существование и достигшим неявного компромисса с властями, устраивающего обе стороны[16]. Примером может послужить «история» о его членстве в партии. После войны Самойлов утверждал, что сжег свой партбилет — это воспринималось как беспрецедентное проявление мужества. Истина, однако, отнюдь не столь героична. Самойлов вступил в партию на фронте, а вернувшись в Москву, «забыл» встать на учет. Власти также «забыли» ему об этом напомнить. Неучастие в партийной деятельности спасло Самойлова — его не пригласили на собрание по делу Пастернака[17]. Повторимся: подавая Слуцкого как репрезентативную фигуру, Самойлов кривит душой. Вспомним емкую формулировку Бродского: «Слуцкий едва ли не в одиночку изменил звучание послевоенной русской поэзии». Бродский, как отмечает Суслова, намеренно выводит Слуцкого как из довоенной, так и из послевоенной поэтической когорты [Суслова 2000: 190–202] — добавлю: для того, чтобы назвать его выдающимся метафизическим иконоборцем. Действительно, Слуцкий не выбрал для себя диссидентства, однако в официальный литературный процесс вошел на собственных условиях, продиктованных не только эстетикой, но и этикой. Не случайно Слуцкий, по словам Сапгира, «был каким-то звеном между нами [неофициальной литературной Москвой] и "офи-

---

Он с этим не согласен и поясняет, что «государственная тенденция выражается во мне гораздо яснее и активная сторона поэзии стоит на первом плане». В «Друге и сопернике» Самойлов признаёт, что Слуцкий был недоволен некоторыми его послевоенными стихами, но процитированное выше собственное пояснение из текста исключает. Это пояснение он как бы переносит на Слуцкого, превращая того в лучшем случае в узколобого поэта-государственника, а в худшем — в глашатая официальной идеологии ([Самойлов 2002, 1: 233]; [Самойлов 2000b: 161]).

[16] Проводя контраст между Слуцким и Самойловым, Шайтанов пишет, цитируя Фаликова, что Слуцкий представлял собой тип обыкновенного советского интеллигента. См. [Шайтанов 2007: 578].

[17] Баевский дает эту информацию в своих заметках о Самойлове. Самойлов попросил его не обнародовать их до его смерти [Баевский 1992: 9].

циозом". Он привозил к нам в Лианозово Эренбурга» [Горелик 2005: 535]. Не случайно и то, что Слуцкий стал и реальным, и символическим наставником поэта, с которым Ахматова связывала надежды на возрождение наследия Серебряного века, — Бродского[18]. Тут уместно вспомнить: Слуцкий постоянно поддерживал, зачастую и финансово, самых разных молодых непризнанных поэтов, подписывал обращения и участвовал в работе литературных комиссий с целью спасти наследие уничтоженных и запрещенных поэтов и писателей (символично, что именно благодаря Слуцкому Хлебников был перезахоронен в Москве) и защитить впавших в немилость деятелей искусства[19]. Он размышлял одновременно и над моделью Эренбурга — «еврейского печальника», защищавшего «униженных и оскорбленных»[20], и, как будет показано в главе 13, над пушкинской парадигмой. В отношениях Эренбурга с властью была изрядная доля закономерного компромисса, зачастую трагического и безысходного[21], были элементы соглашательства и в отношениях Пушкина с Николаем I; вне всякого сомнения, в поступках Слуцкого тоже имелись элементы своекорыстия. Хочу, однако, подчеркнуть, насколько разным был опыт Слуцкого и Самойлова, когда речь шла и о создании стихов, и о том, чтобы постучаться в официальные кабинеты. Поведение Самойлова подтверждает его статус кумира советской богемы, представители которой весьма уютно чувствовали себя в удушающей советской атмосфере. Он дружил с несколькими диссидентами, особенно

---

[18] Самойлов — единственный, кто утверждал, что Слуцкий не ценил стихи Бродского. Самойлову кажется странным, что Бродский вообще обратился к Слуцкому. См. [Харитонов 2002: 109].

[19] URL: www.rvb.ru/np/publication/sapgir1.htm#6 (дата обращения: 13.09.2020). См. также стихотворение Слуцкого «Комиссия по литературному наследству» [Слуцкий 1991b, 1: 182].

[20] См. поэтический некролог Слуцкого Эренбургу «Было много жалости и горечи...» [Слуцкий 1991b, 2: 209].

[21] Позиция Эренбурга многому научила Слуцкого. Он никогда не вставал в позу «придворного еврея» и не выступал в качестве представителя государства.

со Л. З. Копелевым и литературоведом А. А. Якобсоном, однако тщательно сохранял дистанцию и упрекал их за желание эмигрировать[22].

Слуцкий действительно предпринял попытку организовать советский литературный процесс, сделав его более открытым и разнообразным. Он оставался *Слуцким*, а не советским, не стремился сделать карьеру; в этом его отличие от Константина Симонова, которого Самойлов называет «любимым поэтом и идеологом советской полуинтеллигенции»: его поведение колебалось от очень жесткого в период кампании против космополитов до более «либерального» после смерти Сталина[23]. Самойлов аккуратно приписывает Слуцкому позицию тактика, инкриминируя ему свое собственное приспособленчество. Представления Самойлова о русском народе и истории являются повторением и переиначиванием парадигмы Слуцкого — они обнажают исконный элемент непримиримости в рассуждениях Самойлова.

* * *

> Я — народ. Мешает анкета.
> *Давид Самойлов*

Заметки М. С. Харитонова о Самойлове, с которым он часто, порой ежедневно встречался с 1971 года и до их ссоры в 1980-м, содержат чрезвычайно откровенные и прозорливые мысли о поэте. Нужно отметить, что многие высказывания Самойлова, записанные Харитоновым, были сделаны в состоянии опьянения, однако это лишь придает им особую искренность. Харитонов записал следующее замечание Самойлова от 10 декабря 1975 года:

---

[22] Самойлов в воспоминаниях о Слуцком отмечает, что Слуцкий чувствовал себя очень неуютно среди диссидентов [Самойлов 2000b: 173].

[23] См. [Костырченко 2003: 337–343]. О Симонове см. [Громова 2009: 223].

> Со времен Чехова существует убеждение, что русская интеллигенция должна испытывать чувство вины перед народом. Я, может, первый из нашего поколения, кто не испытывает никаких этих комплексов. Я соль русской земли. Интеллигенция. Пусть мне народ кланяется, а не я ему за то, что он меня хлебом кормит [Харитонов 1998: 368].

Безусловно, существует большое сходство между этими мыслями и «А я не отвернулся от народа...», с которым Самойлов, вне всякого сомнения, был знаком (опубликовано в 1969 году), и «Я не могу доверить переводу...», которое он наверняка тоже знал. Самойлов представляет себя ведущим и самым дерзновенным поэтом своего поколения, аккуратно подбирая слова в беседе и понимая при этом, что содержание ее рано или поздно будет обнародовано. В малозаметном на первый взгляд «может» скрывается намек на Слуцкого. Самойлов заимствует у Слуцкого модель и наполняет ее совсем иным содержанием.

Отходя от нормативного изображения Самойлова, писатель Э. А. Шульман говорит о нем: «...русский патриот... либеральный государственник, универсальный гуманист...» [Шульман 2008]. Действительно, Самойлов-поэт и человек идет в ногу с любым временем. «...В тридцатые годы / я любил тридцатые годы, / в сороковые / любил сороковые...» — объясняет его программное стихотворение. Как отмечает Сарнов, вскрывая суть самойловского компромисса, «все это очень крепко рифмовалось с главными установками государственной идеологии» [Сарнов 2000: 322]; отсюда его строка «Мне выпала честь прикасаться к победам». Самойлов едва ли не случайно сам признаёт данный факт в своем дневнике, в котором, по меткому наблюдению Быкова, безуспешно пытается преодолеть мучительное чувство скованности и отсутствия внутренней свободы: «Если хочешь печататься в этой стране, надо делать выбор. Почему мы должны ждать лучшего отношения от власти, к которой сами не сделали навстречу ни одного шага?»[24] Разумеется, именно так он описал бы «тактику» Слуцкого. Шульман, в частности, называет Самой-

---

[24] Цит. по [Сарнов 2000: 318].

лова «универсальным гуманистом». Действительно, прямолинейный универсализм Самойлова был совершенно искренним и очень нравился либеральной интеллигенции. Обусловленное и подстегнутое страхом перед возродившимся русским национализмом — подъем национализма начался в произведениях писателей-деревенщиков и в некоторых кругах диссидентов — мировоззрение Самойлова противопоставляет национализм культуре, в последней он видит тягу человека к одной универсальной ценности, «планетарному понятию добра»[25]. При этом его отношение к русской национальной идее тоже, что удивительно, отличается крайней терпимостью: он готов сделать попытку пойти на определенные уступки националистам. Так, поэму «Канделябры», где изображено националистическое «брашно», он завершает словами готовности проявить милость к «темным» фигурам[26]. Как видно из описанных ниже злоключений Харитонова, то же понятие милости Самойлов прилагает и к своему пониманию тирании в русской истории.

* * *

В 1980 году Харитонов отправил Самойлову рукопись своей повести «Два Ивана», где драматические события сталинского периода рассматривались через призму царствования Ивана Грозного. Харитонов, как и Слуцкий, видел в Советах естественное продолжение русской истории. Переписка между Харитоновым и Самойловым по поводу этой повести представляет собой интереснейший пример «вечных русских» споров позднесоветского периода. Самойлов хвалит Харитонова за стиль, однако

---

[25] Это представление основано на философии Толстого.
[26] К написанию стихотворения подтолкнул диспут «Классика и мы» в московском Союзе писателей 21 декабря 1977 года, где впервые собрались видные литературные критики и писатели — представители возрождающегося национализма. Самойлов не присутствовал. См. [Самойлов 2005: 141–150, 437–442].

выражает резкое несогласие с его общими представлениями. В своем ответе он вновь обращается к понятию милости и делает такой вывод:

> Аллюзионная история мне чужда. Она мало дает для познания прошлого и настоящего. На самом деле история уникальна, ничто не повторяется, все обосновано конкретной психологией масс и деятелей. И опричнина вовсе не 37-й год. А что было страшней, мы не знаем, ибо страдание тоже единично и конкретно. И когда оно таково, оно неминуемо приводит к жалости, к сопереживанию. А жалость — уже и способ понимания. В русской духовной традиции есть идея жалости к руке карающей. Это особенность русского христианского мышления, ставшего потом внерелигиозным мышлением русского интеллигента. Твоя повесть язычески-груба. В ней нет бога [Харитонов 1998: 388].

Сарнов справедливо полагает, что этим утверждением Самойлов хочет сказать следующее: «Поэт не только имеет право мириться с властью, как бы отвратительна она ни была, но даже обязан идти с ней на мировую» [Сарнов 2000: 320]. Сарнов считает, что поворот Самойлова к подобному мировоззрению был внезапным и никак не мотивировался его прежними убеждениями. Мне представляется, «милость» Самойлова в отношении палача — это искаженная интерпретация, с одной стороны, историографии Слуцкого, в которой и народ, и власть частично виновны в катастрофах XX века, а с другой — свободного отношения поэта к народу.

Для Самойлова «народ и власть неразделимы», как — в определенной степени — и для Слуцкого. Однако обоснования двух поэтов принципиально расходятся. Не отрицая самобытности своего века, Слуцкий подает историю как спиралевидное бесконечное переплетение контекстов, частью чего является возникновение извращенной земной святости. Самойлов жалеет себя за то, что родился в XX веке (см. «Мне выпало счастье быть русским поэтом»). Свою философию он считает основой русского, подлинно советского интеллигентского мышления и тем самым в очередной раз подает себя в качестве прародителя приспособленческой парадигмы периода после оттепели. Слуцкий, как отметил сын

Самойлова, проник «в глубину его души». Нет никаких сомнений в том, что Самойлов постоянно размышлял о Слуцком, когда формировал свой взгляд на отношение к властям. Не случайно он считает «милость» важнейшим элементом поэзии Слуцкого. Проблема с тем, как ее понимает Самойлов, заключается в следующем: у Слуцкого милость и любовь — это иудейские понятия. Самойлов же отвергает любовь по причине ее избирательности и единичности и восхваляет милость за отсутствие в ней произвольности [Самойлов, Чуковская 2004: 100]. Если бы Слуцкому пришлось выбирать между ними, он выбрал бы первую.

Ответ Харитонова Самойлову убивает риторику поэта. Он пишет:

> А что до русской духовной традиции — она бывает разная, как разным бывает и народ... Тут речь не о жалости к «руке карающей»... Тут устоявшаяся с татарских времен традиция холопского, рабского почтения ко всякой власти и силе, готовность заведомо признать ее правоту и с некоторым даже восторгом подставлять собственную спину под кнут.

Харитонов, сам того не сознавая, ниспровергает мифологию Самойлова, где говорится, что Слуцкого ждала «нравственная гибель в его партийной идеологии», иными словами — в сталинизме [Баевский 1992: 42]. Мифотворцу выносят приговор на основе его же собственных обвинений. Харитонов продолжает, причем в манере, сильно напоминающей историографическое мышление Слуцкого:

> Моя книга не в последнюю очередь о памяти. Наша память во многом выжжена, подменена, искажена не только пожарами и стараниями властителей, но и нашей собственной душевной самозащитой, стремлением себя щадить. Одна из задач литературы, мне кажется, — восстанавливать подлинность и интенсивность памяти, чувств вообще. Порой это бывает трудно и даже болезненно [Харитонов 1998: 392].

Далее Самойлов обвиняет Харитонова в отсутствии любви к России. Харитонов оставил последнее слово за собой, заключив в 1998 году:

> Но мне позицию Давида и сейчас понять трудно. Как будто он однажды и навсегда сформулировал и утвердил для себя некую общую идейную конструкцию, где «идеал прошлого» существовал как бы обособленно от противоречивой действительности, а «история власти» — от «истории нации и культуры», где «работа сердца» противопоставлялась «работе ума» и заклинания о любви к родине словно бы могли заменить осмысление трагизма и проблематичности реальной российской истории, которую почему-то не следовало «вставлять в ход всеобщей истории»и «судить по общим законам»... [Харитонов 1998: 392].

Последний пункт подчеркивает обоюдоострый характер дебатов Самойлова со Слуцким. В воспоминаниях о «друге» Самойлов в качестве одной из причин своего разрыва со Слуцким называет «новые представления» последнего об исторической уникальности России и ее превосходстве над Западом [Самойлов 2000b: 160]. Не будет преувеличением сказать, что в произведениях Слуцкого нет ни единого намека на подобное отношение. Тем самым Самойлов сначала принижает это понятие, перенося его на Слуцкого в угоду собственной «либеральной» мифологии, а потом вновь возвращает его себе, подкрепляя свою новую, «христианскую» позу. Нужно понимать, что страх Самойлова перед «ужасом» советской системы был далеко не всеобъемлющ[27]; его вера в «милость» оправдывает загнивающую советскую идеологию.

3

> После обязанностей права
> Хотели мы. Но — мысля здраво —
> Обязанности выше прав.
>
> Скажите, разве я не прав?
> *Давид Самойлов. «Юлий Кломпус»*

Представление Самойлова о еврействе — одно из главных подспудных течений его мысли — строится на тех же понятиях культуры, национализма, христианства и взаимоотношений

---

[27] Самойлов пишет, что Слуцкий пришел в ужас, когда понял, что литературный ренессанс, на который он рассчитывал, не состоялся [Самойлов 2000b: 168].

поэта с народом. А значит, они основаны на «диалоге» со Слуцким и возвращают приспособленчество и риторику Самойлова в личную область. При первом «прочтении» трудно понять, как именно Самойлов ощущал свою принадлежность к еврейству. С одной стороны, он, сын московского врача, никогда не отрицал, что он — еврей, и к антисемитам относился с презрением. С другой стороны, в собственной биографии Самойлов пытается выставить себя исконно русским поэтом («Мне выпало счастье быть русским поэтом») [Самойлов 2000а: 263] и еврейскую историю рассматривает только как последовательные стадии ассимиляции. В первых же дневниковых размышлениях на эту тему он предвосхищает свою будущую философию, говоря об отце: «Когда мне было лет шесть-семь, рассказывал он мне разные истории из Библии и старался воспитать во мне дух национализма. Однако националист вышел из меня неважный, хотя я не лишен чувства некоторой национальной гордости и самолюбия» [Самойлов 2002, 1: 47]. Схожие чувства звучат и в другой записи, где Самойлов говорит, что чужд еврейства, но приязненно и покровительственно отзывается о еврейских молитвах, своем религиозном дедушке и «древних седобородых старичках» [Самойлов 2002, 1: 61]. Для Самойлова, как отмечает А. Л. Львов, иудаизм и его проявления в евреях по сути националистичны, что в его терминологии означает деградацию и отсутствие духовности [Львов 1996]. Слово «духовность» Самойлов использует в специфическом смысле, не предполагающем никакой религиозности. Становится очевидно, какая пропасть отделяет Слуцкого, знакомого с еврейскими источниками, от Самойлова, смешивающего советские идеологические клише (интернационализм против национализма) с культурным кодом либеральной интеллигенции, которому Слуцкий дает определение в «Разговорах о боге». В то же время я не стал бы называть взгляды Самойлова репрезентативными. Благодаря его личностным особенностям и заблуждениям они остаются индивидуальными. Самойлов, в силу ограниченности своих познаний в области иудаизма, находит подтверждение собственным мыслям в семейной генеалогии.

Семейная история поэта описывает путь аккультурации и полной ассимиляции. Отец Самойлова воплощает в себе первую стадию, на которой евреи, вырвавшись за пределы черты оседлости, учатся быть русскими, восприняв все русское, но сохранив одно табу — смену веры. Следующее поколение, пустив корни в русской культурной почве, нарушает это табу. Самойлов пишет: «Русскому еврею не вернуться в синагогу. Но и сразу не вступить во храм. И надо ли торопиться?» [Самойлов 2000b: 51]. С его точки зрения — нет. Вопрос о крещении самого Самойлова остается открытым: неизвестно, обратился ли он в христианство. В дневнике отмечено, что он ежегодно справлял православную Пасху. Похоронив мать, он соблюдал траур, следуя православной традиции. Речь здесь, впрочем, идет не о личном выборе, скорее для него крещение становится кантианским категорическим императивом русского еврея. Почему он с определенным скепсисом пишет о московских евреях-выкрестах 1970-х годов? Самойлов убежден, что и сама Россия еще не готова встать на путь подлинного христианства, означающего добро и культуру, а следовательно, состоит из символических иудеев, к которым он удивительным образом причисляет Солженицына. Солженицын, чьи идеи о переустройстве России Самойлов к концу 1980-х признает приемлемыми[28], тоже удостоится его милости.

Философия Самойлова являет собой радикальный вариант ассимиляционизма. Как удачно подметил Шраер, Самойлов «особенно возвеличивался в определенных кругах русско-еврейской интеллигенции в период после оттепели» [Shrayer 2007: 51]. Однако взгляды Самойлова надлежит отделять от общего поля дебатов по поводу еврейского вопроса в эпоху застоя. Большинство представителей либеральных кругов либо отмалчивались по этому поводу, либо говорили о русско-еврейском симбиозе, выступая против антисемитизма, носившего в основном официальный характер. Представители националистических кругов, ратуя против жидомасонского заговора, объявляли еврейство отдельной культурой, которая чужда Рос-

---

[28] См. [Сарнов 2000: 324]. См. также [Самойлов 1995: 452].

сии. И наконец, участники еврейского диссидентского движения призывали к возрождению еврейской культуры и традиции, отстаивали право на репатриацию в Израиль. Тезисы Самойлова не пересекаются ни с одним из этих течений, хотя примечательно то, что к евреям-диссидентам он относится с особым презрением. Еврея, держащегося за свой народ, он считает самым низменным проявлением национального духа. Более того, Самойлов заявляет: единственное уникальное право еврея состоит в том, чтобы выбирать, среди кого он станет жить, учитывая, что избранная им нация будет с полным правом испытывать антипатию к новоприбывшим. Тем не менее, добавляет Самойлов, «если выбор не означает перевеса обязанностей над правами, он ничего не стоит»; соответственно, «для русского еврея обязанность быть русским выше права на личную свободу» [Самойлов 2002, 2: 291–292][29]. Иными словами, как человек и как индивидуум — и, разумеется, как еврей — еврей равен нулю. Единственная его возможность вести «незвериное» существование — это трудиться на благо русской идеи, государственной, национальной и культурной. Теория Самойлова, советского либерала и кумира советской интеллигенции, несет на себе печать наиболее реакционных идеологий XX века, причем в манере, заставляющей вспомнить о стихотворении «Родственники Христа», вычеркивает еврея из мировых анналов.

---

[29] В дневнике он добавляет, как бы цитируя «Доктора Живаго» Пастернака: «Породив идею избранности, иудейство погибнет от нее. <...> Последняя роль, которую может сыграть иудейство, — отказаться от идеи национальной исключительности. Перед нами два пути — моральное и физическое истребление либо присоединение к молодым нациям, ассимиляция. <...> Процесс ассимиляции неизбежно болезнен. Отказавшись от исключительности, евреи должны принять... роль низшей касты. Этим страданием, этой дискриминацией они искупят идею исключительности и докажут, что принадлежность к культуре и есть принадлежность к нации. Все, у кого есть амбиции, должны отказаться от этой роли и стать евреями Израиля. Или никем» [Самойлов 2002, 2: 296]. Самойлов не считает сионизм действенным вариантом, поскольку возвращение в Израиль представляет собой акт низменного национализма, который положит конец «пророческой миссии еврейства». Отличается позиция Самойлова и от более раннего еврейского антисионистского дискурса, представленного, например, философией Франца Розенцвейга.

Понятия Самойлова о еврейской истории мифологичны и тенденциозны: историческая черта оседлости состоит только из распада и гниения; еврей способен к духовному труду лишь на «нивах» других народов (отсюда восхищение Самойлова русскими интеллигентами еврейского происхождения), поскольку еврейская цивилизация, воплощенная в черте оседлости, не породила настоящей культуры. Проводить аналогию между нападками Самойлова на историю и культуру восточноевропейской еврейской диаспоры и критику последних со стороны деятелей гаскалы совершенно неправомерно, ибо нападки Самойлова явственно проистекают из совсем другой интеллектуальной традиции. Столь же несправедливо классифицировать его дискурс как самоненавистничество. В качестве русской фигуры он чувствует себя совершенно уверенно. Его взгляды напоминают взгляды умного юдофоба. Как недавно показал М. Мэк, философское наследие Запада пронизано антииудаизмом [Mack 2003]. Кант утверждает, что религия Ветхого Завета — не религия и не метафизическая система, а нечто чрезвычайно отсталое в своей книжности. Самойлов мыслит в том же направлении, подводя собственную черту под еврейским вопросом. Он утверждает, причем не в личном дневнике, а в статье, предназначенной к публикации: «Но евреи, лет триста имея границу, ничего существенного не создали: ни литературы, ни музыки, ни живописи, ни философии. Ничего» [Самойлов 2000b: 52].

Соответственно, и холокост в его трактовке утрачивает трагизм.

> Утверждение, что Гитлер уничтожил русских евреев, не совсем точно. <...> Русских евреев он уничтожил не в большей степени, чем другие сорта русской нации. Статистики нет. <...> Об этих бы потерях писать да писать, вспоминать да вспоминать. Но не в этой памяти главная магистраль нашего времени. Когда-нибудь вспомним и об этом. Но не о том сейчас речь [Самойлов 2000b: 56][30].

---

[30] В дневнике Самойлов упоминает о холокосте лишь единожды, пересказывая историю из жизни лодзинского гетто, которую от кого-то слышал [Самойлов 2002, 1: 201].

Исследователю остается только замолкнуть перед такими заявлениями, где гибель европейского еврейства хладнокровно сводится к повороту истории, который и оплакивать-то не стоит. Видеть ли в этом отрицание холокоста и ревизионизм, патологическую глухоту и слепоту к истории или неумелое воспроизведение определенных философских и исторических тенденций? Ясно одно: такие утверждения — естественное продолжение своеобразного ассимиляционизма Самойлова, и нацелены они непосредственно против Слуцкого. В конце концов, Слуцкий ведь говорил на эти темы непрестанно, превратив собственную память об уничтожении в магистраль своей поэтики. В то же время, нелестно высказываясь о еврейской культуре, Самойлов, похоже, борется с самим собой — Шраер называет это «его собственным отказом от еврейства» [Shrayer 2007: 51].

Приметы эти разбросаны по всем страницам дневника Самойлова: от посещения Еврейского театра Михоэлса до радости при новостях о создании Израиля; в одной из последних записей говорится: «Вкус — в сущности — нравственная категория. <...> Если меня, русского поэта и русского человека, погонят в газовую камеру, я буду повторять: "Шема исроэл, адэной элэхейну, адэной эход". Единственное, что я запомнил из своего еврейства» [Самойлов 2002, 2: 314]. С проникновенностью, которая сдобрена иронией, Самойлов вспоминает начало главной молитвы иудаизма: «Внемли, Израиль! Господь — Бог наш, Господь — один», причем именно в ашкеназском произношении, на языке культуры, плоды которой он признал бессмысленными и ничтожными. Отталкиваясь от мысли Шраера, что в дневнике Самойлова «содержатся основополагающие заявления касательно травматичности несостоявшейся ассимиляции и русификации поэта» [Shrayer 2007: 51][31], хочу тем не менее возразить: здесь меняется тон его признания, но не его суть. Еврейская память

---

[31] Примечательно, что в воспоминаниях, описывая своих еврейских тетушек и дядюшек, Самойлов отмечает: «Уж лучше чистое беспамятство, чем эдакая память» [Самойлов 2000б: 39].

Самойлова осознанно умаляется, и, соответственно, возвращение к ней не вызывает ностальгии. Она признана вопросом вкуса — да, нравственного, однако всего лишь вкуса, которым должен руководствоваться русский поэт и русский человек. Самойлов мог бы добавить, что провинциальный еврей склонен придерживаться иных стандартов.

В дневнике Самойлов часто называет Слуцкого провинциалом, человеком некультурным. Внутри провинциала спрятан еврей. Неудивительно, что такое же определение он дает и Эренбургу, а еще раньше обвиняет Слуцкого в том, что он пособничал Эренбургу в его попытках представить миру искаженную версию сталинизма [Самойлов 2002, 1: 306]. Самойлов ни разу не упоминает откровенно еврейские стихи Слуцкого — они как бы никогда не были написаны, — но именно с ними он, судя по всему, и ведет непрекращающуюся борьбу. Именно в этом, перефразируя Сухарева, и заключается его скрытопись. Что примечательно, его неопубликованная строфа гласит: «Ушел от иудеев, но не стал / За то милее россиянам. / По-иудейски трезвым быть устал / И по-российски пьяным» [Самойлов, Чуковская 2004: 174]. В третьей строке содержится прямая аллюзия на Слуцкого, который неоднократно связывает еврейское мышление с трезвостью и рациональностью. Для Самойлова Слуцкий существует одновременно и как отправная точка, и как постоянное мерило, определяющее полюса его еврейского самовосприятия в русском контексте. Вернемся к Харитонову; в беседе с ним Самойлов говорит о Мандельштаме: «Вот у кого не было определенности. Он всю жизнь метался между иудейством и эллинством» [Харитонов 1998: 368]. Харитонов отвечает, что в этих метаниях между иудейством и эллинством по-своему выразилось по-своему великое мироощущение. Для Самойлова, по замечанию Корнилова, не была характерна нерешительность. И здесь примечательно, что он выделяет еврейство Мандельштама, напрямую противопоставляя его, на мой взгляд, еврейству Слуцкого. Позиция Слуцкого как еврея была принципиально иной, и Самойлов, судя по всему, осознаёт это почти интуитивно. Рассуждая вышеуказанным образом о черте оседлости, стирая из истории память о катастрофе, Самойлов постоянно возвращается мыслями к Слуцкому и к тому зданию еврейства, которое его «друг / соперник» построил на «песке» своей поэтики.

* * *

Можно было бы закончить главу этим рассуждением, но одна архивная находка требует ее продолжить. В 2005 году в авторитетном издании поэм Самойлова впервые появилась ранее не известная поэма в восьми частях «Соломончик Портной. Краткое жизнеописание» [Самойлов 2005: 334–341]. По словам редакторов сборника, поэма написана в конце 1940-х или начале 1950-х. Поэма, где выводится набор стереотипных еврейских персонажей, почерпнутых из Бабеля, Багрицкого, Уткина и, возможно, «Бурной жизни Лазика Ройтшванца» Эренбурга, повествует о простом портном из Одессы, который сумел отречься от своего местечкового идиша и стать советским сыном России. Он проходит Гражданскую войну, в 1941 году вновь отправляется на фронт и гибнет на Великой Отечественной:

> И строчил пулеметчик,
> Пробираясь в обход.
> И упал Соломончик
> На его пулемет.
>
> Лег белее холстины
> В пулеметном дыму…
> Никакой Палестины
> Не надо ему
> [Самойлов 2005: 340–341].

В двух последних строках содержится не только возможная аллюзия на создание в 1948 году государства Израиль, но и цитата из статьи Эренбурга военного времени «Евреи», в которой евреям возносятся хвалы за то, что они сражаются за русскую землю, ставшую их новой землей обетованной [Эренбург 2004:

318]³². В конце поэмы Соломончик, похороненный в глубине России, становится чистой каплей в огромном советском море. «Он был малой кровинкой / Среди моря кровей, / Он был малой людинкой / Среди моря людей...»

Мне представляется, что нацелено это стихотворение Самойлова в две стороны: на Слуцкого и на советское государство. Самойлов противопоставляет типичного советского еврея — стандартного «маленького человека» русской литературы, — восходящего к «Конармии» (за вычетом сложностей характера бабелевского Лютова), государству, которое трепало своих евреев в одной послевоенной антисемитской кампании за другой. В ответ на обвинения, брошенные космополитам, он выводит Соломончика, сохранившего еврейское имя, но при этом бесстрашно растворившегося в героическом советском пространстве и тем самым получившего полное воздаяние. В ответ на крики, что все Абрамы пересидели войну в безопасной ташкентской эвакуации, Самойлов хоронит своего Соломончика в самом сердце России. Вне всякого сомнения, уже один факт

---

³² Приведенный ниже отрывок из «Записок о войне» Слуцкого, которые Самойлов высоко ценил, советуя Слуцкому полностью перейти на прозу, обозначает еще одно расхождение между мышлением Слуцкого и Самойлова: «Осенью 1944 года было закончено обмундирование и первичное обучение еврейской бригады 8-й английской армии. Их выстроили на плацу. Из двенадцати колен воинов, вышедших в свое время из Египта, уцелело совсем немного — одна бригада. И вот впервые за два тысячелетия прозвучала команда на древнееврейском языке: "Смирно!" Американский журналист Луи Голдинг рассказывает о слезах, выступивших на глазах солдат, — все круги Майданека прошли перед ними. Евреи еще не думали о желанной земле Ханаанской — туда они ворвались в марте 1945 года... Они вспоминали сорок лет пустыни. Традиции боя, войны не было. Их предстояло создать» [Слуцкий 2005: 121]. В этом риторическом, но одновременно чрезвычайно взвешенном тексте, который напоминает последующие экзегезы Слуцкого и его собственные поиски земли Ханаанской, переплетаются миф и история. Уцелевшие воины-евреи вспоминают израильтян, совершивших Исход из Египта, создавая историческую и экзегетическую спираль. Слуцкий понимает, что возвращение еврея в историю требует формирования еврейской политической традиции, которая перепишет и изменит священное аполитичное прошлое. Обзор «Записок о войне» см. в [Елисеев 2000].

написания этой поэмы можно считать подвигом, особенно если принять во внимание, что в остальном корпусе работ Самойлова мы находим «лишь два-три ослабших и выдохшихся еврейских мотива» [Shrayer 2007, 1: li]. В дневниках он об антиеврейских кампаниях не упоминает ни разу. Он собирался посвятить им одну главу мемуаров, но так ее и не написал — возможно, поняв, что придется вернуться к своей еврейской поэме. Ее существование он преднамеренно скрывал. В 1970-х в ответ на вопрос Шраера-Петрова, есть ли у него стихи про евреев, Самойлов объявил, что нет и не было [Шраер-Петров: 150].

В этом единственном своем полноценно еврейском тексте к еврейству он подходит извне, не обнаруживая познаний в области еврейской культуры[33]. Что примечательно, Самойлов умалчивает о холокосте (к тому моменту в России уже было не только написано, но и опубликовано несколько стихотворений о холокосте), однако говорит о фронте, где еврей уже больше не еврей, а советский гражданин. Что еще примечательнее, биографию Соломончика он излагает рубленым языком официальной советской поэзии. Проницательный читатель Самойлова А. С. Немзер утверждает: написать стихотворение о еврее, который стал не только сыном революции, но и сыном России, было крайне смелым поступком[34]. Учитывая послевоенные обстоятельства,

---

[33] Самойлов был знаком с Библией. Его родители справляли Пасху. Будучи начитанным юношей, он восхищался «Вырождением» М. Нордау. Примечательно его описание Коржавина: «В нем есть старинное сумасшествие хасидского святого, талмудические выверты рассудка» [Самойлов 2002, 1: 229]. Это в очередной раз свидетельствует о том, что зрелая философия Самойлова была порождением не невежества, а осознанного мифотворчества.

[34] *Немзер А.* Поэмы Давида Самойлова [Самойлов 2005: 380]. В другом пространном описании поэмы Самойлова, «Поэт и гражданин», Немзер противопоставляет самобытно-гуманистический толстовский взгляд на войну как исконно бесчеловечный «репрезентативной» позиции Слуцкого, в которой война использована для оправдания сталинизма. Я уже указывал, что Слуцкий рассматривает войну одновременно и как неотъемлемую часть сталинизма с его извращенной святостью, и как потенциальный исход оттуда. Война длится долго, но она «корчится». Это часть контекстуализиру-

любое произведение, где евреи описывались в положительном свете, требовало определенной отваги. Однако очень важно помнить, что Самойлов в своей поэме не отвечает впрямую на обвинения со стороны режима — его Соломончик не космополит и не космополит-патриот. Вне зависимости от того, согласен ли автор с линией партии или только подстраивает под нее собственный стих, факт этот весьма красноречив.

Трудно не усмотреть в поэме прямой вызов Слуцкому, стихи которого, посвященные послевоенным невзгодам евреев и написанные по свежим следам, Самойлов, скорее всего, знал. Самим замыслом своей поэмы он бросает вызов одновременно и пониманию Слуцким этих кампаний как серьезного исторического противостояния, и тому, что тот поглощен ими в жизни и в поэзии. В тексте Самойлова Слуцкому предлагается серьезный *стратегический* компромисс: можно официально сохранять еврейскую ноту в поэзии, предназначенной для публикации, при условии, что на поверхностном уровне эта тема включена в сферу советской литературы, поскольку движется по разрешенной траектории. Самойлов отказался от еврейской программы, поняв, что, когда дело доходит до евреев, государство не заинтересовано в сохранении мифов, которые сначала создало, а потом поспешно развенчало во время войны и после нее. Да, Самойлов пошел навстречу официальным требованиям к написанию поэм в новом духе, но это оказалось, как минимум в данной точке, бессмысленным. «Соломончик Портной» — не только пример первого крупного провала молодого поэта. В качестве образца конвенциональной поэзии он предвосхищает будущую философию радикального ассимиляционизма, творческого и политического приспособленчества и мифотворчества, которое пере-

---

ющей фактуры слова Слуцкого и один из признаков его жестокой свободы. И Слуцкий, и Самойлов отклоняются от официальной линии. При этом взгляд Самойлова представляется замутненным и упрощенным, хотя и не выглядит таковым в сравнении с нормативной советской подачей войны. В недавно опубликованной статье Самойлова о Слуцком высказано схожее мнение о военных стихах Слуцкого как об антитолстовских [Самойлов 2010].

носит роль мастера компромиссов с него на Слуцкого. Слуцкий в одном случае нанес Самойлову ответный удар, выбрав для этого самую уязвимую точку души своего «друга».

4

По иронии судьбы стихотворение-эпиграмма Слуцкого «Широко известен в узких кругах...» было опубликовано в альманахе «Тарусские страницы», одном из ярких свидетельств ослабления цензуры в период оттепели, рядом со стихами Самойлова [Слуцкий 1961: 213][35]. Сам факт, что Слуцкий решил напечатать это стихотворение, причем именно в данном сборнике, говорит о том, что он был в курсе мифотворчества Самойлова. Своим текстом Слуцкий предпринимает попытку положить предел этому мифотворчеству, вынося приватный конфликт с Самойловым на публику. Слуцкий — не слишком рьяно — отрицал, что стихотворение направлено против Самойлова; однако среди литераторов не было тайной, кто именно «широко известен в узких кругах». Сарнов поясняет:

> Когда Самойлов отдал в издательство рукопись своей первой книжки, автор официального отзыва на нее (это был кто-то из «ведущих» тогдашних наших поэтов — то ли Ошанин, то ли Долматовский) начал эту свою «внутреннюю рецензию» такой фразой: «Поэт Д. Самойлов широко известен в узких кругах». И эта комическая фраза в тех самых «узких кругах» сразу стала широко известна. Быстро вошедшая в интеллигентский фольклор языковая формула эта у всех, кто ее знал, прочно ассоциировалась именно с Самойловым. Она приросла к нему, к его имени, как некий фирменный ярлык, как своего рода визитная карточка [Сарнов 2000: 309–310].

---

[35] Перепечатано в [Слуцкий 1991б, 1: 330]. Слуцкий посвятил Самойлову еще одно стихотворение, в котором призывает к сведению счетов [Слуцкий 1991b, 3: 353]. Стихотворение «Я — пожизненный, даже посмертный...» можно также считать адресованным Самойлову. В нем Слуцкий называет себя вечным поэтом, а оппонента — временным и изменчивым [Слуцкий 1991b, 3: 147].

Слуцкий наделяет эту известную фразу смыслом, полностью понять который мог только сам Самойлов:

> Широко известен в узких кругах,
> Как модерн, старомоден,
> Крепко держит в слабых руках
> Тайны всех своих тягомотин.
> Вот идет он, маленький, словно великое
> Герцогство Люксембург.
> И какая-то скрипочка в нем пиликает,
> Хотя в глазах запрятан испуг.
> Смотрит на меня. Жалеет меня.
> Улыбочка на губах корчится.
> И прикуривать даже не хочется
> От его негреющего огня.

Этот стих — один из самых выразительных образцов русской эпиграмматической поэзии, который, по моему мнению, можно поставить в один ряд с эпиграммами Пушкина. Эпиграмма безжалостна и полемична, выражает непреклонность и убежденность в своей правоте. Очевидно, кто служит мишенью Слуцкого: Самойлов — творец неудобоваримых мифов, которые интересны только ему самому. То, как Слуцкий сосредотачивается на походке своего героя, напоминает читателю изображение Слуцкого Самойловым: «Он ходил, рассекая воздух». Самойлов, видимо, навязчиво комментировал походку Слуцкого; Слуцкий подхватывает и переворачивает эту деталь, создавая тем самым зашифрованный образ оппонента — детальный, подлинный и правдоподобный. Важно также помнить, что в поэтике Слуцкого походка представляет собой экзистенциальное мерило («Слепцы»); еще важнее то, что и для Слуцкого, и для Самойлова она служит демаркацией эстетики. В записи Самойлова сохранился следующий диалог со Слуцким — из него видна колоссальная разница в их мышлении. Вопрос Самойлова: «Не надоело тебе ломать строку о колено?» Ответ Слуцкого: «А тебе не надоело не спотыкаться на гладком месте?» [Самойлов 2000b: 155–156]. Опять же, для Слуцкого, что следует из «Слепцов», его спотыканье — это личный, метафизический, герменевтический и в целом еврейский признак поэтики.

Страх Самойлова (восьмая строка) перед тем, чтобы «споткнуться», — краеугольный камень его творчества (пиликанье на скрипочке). Более того, в том, как Слуцкий изображает Самойлова, есть явственный еврейский подтекст. Он рисует его как провинциала (Люксембург) — провинциализм, по мнению Самойлова, безусловно еврейское качество. Слуцкий впоследствии будет описывать евреев из столицы: самодовольные, гоняются за последней модой. Слуцкий проделывает ловкий фокус: превращает Самойлова в типичного еврейского персонажа со страниц русской классики — в тот самый образ, который Самойлов презирал, усматривая в нем исконный тип иудаизма и еврейства (это явствует из его ассимиляционистской философии). Он, обрусевший московский еврей в третьем поколении, русский поэт и гражданин, может снизойти до такого еврея, пожалеть его, однако ценит его настолько мало, что даже не готов скорбеть о его уничтожении во время войны. Слуцкий, которого Самойлов связывает с провинциализмом, несет в себе, по его мнению, черты такого еврея; отсюда девятая строка стихотворения. Как и пристало трансплантатору Библии, Слуцкий — великий мастер выискивать тонкие различия. Выше уже говорилось, что он проводил различие между богом как культурным символом и библейским Богом; комментарием к этому различию служит его слово. Слуцкий проводил различие между Христом как персонажем вечной истории и Христом как знаком ложного прочтения Торы христианами. Подобным же образом он усматривает разницу между чертой оседлости как местом бытования еврейской истории и культуры, к которым относится и его поэзия, и как презираемым артефактом, включающим в себя мифического еврея. Критик-националист В. В. Кожинов, уважительно, впрочем, относившийся к своебычности евреев, вспоминает, что поделился со Слуцким тревогами писателя Р. И. Фраермана, говорившего об утрате культуры черты оседлости. Слуцкий ответил: «Ну, Вадим, вам не удастся загнать нас обратно в гетто!» [Горелик 2005: 537]. Кожинов ошибочно интерпретирует слова Слуцкого как свидетельство его ассимиляционистских настроений:

> ...«реакция» Слуцкого была, несомненно, типичной для евреев, которые не могли иметь представления о реальной жизни в «черте оседлости», — несмотря на то, что жизнь эта нашла художественное и, более того, поэтическое воплощение, скажем, в прозе Шолом-Алейхема и живописи Шагала.

В полемическом ответе Кожинову Слуцкий как раз рассматривает черту оседлости в качестве мифического гетто. В эпиграмме он загоняет Самойлова, чья философия словно бы делает существование этого гетто постоянным, обратно в его стены, тем самым заставляя «друга» поселиться рядом с соседями, которые вряд ли придутся ему по нраву.

Ключевой момент стихотворения — введение в него скрипки. Она не только принадлежит к числу «ослабших и выдохшихся еврейских мотивов», которые действительно звучат в стихах Самойлова, но еще и отсылает к одному из центральных русских текстов про евреев, чеховской «Скрипке Ротшильда». Ротшильд, рыжебородый еврей-флейтист, пугливый, мелкий и жалко пресмыкающийся, служит, на мой взгляд, интертекстуальной основой персонажа Слуцкого. Л. Ливак предложил новаторское прочтение этого рассказа, в его трактовке привычная юдофильская интерпретация поставлена под вопрос: он считает, что Чехов «не мог проигнорировать многозначительный смысл языка "еврейского" отличия и его художественный потенциал» [Livak 2007]. Именно поэтому, по мнению Ливака, чеховский Ротшильд не способен создавать подлинное, сильное искусство. После того как Бронза — типичный русский «творческий» персонаж — завещает ему скрипку, Ротшильд играет только на ней, однако не в состоянии достичь уровня Бронзы: он искажает и умаляет его исполнение [Шкловский 1961: 540]. Я вовсе не хочу сказать, будто Слуцкий поддерживает антисемитский дискурс рубежа веков о еврейском и нееврейском искусстве, — совершенно ясно, что нет, — но он выставляет Самойлова жертвой его собственных предрассудков. Этот шаг позволяет Слуцкому объявить творчество Самойлова несостоятельным.

Последняя строка стихотворения — приговор. Огонь стихов Самойлова и самого его, как человека, не греет. Иными словами, он не заражает, если вспомнить толстовское определение искусства, лежащее в основе стихотворения «О евреях», где воплощение антисемитских мифов о выживании евреев влечет за собой проклятие для этих самых антисемитов и возрождение еврейства. По мнению Слуцкого, Самойлов тоже стал заложником собственных иллюзий. «Широко известен в узких кругах…» — единственный и непревзойденный ответ Слуцкого Самойлову. Раньше его не анализировали и упоминали только по ходу дела, однако его надлежит рассматривать как один из ярчайших полемических моментов в творчестве Слуцкого, явственно замешенный на его мировоззрении и поэтике.

Воспоминания о Слуцком — ключевой текст своей мифологии — Самойлов завершает так: «С болезнью Слуцкого окончился наш спор. Остались любовь, жалость, сочувствие. Никого не хотел видеть. Однажды сказал: "Хочу видеть только Горелика и Самойлова"». Говорил ли Слуцкий такие слова, лежа в психиатрической больнице, — подтвердить не может никто. Однако вероятно, то, что он мог сказать Самойлову, вряд ли было бы для того лестным. Последние фразы Самойлова звучат идеальной кодой сконструированного им мифа о друге / сопернике. Он предстает великодушным победителем, который протягивает руку раскаявшемуся поверженному противнику. Поэты, как сам Самойлов с упреком отмечал применительно к Слуцкому, выдумывают себя и собственные мифы. Более того, они пишут воображаемые биографии своего поколения, выбирая внутри собственное место. Особенно характерен случай Ахматовой, что первым отметил сам Слуцкий. Ее мифотворчество, описанное Жолковским, представляет собой тем не менее совершенно поразительный «путь»[36].

---

[36] Д. В. Бобышев недавно кардинально переписал миф об «ахматовских сиротах» (Бродском, Бобышеве, Рейне и Наймане), в котором он, а не Бродский предстает ахматовским «избранным», Бродский же выглядит бессовестным

История Слуцкого, рассказанная Самойловым, очень далека от ахматовского величия, но не менее провокационна. Главный ее недостаток — отсутствие в ней Слуцкого-поэта. В 1986 году, через пару недель после смерти Слуцкого, новость о которой сильно поразила Самойлова, он тем не менее сделал в дневнике самообличительную запись: «Разница между мной и Слуцким в том, что он принадлежит к легендам, а я к мифам». «Легенды» подразумевают и содержание жизни Слуцкого — гражданственность его поэзии и лживость советской истории, а «мифы» Самойлова — это отсылка к фундаментальным и вечным вопросам человеческого бытия. Чтобы прийти к такому выводу, нужно либо совсем не знать поэзии Слуцкого, либо читать ее вслепую, изнутри мифологии собственного изобретения. Самойлов выбрал второй вариант, да еще и сделал вид, что Слуцкий сам подтвердил эту версию их отношений. Харитонов записал следующие слова Самойлова: «Рассказывал, как читал Слуцкому главу о нем из своей книги, и Борис принял ее с большим благородством, хотя там есть много горького для него. Кое с чем поспорил по частностям, засомневался: неужели я так говорил? Потом согласился, что мог и так сказать». То есть из воспоминаний Самойлова следует, что Слуцкий безропотно соглашается с собственным ниспровержением, да еще и в полном расцвете творческих сил: «Ты написал некролог... В общем верно... Не знал, что оказывал на тебя такое влияние...» [Самойлов 2000b: 151][37]. В изложении Слуцкого все выглядит совсем иначе. Он об этом

проталкивателем собственных малооригинальных стихов. В его мифотворчестве воспроизводятся и советские, и христианские антисемитские клише. Подробный анализ подхода Бобышева см. в [Grinberg 2006a: 129–144].

[37] В дневнике Самойлов высказывается жестче, практически беспощадно. Узнав от общего знакомого о том, что Слуцкий помышляет о самоубийстве, он пишет: «Для Слуцкого, несмотря на его несмелость, жизнь сама по себе не имела цены. Он ценил лишь свое место в ней, свое продвижение (отсюда постоянные оглядки). Теперь он стар и ужасно болен. Но кто решится помочь ему уйти из жизни при нашем закоренелом инстинкте — жить во что бы то ни стало» [Самойлов 2002, 2: 152]. Действительно, суть всех высказываний Самойлова о Слуцком сводилась к тому, чтобы провозгласить неизбежность его творческой смерти.

пишет в прозаических фрагментах — примечательно, что здесь он единственный раз упоминает Самойлова: «Вчера Дезик читал мне свой мемуар со всем жаром отвергнутой любви [здесь звучит явственная ирония, поскольку огонь Самойлова не греет], со всем хладом более правильно прожитой жизни» [Слуцкий 2005: 177]. И далее: «Не учитывая». В этой эллиптической фразе — вся полнота жизни и поэтики Слуцкого. Проблема в том, что Самойлов-то как раз учитывал, но счел нужным проигнорировать и исказить свои наблюдения. Отношения Слуцкого с их общим учителем Сельвинским, проанализированные в следующей главе, существовали на совсем ином уровне — на уровне слов, мыслей и рифм.

11

«Вождь и мэтр»: Илья Сельвинский

1

В 1924 году Илья Сельвинский (1899–1968) написал в письме к Корнелию Зелинскому, которому вскоре предстояло стать идеологом конструктивизма в литературе:

> О себе: можешь меня поздравить в свою очередь: я стал гением. Понимаешь? Как у Андерсена — был гадкий утенок, а вырос в лебедя. Ну так-таки просто-напросто: гений, ей-богу, вижу это в себе так, как свое отражение в зеркале. Дело в том, что я начал писать стихотворный роман "Улялаевщина"... и вот, понимаешь, без всякого затруднения, как если бы я сидел и пил чай, — оттискиваются такие главы, что мне жутко с собой наедине; мне все кажется, что это не я, что кто-то сейчас выскочит из меня и раскроет мистификацию [Громова 2006: 100].

В рассуждениях Сельвинского нет ни тени самоиронии. Он был, и это признавали многие современники, гигантом не только в физическом плане, но и в поэтическом. Тынянов примерно в то же время прозорливо отметил: «Недавно выступил новый поэт, у которого промелькнула какая-то новая интонация, — Сельвинский. <...> Стих *почти* становится открытой сценой. У Сельвинского, на его счастье, необычайно плохая традиция; такие плохие традиции иногда дают живые явления» [Тынянов 1977: 179]. В свете этих слов примечательно звучит письмо Сельвинского к тому же Зелинскому, написанное в 1937 году,

Обложка книги И. Сельвинского «Записки поэта», М.; Л., 1928. Дизайн обложки Эля Лисицкого

когда группа конструктивистов, в которой Сельвинский был непререкаемым лидером, давно уже была распущена:

> Я не знаю, где Пушкин брал силы для работы в эпоху Николая. М. б., они накапливались от ненависти. Пушкин слишком ясно видел, что николаевская Россия — это то, что нужно свалить. А мне — много труднее! Я знаю, что нет на свете страны лучше, величавее и справедливее, чем наша. <...> А между тем в партии меня не любят, голоса моего не слышат, в силу мою не верят — и от этого я дряхлею, как силач, живущий без женщины. Я знаю, что если бы мне дали хоть немного теплоты — я мог бы создать какие-нибудь аховые вещи. Но я глубоко убежден, что партия совершенно выключила меня из своих пятилеток. С этим я примириться не могу, потому что чувствую себя целым Кузбассом, требующим планирования и роста [Громова 2006: 304].

Если Маяковский только высказывает желание, чтобы партия запечатала ему уста, и воображает себя «заводом, вырабатывающим счастье» («Домой», 1925) [Маяковский 1996: 178–180], то

Сельвинский ощущает на себе все последствия такого желания. Его тело и душа служат воплощением языка советской номенклатуры, в них стирается граница между экономическим и творческим производством.

Жизнь и поэзия Сельвинского служат комментарием к трагической судьбе советского авангарда, художественные и идеологические программы которого одновременно и предвосхитили торжество сталинизма в литературе, и в определенной мере проложили ему путь, а авангардисты — Бабель, Олеша, Мейерхольд и Сельвинский — так и не смогли полностью перейти от бурных утопических 20-х к нормативности и террору 30-х[1]. Одни из них заплатили за эту «неспособность» собственной жизнью, другие — творчеством, некоторые — и тем и другим. Обращаясь к Сельвинскому, Слуцкий возвращает своему наставнику его художественную значимость, создавая в результате одно из самых прозорливых и новаторских стихотворений как о еврейской катастрофе XX века, так и о фундаментальных основах еврейского существования. Целан отмечал, что не видит «принципиальной разницы между рукопожатием и стихотворением» [Целан 2013: 420]. Поэтический диалог Слуцкого с Сельвинским длиною в жизнь и есть такое рукопожатие двух поэтов.

2

Поступив в 1939 году в Московский литературный институт, Слуцкий записался в поэтический семинар Сельвинского. Эти занятия стали для него первой серьезной встречей с крупным поэтом и большой поэзией. «Чем мы занимались на семинаре Сельвинского? — спрашивает Слуцкий в мемуарном фрагменте и сам же отвечает: — Поэзией и только поэзией. Своим делом. И уж никак не политикой» [Слуцкий 2005: 234]. Комментарий касательно политики красноречив, поскольку к этому времени

---

[1] Оригинальную оценку представителей авангарда см. в [Рассадин 2002].

Сельвинский давно уже выпал из политического фавора[2]. Ройтман справедливо отмечает, что уроки Сельвинского, а точнее — конструктивизма в целом, кардинально повлияли на поэтику Слуцкого [Ройтман 2003: 22–25]. Упор конструктивистов на семантику и языковую точность, введение нарративных приемов в поэзию и понятие целеполагания в поэтике, безусловно, существенны для анализа художественной системы и метода Слуцкого. В то же время важно помнить, что для Слуцкого эти конструктивистские приемы приобрели особую коннотацию, послужив ходами в библейскую эстетику. В одном из посвященных Сельвинскому стихотворений (существуют еще как минимум два) Слуцкий выказывает ироническое отношение к учителю, который выглядит довольным собой в буржуазном стиле («он сыт, одет, обут и горд»), притом что в политике «сбивчив», а в поэзии тверд [Слуцкий 1991b, 2: 207–208]. Студент, когда-то его боявшийся, более о нем и не вспоминает. Из стихотворения следует, что Сельвинский стал своего рода мастодонтом, которому позволено доживать свои дни в беспечном покое. Гигант уступил место гному[3]. Здесь-то и вступает в игру герменевтика Слуцкого, превращающая биографию в историографию:

> Сельвинский — брошенная зона
> геологической разведки,
> мильон квадратных километров
> надежд, оставленных давно.

---

[2] Сельвинский едва ли не чудом избежал репрессий 1930-х годов. Известно, что Сталин приказал сохранить Сельвинскому жизнь, преподав при этом урок, поскольку Сельвинский был любимым поэтом Троцкого. Он также подвергался гонениям во время кампании против космополитов. См.: *Равич А.* Седое с детства поколенье [Сельвинский 2004: 5–20]. См. также [Shrayer 2007: 226–227].

[3] В мемуарах Слуцкий описывает, как он ворочал «тяжелое, еще налитое всеми соками, еще молодое тело» Сельвинского после инфаркта. В разговоре с переводчиком Е. В. Витковским он называет Сельвинского «самым сильным русским поэтом». Это утверждение иронически указывает на физический аспект, однако отражает и отношение Слуцкого к творческому масштабу Сельвинского.

> А был не полтора сезона,
> три полноценных пятилетки,
> вождь из вождей
> и мэтр из мэтров.
> Он нем! Как тех же лет кино.
>
> Кино немое! Эту пленку
> до Марса можно растянуть,
> да только некому и некогда
> и ни к чему ее тянуть.
> Кино немое! Онемевшее
> давным-давно,
> когда к экранам звуковое
> шумливо ринулось кино.

Слуцкий возвращает Сельвинского в начало советской эпохи — канонизированной, мифологизированной и потому недоступной. Поэт показан как забытая окаменелость, сохраняющая при этом свою историчность (пятилетние планы). С одной стороны, фильм его «кино немого» не следует растягивать. С другой, он рассмотрен в исторических, всемирных («Пять строк в истории всемирной, / листок — в истории родной / поэзии...») и космических масштабах — по значимости это близко к Священному Писанию. Ключевой leitwort опять же — «давным-давно». Образ «кино немого» в семантике Слуцкого несет особую символическую нагрузку. В стихотворении «На экране безмолвные лики...», рассмотренном в главе 2, извечное русское молчание, которому поэт дерзает придать голос, настает в результате того, что во время показа фильма в кинотеатре пропадает звук. Внутренний диалог произведений поэта служит обещанием, что историческое и поколенческое забвение Сельвинского ни в коем случае не будет необратимым.

Далее Слуцкий облекает память о своем педагоге в другие слова:

> Учитель! К счастью ль, к сожаленью,
> учился — я, он — поучал.
> А я не отличался ленью.
> Он многое в меня вкачал.

> Он до сих пор неровно дышит
> к тому, что я в стихах толку.
> Недаром мне на книгах пишет:
> любимому ученику.
>
> По воле или по неволе
> мы эту дань отдать должны.
> Мы не вольны в семье и в школе,
> в учителях мы не вольны.
> Учение: в нем есть порука
> взаимная, как на войне.
> Мы отвечаем друг за друга.
> Его колотят — больно мне.

Присутствие Сельвинского в своей жизни и его влияние Слуцкий рассматривает как знак судьбы, по определению не зависящий от его воли. Тем самым он высказывается о природе своих отношений с русской литературой и с непосредственными предшественниками, советскими авангардистами. Его бы не устроила негативная модель «тревожности влияния», предложенная Блумом — она ведет к ошибочному прочтению Сельвинского. Вместо этого, подобно мудрецу из Талмуда, он превращает преклонение перед учителем в бремя, своего рода заповедь. Однако такая почтительная поза неоднозначна. В отличие от Самойлова, восклицающего: «Мне выпало счастье быть русским поэтом», Слуцкий исключает понятия удачи и волевого усилия из привязанности к человеку, научившему его искусству стихосложения. Как уже говорилось, в его портрете Сельвинского присутствуют и ирония, и смущение. В мемуарном отрывке он признаёт: «Стихи мои ему не были близки». Слуцкий, как будет показано в этой главе, пытается обосновать сложные отношения с наставником. Давая определение, с одной стороны, поэтическому братству, а с другой — еврейскому языку, общему для них с учителем, Слуцкий восстанавливает творческое величие Сельвинского и обозначает собственное место в русской и советской традиции.

В этих переосмысленных отношениях Слуцкий превращается в любимого ученика. Как и Цветаева, которая в «Новогоднем» объявляет о родстве всех великих поэтов [Цветаева 1994–1995, 3: 123–136][4], Слуцкий протягивает схожую цепь между собой и Сельвинским; соответственно, зависимость поэтов друг от друга ставится выше иерархии учитель — ученик. Так герой чеховского «Студента» размышляет в момент духовного подъема: «Прошлое... связано с настоящим непрерывною цепью событий, вытекавших одно из другого. И ему казалось, что он только что видел оба конца этой цепи: дотронулся до одного конца, как дрогнул другой» [Чехов 1974–1982, 8: 309]. Цепь — понятие, близкое к тому, как Слуцкий осмыслял историю, — и есть то, что порождает его почтительное восхищение Сельвинским. Рассматривая еврейский аспект этого понятия, уместно будет вспомнить слова из нобелевской лекции Ш. Й. Агнона

> Кто они, мои наставники в поэзии и прозе? <...> Кто вскормил меня? Не всякий человек упомнит каждую выпитую каплю молока и как звали корову, что дала молоко. <...> Прежде всего назову Священное Писание; оно научило меня составлять слова[5].

Последнее утверждение совершенно справедливо и в отношении Слуцкого, хотя он, очевидно, приходит к нему совершенно иным путем, нежели Агнон, отношения которого с ивритом и еврейскими текстуальными традициями абсолютно однозначны, несмотря на модернистский посыл. Перефразируя слова Э. Жабеса о Целане, я бы добавил, что «за его языком звучит неумирающее эхо другого языка»[6]. Как будет показано ниже, Слуцкий

---

[4] Разумеется, самый блистательный разбор этого стихотворения — статья Бродского «Сноска к одному стихотворению» [Brodsky 1986: 195–267].

[5] *Агнон Ш. Й.* Речь при получении Нобелевской премии. URL: www.israelshamir.net/ru/agnon13.htm (дата обращения: 13.09.2020).

[6] См. [Jabes 1990: 9–21]. В отношениях Слуцкого и Сельвинского идея еврейского языка приобрела откровенно негативный советско-антисемитский элемент. После того как Эренбург опубликовал в «Литературной газете» статью о Слуцком, с чего и началась официальная литературная карьера поэта, там же был напечатан «заказной» ответ Эренбургу, якобы сочи-

опознаёт схожее, откровенно еврейское эхо и в стихах самого Сельвинского. Общее поэтическое пространство, на краях которого они стоят, — это еврейский конструкт в центре русского литературного поля. Соответственно, Слуцкий переосмысляет Сельвинского в характерном еврейском ключе, тем самым придавая его стихам новую жизнеспособность. Говоря конкретно, он учится у наставника тому, как откликаться на катастрофу своего века, и в ответ преподает радикально новый урок по созданию таких откликов («уроки сам теперь даю»), который напрямую вытекает из подходов учителя.

3

Существует глубинное сходство между пониманием холокоста у Слуцкого и у Сельвинского. Сразу бросается в глаза, что в поэтических откликах обоих задействованы еврейские текстуальные и исторические парадигмы. В стихах Сельвинского о холокосте,

---

ненный неким московским учителем Н. Вербицким, который пишет следующее: «Читаешь [стихи Слуцкого] и невольно думаешь, что перед тобой очень *плохой перевод* с иностранного языка» (курсив мой — *М. Г.*). Сельвинский ответил Эренбургу и Вербицкому в той же газете, укоряя Вербицкого за грубость, а Эренбурга — за то, что он дал поэзии Слуцкого определение «народной». В личном письме к Эренбургу Сельвинский пояснил, что его очень тревожит возрождение антикоммунистических русских националистических настроений в послевоенной литературе — худший пример этого он усматривал в поэме А. Т. Твардовского «Василий Тёркин». Тем самым он возражал против предложенного Эренбургом определения народной поэзии, ведь именно оно, по его мнению, вызвало антисемитскую реакцию на творчество Слуцкого. Тоном идеологического фанатика Сельвинский пишет: «Какие бы чудовищные преступления ни совершал Сталин, какие бы грубые ошибки ни делала наша партия — коммунизм остается священной идеей человеческой истории. <...> Разоблачение Сталина на XX съезде потрясло душу народа — вера его в коммунизм дала трещину. Это — самое страшное, что произошло в мире за последнее время... Нужно сделать все возможное, чтобы эту трещину заделать, иначе в нее хлынут все консервативные, реакционные и контрреволюционные силы черной Руси, а их еще у нас много». Тем самым он пытался одновременно и защитить Слуцкого, и выступить против новой волны антисемитизма и национализма, которая накатила после провала политики советского интернационализма. См. [Ройтман 2003: 19–22]; [Фрезинский 2006: 331–334].

написанных по свежим следам и опубликованных в официальной советской прессе, разговор ведется с откровенно еврейской точки зрения, затрагивается вопрос о самой возможности поэтического отклика на катастрофу. По словам Гарриет Мурав, «Сельвинский в своих стихах обращается к нестерпимым фактам того, что еще не получило названия холокоста даже в рамках советской универсальности страдания. Его стихи — это попытка выразить боль жертв, но одновременно в них звучит призыв к отмщению. Отчетливо еврейский голос, созвучный тому, что было написано в СССР на идише, рождается в его творчестве... как художественное повторение невыносимого, невероятного воздействия» холокоста [Murav 2008].

Стихотворение Сельвинского «Кандава», созданное в 1945-м и опубликованное год спустя в журнале «Октябрь» [Сельвинский 1972: 236–243], обнаруживает явственные параллели между Слуцким и его будущим учителем. В «Кандаве» говорится, как рассказчик, офицер Красной армии, участвует в церемонии сдачи немцами латвийского города Кандава. Начинается стихотворение с описания сна лирического героя:

> мне снился накануне сон: иду
> с женою рядом где-то в Освенциме
> или в Майданеке. Иду пред строем
> фашистских серо-голубых солдат...

Слуцкий, вне всякого сомнения, читал «Кандаву». Более того, мне представляется, что он сознательно использовал этот текст в качестве краеугольного камня для своего стихотворения «Теперь Освенцим часто снится мне...», опубликованного в 1969 году, — его стоит процитировать целиком:

> Теперь Освенцим часто снится мне:
> дорога между станцией и лагерем.
> Иду, бреду с толпою бедным Лазарем,
> а чемодан колотит по спине.
>
> Наверно, что-то я подозревал
> и взял удобный, легкий чемоданчик.

> Я шел с толпою налегке, как дачник.
> Шел и окрестности обозревал.
>
> А люди чемоданы и узлы
> несли с собой,
>   и кофры, и баулы,
> высокие, как горные аулы.
> Им были те баулы тяжелы.
>
> Дорога через сон куда длинней,
> чем наяву, и тягостней и длительней.
> Как будто не идешь — плывешь по ней,
> и каждый взмах все тише и медлительней.
>
> Иду как все: спеша и не спеша,
> и не стучит застынувшее сердце.
> Давным-давно замерзшая душа
> на том шоссе не сможет отогреться.
>
> Нехитрая промышленность дымит
> навстречу нам
>   поганым сладким дымом,
> и медленным полетом
>   лебединым
> остатки душ поганый дым томит
> [Слуцкий 1991b, 2: 134].

Это стихотворение — одно из самых проработанных в творчестве Слуцкого: нельзя не отметить смелый парономастический параллелизм в третьей строфе с ее на первый взгляд клишированной рифмой, между просторечным «баулы» и экзотическим «аулы». Все предметы тут трещат по швам: ноша, наполненная тысячелетними страданиями, пригибает несущих к земле. Огромен контраст между сдержанным голосом повествователя и ужасом, который то и дело повторяется в его сне, причем он — участник этого ужаса. Образы его каноничны: толпы евреев (ср. «Как убивали мою бабку»), дым Освенцима, невозможно сладкий (ср. «Черта под чертою. Пропала оседлость...»). Спокойствие стихотворению придает то, что лирический герой смирился со своим еврейским путем, — в связи с этим и возникает образ Лазаря. Поэт и есть бедный Лазарь. Зачем использовать в еврейском мемориальном стихотворении образ из Евангелий, свидетельство чудотворной силы Христа? Слуцкий принимает это смелое решение, чтобы переиначить евангельский образ. Если персонаж Нового Завета воскресает, подтверждая Божественную природу Иисуса, то поэт «воскресает», просыпаясь после каждого сна, чтобы сохранить память об Освенциме в своих жилах и стихах. Тем самым он превращается в выжившего свидетеля, которому никогда уже не отрешиться от мучительного опыта: не пережив его физически, он, будучи евреем, воспринял этот опыт экзистенциально и поэтически. Если вспомнить рассуждения Дж. Агамбена о природе воспоминаний очевидцев об Освенциме, стихотворение Слуцкого предстает невыносимым, но совершенно явственным откликом очевидца [Агамбен 2012].

Сны не исцеляют и не спасают поэта от необходимости осмыслять этот опыт. Они не способны согреть его сердце, заледеневшее после катастрофы; ужас их растянут во времени, подобно кадрам замедленной съемки. Подобно евреям из «А нам, евреям, повезло…» и самому Слуцкому из «Я строю на песке, а тот песок…», поэт понимает безысходность ситуации, в которой оказался, тогда как все остальные сохраняют надежду. Впрочем, это понимание не дает ему духовной или исторической свободы от общей судьбы. Напротив, поскольку и он тоже сохраняет определенную надежду, ему понятно, что в последнюю дорогу он отправился слишком уж налегке. С другой стороны, этот самокритично-ироничный путник-романтик кардинально отличается от себя же самого, занимающего позицию писаря и комментатора в других мемориальных текстах. В них он откликается на катастрофу как изнутри, так и снаружи, здесь же находится в гуще событий, беззащитный, без доступа к беспристрастным инструментам собственной поэтики. Тем не менее он без усилия до них дотягивается. «Давным-давно», звучащее в стихотворении, вписывает его в герменевтическую систему Слуцкого. Люди, бредущие в толпе, несут свое богатство, и, как и в «Черта под чертою. Пропала оседлость...», оно носит духовный — поэтический — характер. И словно бы отвечая этой поэтичности, дым крематория (крематорий Слуцкий именует «нехитрой промышленностью») приветствует евреев своим «лебединым» полетом и тем самым вводит в заблуждение относительно ужаса происходящего. У евреев теперь лишь остатки их душ. Поэт знает, что в лагерях узников уничтожали, полностью их расчеловечивая. Сохраняя части своих душ, они остаются людьми и евреями и тем самым, как в библейском, так и в «слуцком» смысле, провозглашают святость жизни.

Мечты Слуцкого во многом напоминают мечты Сельвинского. Здесь его «я» полностью сливается с «я» жертв, практически растворяется в нем. Примерно так же Сельвинский провозглашает в «Кандаве»:

> Так если есть «пейзаж души»,
> где можно бы его изобразить, —
> отметьте на моей: «Майданек».

Мурав прозорливо отмечает: «Обозначая свое пространство на карте ночных кошмаров названием лагеря смерти, Сельвинский говорит о том, что принадлежит к числу убитых евреев». Более того, в «Кандаве» есть отзвуки «Я освобождал Украину...». Наблюдая за потерпевшими поражение немецкими военными, поэт вспоминает об уничтожении евреев в Керчи, которое раньше описал в стихотворениях «Я это видел!» и «Керчь»:

> И, наконец, от древности седая,
> заваленная пеплом, как Помпея,
> забрызганная кровью и мозгами
> вершина всех моих мучений — Керчь!

Слуцкий, как мы помним, проницательно называет разрушенную восточноевропейскую еврейскую цивилизацию «руинами»: они, с одной стороны, недоступны и замкнуты на себя, с другой — содержат семя не вполне воплотимого возрождения. Историческое зрение Сельвинского также «дальнозорко» (Соловьев), поскольку он помещает настоящее в мифологическое прошлое. Для него ужасы «трехлетней давности отброшены из недавнего в отдаленное прошлое; покрытые пеплом, как Помпеи, они невозможным образом принадлежат одновременно и глубокой древности, и непосредственному настоящему... События в Керчи произошли в незапамятные времена и продолжают происходить сейчас. Неспособность сразу же примириться с ними и повторяемость их непосредственного восприятия — характерные свойства "отсроченной травмы"»[7]. Добавлю, что подобная повторяемость также крайне характерна для «Теперь Освенцим часто снится мне...», где травма уничтожения предстает неподвластной излечению. Хотя обращение Сельвинского к еврейскому ограничивается катастрофой и, таким образом, типично для множества русских / советских литераторов еврейского происхождения, отклик его *нехарактерно* глубок и — в рамках русского послевоенного литературного контекста — стоит на одном уровне с откликом Слуцкого[8]. При этом необходимо добавить, что в случае Сельвинского мы имеем дело с еврейскими поэтическими фрагментами, тогда как в творчестве Слуцкого речь идет о целостной поэтике.

4

Действительно, всякий раз, когда Сельвинский, которого Шраер называет «гордым евреем», дотрагивается до своего конца цепи, Слуцкий ощущает ее дрожание на своем, и наобо-

---

[7] Интересно, что С. А. Ан-ский в «Гибели Галиции» использует тот же образ Помпеи, когда описывает уничтожение еврейской жизни во время Первой мировой войны. Возможно, Сельвинский был знаком с произведениями Ан-ского и позаимствовал образ Помпеи оттуда. См. [Ansky 1992: 169–208].

[8] В творческом наследии Сельвинского есть целый ряд важных произведений на еврейскую тему, не посвященных холокосту, среди них — ранний цикл о караимах, поэма «Мотькэ-Малхамовес», написанная под влиянием «Одесских рассказов» Бабеля, и еще одна поэма, «Бар-Кохба». См. статью «Сельвинский Илья» в «Электронной еврейской энциклопедии» (URL: www.eleven.co.il/?mode=article&id=13753&query=%D1%C5%CB%DC%C2%C8%CD%D1%CA%C8%C9 (дата обращения: 13.09.2020)), а также [Shrayer 2007: 226–236].

рот[9]. Для нашего сравнительного анализа крайне важно то, что «Теперь Освенцим часто снится мне...» написано на излете 1960-х. В этот период Слуцкий вновь вернулся мыслями к Сельвинскому, заново прочитав и осмыслив напрямую обращенное к нему стихотворение учителя «Страшный суд». Оно было написано в 1960 году и тогда же опубликовано в «Гулистоне», официальном литературном журнале Таджикистана, выходившем под эгидой московского издательства «Правда» [Сельвинский 1971, 1: 623–625]. Примечательно, что это откровенно еврейское стихотворение удалось напечатать только в малоизвестном журнале. Тем не менее сам факт, что оно было опубликовано, выглядит знаменательным. Любое литературное произведение на еврейскую тему, попавшее в СССР в официальную печать, становилось событием. Учитывая этот факт, стихотворение Сельвинского попадает в соответствующую категорию. Более того, стихотворение следует рассматривать как одно из основных поэтических произведений, посвященных холокосту. В единственном упоминании об этом стихотворении в современной научной литературе М. Фридберг называет его «одним из самых выразительных творений в литературе о холокосте на каком-либо языке» [Kochan 1978: 210–211]. Мне, однако, представляется, что данный текст не дотягивает до глубины более ранних произведений Сельвинского, посвященных катастрофе. Притом что на первый взгляд в нем более прямолинейно и осознанно использован иудаизм, его язык и, так сказать, философские предпосылки и выводы обнажают внутреннюю ограниченность подхода Сельвинского к катастрофе. Особенно важно то, что Сельвинский посвятил это стихотворение Слуцкому. Тем самым он явственно и однозначно назвал Слуцкого своим еврейским собеседником, единственным человеком, способным понять значимость его замысла и вникнуть в него.

«Страшный суд» — длинное стихотворение с множеством символических и мифологических компонентов. В письме

---

[9] Наиболее обширное исследование места холокоста в поэзии Сельвинского — книга М. Шраера: *Shrayer M. D. I Saw It: Ilya Selvinsky and the Legacy of Bearing Witness to the Shoah.* Boston: Academic Studies Press, 2013.

к поэту и критику И. Л. Михайлову Сельвинский объясняет, что в этом стихотворении происходит переосмысление Судного дня в иудаизме, «суд Бога над людьми становится судом людей над Богом» [Сельвинский 1971: 907]. Сельвинский рассматривает вопрос, находящийся в центре теологии холокоста, и, по сути, предвосхищает будущее развитие этой темы в искусстве — в качестве примера можно назвать английский фильм «Суд над Богом», где изображены евреи из Освенцима, устроившие суд над Божеством. По словам Э. Визеля, история про такой суд не апокриф, Визель сообщает, что видел его лично:

> Это произошло ночью; присутствовали всего трое. В конце суда вместо слова «виновен» они использовали *хаяв*. Это означает «он нам должен». Потом мы пошли молиться[10].

Подход Сельвинского — однозначно мистический, вопреки тому, что в письме к Михайлову он это стихотворение называл реалистическим и подлинным.

Перед читателем разворачивается мрачная и в целом невероятная картина. Группа евреев, возглавляемых раввином, направляется (по всей видимости, дело происходит в Польше) к воротам бывшего лагеря смерти, чтобы похоронить останки погибших. Происходит это в один из дней раскаяния, либо на Рош ха-Шана, либо на Иом-кипур, отсюда название и обстановка стихотворения. Начинается оно со службы в синагоге, во время которой верующие лихорадочно трубят в ритуальный рог шофар. Что удивительно, в письме к Михайлову Сельвинский пишет: звук шофара традиционно используется, дабы рассеять злых духов и открыть верующим путь на небо. Текст Сельвинского полон изображений евреев, типичных для русской литературы: это неврастеничные, изможденные меланхолики. Что они несут на погребальных носилках? Там не останки убитых евреев, а куски мыла, сделанного из еврейской плоти. Тем самым к тек-

---

[10] См.: *Frazer J.* Wiesel: Yes, We Really Did Put God on Trial. URL: www.thejc.com/articles/wiesel-yes-we-reallydid-put-god-trial (в настоящее время ссылка недоступна).

сту стихотворения добавляется еще один стереотип, на сей раз — из метанарратива о холокосте: миф о еврейском мыле. Процессия, описанная поэтом, — своего рода стоп-кадр. Описание этой процессии, как мне представляется, содержит аллюзии на «Песнь о хлебе» (1921) Сергея Есенина [Есенин 2008: 154–155][11]. Сельвинский преклонялся перед Есениным. Носилки с мылом заставляют вспомнить снопы пшеницы в есенинском тексте: ее сжали, и всадник, напоминающий дьякона, перевозит ее в символический склеп, овин. Приемом, который станет центральным в отклике Слуцкого на это стихотворение (как будет показано далее), Сельвинский пытается придать еврейским мертвецам исконно русский мифологический смысл, отсюда ассоциации с Есениным. Результат получается скорее гротескный, чем мрачный или сакральный. Похоронив мыло и осознав святотатство произошедшего, евреи затевают ссору с раввином. «Ужели вот эта зона / Должна почитаться милой?» — спрашивают они его и добавляют:

> О, что же ты скажешь, рабби,
> Пастве своей потрясенной?
> Ужели в душонке рабьей
> Ни-че-го, кроме стона?
> Но рек он, тряся от дрожи
> Бородкой из лисьего меха:
> «В'огавто
>   л'рейехо
>   комейхо!» —
> Все земное во власти божьей...

В этом кульминационном отрывке переплетаются образы, чья сила — в типичности, а слабость — в стереотипности: здесь перед нами еврейская рабья душонка и бородка из лисьего меха. Что

---

[11] В посвященной Есенину статье Сельвинский пишет: «Сергей Есенин для меня — это прежде всего нарядное пиршество цвета, насыщающего сердце и делающего жизнь светлее, а глаза — шире. Этого вполне достаточно для [поэтического] бессмертия» [Сельвинский 1973: 114].

парадоксально, язык Сельвинского одновременно и традиционен по своим ассоциациям, и напоминает геометрические портреты кубофутуристов, например кисти Н. И. Альтмана [Goodman 2008: 50–51]. Введенная в текст программная библейская фраза служит очередным образцом неверного перевода в русской литературе[12]: «Ве огавто л'рейхо комейхо» в ашкеназской передаче Сельвинского должно было означать «…люби ближнего твоего, как самого себя» (Лев. 19: 18), а не «Все земное во власти божьей». В конце толпа объявляет рабби: «Ложь», после чего он бледнеет еще больше. Похоже, сами небеса присоединяются к негодованию паствы, наказывая рабби «сумасшедшей метелью» — по ходу ее с неба падали ангелы, из-за чего «взрывались псалмы и поверья». Перья ангелов теряются в пухе и прахе пурги, добавляя к стихотворению еще один избитый архетип — перья из еврейских одеял (их обычно тоже сравнивают со снегом, и они летают едва ли не в каждом русском тексте о погроме, что убедительно показал В. И. Хазан [Хазан 2001: 106–115]).

Вопрос, поднятый Сельвинским, заставляет вспомнить извечный вопрос, заданный Бяликом в стихотворении «О резне»: «Доколе! доколе! доколе!»[13] Доколе будут молчать небеса? У Бялика небеса злонамеренно немотствуют, — этого и следует ожидать от человека, стоящего, как он, на пророчески-пылкой позиции экзистенциального отрицания. В картине, нарисованной Сельвинским, небеса разражаются пургой — это глубоко романтический троп, причудливо вписанный в гротескную конструктивистскую образность. В результате отклик стихотворения на катастрофу выглядит неубедительным как в художественном, так и в герменевтически-еврейском смысле. Бо́льшая часть смелых и сложных решений проблемы Божественного вмешательства в истории возникла из постбиблейского иудаизма. В «Еврейском общественном договоре» Давид Новак прозорливо отмечает, что

---

[12] Об ошибках в переводе см. [Хазан 2001: 73–104].

[13] *Бялик Х.* О резне / Перевод пер. В. Брюсова. URL: litresp.ru/chitat/ru/%D0%91/byalik-haim-nahman/stihotvoreniya-i-poemi/34 (дата обращения: 13.09.2020).

сдвиг от непререкаемого авторитета пророков к раввинистическим аргументированным убеждениям обсуждается, как известно, в Талмуде. Даже когда рабби Элиэзер бен Гиркан, которого часто называют Великим (*га-гадол*), призывает Божественный глас (*бат-кол*) в поддержку высказанного им мнения о законе, ему напоминают, что он не облечен пророческой властью, что Тора «не на небе» [*ло ба-шамаим ги*] (Втор. 30: 12) [Novak 2005: 85].

То есть, будучи дарованной людям, Тора перестает пребывать на небе. А значит, не Божественная воля, но человеческий разум (и раввинистическая гомилевтика) решают, как совмещать жизнь и закон. Предположение, которое явствует из такого подхода, выглядит одновременно высвобождающим, трезвым и страшным — Слуцкий назвал бы это «жестокой свободой», — и оно во много раз смелее предположения Сельвинского. Более того, изображенное в стихотворении недовольство толпы авторитетом официальной религии выглядит неуместно вымученным. Оно заставляет вспомнить об основном направлении социальной критики в литературе гаскалы, зачастую радикально антирелигиозной, но теряет силу в этом конкретном стихотворении, в котором предпринята попытка откликнуться на чрезвычайно масштабное бедствие. Представляется, что именно благодаря упомянутому элементу стихотворение и было опубликовано. Несмотря на все его еврейские атрибуты, оно вполне согласуется с отношением к религии, которое предписывалось государством. Слуцкий ответил на стихотворное послание Сельвинского коротким стихотворением из восьми строк, своим непризнанным шедевром «Раввины вышли на равнины...».

5

«Раввины вышли на равнины...» публиковалось лишь единожды, в чисто еврейской антологии «Год за годом» — русскоязычном приложении к «Советиш геймланд», единственному журналу на идише, начавшему выходить после смерти Сталина[14]. Что

---

[14] Текст был включен в сборник Слуцкого «100 стихотворений», изданный в 2018 году.

примечательно, Болдырев не включил это стихотворение в трехтомное собрание сочинений Слуцкого. Из всех существующих трудов о Слуцком, если не считать моих более ранних работ [Гринберг 2008: 252–256], оно упомянуто только у Шраера. Шраер прозорливо пишет: "Раввины вышли на равнины..." — одно из величайших стихотворений о катастрофе, которое в переводе позволяет лишь частично оценить ясность слога и языковое мастерство Слуцкого» [Shrayer 2007: 794]. В то же время Шраер считает это произведение скорее исключением, чем правилом для Слуцкого, поясняя: «Здесь Слуцкий сбрасывает идеологические доспехи, возвышаясь над большинством своих современников в образе наследника многоязычных голосов величайших еврейских поэтов России». Я считаю это стихотворение воплощением поэтики Слуцкого, причем оно, в силу своей обращенности к Сельвинскому, занимает центральное место в художественной системе Слуцкого. Более того, мне представляется, что это стихотворение не входит в число «многоязычных голосов величайших еврейских поэтов России», но принадлежит к еврейской литературной традиции и особенно близко к творчеству Целана.

Существует целый ряд непосредственных и ярко выраженных связей между стихотворениями Слуцкого и Сельвинского: 1) характеристика раввинов, 2) вписывание холокоста в русскую словесность и традицию, 3) интертекстуальная канва. Во всех трех аспектах Слуцкий отталкивается от методологии и наследия Сельвинского, чтобы расширить их и полностью переосмыслить, в процессе углубляя аксиоматику собственного творчества. Вот текст стихотворения:

> Раввины вышли на равнины,
> Быть может, в первый в жизни раз.
> Природу видели раввины
> Впервые в свой последний час.
> За час пред тем, как черный дым
> Раввинов улетучил в дали,
> Они впервые увидали
> Весенних яблонь белый дым
> [Слуцкий 1989b: 95].

Раввины Слуцкого — отклик на типажи Сельвинского. Если в более раннем стихотворении «Добрая, святая, белорукая...» он описывает евреев как «нацию ученых и портных», а в «Черта под чертою. Пропала оседлость...» дает мемориальный список слоев еврейства, уничтоженных катастрофой, то здесь его метонимический маркер еврейской цивилизации, раввины, наиболее лаконичен и одновременно наиболее глубок, поскольку включает в себя библейское изречение и обещание израильтянам: «...а вы будете у Меня царством священников и народом святым» (Исх. 19: 6). По словам Фридмана, «"народ святой"... означает, что Израиль [действительно] станет святым, если народ будет жить той жизнью, которой требует от него священный завет» [Friedman 2001: 232]. В то время как взгляд Сельвинского на катастрофу уничижает иудаизм, поскольку «взрывались [его] псалмы и поверья», Слуцкий подтверждает святость религии и, соответственно, приходит к совершенно иному пониманию взаимоотношений между поэзией и невыразимым ужасом холокоста.

В обоих стихотворениях ставится один и тот же вопрос: «Как говорить о еврейской катастрофе так, чтобы она стала частью русского литературного кода?» Сельвинский отвечает на него, возвращаясь к своим конструктивистским основам и заимствуя образы у Есенина; Слуцкий обращается к языку трансплантации и герменевтического перевода. Он поет песнь о катастрофе, используя древние русские архетипы (вспомним схожее использование «шелков» в «Черта под чертою. Пропала оседлость...»), в итоге придавая стихотворению библейскую интонацию. Параллелизм между «раввины» и «равнины» — парономастичен. Шраер отмечает это, когда пишет: «Только поэт милостью Божьей мог услышать в парономастическом столкновении рифмующейся пары "раввины" и "равнины" двойную трагедию советского еврейства». Вне всякого сомнения, Слуцкий здесь размышляет не только о трагедии советского еврейства, но и об уничтожении еврейской цивилизации как таковой. Что примечательно, он использует для этого языковые инструменты и поэтические традиции, которые имеются в его распоряжении. Повторим, парономастический параллелизм — одно из основных свойств поэзии Слуцкого, связывающее его, через Хлебникова и, что в данном случае важно, Сельвинского, с библейскими приемами[15]. А значит, «Раввины вышли на равнины...» — это не просто параболическая фраза, но в буквальном смысле первая встреча «раввинов» (перевод иритского *раббаним*) и «равнин», типичного русского пространства. Сельвинский также использует слово «раввины» для создания парономастической пары: вариант на идише, «рабби», подхвачен в «рабьей». Слуцкий переворачивает это пейоративное содержание.

Действительно, как отмечает Эпштейн, «национальному пейзажу принадлежит исключительно важная, во многом — центральная и организующая роль в русской поэзии» [Эпштейн 2007: 171]. Равнина — неотъемлемая и важнейшая часть этого пейзажа, как в классической, так и в современной русской поэзии. Слуцкий знал, что Сельвинский поймет и оценит его замысел. Равич метко подметил: «Стих Сельвинского в значительной степени стал синтезом всего процесса развития русского стиха». Стих Сельвинского вскрывает исторические пласты русского языка; тонический размер, которым он постоянно пользуется, привносит в его произведения интонацию русской народной поэзии и былины. Именно былины он пытается воспроизводить в своих пространных исторических поэмах. Слуцкий на лирическом пространстве восьми строк также создает былину. Раввины выходят на равнины, подобно героям былин. Более того, анализируя «Кандаву» Сельвинского, Мурав отмечает «парономазию» как один из самых ярких приемов, которые «служат для того, чтобы зафиксировать место действия кошмарного сна поэта: лагерь смерти; они пригвождают поэта именно к этой точке на карте и ни к какой другой»: «Так если есть "пейзаж души", / где можно бы его изобразить, — / отметьте на моей: "Майданек"». «Раввины» и «равнины» представляют собой блистательный пример парономазии.

Выйдя на равнины впервые в своей жизни, раввины сталкиваются с иным мирозданием и миропорядком: русским, христи-

---

[15] О парономазии в еврейской Библии см. [Bullinger 2003]; [Bar-Efrat 2004]; [Gunn, Fewel 1993].

анским — со всем не-еврейским бытием. Для них встреча оказывается фатальной. Что примечательно, в русской традиции «равнина» — место открытое и пустое, манящее и враждебное. С другой стороны, архетип равнины включает в себя элемент экзистенциальной свободы. Там человек остается наедине со своей собственной природой. В свете интертекстов этого стихотворения, которые будут рассмотрены ниже, можно отметить, что Есенин использует как разрушительные аспекты равнины («Снежная равнина, белая луна…»), так и ее способность умиротворять («Спит ковыль. Равнина дорогая…») [Есенин 2008: 296, 258], а Цветаева в одном из программных стихотворений о разрушении описывает мир как единую зловещую равнину: «С акулами равнин / отказываюсь плыть — / вниз — по теченью спин» [Цветаева 1994–1995, 2: 360]. Архетипические равнины Слуцкого вбирают в себя эти разнообразные трактовки, преломляя их через специфически еврейскую скорбную и потенциально спасительную призму. Оркестровка на «р» заставляет вспомнить «Я освобождал Украину…» с его отсылкой к ярам — оврагам смерти. Равнины раввинов уже включают в себя память о грядущем уничтожении; они безлюдны и пустынны, молчаливы и жутковато-безмятежны. Существует глубокое сходство между образностью Слуцкого и тем, как трагедия холокоста отразилась в фотографиях, снятых военными корреспондентами (многие из них, что показал Д. Шнеер, были евреями). Эти фотографии, а равно и язык Слуцкого, заглядывают в пропасть, открывшуюся в природе после истребления евреев.

Созерцая природу, раввины совершают действие, несовместимое с раввинистической этикой. Самое знаменитое утверждение на эту тему из Мишны гласит: «Раби Яаков говорил: "Тот, кто, находясь в пути, повторяет сказанное в Торе и отвлекается от этого, восклицая: «Как прекрасно это дерево! Как прекрасна эта пашня!», — уподобляется Торой тому, кто играет со смертью"» (Поучения отцов. 3: 7).

Удивительно, что и у Слуцкого, и в Мишне говорится о «пашне». Вне зависимости от того, был ли отклик Слуцкого на эти строки сознательным или интуитивным, сквозь него просвечи-

Бабий Яр. Братская могила. Яд-Вашем, № 4147/20.
Я благодарю Дэвида Шнеера за это фото.

вает его иудаистское мышление. О приведенном выше утверждении Бялик пишет в «Галахе и агаде» — этот текст я уже цитировал выше: «Наши эстеты метали громы и молнии по поводу этой незначительной галахи, но чуткое ухо уловило и в ней между строк душевный трепет и тревогу за будущую участь странствующего народа, ничем, кроме книги, не обладающего, для которого всякая душевная привязанность к одной из стран своих скитаний сопряжена с опасностью для самого его существования»[16]. Суть стихотворения Слуцкого состоит именно в этих «трепете и тревоге», и совпадение с комментарием Бялика выглядит почти невероятным.

И Слуцкий, и Бялик рассматривают ущербные взаимоотношения между евреем и природой не как клише, а как одну из основных черт еврейского мышления. В этом с ними солидарен Целан, который в «Разговоре в горах» отмечает, что «еврей и природа всё еще две разные вещи, даже ныне, даже здесь» [Целан 2013: 390]. У Целана вместо архетипических русских равнин возникают столь же архетипические горы. Дискурс о природе вводит в сти-

---

[16] *Бялик Х. Н.* Галаха и агада. URL: jhistory.nfurman.com/traditions/halaha.htm (дата обращения: 13.09.2020).

хотворение Слуцкого еще один возможный интертекст «кровного брата» Целана — Мандельштама. В воронежских стихах Мандельштама равнины являются одним из основных образов. Для него они безошибочно отмечены печатью злого рока, несут в себе и разрушение, и высвобождение. Применительно к Слуцкому особенно важен текст Мандельштама «Не сравнивай: живущий несравним...», в котором также мастерски использованы звуковые отражения и параллелизм [Мандельштам 2009–2011, 1: 236]. Слуцкий, создатель иудаистской поэтики, сознательно полемизирует со своим русско-еврейским собеседником, стихотворение которого выделяется почти пантеистическим осмыслением природы со стороны затравленного поэта. Притом что Писание содержит запрет на изображение его Божества, поэт призывает к обратному: не сметь создавать подобие живого существа, явления или попросту части природы. Мандельштам, когда-то сравнивший сочинение стихов с подражанием Христу[17], превращается под тяжестью своего века в бродячего язычника.

Для Слуцкого бытование еврея в истории неизбежно и тесно связано с опытом одиночества. Так, в этом стихотворении он одновременно усиливает и ставит под вопрос пространственное измерение своей поэтики. Сама языковая ткань стиха углубляет и совершенствует практику трансплантации, создавая единое русско-еврейское поле. В то же время в стихотворении рушится сосуществование двух сфер и традиций; шаг за пределы одиночества приводит к крушению одного из этих миров. Опять же, сам по себе знак равнин, превращаясь в новое буквенное обозначение *позиции* поэта, скрепляет два конца стихотворения. Укоренив, лингвистически и мифологически, разрушенную еврейскую цивилизацию в русском пространстве, Слуцкий немедленно разрезает связывающую их нить, тем самым создавая комментарий не только к последнему часу еврейского мира, но и к его сохранившемуся ядру. Что примечательно, Слуцкий рисует одновременно и мифологическую, и бытовую картину, где «за час пред тем» одновременно обозначает и секунду, мину-

---

[17] См. статью «Скрябин и христианство» [Мандельштам 2009–2011, 2: 35–41].

ту, час и год до гибели, и вневременные параметры столкновения еврейского мира с историей и природой. Последняя возникает в стихотворении в образе белого дыма (дымки) весенних яблонь — Слуцкий почти напрямую цитирует лирический шедевр Есенина «Не жалею, не зову, не плачу…», тем самым замыкая круг интертекстуального диалога с Сельвинским (вспомним, что стихотворение Сельвинского — это аллюзия на «Песнь о хлебе» Есенина).

Впрочем, Слуцкий цитирует Есенина в глубоко ироническом ключе. Есенин пишет про тоску по утраченной юности — постоянный мотив русской элегии [Есенин 2008: 156]. Он не только жалуется на жизнь, но принимает ее такой, как она есть, со всеми неизбежными утратами. Обращаясь к Есенину и его нормативному лиризму, Слуцкий подчеркивает, насколько они неприемлемы в мире, на который поставлена печать тотального уничтожения. Раввины впервые в жизни смотрят на белый дым яблонь — и на этом поэт умолкает. Изумление и восторг евреев при виде яблонь не несут в себе ни благословения, ни проклятия. В результате случившегося миропорядок меняется, но как?

Слуцкий не воспроизводит традиционным способом — как Гомер в «Илиаде» или библейский автор в Плаче Иеремии — схему непримиримого контраста между равнодушной природой и рукотворным злом, типичный пример чего в современной еврейской поэзии имеется у Бялика в «Сказании о погроме» (уже было показано, что Слуцкий хорошо знал этот текст): «Всё сразу Бог послал, все пировали разом: / И солнце, и весна, и красная резня. <…> И солнце, как всегда, хохочет, изрыгая / Свое ненужное сиянье над землей»[18]. Слуцкий, подобно Бялику, не пытается описать неописуемое — собственно убийство. При этом, в отличие от Бялика, он не говорит тоном иронизирующего пророка, который упрекает природные стихии в злокозненном невмешательстве в человеческую судьбу. Ни одна из этих герменевтических моделей — пророчества Бялика, не предполагающие

---

[18] URL: www.stihi-xix-xx-vekov.ru/byalik30.html (дата обращения: 13.09.2020).

спасения, печальное приятие Есениным жизненных циклов — Слуцкого не удовлетворяет. Его «яблони» — знак крушения языка, его поэтических, экзегетических и библейских выражений, перед лицом катастрофического исторического момента. В фундаментальном смысле они служат знаком тайны рождения нового языка, несущего в себе семантическую неполноту и обещание надежды. Слуцкий полемизирует с подходом Сельвинского. Да, в стихотворении Сельвинского показана несостоятельность религиозности, но сам по себе язык, который использует автор, — одновременно традиционный и модернистский — подчеркивает неадекватность и беспомощность его отклика.

* * *

> На свете смерти нет.
> Бессмертны все. Бессмертно всё. Не надо
> Бояться смерти ни в семнадцать лет,
> Ни в семьдесят. Есть только явь и свет,
> Ни тьмы, ни смерти нет на этом свете.
>
> *Арсений Тарковский. «Жизнь, жизнь»*

> Я умру, но я не боюсь. Невозможно бояться смерти. Но во мне слишком много упрямства, слишком много от животного, чтобы в нее поверить. Если не верить до последнего момента, последней доли секунды, я никогда не умру...
>
> *Филипп Жербье (Лино Вентура), боец французского Сопротивления, персонаж фильма Жан-Пьера Мельвиля «Армия теней» (1969), по пути на казнь*

Есть ли хоть намек на избавление в дальних пределах, в которые переносятся раввины, сожженные в Освенциме? Поэт оставляет вопрос герменевтически открытым. При этом параллелизм структуры стихотворения выдает намерение Слуцкого. Последние четыре строки обрамлены на первый взгляд тавтологической синтаксической параллелью «черный дым» / «белый дым». Однако, как часто бывает в стихах Слуцкого, тавтология оборачивается омонимией. Совершенно ясно, что черный дым крематория радикально отличается от белого дыма цветущих яблонь, но два этих понятия переплетены и, полагаю, работают по принципу фотомонтажа, в котором каждый образ словно бы предстает архивом другого [Spieker 2008]. Иначе говоря, «дым» Слуцкого надлежит понимать как примеры энантиосемии — слова, имеющего одновременно два противоположных значения. Если в стихотворении «Теперь Освенцим часто снится мне...» дым выступает инструментом уничтожения, то здесь он соотносится с куда более фундаментальными пластами поэтики и метафизики Слуцкого[19]. С одной стороны, корреляция «дымов» наводит на мысль, что зерно и неизбежность уничтожения заложены в еврейское бытие, а стало быть, обратить последствия катаклизма вспять невозможно. С другой стороны, по превращенному в руины ландшафту бежит подспудным ручейком импульс возрождения. А значит, «Раввины вышли на равнины...» — это более решительный и одновременно непредрешенный вариант концепции Слуцкого о неполном мессианстве, которая находится в центре его историографического мышления и особенно его стихов о холокосте. Раввинам не уготовано «исхода из Египта», но и смерть не торжествует над всем[20].

Мне представляется, что мировоззрение Сельвинского оказало на Слуцкого глубокое влияние. В «Кандаве» — тексте, который, как мы помним, Слуцкий держал в уме, когда писал это стихотворение, — Сельвинский видит во сне, что проснулся вместе с женой в Освенциме, и говорит о смерти:

---

[19] В стихотворении «Домой!» Слуцкий говорит, что его старение и старение его поколения подобны «черным дымам, / летящим по городам». Тем самым он в очередной раз сопоставляет собственную судьбу с холокостом, подчеркивая особый смысл образа дыма в своем творчестве [Слуцкий 1991b, 3: 310].

[20] В стихотворении «Немедленная справедливость!..» Слуцкий воображает мессианский сценарий, в котором «равнина быта моего» превращается в рай. Ему перспектива подобного совершенства кажется отвратительной, он делает выбор в пользу несовершенного реального исторического процесса [Слуцкий 1991b, 2: 527].

> Я
> Испытывал страданье не от страха.
> Я никогда не ужасаюсь там,
> Где угрожает смерть...
> Я сразу понял: смерть неощутима,
> Неслышима, как тополевый пух.
> А бред агонии, а ужас смерти,
> Сознание конца — не смерть, но жизнь.
> Покуда я еще страдаю — жив я!
> Покуда гибелью охвачен — жив я!
> Покуда умираю в страхе — жив я!
> А смерть? Ее мы просто не заметим.
> Подумайте, как это хорошо...
> Нам только жить! Нигде и никогда
> Мы не увидим собственного трупа.
> Мы умираем только для других,
> Но для себя мы умереть не можем —
> И смерть для нас есть только мысль о смерти...
> С тех пор я перестал бояться страха
> [Сельвинский 1946: 236–237].

Слуцкий пишет куда более нюансированно, чем Сельвинский: и потому, что он знает, что смерти в Освенциме предшествовало полное расчеловечивание жертв, и потому, что вопрос о загробной жизни он оставляет открытым. Удивительно, однако, следующее: его раввины остаются вечно живыми, глаза их навеки устремлены на дым смерти и, возможно, возрождения. «Час пред тем» для них никогда не заканчивается. Они не умирают, а исчезают. Нам известно об их трагедии, но они, говоря словами псалма, «пребывают» в жизни — по крайней мере, именно на это надеется поэт.

6

То, что фигура и творчество Целана обязательно должны упоминаться при любом обсуждении взаимоотношений между языком и холокостом, стало почти аксиомой. Безусловно, поэтики Целана и Слуцкого различаются по многим параметрам. Как подметил фон Холлберг, «Рильке, Паунд и Целан, не столько видя, сколько предвидя, писали вне законов здравомыслия... Они не могли дать точных названий понятиям, идеально подходившим к ощущениям и размышлениям, которые они сделали памятными» [Hallberg 2008: 232]. Слово Слуцкого — яркий пример обратного: оно стремится к здравомыслию, притом что его здравомыслие также метапоэтически и герменевтически закодировано. В то же время, продолжает исследователь, «почти в каждой строке... у Паунда или Целана звучит особая жизнь, протекающая в языке. Их стихи высвечивают области языка, находящиеся за пределами социально-бытового дискурса». Именно такие области видны «почти в каждой строке» у Слуцкого, и особенно в стихотворении «Раввины вышли на равнины...». Хорошо известно, что Целану была очень близка русская традиция, в Хлебникове, крупнейшем предшественнике Слуцкого, он видел «грандиозные языковые мечты» [Ivanovic 1996: 261–287]. Поэтические миры и Слуцкого, и Целана были сосредоточены в понятии *простоты* — в том смысле, в котором их понимает Р. Блувштейн, поэт-минималист, классик поэзии на иврите: «Простота выражения сегодня такова: алое одеяние лирики древних, непосредственное выражение, не успевшее прикрыть свою наготу нарядами из золота и шелка...» И Слуцкий, и Целан остаются на «территории времен... и на реальной территории». Притом «пространства вечности [их] смущают, а потому [они] выискивают уголок, где смогут отличиться» [Cole 2008: 72]. Для Слуцкого и Целана уголок этот «маркирован» «глубоким и трагическим договором со своим временем», который «бросает вызов часу, их собственному и мировому, сердцебиению вечности» — цитируем слова Целана о Мандельштаме [Celan 1986: 63–64]. Подробное рассмотрение сходства между Слуцким и Целаном — тема для будущего исследования[21]. Ниже

---

[21] В письме к Целану, где она благодарит его за перевод стихов мужа, Н. Я. Мандельштам отмечает, что знакома с этими переводами благодаря Эренбургу, а с его поэзией — благодаря другим. Нет никаких сомнений, что Эренбург

приводятся краткие предварительные наблюдения, навеянные текстом «Раввины вышли на равнины...».

Во-первых, стихи Целана, как и Слуцкого, колеблются на грани между полной пустотой, оставшейся после холокоста, и упорством традиции. Говоря о «спокойном, но великолепном "Псалме"» Целана (то же описание подходит и к стихотворению Слуцкого), А. Розенфельд отмечает следующую дилемму, лежащую в основе поэтики Целана:

> Что в этом странновато-прекрасном стихотворении остается, так это еврейское упрямство — неколебимая, упорствующая вера, выраженная в набожной тяге окровавленного останка, с прежней истовостью клонящегося к источнику былого цветения... набожность, выраженная в "Псалме", не подлежит сомнению [Rosenfeld 1980: 88].

У Целана «благочестие отмечено самыми экстремальными парадоксами»; ими же, на мой взгляд, отмечена и герменевтическая поэтика Слуцкого.

Каким поэтическим языком выражено это благочестие? Опять же, говоря про «Псалом», М. И. Лекомцева дает ценное определение его поэтической стратегии, которое применимо и к Слуцкому. Она пишет:

> Таким образом, П. Целан, используя минимальное количество лексических единиц и строго подобранное число грамматических категорий немецкого языка, строит свой особый поэтический язык. Этим языком Целан описывает мир, начало которого задано библейской традицией, но включает в нее и тот опыт, который принес с собой XX век. Это не только новое представление о пространстве-времени, но и опыт запредельных пере-

---

показывал Слуцкому сборники переводов, выполненных Целаном, и Слуцкий был знаком со стихами Целана. Стихотворения Слуцкого в переводе на немецкий были опубликованы в 1970-м — в год смерти Целана [Sluzki 1970]; по большей части это стихи из сборника «Память». Учитывая интерес Целана к русской поэзии, переводу и стихам о холокосте, логично предположить, что он был знаком с этим сборником или читал стихи Слуцкого в оригинале. См. [Найдич 2004].

живаний, невыносимых парадоксов, опыт «стояния над бездной», вакуумом, смерчем, терниями страдания — опыт создания Слова и воссоздания Словом [Лекомцева 2007: 248].

Несмотря на христианские импликации последней формулировки, в этой цитате отмечены два основных измерения поэтики Целана, равно как, на мой взгляд, и Слуцкого: еврейское Писание и его связь с еврейским историческим опытом XX века (опять же, здесь уместно вспомнить слова Блума: «Все еврейские экзегезы… можно назвать рядом попыток открыть Танах историческим страданиям народа, который Яхве сделал Своим избранником»). Выступая в защиту поэзии, написанной в ответ на холокост, С. Губар отмечает: «Поэзия выполняет важную функцию… поскольку отменяет связность нарратива и, соответственно, передает разрыв последовательности. Тем самым она способствует ведению дискурса в модусе, который отражает психологические, политические, этические и эстетические результаты трагедии, не претендуя на то, чтобы передать или осмыслить всю ее совокупность» [Gubar 2003: 7]. Действительно, только через свою скудную и ограниченную логоцентрическую поэтику и Целан, и Слуцкий дают бедствию во всей его совокупности обрести голос[22].

* * *

В еще одном стихотворении, посвященном Сельвинскому, Слуцкий пишет:

> Заученный, зачитанный,
> залистанный до дыр,
> Сельвинский мой учитель…

---

[22] Шраер в интервью со С. Ю. Куняевым повторяет, говоря об этом стихотворении: «…где буквально в двух четверостишиях вся гибель российского еврейства в холокосте…» (URL: web.archive.org/web/20110721143557/http://www.plexus.org.il/texts/shraer_int.htm (дата обращения: 13.09.2020)).

> Сельвинский мой учитель,
> но более у чисел,
> у фактов, у былья
> тогда учился я
> [Слуцкий 1991b, 2: 371].

Действительно, стих Слуцкого многое почерпнул у Сельвинского. В то же время для Слуцкого важнее «факты» и «числа». Да, именно через числа и факты Слуцкий описывает типичное библейское еврейское мышление в полемическом стихотворении, направленном против выкрестов. Соответственно, «они» в этом стихотворении относится не только к его студенческим годам — периоду становления, но и ко всей его творческой биографии. Третий компонент его уроков, «былье», метафорически описывает бытовую сторону жизни. Это слово связано с забвением («быльем поросло»), однако Слуцкий меняет его смысл на обратный: память. Более того, в «былье» звучат одновременно «быль» (отраженная в «былине») и «бытие». Тем самым «былье» в этом особом для Слуцкого смысле — именно то, что провозглашается в стихотворении «Раввины вышли на равнины...». Действительно, «факт», «число» и «былье» позволили Слуцкому через столкновение поэтического языка и истории преподать учителю еврейский урок. Диалог Слуцкого с собратом-ветераном, подпольным поэтом Яном Сатуновским — он станет темой следующей главы — велся с неменьшей интенсивностью.

12
«Веские доказательства недоказуемого»: Ян Сатуновский

> ...Голод не довод.
> Надо быть сильным.
> Музыка, принеси мне
> могиндовид
> из Иерусалима.
>
> *Ян Сатуновский*

1

В статье, посвященной диалогу между Слуцким и Яном Сатуновским (1913–1982), прозаик Олег Дарк ставит вопрос, почему Сатуновский постоянно возвращается к Слуцкому в своих стихах. Ответ звучит так: последний находится «поверх эпох» [Дарк 2003]. Со своей стороны, Слуцкий тоже признавал талант и значимость Сатуновского. Более того, полагаю, что Сатуновского, наряду со Слуцким, можно назвать глубоко оригинальным и крайне важным еврейским голосом в русской словесности. Его мировоззрение, поэтика и понятия о еврействе являют собой радикально иной отклик на те же творческие и философские вопросы, которые стояли перед Слуцким. Сатуновский предстает не просто биографической «альтернативой» Слуцкого, но и глубоким художественным и философским оппонентом [Shrayer 2007: 745]. А еще важнее то, что Сатуновский обозначает свою позицию через критическое и проникновенное прочтение текстов Слуцкого.

Хотя бо́льшая часть поэтического наследия Сатуновского после его смерти была опубликована [Сатуновский 1994], творчество его остается малоизученным. При этом исследователь советского авангарда В. Г. Кулаков характеризует Сатуновского как поэта, «многое определившего не только в концептуализме, но и вообще в нынешнем состоянии поэтического [русского] языка» [Кулаков 1991: 18]. Химик по образованию, ветеран войны, при жизни он не опубликовал ни одной строки своих стихов для взрослых[1]. И дело не в том, что он «писал в стол», а в том, что созданные им творческая и человеческая биографии (они в данном случае совпадают) служат хроникой жизни *подпольного* писателя, как в смысле его литературных связей, так и в смысле полного пренебрежения официальным литературным процессом. Как подчеркивают и Кулаков, и другие, сама по себе эта позиция уже требовала немалого героизма в советском контексте. Соответственно, внутренняя свобода, которая в случае Самойлова выглядит далеко не очевидной, точно описывает позицию Сатуновского. Он не отмежевывался от окружающей реальности, но, надев маску советского обывателя, обнажал как абсурдность, так и кошмарность, зачастую гротескную, собственного образа жизни. «Я не поэт» — так звучал его девиз. По словам Сапгира, стихи Сатуновского отличает «абсолютная необыкновенность»[2] и «истина». Его стиль — это «белый стих, скрепленный аллитерациями, подспудной ритмикой и отдельными рифмами» [Лобков 2005]. В нем слышна «грустная, жалобная интонация» [Бурков 2008], которая не оправдывает ожиданий читателя. В целом, по мнению Кулакова, поэзия Сатуновского «сознательно ориентирована на разговорную речь — с ее нелинейным ходом; нужные слова подбираются тут же, как бы в процессе говорения: "или, как сказать, обыватель..."» [Кулаков 1991: 18]. Его стих афористичен; основной его единицей служит меткая фраза, ремарка.

В начале 1960-х годов Сатуновский стал завсегдатаем поэтических встреч на подмосковной железнодорожной станции Лианозово. Эти неформальные встречи послужили основой

---

[1] Сатуновскому, как и ряду других видных поэтов андерграунда, удавалось публиковать свои детские стихи.

[2] URL: www.rvb.ru/np/publication/sapgir2.htm (дата обращения: 13.09.2020).

того, что впоследствии получит название «лианозовской школы», — центра послевоенного советского литературного и живописного авангарда. В научной литературе это движение называют минимализмом, конкретизмом и «барачной» поэзией; в разные периоды в нем участвовали художник Оскар Рабин, поэты Генрих Сапгир, Евгений Кропивницкий, Игорь Холин, Всеволод Некрасов, Сатуновский и ряд других. Среди их литературных предшественников нужно назвать Сельвинского (отсюда непреднамеренная гротескность в «Страшном суде»)[3], обэриутов, Маяковского, Хлебникова и Глазкова. Эстетические подходы лианозовцев хотя и различались, причем подчас значительно (общей платформы они не формулировали), но служили проекцией трансформации позднего модернизма в то, что можно в широком смысле назвать постмодернизмом[4].

Лианозовцы пытались вычленять каждое слово как отдельную единицу со всеми его литературными, общественными и историческими смыслами. Соответственно, пишет Кулаков, их поэтика была поэтикой «остраненного слова». Эта поэтика не признаёт лирического смысла и ставит своей целью воспроизведение или даже простое копирование разноголосия дискурсов: высоких и низких, традиционных, мифологических и бытовых. «Авторский голос уже почти не звучит в концептуалистской художественной системе. Звучат чужие голоса, "языки" (а точнее — речевые слои)», — тонко заключает Кулаков [Кулаков 2008]. Поэтический результат подобного стирания зачастую оказывается неожиданным и гротескным. Следует, однако, отметить: советский гротеск выглядит реалистичным и правдоподобным по причине абсурдности советской жизни — в ней идеология является симулякром, что признают практически все, хотя и не заявляют об этом открыто.

---

[3] В молодости Сатуновский был членом кружка поэтов-конструктивистов в Днепропетровске. См. его стихотворение «Помню ЛЦК — литературный центр конструктивистов...» [Сатуновский 1994: 122].

[4] О лианозовской школе см. [Кулаков 1991]; [Шраер, Шраер-Петров 2004: 67–75].

Поэтому закономерно, что у Слуцкого много общего с лианозовцами как в генеалогическом, так и в стилистическом смысле. Слуцкий служил связующим звеном между, так сказать, внешним миром и лианозовцами: почти все члены этого объединения ощущали свою связь с его поэзией. И Слуцкий, и Сатуновский ниспровергают апокалипсизм своих учителей (Маяковского, Хлебникова, Кульчицкого), притом конечный результат одного разительно отличается от результата другого. Слуцкий, как я уже показал, обнажает суть каждого слова, поэтическая фактура его текстов состоит из многоголосицы, а отдельные голоса приобретают самостоятельность. Слуцкий сплетает советский материал, высокий и низкий, с библейской мифопоэтикой в совершенно самобытной *целительной* манере мидраша и своей индивидуальной лирики. Соответственно, его поэтика не относится к концептуализму (концептуализм, собственно, вырос из Лианозова). Его поэтика, по сути, монологична и полностью герменевтична. Кроме того, Слуцкий не придерживался идеологии высокого модернизма (отсюда затрудненное и ревизионистское прочтение Сельвинского) и не включался в постмодернистский процесс. Вместо этого он создал собственную парадигму, для которой, если говорить о технике, полемически черпал материал и из модернистского, и из постмодернистского колодца.

Отклик Сатуновского на постмодерн также был нюансированным и самостоятельным. Его творчество — это «сплошной авторский голос, лирический монолог» [Кулаков 1991: 19]. В то же время оно до опасного фрагментарно и постоянно балансирует на грани распада. Сатуновский не прибегает к тщательным построениям, характерным для Слуцкого, даже тогда, когда перед ним стоит перспектива смерти. Точнее всего различия между ними маркирует их понимание еврейства. Как отмечает немецкий исследователь Г. А. Гецевич, чуткий читатель Сатуновского, «еврейская тема лежит в основе поэтического мировоззрения Сатуновского»[5] [Гецевич]. Подобно Слуцкому, он одним из первых откликнулся на холокост. Кулаков также подчеркивает

---

[5] Цит по: URL: http://getsevich.ru/articles/ (дата обращения: 13.09.2020).

еврейство Сатуновского. Как и прочие его стихи, его еврейские тексты «негодующие, обличающие, протестующие, обращенные к невидимому оппоненту, или реплики — размышления, наблюдения, обращенные к самому себе. Ироничные, лиричные (часто сразу и первое, и второе), саркастические или трагические (о войне), развернутые, но чаще короткие, иногда состоящие и из одной строки» [Кулаков 1991: 19]. В них звучит еврейская память человека, осмысляющего судьбы советских евреев, однако, на мой взгляд, по сути своей стихи эти антигерменевтичны.

Как поэт и еврей, и даже, отважимся это произнести, еврейский поэт, Сатуновский до глубины души антииудаист и чурается — причем, на мой взгляд, совершенно намеренно — любого соприкосновения с традицией. В этом состоит разница между его минимализмом — «простотой» в понимании Рахель, современной еврейской поэтессы-минималистки, — и минимализмом Слуцкого и Целана. *Сатуновский живет текущим моментом*, впитывая мир эклектично, как философ досократовской эпохи или эпикуреец. Что примечательно, стихи свои он писал на библиотечных карточках, пунктуальнейшим образом проставляя номер и дату. Последний известный номер — 1009. Его стихи не имеют «ни начала, ни конца» (Кулаков). Они — его жизнь, ее сложное движение. Опять же, в его парадигме жизнь, которой он живет, совпадает с той, которая возникает на странице; Сатуновский сам заявляет: «Стихи — моя жизнь. Поэтому переписываю их в хронологическом порядке» [Сатуновский 1992: 4]. По тонкому наблюдению Сапгира, стихи Сатуновского — «дневник поэта, который вдруг высвечивал из хаоса повседневности, из скуки обыденности нечто — образ, волнение, сарказм» [Сатуновский 1992: 3]. Литературовед О. А. Бурков метко подмечает, что в стихах Сатуновского «времена светятся одно сквозь другое», однако эта открытость и изменчивость фундаментально отличается от библейских трансплантаций и неопределенностей Слуцкого, которые в тщательно выстроенной манере соединяют вечность и хаос с его собственной эпохой. Лишь единожды за всю свою долгую творческую жизнь Сатуновский сделал намек на мессианские упования и долготерпение в ожидании мессии. Впрочем, исключение только подтверждает правило. В стихотворении-эпиграмме, которым открывается эта глава, «голод» заставляет вспомнить строки Бялика: «Голод не о хлебе / И зрелищах, но Голод — о Мессии!» — в классическом переводе Ходасевича[6]. Поэт заглушает голод и просит музыку (небесную музыку?) принести ему из Иерусалима шестиконечный символ иудаизма. Этот знак наполнен эмоциональным содержанием, однако герменевтически пуст. Слуцкий, как видно из главы 7, решительно помещает звезду Давида в центр своего элегического пространства. В манере, разительно отличающейся от манеры Сатуновского, он делает ее герменевтическим метапоэтическим кодом, содержащим ключ как к собственному содержанию, так и к содержанию космоса поэта.

Понятие избирательности также помогает осмыслить разницу между двумя поэтами. Повторим: Слуцкий почти никогда не датировал свои стихи. Прослеживая диахроническую последовательность его текстов, лишь отчетливее осознаёшь их синхронизм как для автора, так и для читателя. Его позиция — не позиция хрониста, а его поэзия — не дневник эпохи. Он провозглашает: «В двадцатом веке дневники / не пишутся и ни строки / потомкам не оставят. / Наш век ни спор, ни разговор, / ни заговор, ни оговор / записывать не станет» [Слуцкий 1991b, 3: 193]. Разговор о времени — удел поэзии, в пределах которой Слуцкий ведет себя подобно библейскому автору, для кого значимость истории не в том, что это — перечисление или описание событий, а в том, что это попытка постигнуть, как святое проявляется в преходящем. Центральное понятие здесь — избирательность. Приведем знаменитый комментарий Й. Х. Йерушалми:

> Память по природе своей избирательна, и предъявляемое Израилю требование запомнить тоже не является в этом смысле исключением. <...> Израиль не только не обязан помнить всё, что случилось в прошлом, но напротив — его принцип отбора поистине уникален. Помнить требуется, прежде всего, моменты

---

[6] *Ходасевич В.* Бялик. URL: www.world-art.ru/lyric/lyric.php?id=9534 (дата обращения: 13.09.2020).

прямого Божественного вмешательства в историю и реакцию людей на это вмешательство, какая бы она ни была — положительная или отрицательная [Йерушалми 2004: 11–12].

Вся суть еврейской Библии заключена в наставлении: «помни», одновременно и адресованном древним израильтянам, и относящемся к Самому Богу, Который обещает помнить беззакония человеческие до четвертого колена и, разумеется, спасает израильтян именно потому, что не забыл обещания, данного их прародителям. Эта точная избирательная память стоит в центре библейских и иудаистских представлений об упорядоченной вселенной. Слуцкий целенаправленно и безжалостно по отношению к самому себе применяет упомянутый принцип избирательности внутри *неупорядоченного* советского космоса. Сатуновский же с внешним безразличием, однако не менее решительно и дерзко отказывается от извлечения смысла из этой неупорядоченности и от того, чтобы мерить дни советских евреев библейскими тысячелетиями. Что примечательно, он сам вводит понятие избирательности в разговоре о своем поэтическом методе, демонстрируя, что для него отбор — задача непростая: «Переписываю далеко не всё, хотя выбор для меня дело нелегкое. Ладно, как-нибудь» [Сатуновский 1992: 4]. В результате Сатуновский, возможно, даже важнее Слуцкого для нынешней русской поэзии. Впрочем, исключительная значимость Слуцкого состоит в возрождении еврейской экзегезы, где избирательность — один из принципиальных подходов.

Айги подчеркивает сходство между двумя поэтами и пишет, что Слуцкий и Сатуновский почти без посторонней помощи подготовили силами своих поэтик «окончательную реформацию» русской поэзии, в процессе чего «слово само по себе приобретает огромную силу» [Сатуновский 1994: 308]. Замечание это важно в двух смыслах. С одной стороны, оно подчеркивает ошибочность мифологии Самойлова, которая превращает Слуцкого в политика, а с другой — бросает вызов современной, очень распространенной версии русской поэтической историографии: от Серебряного века к Бродскому, с «либеральными» поэтами (Евтушенко, Вознесенский, Ахмадулина) на периферии, оставляя в стороне и неофициальные течения, и таких «официальных» поэтов, как Слуцкий. Слуцкий находится в эпицентре всего литературного процесса, он оказал влияние на поэтов столь не похожих, как Бродский и Сатуновский. В то же время Айги вносит в свое сравнение чрезвычайно субъективный иерархический элемент. Он пишет: «Слуцкий оголяет слово, лишает его поэтизмов. Сатуновский же, на мой взгляд, гораздо многограннее. У него есть та же прямота и оголенность, что и у Слуцкого, но также он идет и с другой, "хлебниковско-крученовской" стороны, он наслаждается природной данностью русского слова, наслаждается тем, что это слово само по себе прекрасно, что это Богом данная человеку игра». Рассуждения Айги верны лишь отчасти. Слуцкий тоже «идет с хлебниковской стороны» («заумные» футуристические игры Крученых действительно ближе к афоризмам Сатуновского), однако всей значимости его аллюзий к Хлебникову не охватить, не приняв во внимание чрезвычайно самобытный характер его поэтики. Поскольку он занимается переводом, его взаимоотношения с русским языком непросты и запутанны; отсюда замечание Айги по поводу напряженности в отношениях Слуцкого с языком. Возможно, Сатуновский, который, как будет показано далее, уклоняется от того, чтобы сформулировать свои взаимоотношения с языком в концептуальном или мифологическом ключе, действительно выглядит свободнее. В конечном итоге Сатуновский создает звук, а Слуцкий — и комментарий, мысль, представленную через звук.

В рамках диалога Слуцкого с современниками отсылка к Сельвинскому выглядит обоюдной, она формирует цепь, подвижную и вытянутую. Что касается Сатуновского, он дает наиболее четкое определение позиции Слуцкого, но выражает через нее собственную антитетичную поэтику.

2

Сатуновский написал три (или как минимум три, подчеркивает Дарк) стихотворения о Слуцком. Первое, датированное 5 декабря 1961 года, выделяет через перечисление биографических, политических и поэтических деталей особую важность Слуцкого для его времени:

> Борис Абрамович Слуцкий,
> товарищ экс-политрук,
> случился такой случай,
> что мне без Вас, как без рук
> (случился — такой — случай!).
>
> Что мне не Фет,
> не Тютчев,
> не Бунин-Сологуб
> и не Случевский,
> а
> Слуцкий,
> Ваш
> стих,
> раздражающий слух,
> понадобился вдруг.
>
> Сознательное стихотворение,
> снаряженное как на войну,
> понадобится в наше время
> не мне одному
> [Сатуновский 1994: 185].

По причине фрагментарности стиха Сатуновского однозначное прочтение его стихотворений почти невозможно. Однако нельзя не отметить почтительную дистанцию, которую он сохраняет между собой и Слуцким: с этой дистанции обращается к нему по имени-отчеству, хотя и старше его по возрасту. Примечательно также то, что Сатуновский рисует Слуцкого в его советской ипостаси (экс-политрук), однако имплицитно заглядывает за эту личину, дабы *через нее* установить глубокую бытийную связь Слуцкого с его временем; отсюда использование очень советского слова «сознательное», которое описывает ответственного гражданина, готового отразить любые происки врага. Сатуновский вкладывает в него смысл, подчеркивающий историческую и когнитивную силу стиха Слуцкого и вместе с тем его внешнюю неотточенность («раздражающий»), что характерно и для стилистики самого Сатуновского (свои стихотворения он называл «рубленой прозой»). Специфическое использование советского жаргона повторяет образ мысли самого Слуцкого.

Список поэтов во второй строфе примечателен по целому ряду причин. С одной стороны, как и подобает последователю Хлебникова, Сатуновский проводит между ними фонетическую связь: Сологуб — Случевский — Слуцкий. С другой стороны, в контексте советской литературной историографии все это второстепенные поэты: эстет Фет, философ Тютчев; странное объединение Бунина и декадента Сологуба; наконец, К. К. Случевский (1837–1904), протодекадент по своей эстетике. Перечисляя имена этих стихотворцев, Сатуновский одновременно подчеркивает общий для себя и Слуцкого статус аутсайдера и смещенную от центра позицию и генеалогическую линию Слуцкого в русской традиции. Вместе с тем он предупреждает, что для нынешней авангардной неофициальной культуры особенно нужен как раз советский Слуцкий, а не аполитичные голоса полузабытых авторов XIX и XX веков. Одновременно и полемично, и дерзко (вспомним его отношение к интеллигенции) Сатуновский настаивает — вскоре после истории с Пастернаком — на том, что Слуцкий необходим не только ему, но и другим. Как будет показано в следующей главе, сам Слуцкий, апеллируя к фигурам XIX века, делал это в столь же эгалитарном, нешаблонном ключе и притом с уникальной герменевтичностью.

В следующем стихотворении, написанном 5 октября 1964 года, Сатуновский одновременно и обозначает свое место внутри русской традиции относительно Слуцкого, и приближается к тому, чтобы дать определение эстетике Слуцкого:

> Кто во что, а я поэт.
> Кто на что, а я на С.
> Стою по ранжиру
> между Слуцким и Сапгиром.

> Закат — зияющ
> и клокат.
> Не на закат смотрю —
> в закат
> [Сатуновский 1994: 26].

Сатуновский подчеркивает свое место в поэзии, лишая при этом звание поэта всякой исключительности и возвышенности: так вышло, что он — поэт. В подробной статье, посвященной использованию имен в творчестве Сатуновского, Бурков упоминает о фукольдианской значимости имен писателей у Хлебникова — они используются «не в личностном, не в портретном, а в мифопоэтическом смысле». Имена Слуцкого и Сапгира нагружены как раз таким мифопоэтическим смыслом, который скрывает «имя мира, созданного его творчеством», однако также несет в себе глубоко личные и «интимные» (Бурков) коннотации. Три еврейских писателя — три поэта «на С», — поставленные Сатуновским в один ряд, образуют творческое поле, в которое входят чрезвычайно разные, но конгруэнтные сферы их творчества плюс очень личная привязанность к ним Сатуновского [Бурков 2008][7]. Как отмечает Бурков, в этом стихотворении Сатуновский цитирует «Юбилейное» Маяковского (о нем речь пойдет в следующей главе), где Маяковский тоже конструирует традицию через алфавит, говоря Пушкину: «...вы на Пе, а я на эМ» — и предлагая отправить затесавшегося между ними Надсона «на Ща».

Возвращаясь к терминологии, предложенной раньше, скажем, что Сатуновский определяет себя через Слуцкого в манере объективизма. Понятие объективизма, предложенное Зукофски, созвучно тому, что Сатуновский смотрит «в» закат, а не «на»

---

[7] Шраер-Петров проницательно говорит о стихах самого Сапгира: «Генрих Вениаминович Сапгир был классиком новейшей русской поэзии. Подобно другим корифеям нашей литературы — Пастернаку, Мандельштаму, Слуцкому — Сапгир внес в русскую поэтику самые нюансированные мелодии еврейской души и самые резкие противоречия еврейской мысли» [Шраер, Шраер-Петров 2004: 241–242].

него: «Процесс письма, представляющий собой детализацию (а не мираж) ви́дения, обдумывания вещей такими, каковы они есть, и направления их по траектории мелодии». «Закат» Сатуновского предваряет рассвет из последнего его стихотворения, напрямую связанного со Слуцким, где, на мой взгляд, дано одно из самых точных определений поэтики Слуцкого. Стихотворение написано 22 октября 1973 года, за три года до того, как Слуцкий замолчал:

> Люблю стихи Бориса Слуцкого —
> *толковые* суждения
> прямого харьковского хлопца,
> как говорит Овсей;
> веские *доказательства*
> *недоказуемого*
> [Сатуновский 1994: 142] (курсив мой — *М. Г.*).

Овсей — это Овсей Овсеевич Дриз, невероятно талантливый советский поэт, писавший на идише: его детские стихи в переводах Сапгира и других массово печатались в СССР. Слуцкий ценил Дриза, перевел несколько его «взрослых» стихов на русский и написал прочувствованную элегию на его смерть[8]. Вводя этого наследника писавших на идише модернистов в свое стихотворение, Сатуновский по касательной упоминает еврейство Слуцкого, подчеркивая связь и его, и еврейских поэтов-авангардистов с остатками культуры на идише.

Сатуновский подчеркивает три слова: «толковые... доказательства недоказуемого». Эти «толковые доказательства» — основа *иронической рациональности* Слуцкого, который сознает ее ограниченность и склонность к обобщениям. Представляется, что «недоказуемое» — намек на политику или, иными словами, на попытки Слуцкого оправдать советскую систему и доказать ее правоту с одновременным почти онтологическим

---

[8] «Оптимистические похороны» [Слуцкий 1989b: 90]. О переводах Слуцкого см. [Дриз 1990: 162, 228]. Сборники стихов Дриза также официально публиковались в оригинале, на идише. См. [Дриз 1978].

осознанием невозможности этого. Суть игры Сатуновского скрыта именно в таких намеках. Он рассчитывает, что читатель, которому знаком портрет Слуцкого, созданный в самойловской мифологии, окажется способен на политическое прочтение. Притом «доказательства недоказуемого» — очень емкое определение иронической рациональности Слуцкого и его поэтики, которая смотрит на быт сквозь дальнозоркие очки бытия[9]. «Недоказуемое» — это вторжение святости в историю, какой бы она ни была. Формулировка «веские доказательства» у Сатуновского поразительна, ведь метафизика Слуцкого основана на работе с «числами и фактами» Тем самым он признаёт нюансированность и внутреннюю парадоксальность позиции Слуцкого.

Кулаков абсолютно прав, когда говорит, что Слуцкий, как и Сатуновский с его прозаизмами, выступает в своих стихотворениях в роли учителя, который «знал, что такое хорошо и что такое плохо, о чем и писал — чем дальше, тем больше» [Кулаков 1993]. У Сатуновского присутствует ощущение нравственного релятивизма; его чувство нравственной правоты и заслуженного благословения свыше недолговечно и преходяще («Я хорошо, я плохо жил...») [Сатуновский 1994: 99]. «Сознательное стихотворение» Слуцкого не поддается подобному подходу. Действительно, ведь его творчество, священное писание его мучительной эпохи, — это этический документ, но для него понятия «хорошо» и «плохо» навечно и очень сложно сплетены с историей. Отношения между ними представляются ему глубинно неразрешимыми. Слуцкий, в отличие от Сатуновского поставивший свое творчество и слово в центр официальной советской жизни, ощущает это противоречие на собственной шкуре. В стихотворении «Черным черное именую. Белым — белое...» он отмечает этот мучительный парадокс:

Черным черное именую. Белым — белое.
Что черно — черно. Что бело — бело.

---

[9] См. «С бытием было проще...» [Слуцкий 1991b, 3: 184].

> Никому никаких уступок не делаю,
> Не желаю путать добро и зло...
>
> Между тем весь мир написан смешанными
> Красками. И устойчива эта смесь.
> И уже начинают считать помешанными
> Тех, кто требует, чтоб одноцветен был весь.
>
> И, наверно, правильнее и моральнее
> Всех цветов, колеров и оттенков марание,
> Свалка, судорога, хоровод всех цветов.
> Только я его оценить не готов
> [Слуцкий 1990b: 296].

Здесь Слуцкий предстает в самой уязвимой своей ипостаси, показывая путь художника — наследника священной традиции в мире извращенных, растоптанных или попросту выродившихся традиций. Он «оценить не готов» нравственную пестроту мира со всей ее мерзостью и грязью, однако позволяет собственному стиху впитывать ее и переосмыслять именно потому, что у стиха тоже есть нравственный вес. Его герменевтика (ухабистые пути из «Слепцов»), эстетика трансплантации («Я правду вместе с кривдою приемлю — / Да как их разделить и расщепить») и неопределенность самой Библии запускают и подпитывают этот процесс, позволяя Слуцкому оставаться солью — эхо библейских заповедей — на многоцветном просторе его поэтической и исторической земли. Наконец, заповедь, которую необходимо помнить, дополняет его слово библейским этическим компонентом и обещанием милости, сколь бы неуловимой она ни была. Еще раз, формулировка «доказательства недоказуемого» очень уместна: с одной стороны, она подчеркивает, как сложно сохранять этичность поэзии в советском контексте и иных контекстах XX века, а с другой — приходит к неведомому через конкретную и регламентирующую эстетику. Комментарий Сатуновского к стихотворению Слуцкого «Романы из школьной программы...» — тоже размышление об этической дилемме, которую он связывает с положением поэта-еврея в русском пространстве.

3

Приведенное ниже стихотворение Сатуновский датирует 11 ноября 1963 года, между первым и вторым своими текстами о Слуцком:

> Мой язык славянский — русский,
> мой народ смоленский, курский,
> тульский, пензенский, великолуцкий.
>
> Руки скрутят зá спину,
> повалят навзничь,
> поллитровкой голову провалят —
> ничего другого
> я не жду от своего
> народа
> [Сатуновский 1994: 60].

Стихотворение глубоко парадоксально. С одной стороны, поэт заявляет о почти парадигматической связи между собой, евреем, и русской историей и культурой (что интересно, Кулаков называет его «русским поэтом еврейской крови»), а с другой — превращает эту связь в мазохистскую по самой своей сути, поскольку в основе ее лежит погром, направленный против говорящего. Более того, язык поэта и его народ показаны как две отдельных сущности. Страдания ему причиняет не язык, а народ, у которого, судя по всему, с языком мало общего. Язык имеет два измерения: великое (славянский) и вторичное (русский). Почему народ Сатуновского, еврея из Днепропетровска, происходит из Смоленска, Курска, Тулы и пр.? Ответ, как мне представляется, заложен в том, что этот текст служит прямым откликом на стихотворение Слуцкого «Романы из школьной программы...», написанное примерно в то же время. «Мой язык славянский — русский...» видится комментарием к тексту Слуцкого и осмыслением его кризиса.

Вот стихотворение Слуцкого:

> Романы из школьной программы,
> На ваших страницах гощу.

> Я все лагеря и погромы
> За эти романы прощу.
>
> Не курский, не псковский, не тульский,
> Не лезущий в вашу родню,
> Ваш пламень — неяркий и тусклый —
> Я все-таки в сердце храню.
>
> Не молью побитая совесть,
> А Пушкина твердая повесть
> И Чехова честный рассказ
> Меня удержали не раз.
>
> А если я струсил и сдался,
> А если пошел на обман,
> Я, значит, не крепко держался
> За старый и добрый роман.
>
> Вы родина самым безродным,
> Вы самым бездомным нора,
> И вашим листкам благородным
> Кричу троекратно «ура!».
>
> С пролога и до эпилога
> Вы мне и нора и берлога,
> И кроме старинных томов
> Иных мне не надо домов
> [Слуцкий 1991b, 1: 298].

Первая строка для Слуцкого аксиоматична, поскольку в ней провозглашается его советская сущность. Он описывает русский литературный канон через его производный советский вариант, тенденциозную интерпретацию, созданную идеологической машиной. Он компенсирует ущербность этого варианта, обрисовывая его как некое пространство: Слуцкий гостит на его страницах. Тем самым он подключает свой историографический подход, в рамках которого все советское рассматривается как естественное продолжение более широкого русского; поэтому советское включено в его собственную сферу герменевтики и творчества[10]. Стихотворение пропитано этическим воображением. Нравственный кодекс русской литературы позволяет поэту остаться человеком. Этот нравственный кодекс важнее устаревших, «молью побитых» и многократно себя скомпрометировавших представлений о совести (скорее всего, речь тут идет о деле Пастернака). В целом поэт говорит с позиции еврея, которому удается поддерживать связь с русской культурой только благодаря этим романам и рассказам, замещающим божественный источник нравственности художественным. В то же время Слуцкий сохраняет за собой право на собственную нравственность, справедливость и последнее слово, поскольку в контексте этого стихотворения только он один обладает достаточной силой, чтобы простить злодеяния, совершённые против него и его народа. Он прощает погромы и лагеря — следует, видимо, читать: и сталинские, и нацистские. Тем самым Слуцкий подчеркивает, что еврейство — это источник исконной всеобщей нравственности и исторической правды и оно противостоит европейской цивилизации. К той же мысли он вернется в «Родственниках Христа».

Именно этот момент и вызвал гнев С. Ю. Куняева, которому Слуцкий в молодые годы оказывал помощь. В длинной мемуарной статье, посвященной бывшему ментору, Куняев пишет, что Слуцкий, будучи евреем, не имел права «прощать русских», особенно учитывая факт, что сам он в первые годы войны служил военным прокурором. Далее Куняев заявляет: на территории, населенной русскими, погромов как таковых не было, а значит, у русского народа нет причин испытывать чувство вины. Куняев отдельно говорит о стихотворении «Романы из школьной программы...», называя его почти русофильским, с одной, впрочем, оговоркой, «о которую всегда цеплялось мое чувство при чтении этого стихотворенья... написанного резко, без полутонов, с внезапным для поэта пониманием неожиданно возник-

---

[10] Взгляд Сатуновского на советскую идеологию как порождение русского исторического духа схож со взглядом Слуцкого. См. стихотворение «Не говорите мне, не врите...» [Сатуновский 1994: 77].

шей двусмысленности своего положения. "Не курский, не псковский, не тульский" — поэт еще не решается сказать "не русский", потому что последняя линия обороны — язык, культура, поэзия — это за ним. <...> Но кроме русской литературы есть еще русская история» [Куняев 1990: 159–160]. Куняев заблуждается. То, что он называет двусмысленностью положения Слуцкого (а имеется в виду его ощущение еврейства), не было ни случайным, ни внезапным, это было неизменное и глубокое чувство, библейское в самой своей основе. Именно эта ошибка не дает Куняеву разглядеть в Слуцком поэта, в творчестве которого есть сильный и оригинальный метафизический пласт. Он заявляет, что Слуцкий чужд всяческой религиозности.

Утверждения Куняева примечательны не только как пример взгляда русских националистов на Слуцкого, но и как независимый комментарий, который достоин осмысления. То, что подмечает Куняев, достаточно точно: в этом стихотворении Слуцкий полностью отделяет себя от русской истории. Более того, приемом, заметить который Куняев не решается, он отграничивает русскую программную прозу от ее русских национальных корней и характера. Игра эта начинается во второй строфе:

> Не курский, не псковский, не тульский,
> Не лезущий в вашу родню,
> Ваш пламень — неяркий и тусклый —
> Я все-таки в сердце храню.

Стихотворение Слуцкого лишено пафоса, как и его взгляд на эти романы. Декларируя отсутствие родства со всем исконно русским, а равно и нежелание обзаводиться такими родственными связями, он сохраняет «пламень» романов в своем сердце «все-таки», то есть едва ли не вопреки тому, что они — русские. Примечательно, что «неяркий и тусклый» пламень романов резко отличается от их силы, провозглашенной выше. Подобный сдвиг указывает на неустойчивость как точки зрения самого Слуцкого, так и нравственных притязаний классической русской литературы. Эти романы — «родня» русского народа: Слуцкий использует разговорное слово с размытым значением, которое привлекает его именно упомянутыми свойствами. Если в первой строфе мы видим знакомую парадигму, задающую параметры двух Россий: лагерей и словесности, то во второй это соотношение делается сложнее, выходя за границы привычных представлений.

Действительно, Слуцкий «не решается сказать» «я не из России», но и не утверждает: «я — из России». Признавая величие русских романов, он остается лишь гостем на их страницах. Они становятся ему родными, только когда он полностью лишает их всего русского, превратив в безродную нравственную территорию. «Вы родина самым безродным» — это, разумеется, намек на послевоенную кампанию против космополитов. В то же время это метапоэтическая отсылка к пространственной поэтике самого Слуцкого, которая получает в «Уриэле Акосте» название «безродье родное». В итоге романы предстают органическим компонентом его творческого пространства. Их «безродье» ярко контрастирует с имеющими корни Курском, Псковом и Тулой, от «родственности» которых поэт дистанцируется[11]. Для Слуцкого «родня» не есть «род»; в данном случае общий корень лишь подчеркивает различие. «Безродье» романов обозначает эфемерный еврейский покров, «неяркий и тусклый», который он навсегда набрасывает на слова Пушкина и Чехова, как бы вырванные из почвы Курска, Пскова и Тулы — символов русской народности. В данном стихотворении Слуцкий вступает на зыбкую почву. До определенной степени он возвращается к стандартному мышлению; это свидетельствует о том, что он предчувствует кризис и уже сползает в него: его исходный генеалогический проект трансплантации распадается. Он прячется в русские романы (там его «нора и берлога»), они — его последнее прибежище, которое, однако, он объявляет безродным, что на его языке означает «еврейским». Место Слуцкого в русской словесности в очередной раз оказывается на зыбучем песке, а сохранность его слова ставится под сомнение. Гений Сатуновского состоит в том, что он смог ощутить кризис Слуцкого, — перед

---

[11] Псков отсылает, возможно, и к месту захоронения Пушкина.

нами уникальный случай самодостаточного проникновения одного великого поэта в мысли другого.

В свете этого утверждения становится ясно, откуда в тексте Сатуновского возникает ряд «курский, тульский» и т. д. Не случайно он вставляет в этот текст неприметное «великолуцкий», показывая, к кому обращена строчка. Слуцкий, ученик Хлебникова, безусловно мог разгадать и оценить парономастическую игру Сатуновского, еще одного ученика «короля времени»: великолуцкий → Слуцкий. Сатуновский намеренно утрирует позицию Слуцкого, обнажая ее суть и внутреннюю слабость. Как и Слуцкий, он оперирует двумя понятиями: язык и народ. При этом его понимание языка лишено нравственного, культурного и литературного аспектов. Речь идет лишь об одной из констант его существования, причем о константе совершенно определенной — русской. Сатуновский отказывается создавать мифы, которые, с одной стороны, придадут литературе надлитературный смысл, особенно — искупительный, а с другой — отказывает ей в исключительно русской сущности, тем самым делая ее приемлемой и открытой для поэта-еврея.

Народ — следующая неизбежная константа существования поэта. В данном случае речь идет о русском народе, поскольку так уж вышло, что язык поэта — русский. На деле, в стихотворении Сатуновского язык и народ представляют собой две отдельных сущности, хотя обе и являются постоянными спутниками поэта. Тем самым Сатуновский до определенной степени предвосхищает логику Куняева («кроме русской литературы есть еще русская история»); отделить одну от другой невозможно. Соответственно, вторая часть стихотворения, как ответ и Слуцкому, и константам истории и литературы, предстает в форме одновременно иронического и трагического изображения погрома, жертва которого — поэт. Сатуновский обнажает уязвимость благородного мифа, выстроенного в стихотворении Слуцкого. Утверждать, что Слуцкий, не желающий русской родни, способен даровать коллективное отпущение русскому народу — творцу и жертве своих исторических заблуждений, — как минимум исторически наивно, а в качестве культурного конструкта неприемлемо. Считать, что русская литература могла остановить погромы, столь же наивно, сколь и опасно. Сатуновский не берется решать проблему бытования еврея в русской литературе и истории. Он подходит к ней без иллюзий, просто перебирая факты собственного бытия. Он *превозмогает* ее, как превозмогает юдофобию Гоголя или Шевченко («Ни на русого...») [Сатуновский 1994: 188]. Он не прощает, но и не держит зла. Он пишет и движется дальше, постоянно признаваясь самому себе в том, что его жизненная стезя — это непрекращающийся погром. Так, он с иронической серьезностью заявляет:

> Не шапируйте их,
> не провоцируйте:
> каждое напоминание
> о нашем существовании
> это уже ноль целых пять тысячных
> подготовки погрома
> [Сатуновский 1994: 97].

Он мог бы добавить, что такие напоминания способны существовать и в поэзии.

Стихотворение Сатуновского представляет собой спор со Слуцким, однако в этом стихотворении Сатуновский мыслит в манере Слуцкого, облекая в слова кризис своего собрата-поэта. Разрешение упомянутого кризиса у Сатуновского, обесценивающее все герменевтические попытки создания и воссоздания мифов, для Слуцкого неприемлемо. Соответственно, стихотворение Сатуновского следует рассматривать как изложение его кредо и вескую альтернативу парадигме Слуцкого. Подобным же образом «Романы из школьной программы...» — кодовое стихотворение Слуцкого, дающее ключ к расшифровке его более поздних текстов и его молчания, неразрывно связанного с природой его поэтики. В этом стихотворении предвосхищена новая инкарнация поэта как читателя, которую он создает в качестве ответа на творческий тупик. Вспомним замечание Куняева: русская сущность Слуцкого в данном стихотворении зиждется на его принадлежности к русской поэзии и языку. Однако это верно лишь отчасти. В конце концов, в стихотворении нет ни слова ни о поэте как лирическом герое, ни о поэзии в целом. Здесь поэт откровенно выступает в роли читателя, причем герменевтического. Его дом теперь — не выстроенные им стихи, а старинные тома русских книг, в стенах которых он на время поселяется как читатель.

Почему старинных? Это определение звучит странно применительно к Чехову и даже Пушкину. Его смысл проявляется только в контексте произведенной Слуцким трансформации русской литературы, с одной стороны, в безвременное «безродье» еврейской территории, а с другой — в священное писание. По сути, Слуцкий намеренно затемняет смысл: он не говорит «старинных этих томов» или «старинных русских томов», он говорит просто «старинных томов». Здесь неясно, о каких именно томах идет речь. Прямо на глазах у читателя русские романы в буквальном смысле превращаются в старинные тексты, как «древний язык» из «Переобучения одиночеству». Соответственно, «старый и добрый роман» (16-я строка) следует читать и как «добрую старую книгу» — Библию. Последняя масштабная попытка мифостроительства будет предпринята Слуцким при создании портрета «солнца» русской поэзии, потомка чернокожего африканца — Пушкина, о котором речь пойдет в заключительной главе.

13
Итоговый миф: Пушкин

1

Тексты русских классиков XIX века образуют внутри художественной системы Слуцкого параллельный и конкурирующий свод священных нарративов. Как видно из стихотворения «Романы из школьной программы...», Слуцкому связь этих текстов с его поэтикой представляется отнюдь не однозначной или само собой разумеющейся. К ним, как и к еврейской Библии, он подходит герменевтически. Проследить такое переосмысление совершенно необходимо для научного истолкования итоговой трансформации Слуцкого из поэта-герменевтика в читателя / поэта молчания. Центральное место в этом процессе должны занимать представления Слуцкого о Пушкине. С одной стороны, в его пристальном интересе к Пушкину нет ничего необычного: подобный интерес свойственен практически всем русским поэтам. С другой стороны, пушкиниана его крайне ограниченна в сравнении с пушкинианой Маяковского, Мандельштама, Пастернака, Ахматовой и Цветаевой, посвящавших Пушкину не только стихи, но и прозу: как статьи, так, в некоторых случаях, и научные исследования. Слуцкий напрямую обращается к Пушкину лишь в нескольких стихотворениях. Для него, как отмечено во введении, Пушкин — это либо Моисей, либо божество. Он «был и есть наш главарь», он «вождь» — так, со свойственной ему краткостью, формулирует Слуцкий [Слуцкий 1991b, 2: 373; Слуцкий 1991b, 3: 33]. На первый взгляд он просто воспроизводит агиографическую пушкинскую мифологию. Национального барда он ставит мерилом всех вещей, русских и всемирных;

масштабом своей личности Пушкин подобен самой природе [Слуцкий 1991b, 1: 59]. Однако первый взгляд обманчив. Именно потому, что Слуцкий серьезно относится к библейскому понятию Божества в истории, в его вроде бы непритязательных стихах про Пушкина содержится самобытная и лукавая критика пушкинского мифа — мифа, превращающего почитание поэта в идолопоклонство. Акцент на человеческой ипостаси Пушкина близок к неканонической трактовке, представленной у Маяковского, который лишает Пушкина искусственного величия, возвращая его на землю. Слуцкий включает Пушкина в свою пространственную поэтику и тем самым подчеркивает собственную своеобычность внутри русской традиции.

2

Стихотворение «В драгоценнейшую оправу...» написано в середине 1970-х. Примечательно, что оно содержит емкую формулировку представлений Слуцкого о поэтической историографии в тот период, когда сам он окончательно «собирал камни». Вот полный текст стихотворения:

> В драгоценнейшую оправу
> девятнадцатого столетья
> я вставляю себя и ораву
> современного многопоэтья.
>
> Поднимаю повыше небо —
> устанавливаю повыше,
> восстанавливаю, что повыжгли
> ради славы, ради хлеба,
> главным образом ради удобства,
> прежде званного просто комфортом,
> и пускаю десятым сортом
> то, что первым считалось сортом.
>
> Я развешиваю портреты
> Пушкина и его плеяды.

> О, какими огнями согреты
> их усмешек тонкие яды,
> до чего их очки блистают,
> как сверкают их манишки
> в те часы, когда листают
> эти классики наши книжки
> [Слуцкий 1991b, 3: 191].

В небольшом, но блистательном эссе «Кафка и его предшественники» Х. Л. Борхес пишет: «Суть в том, что каждый писатель сам создает своих предшественников. Его творчество переворачивает наши представления не только о будущем, но и о прошлом. Для такой связи понятия личности или множества попросту ничего не значат»[1]. К этому нужно добавить, если вспомнить Мандельштама, что линейность и хронология времени также не имеют значения. Позиция Слуцкого в данном стихотворении более сложна, чем может представиться на первый взгляд. Она состоит не только в том, что в XX веке советский поэт либерального направления испытывает благодарность к предшественникам из «окаянных» царских времен, которых он делает приемлемыми для советского канона и которые, в свою очередь, облагораживают его собственные творческие усилия. Ходасевич развивает сходную мысль в «Петербурге»:

> И, каждый стих гоня сквозь прозу,
> Вывихивая каждую строку,
> Привил-таки классическую розу
> К советскому дичку[2].

---

[1] *Борхес Х. Л.* Кафка и его предшественники / пер. Б. Дубина. URL: lib.ru/BORHES/natroeniq.txt (дата обращения: 13.09.2020).

[2] См. также еще одно позднее стихотворение Слуцкого, «Реквизит двух столетий», где он пытается разобраться с обозначенной Мандельштамом проблемой взаимоотношений между двумя веками [Слуцкий 1990с: 82]. Следует отметить образы одежд, связывающие этот текст с мандельштамовским «...я тоже современник, / Я человек эпохи Москвошвея, — / Смотрите, как на мне топорщится пиджак...». См. также стихотворение «Я был проверен и допущен...» [Слуцкий 1991b, 3: 145].

В отличие от Ходасевича, однако, Слуцкий не пересаживает классическую розу в советскую почву. Здесь не поэт читает Пушкина и стихотворцев его плеяды, а они читают произведения своих последователей, подобно тому как в эссе Борхеса Браунинг и лорд Дансени читают Кафку, а не наоборот[3].

Стихотворение Слуцкого — это экзегеза, созданная в духе и по методике знаменитого раввинистического мидраша о Моисее из талмудического трактата Менахот (29б) [Rabbinic Stories 2002: 215–216]. В нем сказано:

> Поднялся Моше на небеса, чтобы получить Тору, и увидел, что Всевышний украшает буквы Торы венчиками. Моше спросил Всевышнего: «Владыка мира, зачем Ты это делаешь?» Ответил ему Всевышний: «Через много поколений должен родиться человек по имени Акива бен Йосеф. Он будет извлекать из каждого венчика на этих буквах тысячи тысяч законов». Сказал Моше: «Владыка мира, дай мне увидеть этого великого человека». Сказал ему Всевышний: «Смотри». Прошел назад, сел в восьмом ряду (где сидели ученики) и начал слушать мудреца, дающего урок, но не понял, о чем идет речь; тут силы оставили его. Когда добрались до одного вопроса, ученики спросили раби Акиву: «Учитель, а это откуда?» Ответил им раби Акива: «Такова *галаха*, полученная Моше на Синае».

Параллель между стихотворением Слуцкого и этой раввинистической притчей глубока и основательна. Совершенно очевидно, что Слуцкий здесь говорит о своем проекте как священном и целительном, почти мессианском. И меркантильная советская идеология (слава, хлеб, удобство), и русский милленаризм — это попытки опустить небо на землю. Слуцкий трансплантирует поэзию своей эпохи в избранное пространство высокой русской литературы и таким образом переносит землю на небо. Слуцкий, которого часто обвиняли в излишнем пристрастии к званиям и ранжирам, здесь проповедует эгалитарность. Он развешивает

---

[3] См. в этой связи стихотворение Самойлова «Пусть нас увидят без возни...», где Пушкин и взаимоотношения между литературными поколениями показаны в более традиционном ключе [Самойлов 1999].

портреты Пушкина *и его плеяды*. Более того, эта трансплантация спасает от забвения поэтов, не имеющих возможности печататься, — «ораву» и «многопоэтье» (прекрасный неологизм), среди которых наверняка Корнилов, Сапгир и другие представители лианозовской школы, а в то время, безусловно, и Бродский, да и сам Слуцкий («Я вставляю себя…»). Кстати, при жизни это стихотворение так и не было опубликовано.

Создается впечатление, что корифеи XIX века не вполне понимают стихи следующего столетия; они их не читают, а листают. Однако, подобно Моше, с некоторой завистью и недоумением восхищаются ими, зная, что источник новой поэзии — это они, классики. Опять же, на авансцену выходит лирическое «я» Слуцкого, с его помощью обрисовываются контуры его поэтического пространства и выстраивается художественная генеалогия его эпохи. Это высокое ви́дение вырастает из повседневных тяжб советского литератора, который при всем том исполнен нравственного достоинства библейского персонажа (в третьей строке приведенного ниже стихотворения цитируется Екклезиаст):

> Сложите мои малые дела,
> всю сутолоку, бестолочь, текучку,
> всю суету сует сложите в кучку
> и все блага, те, что она дала!
>
> Я сына не растил и деревца
> я не сажал. Я просто без конца,
> без края и без жалобы, без ропота
> не прекращал томительные хлопоты.
>
> Я землю на оси не повернул,
> но кое-что я все-таки вернул,
> когда ссужал, не требуя возврата,
> и воевал, не требуя награды,
> и тихо деньги бедному совал,
> и против иногда голосовал
> [Слуцкий 1994b: 70].

Слуцкий удерживается от написания exegi monumentum, ибо отчетливо сознает, что впереди ждет забвение, и почти жаждет его в канун своего молчания. В его поэзии памятники, как правило, сводятся к внешнему — скорее всего, они не выдержат натиска хаоса или времени[4]. Пушкинское представление о поэзии как памятнике «нерукотворном» слишком абстрактно и выспренно для иронического и библейски-прагматического мышления Слуцкого. Однако, подобно тому как Пушкин переписывает Горация и Овидия, Слуцкий в этом стихотворении осуществляет перевод последней воли Пушкина, сказавшего: «…чувства добрые я лирой пробуждал / …в мой жестокой век восславил я Свободу / И милость к падшим призывал» — в последней строке, как я уже говорил, звучит отсылка не только к Христу, но и к действиям Бога в основной еврейской молитве, амиде. Разумеется, переводы Пушкина и Слуцкого служат отражением их поэтик. При этом стихотворение Слуцкого также содержит намек на «компрометирующие» отношения Пушкина с тогдашними царскими властями. Как и Пушкин, Слуцкий мог бы заявить: «Мне было бы просто писать о том, чего от меня требовали, но я никогда не упускал возможности сотворить добро»[5]. Примечательно, что «о том, чего от меня требовали» относится здесь к стремлению создавать свободолюбивые стихи, а «возможность сотворить добро» — результат сотрудничества с царем.

3

Семейная, поколенческая генеалогия — органичная часть герменевтики Слуцкого, что видно из его нарративов, посвященных отцу и деду. Она же находится в фокусе его перечитывания Пушкина. Слуцкий ставит под вопрос важность этой генеалогии в коротком стихотворении того же, позднего, периода:

---

[4] См., например, знаменитое стихотворение «Памятник» [Слуцкий 1991b, 1: 83–84].
[5] См.: *Gutsche G.* Pushkin and Nicholas: The Problem of "Stanzas" [Bethea 1993: 185–200].

> Стихи,
>   что с детства я на память знаю,
> важней крови,
>   той, что во мне течет.
> Я не скажу, что кровь не в счет:
> она своя, не привозная, —
> но — обновляется примерно раз в семь лет
> и, бают, вся уходит, до кровинки.
> А Пушкин — ежедневная новинка.
> Но он — один. Другого нет
> [Слуцкий 1991b, 3: 179].

Отталкиваясь от этого стихотворения, Соловьев пишет:

> Хотя в анкетном смысле Слуцкий был чистокровным евреем, ощущал он себя в одинаковой степени и русским, и евреем, в этом не было противоречия или надрыва, ему не требовалось перехода в православие, чтобы перекинуть мостик над бездной. Потому что бездны для него здесь не было. Ему претили любые формы национализма, не было нужды отказываться от еврейства ради русскости или наоборот, оба чувства присущи ему естественно, изначально. Он их, однако, различал: русскость была принадлежностью к истории, еврейство — отметиной происхождения, типа родимого пятна [Соловьев 2007: 368].

Если Слуцкий действительно никак не предчувствовал надвигавшегося кризиса, что могло вдохновить его на такие стихи? Через Слуцкого Соловьев выражает жажду раздвоенного рая, где русское начало связывалось бы с историей и творчеством, а еврейское оставалось бы биологическим признаком. К сожалению, у такого дискурса много общего с самыми одиозными дефинициями еврейской идентичности, возникшими в XX веке.

Это стихотворение — пример того, как Слуцкий вплавляет еврейскую культуру в собственные поэтические искания. С другой стороны, разве стихотворение не устанавливает своего рода иерархию, утверждая, что русская поэзия важнее еврейской крови? Иерархическое мышление здесь действительно присутствует, но его смысл надлежит оценивать в рамках всей целокупности поэтического мышления Слуцкого. Почему кровь обновляется каждые семь лет и что означает это обновление, помимо чисто биологического факта? У числа 7, разумеется, есть важные библейские коннотации. Бог предавался отдыху на седьмой день; в честь этого каждые семь лет, по библейскому закону, настает год отдохновения, когда нельзя возделывать землю и надо прощать все долги. В сказании об Иосифе из Книги Бытия это число обозначает как изобилие и урожай, так и засуху и голод (в снах фараона, которые правильно истолковывает Иосиф). В свете сказанного то, что подразумевается под обновлением крови, выглядит уже не столь загадочно — это спираль поэта, новое наполнение колодца его творчества, в который текут Библия и Пушкин, а также другие стихи, «что с детства я на память знаю»: строки на идише, Бялик, Гёте, Вергилий, Шекспир, Шевченко, Маяковский и пр. Обновление может привести либо к тучным годам, либо к молчанию (Бог создал, а потом отдыхал — так же поступает и поэт), но без обновления творчество не может возобновляться и продолжаться.

Число 7 имеет особый смысл и в биографии Слуцкого. Как указывает М. В. Копелиович, при жизни поэта сборники его стихов выходили регулярно начиная с 1960-х, за исключением семилетнего промежутка между 1964 и 1971 годами. Временной разрыв образовался между опубликованными стихами о холокосте и ключевыми произведениями — «Черта под чертою. Пропала оседлость...» и «Теперь Освенцим часто снится мне...». Соответственно, обновление крови органически вписано в творческое наследие Слуцкого, связывая это наследие в одно целое. Главное же заключается в том, что он рассматривает свое еврейство в экзистенциальном, герменевтическом и биологическом ключе, причем биология, как выражение его библейской «чистой актуальности», тоже несет в себе творческий подтекст. Биология Пушкина (его африканские корни) служит Слуцкому, что будет показано дальше, прототипом его собственной творческой витальности. В этом стихотворении Пушкин подан в монотеистическом ключе. Он подвержен вечному обновлению, как непрерывное время творения; отсюда и изменчивость его природы. Другое стихотворение позднего периода, «С юным Пушкиным всё в полной ясности...», дает емкую и трезвую оценку пушкинскому мифу в русской поэзии. Стихотворение служит Слуцкому введением к формулировке собственной своеобычности внутри русской традиции.

4

По словам Гинзбург, «любовь к Пушкину (непонятная для иностранцев) — верный признак человека русской культуры. Любого другого русского писателя можно любить или не любить — это дело вкуса. Но Пушкин как явление для нас обязателен. Пушкин — стержень русской культуры, который держит все предыдущее и все последующее. Выньте стержень — связи распадутся» [Гинзбург 2002: 302]. Блум говорит о Шекспире, что тот, по его мнению, почти в одиночку сформировал то, что мы называем западным мышлением. Слуцкий видит в Пушкине миф, а говоря шире — миф всей русской культуры, в нем заключенный. Иными словами, он не относится к этому мифу как к аксиоме или естественному факту жизни, но дистанцируется от него, анализирует его как человек со стороны. «С юным Пушкиным всё в полной ясности...» — стихотворение аналитическое и умозрительное. Вот его текст:

> С юным Пушкиным всё в полной ясности,
> и не существует опасности,
> что припишут ему неприязнь
> к мятежу или богобоязнь.
>
> Поздний Пушкин дает основания
> и для кривотолкования.
> Кое в чем — изменился действительно.
> Кое в чем — только дал предлог.
> Так что даже не удивительно,
> что втираются царь и бог

и что вежливые златоусты
норовят понавешать икон
в том углу, где было так пусто,
где стоял лишь один Аполлон
[Слуцкий 1991b, 3: 363].

Пушкин здесь культурное явление, отношение к которому остается невысказанным, как бы повисшим в воздухе. Слуцкий отмечает ставшее расхожим в пушкиноведении мнение об эволюции Пушкина от гедонизма и вольтерьянства юности до религиозности и консерватизма зрелых лет[6]. Слуцкий направляет критические стрелы в оба лагеря: присвоение Пушкина официальным советским дискурсом и нарождающееся диссидентское прочтение его в качестве кающегося православного поэта. В первой строфе сквозит ироническое отношение к советским ученым, во второй и третьей — к их оппонентам. Финал же второй строфы неоднозначен: что думал сам Пушкин, остается непроясненным.

В третьей строфе лирический герой выступает в роли двуликого Януса, который смотрит одновременно и в прошлое, и в будущее. Попытки истолковать Пушкина в христианском духе возникли в период Серебряного века и были развиты в 1930-х годах в работах русских философов-эмигрантов, прежде всего — С. Л. Франка [Маркович 2000, 2: 96–111][7]. Слуцкий, коллекционировавший дореволюционные и эмигрантские издания, наверняка был с ними знаком. Христианское прочтение утвердилось только в конце 1980-х годов, уже после смерти Слуцкого. Он, однако, подметил его зарождение в подпольных и полуофициальных националистических кругах и в ранних произведениях Валентина Непомнящего, основного представителя христианского подхода, — его нашумевшая статья о «Памятнике» Пушкина была опубликована в «Вопросах литературы»

---

[6] См., например, [Раскольников 2004: 81–112].

[7] Бочаров считает, что направление это порождено рассуждениями Достоевского о Пушкине.

в 1965 году [Непомнящий 1965][8]. Слуцкий предчувствует, насколько далеко эти исследования, которые С. Г. Бочаров назовет «благочестивым пушкиноведением», зайдут в переиначивании образа Пушкина. Последние три строки стихотворения озадачивают. Толкователи христианского типа вешают иконы в пушкинском углу, который был пуст, но с другой стороны — там «стоял лишь один Аполлон». Опять же, возникает вопрос: каков подлинный Пушкин? Судя по всему, Слуцкий не ищет простого ответа и оставляет вопрос открытым, ибо он не умещается в рамки пушкинской мифологии.

Настоящий Пушкин исчез, его заменило парадное изображение. Слуцкий с его глубоко библейским мышлением серьезно относится к последствиям этой трансформации (вспомним образ золотого тельца в «Уриэле Акосте»). У Слуцкого пушкинский угол пуст. Мысль эту проясняет сказанное Андреем Белым в 1906 году: «Пушкин самый трудный поэт для понимания; и в то же время он внешне доступен. Легко скользить по поверхности его поэзии и думать, что понимаешь Пушкина. Легко скользить и пролететь в пустоту. Вместо наслаждения хмельным тонким ароматом поэзии пушкинской мы принимаем его музу безуханной. Если отрешиться от арлекинады слов, которыми мы прославляем Пушкина, он для нас в сущности — ничто, водруженное на Олимп»[9]. Мне представляется, Слуцкий понимает пустоту как идолопоклонство, то есть в том же смысле, что и Белый, а не в духе А. Д. Синявского или Б. М. Парамонова, для которых она служит знаком пушкинского отказа от назидательности и превалирования чистой эстетики в ущерб содержанию [Маркович 2000, 2: 560–569][10]. В итоге последняя строка стихотворения не снимает вопросов, она всего лишь завершает обзор мифа, предпринятый Слуцким.

Бочаров подытоживает: вопросы о смысле Пушкина растянуты между двумя координатами всей русской культуры и европейской

---

[8] Критику рассуждений Непомнящего см. в [Сарнов 2007: 691–765].
[9] Цит. по [Новиков 1999].
[10] Анализ творчества Синявского см. в [Sandler 2004: 301–312].

цивилизации в целом. «Эти координаты — античность и христианство» [Бочаров 1999]. С. Сандлер развивает ту же мысль, отмечая: «Русской культуре свойственно особое пристрастие к двоеверию, в котором христианство смешано с язычеством, и антропологи давно уже изучают, как именно даже в современных культурах создаются "мистические" существа, которые "были выключены из повседневной жизни и перемещены в смутную и страшную зону, к которой, как считается, относится все, что является объектом религиозных верований". Пушкин с 1837 года обитает в этой особой зоне, и уже давно неясно, до какой степени такое его положение зависит от его собственного благочестия, православной религиозности или духовных исканий» [Sandler 2004: 5]. Для Слуцкого зона эта маркирована пустотой идолопоклонства, причем язычество, эстетизм (Аполлон), христианство, да и официальная советская линия, являются одной и той же стороной медали. Суть этой зоны несовместима с поиском подлинной святости. Бочаров подчеркивает важность Аполлона для речи Блока о поэте, произнесенной в 1921 году, не забывая отметить, что накануне своей смерти Блок разбил бюст Аполлона [Маркович 2000, 1: 475–481]. Слуцкий интерпретировал бы этот жест как низвержение идолов.

5

> Пушкин всех веселит и радует,
> обнадеживает, сулит.
> Даже тех, кто его обкрадывает,
> тоже радует и веселит[11]
> [Слуцкий 1991b, 3: 365].

Слуцкий ставит своего Пушкина особняком в пантеоне русской литературы — и тем самым предпринимает последнюю попытку сохранить собственное место в русской поэзии. «Господи, Федор Михалыч...» — одно из последних его стихотворений. При этом

---

[11] Примечателен типично библейский параллелизм глаголов в первой и четвертой строках.

оно — из самых ироничных в его творчестве. На рубеже молчания, в момент траура по умершей жене, он пытается создать заслоны для своей поэтики, что подчеркивает творчески-плодотворную природу его последнего кризиса. Это стихотворение — шутливая молитва, в которой поэт надевает на себя маску юродивого:

> Господи, Федор Михалыч,
> я ошибался, грешил.
> Грешен я самую малость,
> но повиниться решил.
>
> Господи, Лев Николаич,
> нищ и бессовестен я.
> Мне только радости — славить
> блеск твоего бытия.
>
> Боже, Владимир Владимыч,
> я отвратительней всех.
> Словом скажу твоим: «Вымучь!»
> Вынь из меня этот грех!
>
> Трудно мне с вами и не о чем.
> Строгие вы господа.
> Вот с Александром Сергеичем
> проще и грех не беда
> [Слуцкий 1991b, 3: 463].

Поэт здесь откровенно юродствует. В его показном поклонении сквозит фамильярность, поскольку, с одной стороны, автор обращается к канонизированным Достоевскому, Толстому и Маяковскому как к богам, а с другой — говорит с ними нарочито непочтительно, давая отчества в редуцированной форме. Неясно, в чем состоят грехи автора стихотворения. Их тяжесть увеличивается с каждой строкой: перед Достоевским он сознаётся лишь в небольшой ошибке, перед Толстым — в вопиющей духовной нищете и бессовестности, перед Маяковским — в полной (надо понимать, нравственной) отвратительности. Речь юродивого всегда строится так, что толковать ее нужно в обратном смысле. В стихотворении «Романы из школьной программы...» Слуцкий описывает русские романы как хранилища нравственных заповедей, каковые он применяет к судьбам и бедам евреев. Здесь же, на мой взгляд, нравственный абсолютизм и своего рода манихейство гигантов XIX столетия вызывают у него неприязнь и насмешку. Более того, он подает этих писателей как лжебожества. Известны слова Белинского о том, что русский мужик не склонен к религии и что, говоря о Боге, он чешет у себя другой рукой пониже спины. Подобным же образом, надев маску юродивого, поэт обличает недостатки писателей. Глупо было бы предполагать, что Слуцкий перестал видеть в Толстом и Достоевском литературных корифеев. Речь здесь о его поэтике, основное содержание и принципы которой остаются неизменными, притом что границы их постоянно пересматриваются. К созданию традиции он подходит в иконоборческом и непримиримом, хотя опять же ироническом ключе. Соответственно, Толстой, который в *дедовском* дискурсе Слуцкого представляет собой его связь по линии генеалогии с русской литературой, теперь становится объектом притворного подхалимажа, каковой вскрывается через сарказм поэта.

Место Маяковского в стихотворении — совсем иное. Третья строка третьей строфы — это цитата из стихотворения «Юбилейное», ключевого пушкинского текста Маяковского. Превращение Пушкина в идола Маяковскому отвратительно. Как отмечает Сандлер, «он хочет говорить извне времени и протягивает руку сквозь века, чтобы вновь вернуть Пушкина к жизни» [Sandler 2004: 103]. По сути, разрушая каменного Пушкина («Заложил бы / динамиту / — ну-ка, / дрызнь!»), он совершает святотатство, но тем самым освобождает Пушкина от бремени агиографии и открывает его сиюминутности жизни:

> Александр Сергеич,
>   да не слушайте ж вы их!
> Может,
>   я
>   один
>   действительно жалею,

что сегодня
            нету вас в живых.
Мне
    при жизни
        с вами
            сговориться б надо.
Скоро вот
    и я
        умру
            и буду нем.
После смерти
    нам
        стоять почти что рядом:
вы на Пе,
    а я
        на эМ.

<...>

Я люблю вас,
    но живого,
        а не мумию.
Навели
    хрестоматийный глянец.
Вы
    по-моему
        при жизни
            — думаю —
тоже бушевали.
    Африканец!

<...>

Ненавижу
    всяческую мертвечину!
Обожаю
    всяческую жизнь!
[Маяковский 1955–1959, 6: 51].

В этом юбилейном стихотворении Маяковский, имея в виду свой разрыв с Лилей Брик, пишет: «Сердце рифмами вымучь»; Слуцкий просит бога-Маяковского вымучить из него его грехи. Тем самым нестандартный диалог Маяковского с Пушкиным обрамляет и подготавливает диалог Слуцкого.

Последняя строфа ломает литургический параллелизм предшествовавших. Юродивый высказывается напрямую, и прямота его слов выглядит обескураживающей. Что же касается Пушкина, то, разговаривая с ним, Слуцкий отказывается от позы юродивого. При этом последняя строка стихотворения, возможно, отсылает к пушкинской эпиграмме на Ф. В. Булгарина[12].

Булгарин опубликовал целый ряд завуалированных оскорблений в адрес Пушкина, в частности заявил, что его африканского предка А. П. Ганнибала продали пьяному шкиперу за бутылку водки. Пушкин ответил рядом эпиграмм, первая из которых звучала так:

> Не то беда, что ты поляк:
> Костюшко лях, Мицкевич лях!
> Пожалуй, будь себе татарин, —
> И тут не вижу я стыда;
> Будь жид — и это не беда;
> Беда, что ты Видок Фиглярин
> [Пушкин 1959–1962, 2: 334].

Идея Пушкина очевидна: ему противно не происхождение Булгарина, а его поведение (фиглярство), репутация (он был агентом тайной полиции; Видок — имя французского преступника / детектива) и тот факт, что он — скверный писатель, роман которого, о чем Пушкин скажет в последующей эпиграмме, «скучен». Булгарин виноват лишь отчасти. В рецензии на его роман «Димитрий Самозванец», где некоторые сцены являются плагиатом из «Бориса Годунова», друг Пушкина А. А. Дельвиг указал, что роман о русской истории лучше было бы написать

---

[12] Благодарю Радислава Лапушина, указавшего мне на эту связь.

русскому, а не Булгарину, поляку[13]. Булгарин ошибочно полагал, что автор рецензии — Пушкин. Он действительно был «поляком, который сражался вместе с французами против русских в 1812 году» [Bethea 1993: 130] и перешел впоследствии на сторону русских. Но Пушкин видит проблему не в этом. Позиция поэта раскрыта в стихотворении «Моя родословная».

Это стихотворение написано на пике распри с Булгариным. Опубликовано оно не было, но широко разошлось в списках. В «Моей родословной» Пушкин с одинаковой гордостью отзывается об обеих сторонах собственного происхождения: африканских и дворянских корнях. Пушкин сознает, что стоит особняком в новой литературной среде, маскируя свое отношение сарказмом «несмотря на древнее происхождение, я теперь мещанин, мне приходится зарабатывать писательским трудом, и я этим горжусь» [Бетеа 2003: 213]. Вне всякого сомнения, Слуцкий держал в уме все эти подробности, главным образом то, что Пушкин одновременно был глубоко укоренен в русской истории (вспомним его исторические труды и «любовь к отеческим гробам») и оставался в ней чужаком. В стихотворении, написанном параллельно с «Господи, Федор Михалыч...», Слуцкий говорит о нездоровом увлечении генеалогией, особо упоминая Булгарина и его литературного соратника, Н. И. Греча:

> Как пекутся о генеалогии,
> о ее злаченых дарах
> и мозги совершенно отлогие,
> и любой отпетый дурак.
>
> Героические речи
> произносят все травести.
> Но не хочет никто от Греча,
> от Булгарина род вести
> [Слуцкий 1991b, 3: 365].

---

[13] Об истории с Булгариным см. [Фортунатов 1999: 96–109].

В этом контексте прямой смысл «булгаринского» интертекста в «Господи, Федор Михалыч...» таков: Пушкину было бы наплевать на то, что Слуцкий — еврей. Достоевскому — нет, Толстому — трудно сказать[14], Маяковский же, как известный филосемит, принял бы это за данность. Впрочем, стратегия Слуцкого сложнее. Благодаря своей изобретательности она напрямую сопряжена с основополагающим вопросом его собственной поэтики — связью между его родословной и русским культурным и историческим пространством.

6

По моему мнению, «Родной язык» — текст, который почти не упоминается в исследованиях, посвященных творчеству Слуцкого, — программное произведение, касающееся его историографического и пространственного мышления, а также изумительный пример литературной трансплантации. В этом стихотворении «советское» выступает почвой для трансплантации библейских парадигм Слуцкого:

Родной язык

В моей профессии — поэзии —
измена Родине немыслима.
Язык не поезд. Как ни пробуй,
с него не спрыгнешь на ходу.
Родившийся под знаком Пушкина
в иную не поверит истину,
со всеми дохлебает хлебово,
разделит радость и беду.
И я не только достижениями
и восхищен и поражен,
склонениями и спряжениями
склонен, а также сопряжен.

---

[14] Об отношении Толстого к евреям см. [Navrozov 1997].

> И я не только рубежами,
> их расширением прельщен,
> но суффиксами, падежами
> и префиксами восхищен.
> Отечественная история
> и широка и глубока
> как приращеньем территории,
> так и прельщеньем языка
> [Слуцкий 1990с: 140].

Вне контекста художественной системы Слуцкого этот текст можно прочитать как очередной пример советской пропагандистской поэзии. Даже заявленный в нем логоцентризм может показаться ущербным, а словесная игра — надуманной. Но совершенно очевидно: в этих 19 строках происходит что-то совсем иное. Начато стихотворение в духе Маяковского, что для тогдашних читателей только подчеркивало его советский характер; поэт — не тот, кто обладает романтическим или священным призванием: стихотворство — работа и приобретенная профессия. Словосочетание «измена Родине» — тонкий укол. Что стоит за этим зловещим напоминанием о сталинской эпохе? Что здесь Родина? русский язык? Похоже, что так, ибо в следующей строке язык показан как постоянное мерило жизни поэтов. Однако мне представляется, этот язык — больше, чем историческая и лингвистическая целокупность русской речи.

В пятой строке появляется Пушкин, и она стоит особняком: это и есть ключ к шифру Слуцкого. Безличное построение — любой «родившийся под знаком» — примечательно, поскольку в остальных строках речь ведется от первого лица единственного числа. Тут уместно обобщение: всякий раз, когда Слуцкий отказывается от лирического «я», перед нами особый прием, связанный с его поэтикой. Слуцкий, по сути, восстанавливает надличностный статус Пушкина, связанный с истиной и судьбой. Особое присутствие Пушкина (вспомним его уникальность в стихотворении про кровь) постоянно влияет на жизнь поэтов. Его владения — русская территория, историческая, культурная, метафизическая и языковая. Слуцкий продуманно не включает себя в число рожденных под знаком Пушкина, а говоря точнее, он рожден под этим знаком, однако его соглашение с Пушкиным не монотеистично, но монолатрично. То есть итоговая трактовка Слуцким собственного места в русской традиции заставляет вспомнить о его прочтении Торы, каковое порождает монолатрическое прочтение сталинской эпохи. Слуцкий признаёт главенство Пушкина, но к его территории относится так же, как Авраам в Книге Бытия — к Авимелеху и другим хананеям. Патриарх уважительно относится к их правам и культуре, они же уважительно относятся к его Богу, хотя случаются недопонимания. При этом Ханаан остается для Авраама чужбиной и в родину превращается только после Божественного благословения. Он — символ «безродья родного», если вспомнить важнейшую формулировку Слуцкого. Пушкин Слуцкого — не завистливое божество. Он открыт изменениям и постоянному обновлению. Он — альтернатива традиционной идолопоклоннической агиографии русского поэта. Под его благорасположенным взглядом *русско-иудейский* поэт может произвести трансплантацию своего поэтического мира на русскую / советскую почву через процесс перевода и герменевтического комментария; соответственно, имперский процесс приращения территории превращается в инструмент метапоэтики. Через это особое понимание «родины» Слуцкий исправляет ошибки, допущенные в стихотворении «Романы из школьной программы...», где русская литература отмежевана от национального и исторического. В конце концов, слово «родина» имеет общий корень со словом «род», а это — ключевое понятие и для Слуцкого, и для Пушкина в противостоянии с Булгариным («Моя **род**ословная»)[15].

Здесь два аспекта поэтики Слуцкого, исторический и переводно-языковой, объединяются в использовании *топоса*. Границы поэтического пространства постоянно расширяются, создавая

---

[15] Стихотворение Слуцкого можно также рассматривать как полемический ответ Пастернаку. В «Любимая, — молвы слащавой...» Пастернак мечтает войти в родной язык как сын, не как бродяга — то есть не как еврей. Он хочет стать человеком русской природы [Пастернак 1989–1992, 1: 400].

бескрайний простор. Советское — неотъемлемая часть этого пространства: и в силу понимания Слуцким своей эпохи, и в силу трансплантации библейской мифопоэтики в советскую языковую и историческую реальность. Слуцкого искушают сирены русского языка, его грамматических возможностей. Однако именно эти возможности и позволяют ему перевести его исконный *еврейский* язык на русский: хорошим примером является «Уриэль Акоста», где игра с морфемами трансплантирует библейский иврит в русский стих Слуцкого, а тем самым — в текстуру и словарь высокой русской поэзии. В стихотворении «Мудрость языка» об этой задаче сказано так: «язык расширяется снова и снова, / никто не поставит ему предела, / но право на новое, небывалое слово / имеет лишь новое, небывалое дело» [Слуцкий 1984: 119]. Тем самым Слуцкий не только расширяет пределы русского языка, а и порождает новое слово с помощью своей уникальной поэтики. Неудивительно, что в «Мудрости языка» в качестве примера создателя такого нового слова назван Хлебников, через которого Слуцкий пересаживает собственный стих в русскую почву, герменевтически создавая *старое новое слово*, где быт говорит на языке бытия и наоборот.

В «Родном языке» звучит почтительность, придающая глубоко религиозный характер этому стихотворению. Однако преклонение Слуцкого перед русским языком направлено сразу в две стороны. Пережив гнев библейского Божества и превратив русский предел в свою землю обетованную, он совершает приношение богу этого предела, чтя его язык и беды его народа, поскольку в них теперь скрыты священные фрагменты его самого. Пушкин — не божество, а поэт, человек — также служит поддержкой для парадигмы Слуцкого.

7

В стихотворении «Как пушкинский рисунок на полях...» пушкинская сага Слуцкого завершает свой круг. В текст включен глубокий комментарий и к тому, как Пушкин создавал собственную биографию, и к иконоборчеству Слуцкого в рамках русской традиции. Кроме того, это великолепный пример ироничности мышления Слуцкого: в конце каждой строки он, цепляясь за трезвомыслие, пресекает свои попытки создать шаблонные мифы. На мой взгляд, благодаря параллельным парономастическим рифмам («тексту — теста») и синонимическим рядам («сходство — сродство») это один из самых выразительных текстов в творчестве поэта:

> Как пушкинский рисунок на полях,
> я не имею отношенья к тексту
> и вылеплен я из другого теста,
> чужого я монастыря монах.
>
> Но и во мне, как в пушкинском рисунке,
> поймет знаток, и даже небольшой,
> то, не укладывающееся в рассудке,
> легко установимое душой
> подобие и сходство, сродство
> с гремящей, плавной силою стиха,
> и если слишком мощь моя тиха —
> то все-таки по возрасту и росту,
> по цвету глаз, курчавости волос
> и по походке даже, по повадке
> имеют отношенье неполадки
> мои
> к тому, чем Пушкин в землю врос
> [Слуцкий 1991b, 2: 372].

Следуя по стопам Мандельштама, у которого нарратор-шизофреник восклицает в «Египетской марке»: «Уничтожайте рукопись, но сохраняйте то, что вы начертали сбоку, от скуки, от неуменья и как бы во сне» [Мандельштам 2009–2011, 2: 302], Слуцкий объединяет себя с поэзией и ее «командиром» в серьезной и одновременно ироничной манере. Пушкинский «текст» — пароним «теста», из которого вылеплен Слуцкий. Слуцкий, ставящий слово «поэзия» в библейские кавычки, считает себя равным этому тексту. Но сперва он затемняет картину, добавляя еще одну каноническую фигуру — Е. А. Баратынского.

Вторая строфа заставляет вспомнить программное стихотворение Баратынского «Мой дар убог, и голос мой не громок…»:

> Мой дар убог, и голос мой не громок,
> Но я живу, и на земли мое
> Кому-нибудь любезно бытие:
> Его найдет далекий мой потомок
> В моих стихах. Как знать? Душа моя
> Окажется с душой его в сношенье,
> И, как нашел я друга в поколенье,
> Читателя найду в потомстве я
> [Баратынский 1997: 175].

Тихая мощь Слуцкого — это то же «голос мой не громок» Баратынского, а читатель, обрести которого Баратынский мечтает в потомстве, — это «знаток» Слуцкого. Слуцкий деромантизирует утверждение Баратынского. Его «знаток» — не большого ума, а кроме того, постигает не разумом, но душой, заставляя вспомнить центральный образ Баратынского. При этом интертекстуальный проект Слуцкого отнюдь не сводится к снижению романтического накала стиха его предшественника. Баратынский был одним из любимых поэтов Слуцкого, в котором тот, безусловно, «нашел друга» [Соловьев 2007: 373][16]. Друг Баратынского в поколенье, Пушкин, дал точное определение его особому месту в русской поэзии: «Он шел своею дорогой один и независим»; «Он у нас оригинален — ибо мыслит». Его рационализм и философское начало созвучны представлениям Слуцкого о поэзии. Он связывает свое «сро́дство» (парономастическую вариацию «сходства») с пониманием Пушкиным отличия Баратынского от других, помещая все это в рамки собственной комплексной реконструкции своеобычности Пушкина[17]. Тем самым он «разве-

---

[16] Смит также тонко подмечает, что Баратынский был символическим предшественником Слуцкого [Smith 1999: 16].

[17] Кстати, Пушкин рисовал Баратынского на полях. См. [Загвозкина 1983]. Анализ рисунков Пушкина см. в [Денисенко, Фомичев 2001]; см. также фундаментальный источник: [Цявловская 1980].

шивает портреты» Пушкина и других представителей его «разрозненной плеяды» (пользуясь определением Баратынского)[18]. Они «блистают», «сверкают» и «усмехаются», читая стихи этого чужого «монаха».

Примечательно, что Слуцкий обращает особое внимание на биологические приметы Пушкина: глаза, курчавые волосы, маленький рост и походку. Именно они формируют его психологический портрет через парономастическую связь между «походкой» и «повадкой»; а походка для Слуцкого, как помним из «Слепцов», — исторический и экзистенциальный маркер. Кроме того, в чертах Пушкина просматривается его африканская родословная[19]. Как отмечает Дж. Т. Шоу, «нет свидетельств о том, что наличие у Пушкина чернокожего предка помешало его карьере русского литератора»[20]. В то же время именно этот факт лежал в основе нападок Булгарина. Более того, Пушкин понимал, что в глазах других его внешняя непривлекательность — следствие наличия у него африканской крови; именно поэтому он говорит о себе: «Потомок негров безобразный». Притом, вопреки самокритичным заявлениям, он постоянно вспоминает о своем африканском происхождении (это отмечено в «Юбилейном» Маяковского). Надо сказать, что ощущение собственного несовершенства было при нем постоянно. Как напоминает Д. Бетеа,

> ...Пушкин — не монументальный, не романтический... был: — маленьким, безобразным, смахивавшим на обезьяну; — побегом пришедшего в упадок старинного дворянского рода, последние представители которого (отец, дядя) отличились несколькими умелыми литературными поделками, но в остальном были мало примечательны; ... — политически неблагонадежен и повсюду сопровождаем запашком скандала; — замучен долгами и заботами о том, как содержать семью и "соблюдать приличия" в тени назойливых кредиторов; — горд своими произведениями,

---

[18] См. его «К князю Вяземскому» [Баратынский 1997: 232–233].

[19] См. интересные комментарии Цветаевой о негритянской крови Пушкина в статье «Пушкин и Пугачев» [Цветаева 1967: 77–107].

[20] *Shaw J. T.* Pushkin on His African Heritage: Publications During His Lifetime [Bethea 1993: 122].

но как литературный символ и представитель поэтической культуры (история не стоит на месте!) быстро выходил из моды...» [Бетеа 2003: 35–36].

Случай с Булгариным только обострил ситуацию. Пушкин, разумеется, блистательно ее переиначивает и творчески исправляет.

Свою африканскую экзотичность он делает формулировкой собственной творческой свободы. В конце первой главы «Евгения Онегина» есть знаменитые строки:

> Придет ли час моей свободы?
> Пора, пора! — взываю к ней;
> Брожу над морем, жду погоды,
> Маню ветрила кораблей.
> Под ризой бурь, с волнами споря,
> По вольному распутью моря
> Когда ж начну я вольный бег?
> Пора покинуть скучный брег
> Мне неприязненной стихии
> И средь полуденных зыбей,
> Под небом Африки моей,
> Вздыхать о сумрачной России,
> Где я страдал, где я любил,
> Где сердце я похоронил
> [Пушкин 1959–1962, 4: 30–31].

Шоу прав: «Высказанная здесь точка зрения — парадоксально и характерно пушкинская: он готов начать "вольный бег" от русских берегов, от "неприязненной стихии" к манящим полуденным зыбям под небом "Африки моей". Там, однако, он будет вздыхать по России». Соответственно, определение, которое Слуцкий дает собственному пространству, аналогично пушкинскому. Африка, «безродье родное», где Пушкин вздыхает по принявшей его стране, — это очередной вариант «безродья родного», неизменного оксюморонного знака укорененности и изоляции Слуцкого. Безусловно, родословные у двух поэтов совсем разные. Но что-то связывает Слуцкого с Пушкиным, и это — особая родословная Пушкина, один из источников творческой энергии последнего. Хорошим подтверждением служит принадлежавшая Пушкину чернильница со статуэткой араба, которая была для него символом того, что его «дальновидный чернокожий предок предвидел... что один из его потомков станет писателем» (Шоу). То, что кому-то представляется безобразностью облика, Пушкин интерпретирует как поэтическую кровную связь[21].

В этом и состоит новаторство представлений Слуцкого о своем еврействе. Отказываясь следовать преобладающей парадигме, в рамках которой еврейское происхождение считается антропологическим следом или биологическим признаком, Слуцкий создает поэтику, где еврейство выступает объединяющим общим принципом; оно, используя термин Кациса, системообразующе[22]. То, как Слуцкий трактует еврейство, обнажает несостоятельность биологического эссенциализма, ярким русско-еврейским примером которого служит «еврейский запах» у Мандельштама: «Как крошка мускуса наполнит весь дом, так малейшее влияние иудаизма переполняет целую жизнь. О, какой это сильный запах! Разве я мог не заметить, что в настоящих еврейских домах пахнет иначе, чем в арийских»[23]. Подобно фрейдовскому «жуткому», дома эти никому не ведомы, не связаны ни с какими опознаваемыми законами, но притом они — место рождения. Они пугают, порабощают, напоминают о смерти, как пугает человека собственная биология. Еврейство Слуцкого — *смыслонасыщенная демаркация*, биологический компонент которой служит фундаментальным знаком в биографии поэта. Эта подробность никогда не проходит мимо внимания поэта, он многим ей обязан, но главное — становится ее толкователем.

---

[21] Елисеев удачно проводит подобную связь между Пушкиным и Слуцким: «Пушкин так не гордился своим негритянским происхождением, как Слуцкий гордился своим происхождением еврейским» [Горелик, Елисеев 2009: 334].

[22] См. примеч. 25 к главе 1.

[23] «Шум времени» [Мандельштам 2009–2011, 2: 214].

Слуцкий, как и Пушкин, «ущербен» по рождению. Его несовершенства не проистекают из пушкинских, однако связаны с ними — он заявляет об этом в типичной для него косвенной манере. Последняя строка стихотворения преднамеренно двусмысленна. Пушкин врастает в землю обеими твердыми ногами или «тем», а именно — задом; или он стоит на ней, словно резное каменное изваяние, некий тотем? Выразительно и точно Слуцкий показывает, что Пушкину неуютно на русской почве, тем самым напоминая читателю: этот обладатель «арапского профиля» время от времени мечтал пустить корни в земле «своей Африки», которая подобна метафизической и элегической «земле» Баратынского — далекой и дикой Финляндии [Баратынский 1997: 41–42]. Слуцкий подчеркивает, что всегда будет цепляться за собственную землю, но для этого «земля» должна стать не монолитной русской почвой, а метапоэтическим пространством, чьи размеры устанавливает он сам. Его взаимоотношения с русской литературой сложны — это видно из стихотворения «Романы из школьной программы...». Притом, как мы помним, он зарывается в русскую землю, чтобы там превратиться в соль. Кристаллизованные семена его трансплантации приносят плоды. Однако сохраняются они на ничейной территории, в пустыне — это будет видно из следующего раздела.

8

В позднем стихотворении «Предтечи» нет прямых отсылок к Пушкину, однако оно является своеобразным продолжением пушкинского проекта Слуцкого. Нерифмованное, игривое по интонации, в плане изложения оно даже более прозаично, чем баллады Слуцкого. В нем он рассказывает о своих предшественниках-однофамильцах: Николае Слуцком, Александре Слуцком и его жене — малоизвестных литераторах. Начинается оно почти по-гоголевски: «Мою фамилию носили три русских поэта». Вроде бы нет необходимости подчеркивать, что поэты были русскими, как совершенно ни к чему подчеркивать на первой странице «Мертвых душ», что два мужика, рассуждающие о приезде Чичикова, — «русские». Однако у Слуцкого всё к месту: его появление в русской литературе отнюдь не было предначертанным. Слуцкий привносит дополнительные смыслы в свое имя (татарин, Годунов) и время от времени полемически укореняет собственную фамилию в русской истории («Отечество и отчество») и поэзии (через Кульчицкого[24]), здесь же подчеркивает случайность ее присутствия в русской словесности. Название стихотворения — чистая провокация: эти трое никакие не предтечи. Его предтечи и потомки — совсем из другого «монастыря». Однофамильцы же не волнуют Слуцкого, поскольку все трое уже отправились на свалку истории (строки 17–33):

> Я был терпимее, я был моральнее,
> и три предшественника однофамильца
> гремят в безвестности, бушуют в пустыне —
> сенатор, пьянчуга и жена пьянчуги.
> Русские, православные, дворяне,
> начавшие до меня за столетье,
> превосходившие меня по всем пунктам,
> особенно по пятому пункту,
> уступающие мне только по одному пункту:
> насчет стихов. Я пишу лучше.
> По теории вероятности
> возможен, даже неизбежен пятый Слуцкий,
> терпимый или нетерпимый к однофамильцам,
> может быть, буддист, может быть, переплетчик.
> Он предоставит мне возможность
> греметь в пустыне
> и бушевать в безвестности
> [Слуцкий 1990c: 154–155].

Слуцкий воспользовался аргументацией Пушкина против Булгарина, поставив ее с ног на голову: совершенно не важно, принадлежит ли человек к этническим русским, аристократ ли он, — важно только качество его стихов. Слуцкий, «уступающий»

---

[24] См. «Я помню твой жестоковыйный норов...» [Слуцкий 1991b, 2: 369].

однофамильцам по пятому пункту, при этом превосходит их как писатель. Он, впрочем, понимает, что, когда дело доходит до национальной традиции, такой аргумент не слишком многого стоит. Попытавшись уже в стихотворении «Романы из школьной программы...» обойти эту сложность, здесь он отказывается от мифотворчества. Его присутствию в русской традиции суждено остаться устойчивой аномалией — но все же аномалией. Другой Слуцкий, который появится в дальнейшем, будет отмечен собственной уникальностью и, соответственно, окажется столь же аномален. Спасительно для этой ситуации то, что подобные отклонения от нормы происходят достаточно регулярно. По сути, судьба Слуцкого в вечности зависит от появления следующего Слуцкого. Но притом результат один: «бушевать в безвестности».

Стихотворение изобилует тавтологическими повторами, которые, как всегда у Слуцкого, создают омонимическое измерение (слово «пункт» повторяется трижды, каждый раз — в другом значении), причем важнее всего в этом смысле две последние строки, которые синтаксически параллельны процитированной выше 19-й строке. Такие параллели характерны для Библии. Как будет показано ниже, в этом стихотворении наличествует сложная интертекстуальная канва, объединяющая в себе Пятикнижие, Пушкина и Бялика. Притом Слуцкий сам принижает величие двух последних слов: и он, подобно сенатору, пьянице и его жене, обречен попасть на свалку истории. А значит, «бушевать в безвестности» не имеет никакого смысла. С другой стороны, именно в этом — последнее прибежище крупного поэта, который может сказать о себе: «пишу лучше». Параллелизм Слуцкого видоизменяет изначальную формулировку, преображая «бушевать в безвестности» в герменевтическое утверждение.

У Слуцкого «бушевать в безвестности» служит отсылкой к Книге Чисел (глава 14), где говорится об избиении израильтян амалекитянами и хананеями. Израильтяне, обреченные Богом на гибель, принимают смерть после того, как отказываются поверить 12 своим посланникам. Им сказано, что в Землю обетованную не попасть, однако они устремляются в атаку. Важно то, что Слуцкий смотрит на этот сюжет через призму поэмы Бялика «Мертвецы пустыни», которую перевел на русский язык Жаботинский [Бялик 1994: 163–173]. Бялик связывает текст Книги Чисел с легендой из Талмуда, повествующей о путнике-арабе: он «находит в пустыне мертвецов, протягивает руку, чтобы взяться за край одеяния, и не может двинуться, пока не возвращает табуированный предмет на место» [Alter 2000: 120]. Мертвецы пустыни — это погибшие древние израильтяне. В обширной критической литературе, посвященной данному произведению, ни разу не указывалось, что на образы Бялика и на его описание мертвецов явно повлияло стихотворение Пушкина «Анчар». Ядовитый анчар, пушкинский «грозный часовой», предвосхищает то, что у Бялика мертвые названы вечными стражами. У Пушкина птица и тигр боятся ядовитого дерева; у Бялика это орел, змея и лев. Зловещий характер и пустыни, и анчара подготавливает почву для пугающих мертвецов Бялика куда явственнее, чем пустыня из пушкинского «Пророка», который также оказал влияние на творчество еврейского поэта. По мнению Альтера, в стихотворении Бялика создана вызывающая картина, едва ли не антитетичная библейскому мифу о Божественном наказании и необходимости смены поколений. В картине Бялика восстает сама пустыня: она насылает бурю, шумит ветрами, обращаясь к Богу и созданному Им миру. Восстают и мертвецы:

> Вдоль по рядам исполинов проносится гул пробужденья,
> И от земли восстает мощный род дерзновенья и брани,
> С яростью молний в очах и с мечом в гордо поднятой длани,
> И, раздирая рычанье и грохот, и свист урагана,
> К небу подъемлется клич, грозный клич от несметного стана,
> Ширясь, гремит и гремит, и несется над бурей далёко
> [Alter 2000: 108–109].

Однако, восстав, они вновь умолкают.

Я убежден, что именно поэтому Слуцкий «гремит в пустыне», в отличие от Слуцкого XIX века, который «бушует в безвестности». С одной стороны, это — бушующее эхо гремящей силы пушкинского стиха и даже «обетованного забвенья» Баратынского, включающее в себя величие «безвестности» из стихотворения «Финляндия», а с другой — оно вбирает в себя националистическую, метафизическую и экзегетическую драму Бялика. Создавая эти стихи — последние в своей жизни, — Слуцкий думал про «Анчар»: он упомянут еще в трех его стихотворениях[25]. Пушкинские размышления о том, как отношения между людьми превращаются из отношений между равными в отношения раба и владыки, созвучны историографии Слуцкого. Перечитав «Анчар», он, видимо, вернулся и к текстам Бялика. Слуцкий удерживается от бунта, однако непрестанный гром в пустыне и бушевание в безвестности — последние подходящие вехи «жестокой свободы» его стиха, который, подобно «мертвецам в пустыне», бросает вызов поэзии, истории, Богу и традиции, припоминая им их обещания и клятвы. В созвучии с неполным мессианизмом Слуцкого обещание воздать остается невыполнимым, но и неотмененным.

«Предтечи» — последнее возражение Слуцкого пушкинской «Моей родословной». Связывая свое место в русской поэтической родословной с именем Пушкина, Слуцкий предвосхищает неизбежный тупик собственного творческого пути. Он уперся в глухую стену культурной реальности: вес Пушкина в русской истории не имеет себе равных. Последний миф написан. Поэт стоит на пороге молчания.

---

[25] «Не тратьте ваши нервы...» [Слуцкий 1991b, 3: 143]; «Разные формулы счастья» (URL: vivovoco.rsl.ru/VV/PAPERS/LITRA/SLU7_W.HTM (в настоящее время ссылка недоступна); «От сердца» [Плеханова 2003].

Эпилог
Вечный читатель

К вопросу о «крахе»

В стихотворении «Человек в жизни своей» И. Амихай пишет:

> У человека в жизни нет времени,
> чтобы настало всему свое время.
> И нет у него времени, чтобы настала пора
> каждой вещи. Екклезиаст ошибался в этом.
>
> Человек должен ненавидеть и любить одновременно,
> Плакать теми же глазами, что и смеяться,
> Теми же руками разбрасывать камни и собирать их,
> Любить на войне и воевать за любовь...
>
> И ненавидеть и прощать и помнить и забывать
> И распутывать и запутывать и глотать и усваивать
> То, что долгая история
> творила долгие-долгие годы[26].

Ироничная рациональность и минималистическая поэтика израильского поэта заставляют вспомнить стихи Слуцкого[27]. Он был знаком с творчеством Амихая и включил подборку его

---

[26] Перевод Е. Владимирова. URL: poembook.ru/poem/2113799-chelovek-v-zhizni-svoej (дата обращения: 13.09.2020).

[27] В целом основные приемы израильских поэтов, которых относят к «поколению государства», — они порвали с символизмом, риторикой и апокалипсическим мышлением своих наставников — близки к приемам Слуцко-

стихов в переводную антологию «Поэты Израиля», опубликованную под его редакцией в 1963 году [Слуцкий 1963: 147–150]²⁸. Знаменитые строки из стихотворения «Всемилостивый Бог», включенного в антологию, наверняка импонировали Слуцкому своей герменевтической поэтикой и избирательной историографией: «Я, который пользуюсь лишь крохотной щепоткой / Слов из словаря / И вынужден разгадывать загадки…» Поскольку молчание Слуцкого стало отчетливой отдельной фазой его творческого пути, любой исследователь должен включить этот период в общую схему осмысления наследия поэта, учитывая, что у человека, как у героя Амихая, нет «времени, чтобы настала пора / каждой вещи». Соответственно, финальный важный тезис, который будет высказан в этой книге, звучит так: хотя молчание Слуцкого было глубоко трагичным, оно вытекало из логики его творчества, обнажая отношение поэта к своему труду. Заключение этой книги остается открытым — в согласии со словами Мандельштама из «Разговора о Данте»: «всегда находиться в дороге». Для Мандельштама «говорить» на языке поэзии значило совершать непрерывное странствие, однако то же можно сказать и о толкованиях поэтической речи, ибо поэзия «будит нас и встряхивает на середине слова» [Мандельштам 2009–2011, 2: 166]. Здесь уместно еще раз вспомнить определение, которое Блум дает любой интерпретации: неверное прочтение. Иначе говоря, интерпретация — упражнение в эпистемологических неудачах. Впрочем, как это ни парадоксально, крах интерпретации — это одновременно и высвобождение, и даже триумф, результатом которого становится постоянно воспроизводящийся герменевтический диалог со словом поэта, восстанавливающий контуры его художественной структуры и творческой жизни.

го. В программной статье, посвященной данному поколению, Н. Зак перечисляет эти приемы: «Неправильная рифмовка, бо́льшая метрическая свобода, отказ от избыточной фигуративности, упрощение поэтического образа, более разговорный язык, неприятие риторики, предпочтение малых лирических форм» (цит. по [Gluzman 2003: 138]).

²⁸ Подробнее об этом сборнике и участии в нем Слуцкого см. [Гринберг 2017].

Стало ли молчание Слуцкого итоговой неудачей? Одно из самых ярких определений творческого фиаско дано в письме Беньямина к Шолему, толкователю каббалистических знаков, — здесь великий критик проливает свет на невзгоды великого писателя:

> Между тем, чтобы воздать должное образу Кафки во всей его чистоте и всей его своеобычной красоте, ни в коем случае нельзя упускать из виду главное: это образ человека, потерпевшего крах. Обстоятельства этого крушения — самые разнообразные. Можно сказать так: как только он твердо уверился в своей конечной неудаче, у него на пути к ней все стало получаться, как во сне. Страсть, с которой Кафка подчеркивал свое крушение, более чем знаменательна[29].

Мне представляется, что и молчание самого Слуцкого стало воплощением такого «краха», который добавил своеобычности и страсти его каноническому проекту. Тем не менее в конечном итоге поэт стремится всё запомнить, наполняя амнезию и перспективу забвения творческим потенциалом; из этого проистекает анализ его поздних стихов, включая и последнее известное. В должный срок канон завершился, однако поэт сам продиктовал условия своего завещания.

«В неба копоти»

В целом ряде поздних текстов возникает ощущение, что Слуцкий от одного за другим отказывается от пространственных приемов. В стихотворении «Возвращение» он описывает возвращение на родину, которую красноречиво называет «Содомом и Гоморрой». Есть все основания предположить, что он возвращается из «безродья родного», с территории своего творчества, включающей в себя черты его поэтики. В этом стихотворении речь уже идет не о поэте, а о читателе, перед которым стоит угроза творческой смерти:

---

[29] *Беньямин В.* Из переписки с Гершомом Шолемом [Беньямин 2000: 178–179].

> Пушкин с Гоголем остаются одни,
> и читаю по школьной программе.
> В зимней, новеньким инеем тронутой раме —
> не фонарные, звездные
>   блещут огни
> [Слуцкий 1991b, 3: 418].

«По школьной программе» — это отсылка к стихотворению «Романы из школьной программы...», что возвращает Слуцкого в период его кризиса. «Звезды» не менее примечательны. Они заставляют вспомнить лермонтовские тучи из стихотворения с одноименным названием [Лермонтов 1983: 141]. Слуцкий втайне завидует их вековому безразличию, ему хочется с тем же равнодушием распутать все собственные проблемы:

> Оказалось, что можно просто
> делать так, как делают звезды:
> излучать без претензий свет.
> Цели нет и смысла нет.
>
> Нету смысла и нету цели,
> да и светишь ты еле-еле,
> озаряя полметра пути.
> Так что не трепись, а свети
> [Слуцкий 1991b, 3: 327].

В диалоге со строчками Маяковского: «Послушайте! / Ведь если звезды зажигают — / значит — это кому-нибудь нужно?» [Маяковский 2013 1: 32] и «Светить всегда, / светить везде, / до дней последних донца» [Маяковский 2013 1: 146] — Слуцкий выступает в защиту забвения, прекрасно зная, что ему оно не грозит. Даже в самом конце пути поэт библейского склада продолжает идти, спотыкаясь, по своей дороге и *выговариваться*. Как мы помним, под словом «выговориться» он понимает сочинение стихов.

В последних своих стихотворениях Слуцкий в очередной раз отмечает фундаментальную разницу между русским литературно-историческим пространством и мультивариантным пространством собственной поэтики. А значит, нет ничего принципиально нового в одном из последних его признаний: «На русскую землю права мои невелики. / Но русское небо никто у меня не отнимет» [Слуцкий 1991b, 2: 519] — та же точка зрения уже высказана в стихотворении «Романы из школьной программы...». Пророческим выглядит то, что утверждение это он делает на пороге молчания, надеясь, что «русское небо», русский поэтический Элизий, примет под свое покровительство и его, и память о его имени (вспомним пушкинское «Что в имени тебе моем...» [Пушкин 1959–1962, 2: 285]). Проблема в том, что образный строй «На русскую землю права мои невелики...» крайне неоднозначен, если не сказать — откровенно негативен. Земля в стихотворении холодна, но читатель делает вывод, что бороться с холодом можно, заключив нечто в объятия, даже находясь в окопе или в глубокой разверстой могиле («И если неумолима родимая эта земля, / всё роет окопы, могилы глубокие роет...»). Небо над ней, однако, горячо, а значит — постоянно удушает. На всем этом просторе не укрыться от жара. Опять же, читатель волен домысливать, что жаркое небо опаляет кожу издалека и сжигает заживо, если взлететь к нему поближе. Вряд ли автор пытался создать именно такой образ, однако он возникает, пусть почти неосознанно. Золотой луч поднимает поэта в жаркий чертог. Нежные облачка и золотой дождь (последний напоминает о том, как Зевс спускался к Данае дождем золотых монет — об этом знаменитые картины Рембрандта и Тициана) ничего не меняют. Поэт становится Икаром, который по наивности подлетел слишком близко к солнцу. Тот факт, что образный строй стихотворения явственно мифологичен, подкрепляет такую интерпретацию. В «Теперь Освенцим часто снится мне...» евреев завораживает дым из труб — они начинают видеть в нем летящего лебедя; здесь поэта завораживает золотой луч, в результате чего он до опасного близко подбирается к пламени.

То же прочтение подтверждается и еще одним поздним стихотворением, «Стали старыми евреями...». Здесь Слуцкий создает воображаемое сообщество родных ему душ — традицию еврейской поэзии на русском языке, которую он породил. Став евреями, поэты отказываются от сентиментальности и романтизма, выбирая взамен ироничную рациональность — элемент, стоящий в центре поэтического воображения Слуцкого. Они превращаются в истинных евреев, с пейсами и прочими атрибутами. Отвечая Цветаевой, которая в знаменитой формулировке из «Поэмы Конца» сравнивает удел поэтов с остракизмом, коему постоянно подвергаются евреи («В сем христианнейшем из миров / Поэты — жиды!» [Цветаева 1994, 3: 48]), — Слуцкий не превращает своих героев в персонажей мифа о Вечном жиде, христианского по происхождению, так как они подчиняются внутренней еврейской динамике. На деле эти молодые поэты в традиционной еврейской одежде почти иконографически воспроизводят уничтоженную черту оседлости, архаическое и новое сливается в них в герменевтический канонический образ. «Небо» собирает стихотворение в единое целое. В соответствии с эстетикой трансплантации Слуцкий создает парономастическую параллель между «пейсами» и «рейсами»:

> И акцент проснулся, Господи,
> и пробились, Боже, пейсы
> у того, кто в неба копоти
> совершал ночные рейсы[30]
> [Слуцкий 1991b, 3: 370].

В этих строках горячее небо из предыдущего стихотворения превращается в копоть неба над крематорием, заставляющей вспомнить о холокосте: в этой небесной копоти расточаются и сгорают жизни поэтов.. Стыдясь показаться на свет, они вели существование обреченных ночных птиц. И действительно

---

[30] Здесь Слуцкий, похоже, откликается на «Литовский дивертисмент» (1971) Бродского, который он мог прочитать в самиздатовском сборнике стихов последнего, составленном В. Р. Марамзиным и ходившем по рукам в 1972–1974 годах. В этом стихотворении герой Бродского воображает себя евреем из Литвы XIX века и говорит, что хотел бы «дождаться Первой мировой / и пасть в Галиции — за Веру, / Царя, Отечество, — а нет, / так пейсы переделать в бачки / и перебраться в Новый Свет, / блюя в Атлантику от качки». Сменив пейсы на бачки, примету пушкинского облика, Бродский отправляется в Новый Свет (читай — в Россию и на Запад) и тем самым завершает ассимиляцию.

(процитируем еще одно позднее стихотворение): «Понимаешь отчетливо вдруг: / небо / с ангелами и облаками / ускользнуло из рук»[31]. Впрочем, понимание приходит не вдруг. Попытки Слуцкого вернуться к традиционной дихотомии русская земля / русское небо обрушиваются в процессе построения его пространственной парадигмы, которая не удовлетворяет его требованиям. Вместо этого он совершает нечто куда более дерзкое: отделяет свое лирическое «я», погружающееся в глубины молчания, от своего творчества. Таким способом он, старый еврей, оберегает собственную поэтическую постройку, завершает ее и оставляет в неприкосновенности[32].

Мне представляется, что именно в этом смысл стихотворения «Завяжи меня узелком на платке…». Вот его текст:

> Завяжи меня узелком на платке.
> Подержи меня в крепкой руке.
> Положи меня в темь, в тишину и в тень,
> На худой конец и про черный день.
> Я — ржавый гвоздь, что идет на гроба.
> Я сгожусь судьбине, а не судьбе.
> Покуда обильны твои хлеба,
> Зачем я тебе?
> [Слуцкий 1991b, 1: 505].

Это стихотворение принято считать исповедью Слуцкого перед Россией. Однако язык его противоречит такому сентиментальному прочтению и взывает к метапоэтической расшифровке. Собеседник здесь не упомянут, поскольку Слуцкий остается в рамках своего поэтического пространства, в котором ужива-

---

[31] «Кому же лучше» [Слуцкий 1993: 77].

[32] В этом контексте уместно вспомнить единственный у Слуцкого образ старого еврея, напоминающий описание евреев в русской и русско-еврейской литературе; Слуцкий связывает этот образ с понятием творческой свободы: «Свобода немила, немолода, / Несчастна, несчастлива и скорее / Напоминает грязного жида, / Походит на угрюмого еврея, / Который правду вычитал из книг / И на плечах, от перхоти блестящих, / Уныло людям эту правду тащит / И благодарности не ждет от них» [Слуцкий 1991b, 1: 276].

ются и хала, и калач (вспомним «Все пропало...»). Слово поэта совершает прыжок в вечность в тот момент, когда сам он собирается покинуть сцену, выбрав для себя судьбу без возвращения. Однако «ржавый гвоздь» по-прежнему идет на создание жизни. «Как творит умолкший поэт?» — таков наш последний вопрос.

«За ту строку отличную, что мы искали ощупью» («Голос друга»)

Во введении я писал, что опоры, которые удерживали Слуцкого внутри русской традиции, в конце концов пошатнулись, сделав его существование русскоязычного писаря-поэта-переводчика невозможным. Кризис, отраженный в стихотворении «Романы из школьной программы...», хорошо иллюстрирует этот тезис. Тем не менее в завершающей части нашего исследования необходимо вернуться к нему и рассмотреть заново. Категория забвения, которую Слуцкий модифицировал, откликаясь на последний свой миф о Пушкине, — присутствует во всем его поэтическом мышлении. Этот фактор во всей полноте представлен в стихотворении 1960 года «Начинается длинная, как мировая война...». Там четко перечислены основные компоненты его поэтики: герменевтический (поэзия «словно кхмерские письмена»), трансплантационный (поэт на «должности председателя КГБ») и связанный с построением канона («Ты — строитель») плюс открытость интерпретации («люди... клянут... недоделки» поэта). И наконец, итоговое неизбежное молчание, равно как и забвение, объявляется центральным для поэтического процесса:

> Ты — труба. И судьба исполняет свое на тебе.
> На важнейших событьях ты ставишь фамилию, имя,
> А потом тебя забывают
> [Слуцкий 1991b, 1: 476].

Слуцкий предпочитает забвение традиционной романтической позе, широко распространенной в русской традиции. Здесь он явно бросает вызов христологической образности в пастернаковском «Гамлете», где поэт, приравненный к актеру, приравненному к Христу, просит Отца, чтобы его минула чаша судьбы. В отличие от Христа, умершего и воскресшего, герой Пастернака остается в этом мире и тонет в море фарисейства.

Позиция Слуцкого не отличается ни жертвенностью, ни романтической исключительностью, она приземлена в библейском ключе: «Ты — актер. На тебя взят бессрочный билет. / Публика целую жизнь не отпускает / Со сцены». Действительно, поэта ждет забвение, как и реальных авторов Писания, но его каноническая система сохранит свою цельность. Мы уже говорили, что имя, которое он ставит на «важнейших событиях» (вспомним принцип избирательности), часто оказывается именем Иеремии. Тем самым канон поэта вписывается в канон древности. Он — инструмент в руках судьбы, в чем можно усмотреть святость, как искаженную, так и подлинную. Здесь невольно вспоминаются слова Бродского о том, что у Слуцкого «ощущение трагедии, возникающее из его стихов, зачастую перетекает, *едва ли не против его воли* (курсив мой. — *М. Г.*), из конкретного и исторического в экзистенциальное». «Судьба» управляет поэтом и в «Завяжи меня узелком на платке...». Так, понимание Слуцким забвения следует рассматривать как естественное продолжение его библейской позиции, а не просто как примету разочарования. Тем самым он вписывает свою мифопоэтику в анналы модернистских еврейских парадигм, в центре которых находятся дилеммы Кафки. Последняя героиня Кафки, посредственная певица Жозефина, воплощающая в себе душу своего «самого исторического» из всех народов, умирает, и рассказчик сухо сообщает, что она будет забыта; такова судьба всех героев этого народа [Kafka 1995: 280–300]. Цепляясь за забвение, и Кафка, и Слуцкий одновременно отступают от библейского императива «Захор» — «Помни» — и тем самым сохраняют дух анонимного библейского авторства[33]. Подобно тому как Бог виден в каждой строке

---

[33] Та же парадигма присутствует и в мировоззрении Бродского. В «Исааке и Аврааме» Исаак — бессмертная жертва — мечтает умереть, но не для того, чтобы сделаться еще одним жертвенным агнцем, искупающим всеобщие грехи, а для того, чтобы стать забытой памятью, пламенем свечи, благодаря которому во вселенной продолжает жить надежда на воздаяние. См. [Grinberg 2007c].

Торы (опять же, кто помнит ее реальных авторов и редакторов?), они, непризнанные, и станут теми текстами, которые вброшены в эллипс экзегетических преемственностей и разрывов. Их модель — творческий еврейский отклик на общую поэтическую попытку говорить «об отсутствии с эффектом присутствия» (А. Гроссман). Из этого видно, что Слуцкий был поэтом *целительного забвения*, для которого поэтика всегда оставалась знаком одновременно и утраты, и возвращения памяти, потому он и настаивает: «я — слово, а не пропуск в телеграмме, / которую грядущему дают»[34], отсюда его желание стать «просто — строчкой точной, / не знающей покоя, / волнующей строкою, / и словом, оборотом...» [Слуцкий 1991b, 2: 189][35]. Непреходящие свойства этого слова — точность и любознательное беспокойство, полнота и независимость.

Punctum Слуцкого

> Он часто говорил: «Благословенно время,
> когда, оставив поиски прекрасного
> и вместе с ними строгий эллинизм
> с его неудержимым поклоненьем
> молочно-белым рукотворным формам,
> я становлюсь таким, каким всегда
> мечтал остаться, — сыном иудеев,
> святых и мудрых иудеев верным сыном».
> К. Кавафис. «Иудей (50 год н. э.)»

Вследствие забвения Слуцкий становится читателем / умолкшим поэтом. Туда же он приходит и путем памяти. Вспомним «Переобучение одиночеству»: в корне травмы Слуцкого лежит

---

[34] «Своим стильком плетения словес...» [Слуцкий 1991b, 2: 267].

[35] Эти строки, взятые из стихотворения «Я был плохой приметой...», — аллюзия на «К немецкой речи» Мандельштама, где поэт возглашает: «Чужая речь мне будет оболочкой, / И много прежде, чем я смел родиться, / Я буквой был, был виноградной строчкой, / Я книгой был, которая вам снится». Свои корни он отыскивает в исконном языке, становится книгой на этом языке, которую люди читают, не ведая о реальном историческом существовании

неспособность вспомнить. С точки зрения фрейдизма травматический процесс определяется, в частности, навязчивыми повторениями [Freud 1995: 596–626]; приставка «пере-», которая многократно используется в стихотворении, демонстрирует то же на уровне языка. Необходимость переучиться и припомнить становится для поэта навязчивой идеей, но он не приходит к «выучить» и «вспомнить». Более того, представление Слуцкого о «вспомнить» носит откровенно фотографический характер; пример — «Внезапное воспоминание», где память ударяет в поэта лучом прожектора, или «Анализ фотографии», где старое фото заставляет вспомнить об отношениях с Богом[36]. Как мы помним из Мандельштама, «сладок нам лишь узнаванья миг», но он же чрезвычайно травматичен. Барт дал ему название punctum — «ибо оно значит в числе прочего: укус, дырочка, пятнышко, небольшой разрез» [Барт 1997: 15]. С. Льюри считает, что это «рана, происходящая из прошлого и продолжающаяся в будущее» [Lury 1998: 103]. Я добавил бы, что это точка пересечения между болью и потенциальным восторгом. «Один» из «Одиночества» Слуцкого и есть эта самая точка. Как фигура Илии, «покровителя обрезанных», которая «воплощает в себе великое мессианское гостеприимство» и одновременно, говоря словами Деррида, означает «ампутацию, отсутствие и еврейское "клеймо" на детородном органе как печать парии» [Ofrat 2001: 124], одиночество Слуцкого скрывает в себе еврейскую / личную / метапоэтическую скверну. Скверна эта ведет к благословению, заключенному одновременно и в самом акте начертания священного завета на теле еврея («проклятие», которое несет в себе поэт), и в имени «татарского мстителя», которым его нарекли на «лежанке глиняной».

Да, как пишет Ж. Лакан, «повторение не есть воспроизведение» [Lacan 1998: 50] или, иными словами, сотворение. Опять же, может

Мандельштама. То, что происходит с Мандельштамом, повторяется и со Слуцким: все читают Мандельштама-книгу, не подозревая о существовании Мандельштама как физического существа; точно так же все воспринимают Слуцкого — строку и строфу, но не помнят Слуцкого-человека.

[36] Об отношениях между фотографией и памятью см. [Hirsch 1997].

ли поэт, не оправившийся от травмы и взыскующий молчания, творить? Х. Фостер дает травматическому спорное определение «несостоявшейся встречи с реальностью». Он пишет: «Повторение служит заслоном от реальности, которая трактуется как травматическая. Однако сама эта потребность указывает на реальность, и в этой точке реальность прорывает заслон повторения. Это прорыв не столько в мир, сколько в предмет. Лакан называет эту травматическую точку tache... Барт называет ее punctum» [Foster 1996: 132]. Реальностью для Слуцкого выступает, разумеется, внутренний мир его поэзии. Соответственно, сам факт молчания Слуцкого необходимо рассматривать как творческий прием, который «прорывает заслон повторения», но не посредством создания нового, а через указание на содержание слова поэта — «реальность». Смерть — об этом многократно говорилось в истории западной мысли — является для художника последним творческим жестом[37]. Случай Слуцкого принципиально иной. Нельзя закрывать глаза на реальные мучения живого человека Бориса Абрамовича Слуцкого, пациента психиатрической больницы, но нельзя отрешаться от того, какое кардинальное различие Слуцкий проводит между годами жизни человека и годами жизни поэта. В достаточно раннем стихотворении «Умирают мои старики...» (опубликовано в 1961 году), посвященном поколению его учителей (в том числе и Сельвинскому), Слуцкий подчеркивает:

> Умирают мои старики,
> Завещают мне жить очень долго,
> Но не дольше, чем нужно по долгу,
> По закону строфы и строки
> [Слуцкий 1991b, 1: 334].

Получается, Слуцкий подпадает под то, что Бетеа называет «трюизмом» применительно к Пушкину: «Творческая личность ищет испытаний и конфронтаций, и в случае великого поэта следы этих конфронтаций остаются в вербальных структурах,

---

[37] Красноречивым примером служит «На смерть Т. С. Элиота» Бродского, где сказано: «И дверь он запер на цепочку лет». См. [Bethea 1992: 236].

которые продолжают излучать огромную энергию и после исчезновения исторического персонажа». «Изысканность пушкинского языка и достаточно высокая степень герметичности его биографии» [Бетеа 2003: 247] осложняют дело; герметичность самого Слуцкого — его «один» — сообщает ему метафизическую и метапоэтическую, а не просто «психологическую» уникальность.

Слуцкий остается хозяином собственной творческой судьбы и не выпускает из рук поводья поэтического воображения. В отличие от полетов романтиков или «слепой ласточки» / забытого слова Мандельштама («Я слово позабыл, что я хотел сказать…»), ласточка Слуцкого — его слово — не улетает от своего создателя:

> Я слышу звон и точно знаю, где он,
> и пусть меня романтик извинит:
> не колокол, не ангел и не демон,
> цепная ласточка
> железами звенит.
>
> Цепная ласточка, а цепь стальная,
> из мелких звеньев, тонких, не стальных,
> и то, что не порвать их, — точно знаю.
> Я точно знаю —
> не сорваться с них
> [Слуцкий 1991b, 3: 227][38].

Смерть неподвластна поэту — это Божественная прерогатива, — но он может положить конец своему творчеству, замолчав в самый подходящий момент, подчинившись «закону строфы и строки». Многое в загадке Слуцкого проясняет понятие долга. Долг, как мне представляется, — свойство не только метапоэтическое, но и библейское. Он же вновь возникает в одном из последних стихотворений поэта, «Музыка далеких сфер…»:

---

[38] Ограниченность «либерального» политического прочтения Слуцкого видна в утверждении Т. А. Бек, что цепная ласточка символизирует собой «трагедию русской музы, попавшей в большевистский квадрат». См. в [Копелиович 2004].

> Музыка далеких сфер,
> противоречивые профессии...
> Членом партии, гражданином СССР,
> подданным поэзии
> был я. Трудно было быть.
> Все же был. За страх, за совесть.
> Кое-что хотелось бы забыть.
> Кое-что запомнить стоит.
> Долг, как волк, меня хватал.
> (Разные долги, несовпадающие.)
> Я как Волга,
>   в пять морей впадающая,
> сбился с толку. Высох и устал
> [Слуцкий 1989а: 75].

Это стихотворение важно, потому что показывает, насколько «трудно», вопреки общепринятому мифу о Слуцком, ему «было быть» членом партии, гражданином СССР и русским поэтом. Здесь на помощь исследователю опять приходит текст Амихая. В стихотворении «Все поколения до меня»[39] лирический герой изображает себя совокупностью всех предшествовавших поколений (национальный еврейский элемент), жизни отца (личный элемент) и холокоста (опыт XX века). В стихотворении повторяется фраза «зэ мэхайев» («это обязывает»). В случае Амихая долг или обязанность почетны, а не обременительны; отсюда его судьба еврейско-израильского поэта. Обязанности Слуцкого глубоко противоречивы, отсюда его судьба еврейского поэта-герменевтика в русском / советском пространстве. И Амихай, и Слуцкий не отрекаются от особенностей своей судьбы, они несут их, как бремя. Слуцкий биографически измождён, однако метафизически и поэтически остается несломленным. Ключ состоит в том, что поэт сравнивает себя с великой рекой, которая действительно впадает в пять морей и местами высыхает. Однако при всем том она остается единой Волгой, а поэт остается

---

[39] Перевод А. Воловика. URL: readinghall.ru/publication.php?id=484 (в настоящее время ссылка недоступна).

единым со своей нерушимой творческой вселенной. Именно поэтому он может с уверенностью утверждать: «И блестят мои купола, / и гудят мои колокола, / потому что — была не была — / жизнь не вовсе даром прошла»[40]. Первая строка стихотворения озадачивает: почему «музыка далеких сфер»? Это ироническая отсылка к цветаевскому «Путь комет — поэтов путь» [Цветаева 1994–1995, 2: 184], но что еще важнее, отсылка к источнику, который Слуцкий считает средоточием своего слова, — к Библии. На мой взгляд, понятие «долга» у Слуцкого вбирает в себя как *мэхайев* Амихая, так и важнейшее наставление из пасхальной агады: «В каждом поколении нужно (*хайив*) видеть себя вышедшим из Египта». Этот *иудейский* долг не дает поэту сорваться в пропасть; он освящает его молчание, которое царит над собственным его исходом в punctum **ОДИН**очества.

22 апреля 1977 года

Снова процитирую Амихая: «Пришла пора закрыть себя, как Библию, / Канонические книги моей жизни» [Amichai 1990: 105]. То же относится и к Слуцкому. Каноническими книгами его жизни были его стихи, которые, подобно всякому канону, требуют завершения. Еще раз уклонюсь от того, чтобы взглянуть на финал в свете общественно-политического. Слуцкий закрыл свой канон не потому, что советская эпоха начала выдыхаться, ведь он всегда знал, что она, как и любой исторический период, в итоге завершится. Более того, в контексте его историографии она завершилась «давным-давно». Завершилась, но обрамляющие ее вопросы Слуцкого никуда не делись, ибо простираются в историческое будущее и прошлое. Закрывая книгу своей жизни, Слуцкий-поэт ушел в тень Слуцкого-читателя. Последнее стихотворение, которое будет проанализировано на этих страницах, является в то же время и последним известным текстом поэта, на котором он, как и на всех «важнейших событиях», ставит точную дату: 22 апреля

---

[40] «Сверх программы, помимо меню…» [Слуцкий 1993: 79].

1977 года, — одно из немногочисленных датированных стихотворений. Оно завершает герменевтический поэтический процесс, становясь обрядом посвящения поэта (отныне читателя) в зону молчания.

> Читая параллельно много книг,
> ко многим я источникам приник,
> захлебываясь и не утираясь.
> Из многих рек одновременно пью,
> алчбу неутолимую мою
> всю жизнь насытить тщетно я стараюсь.
>
> Уйду, недочитав, держа в руке
> легчайший томик, но невдалеке
> пять-шесть других рассыплю сочинений.
> Надеюсь, что последние слова,
> которые расслышу я едва,
> мне пушкинский нашепчет светлый гений
> [Слуцкий 1991b, 3: 464].

Как это принято у Слуцкого, стихотворение выглядит обманчиво простым, однако оно крайне уклончиво и загадочно. Мне представляется, в нем Слуцкий раскрывает свой герменевтический метод, словно бы показывая будущему читателю, где искать ключ к его поэтике. Поэт объявляет, что стихи его нужно читать «параллельно».

В русской традиции у этого слова есть одно совершенно особое значение. Библию, как правило, читают «с параллельными местами»: заметки на полях текста Нового Завета отсылают к соответствующим местам Ветхого, и наоборот. Разумеется, Слуцкий не намекает на то, что метод его состоит в христианском прочтении еврейского Писания. Речь идет о другом: парадигма расшифровки его загадок лежит в области сакрального. К каким бы источникам он ни обращался — а они воистину многообразны, — он кладет рядом одну и ту же великую книгу, которая сопровождала его всю жизнь, как и раввинов с их «параллельными местами». Задача читателя — вникнуть в эти параллельные места в произведениях Слуцкого (образы рек заставляют вспомнить и текст

«Музыка далеких сфер...», и «Лошадей в океане», а «алчба неутолимая» — стихотворение об отце), держа в уме художественные и герменевтические системы, коими оперирует его слово: талмудическую, русскую, еврейскую, советскую, и в целом — архаику, модерн, модернизм и всё, что Слуцкому близко.

Что это за последний легчайший томик, который у него нет времени дочитать? Может, это последняя тетрадь его стихов или то, что осталось от «романов из школьной программы»? Возможностей множество, все они равновероятны. То же относится и к «пяти-шести другим сочинениям», рассыпанным поблизости. Ясно одно: среди них есть русские и еврейские книги, поскольку Слуцкий в последний раз обозревает свои поэтические владения. В свете рассмотренного в предыдущей главе, неудивительно, что в последнем тексте появляется Пушкин. И хотя «светлый гений» — затасканный эпитет по отношению к Пушкину, у Слуцкого он наполняется личным пониманием гения русской поэзии. Срабатывает его монолатрическое мышление. Как и в «Родном языке», Слуцкий верит в то, что в час его поэтического конца местное божество отнесется к нему с лаской и гостеприимством. Впрочем, слова Пушкина будут ему едва слышны, поскольку настанет время сводить счеты с Богом Авраама, Исаака и Иакова — в надежде, что Тот наконец-то проявит милость к автору комментариев к жизни Абрама, Исака и Якова и обратится к нему со словами на древнем языке, который поэт когда-то знал: «Нахаму, нахаму, ами» («Утешайте, утешайте народ Мой...» (Ис. 40: 1)). Подобно Иову, поэт возропщет, вслушается, заговорит[41].

---

[41] В последний год творческой жизни Слуцкий много размышлял об Иове: см. стихотворения «Харьковский Иов» [Слуцкий 1991b, 3: 442–443] и «Уговариваю Иова...» [Слуцкий 2018]. О. Хлебников метко назвал Слуцкого советским Иовом [Хлебников 2009]. В то же время нужно отметить, что Слуцкий в целом не приемлет Иова. Так, в стихотворении «Я строю на песке, а тот песок...» он использует фигуру Моисея, но не Иова, пародирует его в «Разговорах о боге», а в тексте «Уговариваю Иова...» Иов вначале ропщет, однако затем падает на колени в повиновении. Бог из Книги Иова не интересуется человечеством, и Иов не отказывается от такого взгляда на Божество. Об Иове см. [Greenstein 1999: 301–317].

Источники

Анненский 1997 — *Анненский И. Ф.* Избранное. Ростов н/Д: Феникс, 1997.

Ахматова 1990 — *Ахматова А. А.* Соч.: в 2 т. М.: Правда, 1990.

Бабель 2007 — *Бабель И. Э.* Конармия. Одесские рассказы. М.: Эксмо, 2007.

Багрицкий 2000 — *Багрицкий Э.* Стихотворения и поэмы. СПб.: Академический проект, 2000.

Баратынский 1997 — *Баратынский Е.* Избранное. Ростов н/Д: Феникс, 1997.

Бердяев 1946 — *Бердяев Н. А.* Русская идея. URL: predanie.ru/book/69708-russkaya-ideya (дата обращения: 11.09.2020).

Бобышев 2003 — *Бобышев Д.* Я здесь (Человекотекст). М.: Вагриус, 2003.

Бродский 2000 — *Бродский И.* Остановка в пустыне. Нью-Йорк: Слово / Word, 2000.

Бродский 2003 — *Бродский И.* Соч. Екатеринбург: У-Фактория, 2003.

Бялик 1994 — *Бялик Х. Н.* Стихи и поэмы. Иерусалим: Библиотека-Алия, 1994.

Дриз 1978 — *Дриз О.* Харбст. М.: Советский писатель, 1978 (на идише).

Дриз 1990 — *Дриз О.* Белое пламя: стихи. М.: Советский писатель, 1990.

Есенин 2008 — *Есенин С. А.* Стихотворения. Поэмы. Повести. Рассказы. М.: Эксмо, 2008.

Жуковский 1954 — *Жуковский В. А.* Соч. М.; Л.: ГИХЛ, 1954.

Заболоцкий 2002 — *Заболоцкий Н. А.* Полн. собр. стихотворений и поэм. Избр. переводы. СПб.: Академический проект, 2002.

Колганова 1993 — Менора. Еврейские мотивы в русской поэзии / сост. А. Колганова. М.: Еврейский ун-т в Москве; Иерусалим: Гешарим, 1993.

Лермонтов 1983 — *Лермонтов М. Ю.* Избр. соч. М.: Художественная литература, 1983.

Мандельштам 2009–2011 — *Мандельштам О. Э.* Полн. собр. соч. и писем: в 3 т. М.: Прогресс-Плеяда, 2009–2011.

Маяковский 1955–1959 — *Маяковский В.* Полн. собр. соч.: в 13 т. М.: ГИХЛ, 1955–1959.

Маяковский 2013 — *Маяковский В. В.* Полн. собр. произведений: в 20 т. М.: Наука, 2013.

Некрасов 1961— *Некрасов Н. А.* Избр. произведения. М.: Детская литература, 1961.

Некрасов 1965–1967 — *Некрасов Н. А.* Собр. соч.: в 8 т. М.: Художественная литература, 1965–1967.

Пастернак 1989–1992 — *Пастернак Б. Л.* Собр. соч.: в 5 т. М.: Художественная литература, 1989–1992.

Пастернак 1990 — Переписка Бориса Пастернака. М.: Художественная литература, 1990.

Пушкин 1959–1962 — *Пушкин А. С.* Собр. соч.: в 10 т. М.: ГИХЛ, 1959–1962.

Пушкин 1985–1987 — *Пушкин А. С.* Соч.: в 3 т. М.: Художественная литература, 1985–1987.

Пушкин 1993 — *Пушкин А. С.* Золотой том: собр. соч. М.: Имидж, 1993.

Рейн 2003 — *Рейн Е. Б.* Заметки марафонца: неканонические мемуары. Екатеринбург: У-Фактория, 2003.

Самойлов 1995 — *Самойлов Д.* Памятные записки. М.: Международные отношения, 1995.

Самойлов 1999 — *Самойлов Д.* Избранное: стихотворения и поэмы. Ростов н/Д: Феникс, 1999.

Самойлов 2000a — *Самойлов Д. С.* «Мне выпало всё…». М.: Время, 2000. URL: imwerden.de/pdf/samoylov_mne_vypalo_vsjo_2000__ocr.pdf (дата обращения: 11.09.2020).

Самойлов 2000b — *Самойлов Д. С.* Перебирая наши даты. М.: Вагриус, 2000.

Самойлов 2002 — *Самойлов Д. С.* Подённые записи: в 2 т. М.: Время, 2002.

Самойлов 2005 — *Самойлов Д.* Поэмы. М.: Время, 2005.

Самойлов 2006 — *Самойлов Д.* Друг и соперник // Борис Слуцкий. Воспоминания современников. СПб.: «Журнал "Нева"», 2006. С. 77–106.

Самойлов 2010 — *Самойлов Д.* Из прозаических тетрадей // Новый мир. 2010. № 6. С. 145–154.

Самойлов, Чуковская 2004 — *Самойлов Д., Чуковская Л.* Переписка 1971–1990. М.: НЛО, 2004.

Сатуновский 1992 — *Сатуновский Я.* Хочу ли я посмертной славы... М.: Б-ка альм. «Весы», 1992.

Сатуновский 1994 — *Сатуновский Я.* Рубленая проза: собр. стихотворений. München: Verlag Otto Sagner in Kommission, 1994.

Сельвинский 1946 — *Сельвинский И. Л.* Кандава // Октябрь. 1946. № 1–2. С. 3–6.

Сельвинский 1971 — *Сельвинский И. Л.* Собр. соч.: в 6 т. М.: Художественная литература, 1971.

Сельвинский 1972 — *Сельвинский И. Л.* Избр. произведения. Л.: Советский писатель, 1972.

Сельвинский 1973 — *Сельвинский И. Л.* Я буду говорить о стихах. М.: Советский писатель, 1973.

Сельвинский 2004 — *Сельвинский И. Л.* Из пепла, из поэм, из сновидений. М.: Время, 2004.

Слуцкий 1957 — *Слуцкий Б.* Память: книга стихов. М.: Советский писатель, 1957.

Слуцкий 1961 — *Слуцкий Б.* // Тарусские страницы: литературно-художественный иллюстрированный сб. Калуга: Калужское книжное изд-во, 1961. С. 210–213. URL: imwerden.de/pdf/tarusskie_stranitsy_1961_text.pdf (дата обращения: 11.09.2020).

Слуцкий 1963 — Поэты Израиля / под ред. Б. Слуцкого. М.: Изд-во иностранной литературы, 1963.

Слуцкий 1964 — *Слуцкий Б.* Работа. 4-я книга стихов. М.: Советский писатель, 1964.

Слуцкий 1969 — *Слуцкий Б.* Память. Стихи 1944–1968. М.: Художественная литература, 1969.

Слуцкий 1972 — *Слуцкий Б.* Стихи // Юность. 1972. № 5.

Слуцкий 1984 — *Слуцкий Б.* Сроки. Стихи разных лет. М.: Советский писатель, 1984.

Слуцкий 1988а — *Слуцкий Б.* Стихи разных лет. Из неизданного. М.: Советский писатель, 1988.

Слуцкий 1988b — *Слуцкий Б.* Вопросы к себе. Книга стихотворений // Знамя. 1988. № 1. С. 54–83.

Слуцкий 1989а — *Слуцкий Б.* Капля времени // Знамя. 1989. № 3. С. 74–92.

Слуцкий 1989b — *Слуцкий Б.* // Год за годом: литературный ежегодник: по материалам журнала «Советиш Геймланд» («Советская Родина»). № 5. М.: Советский писатель, 1989. С. 85–96.

Слуцкий 1989с — *Слуцкий Б.* Стихотворения. М.: Художественная литература, 1989.

Слуцкий 1990а — *Слуцкий Б.* Из неопубликованного: стихи // Континент. 1990. № 65. С. 7–22.

Слуцкий 1990b — *Слуцкий Б. А.* Я историю излагаю... Книга стихотворений. М.: Правда, 1990.

Слуцкий 1990с — *Слуцкий Б.* Судьба. Стихи разных лет. М.: Современник, 1990.

Слуцкий 1991а — *Слуцкий Б.* // Звезда. 1991. № 1. С. 82–85. URL: yadi. sk/i/MemeN-Rkmf6mZ (дата обращения: 11.09.2020).

Слуцкий 1991b — *Слуцкий Б. А.* Собр. соч.: в 3 т. М.: Художественная литература, 1991.

Слуцкий 1993 — *Слуцкий Б .* // Ной. 1993. № 5. С. 74–79.

Слуцкий 1994а — *Слуцкий Б.* Из последней записной книжки // Знамя. 1994. № 5. С. 3–5.

Слуцкий 1994b — *Слуцкий Б.* Из неопубликованного // Новый мир. 1994. № 3. URL: magazines.gorky.media/novyi_mi/1994/3/iz-neopublikovannogo.html (дата обращения: 11.09.2020).

Слуцкий 1997 — *Слуцкий Б.* Стихи из писем // Арион. 1997. № 3.

Слуцкий 1999а — *Слуцкий Б. А.* Теперь Освенцим часто снится мне... СПб.: «Журнал "Нева"», 1999.

Слуцкий 1999b — *Слуцкий Б.* Не отзвенело наше дело // Вопросы литературы. 1999. № 3. С. 288–329.

Слуцкий 2000 — *Слуцкий Б.* Записки о войне. Стихотворения и баллады. СПб.: LOGOS, 2000.

Слуцкий 2003 — *Слуцкий Б.* // Грани. 2003. № 205–206. С. 93–101.

Слуцкий 2004 — *Слуцкий Б.* Десять фронтовых писем // Звезда. 2004. № 5. С. 164–169.

Слуцкий 2005 — *Слуцкий Б. А.* О других и о себе. М.: Вагриус, 2005.

Слуцкий 2018 — *Слуцкий Б.* Стихи из тетради №41 (1975 — апрель 1977) // Знамя. 2018. № 1. URL: magazines.gorky.media/znamia/2018/1/stihi-iz-tetradi-41-1975-aprel-1977.html (дата обращения: 11.09.2020).

Цветаева 1965 — *Цветаева М.* Избр. произведения. М.; Л.: Советский писатель, 1965.

Цветаева 1967 — *Цветаева М.* Мой Пушкин. М.: Советский писатель, 1967.

Цветаева 1994 — *Цветаева М.* Поэмы 1920–1927. СПб.: Абрис, 1994.

Цветаева 1994–1995 — *Цветаева М.* Собр. соч.: в 7 т. М.: Эллис Лак, 1994–1995.

Целан 2013 — *Целан П.* Стихотворения. Проза. Письма. М.: ООО «Ад Маргинем Пресс», 2013.

Чехов 1974–1982 — *Чехов А. П.* Полн. собр. соч. и писем: в 30 т. Соч.: в 18 т. М.: Наука, 1974–1982.

Элиот 2000 — *Элиот Т. С.* Полые люди. СПб.: Кристалл, 2000.

Эренбург 2004 — *Эренбург И.* Война 1941–1945. М.: Астрель, 2004.

Bialik 1926 — *Bialik H. N.* Shirim. Tel-Aviv: Dvir, 1926.

Bialik 2000a — *Bialik H. N.* Revealment and Concealment. Jerusalem: IBIS, 2000.

Bialik 2000b — *Bialik H. N.* Songs from Bialik / ed. and transl. by A. Hadari. Syracuse: Syracuse UP, 2000.

Celan 1986 — *Celan P.* Collected Prose. New York: The Sheep Meadow Press, 1986.

Celan 2001 — *Celan P.* Selected Poems and Prose of Paul Celan / ed. and transl. by J. Felstiner. New York: Norton, 2001.

Fox 1995 — *The Five Books of Moses* / transl. by E. Fox. New York: Schocken Books, 1995.

Freud 1994 — *Freud S.* Civilization and Its Discontents. New York: Dover Publications, 1994.

Found in Translation: Modern Hebrew Poets / transl. by R. Friend. New Milfold: The Toby Press, 2006.

Glatstein 1993 — *Glatstein J.* I Keep Recalling: The Holocaust Poems of Jacob Glatstein / transl. by B. Zumoff. New York: Ktav Publishing House, 1993.

Grossman 2006 — *Grossman V.* Life and Fate / transl. by R. Chandler. New York: NYRB Classics, 2006.

Kafka 1995 — *Kafka F.* Erzählungen. Stuttgart: Philipp Reclam Jun., 1995.

Rukeyser 2004 — *Rukeyser M.* Selected Poems. New York: The Library of America, 2004.

Shrayer 2007 — An Anthology of Jewish-Russian Literature: Two Centuries of Dual Identity in Prose and Poetry / ed. by M. D. Shrayer. Armonk: M. E. Sharpe, 2007.

Slutsky 1999 — *Slutsky B.* Things that Happened / ed., transl. and with an introduction and commentaries by G. S. Smith. Moscow; Birmingham: Glas Publishers Russia, 1999.

Sluzki 1970 — *Sluzki B.* Gedichte. Berlin: Verlag Neues Leben, 1970.

Библиография

Аверинцев 1996 — *Аверинцев С. С.* Поэты. М.: Языки русской культуры, 1996.

Агамбен 2012 — *Агамбен Дж.* Homosacer. Что остается после Освенцима: архив и свидетель. М.: Европа, 2012.

Аннинский 2006 — *Аннинский Л.* «Я родился в железном обществе...» // Дружба народов. 2006. № 2. URL: magazines.gorky.media/druzhba/2006/2/ya-rodilsya-v-zheleznom-obshhestve.html (дата обращения: 11.09.2020).

Баевский 1992 — *Баевский В. С.* В нем каждый вершок был поэт: записки о Давиде Самойлове. Смоленск: СГПИ им. Карла Маркса, 1992.

Баевский 2007 — *Баевский В. С.* Роман одной жизни. СПб.: Нестор-История, 2007.

Беленький 1964 — Критика иудейской религии / сост., ред. М. С. Беленький. М.: Наука, 1964.

Беньямин 1938 — *Беньямин В.* Макс Брод: Франц Кафка. Биография. Прага, 1937. URL: www.kafka.ru/kritika/read/max-brod-fk-boigrafy (дата обращения: 11.09.2020).

Беньямин 2000 — *Беньямин В.* Франц Кафка. М.: AdMarginem, 2000.

Бетеа 2003 — *Бетеа Д.* Воплощение метафоры: Пушкин, жизнь поэта. М.: ОГИ, 2003.

Бочаров 1999 — *Бочаров С.* «Заклинатель и властелин многообразных стихий» // Новый мир. 1999. № 6. URL: magazines.gorky.media/novyi_mi/1999/6/zaklinatel-i-vlastelin-mnogoobraznyh-stihij.html (дата обращения: 11.09.2020).

Брагинский 1973 — Поэзия и проза Древнего Востока / ред., пер. И. С. Брагинского. М.: Художественная литература, 1973.

Бурков 2008 — *Бурков О.* Имя собственное в поэтике Яна Сатуновского // Интерпретация и авангард: межвуз. сб. науч. трудов. Новосибирск: НГПУ, 2008. С. 262–277.

Бушин 1998 — *Бушин В.* Не быть слепым // Завтра. 1998. № 46.

Быков 2003 — Книжная полка Дмитрия Быкова // Новый мир. 2003. № 2. URL: https://magazines.gorky.media/novyi_mi/2003/2/knizhnaya-polka-dmitriya-bykova.html (дата обращения 13.09.2020).

Быков 2006 — *Быков Д. Л.* Борис Пастернак. М.: Молодая гвардия, 2006.

Быков 2009a — *Быков Д. Л.* Булат Окуджава. М.: Молодая гвардия, 2009.

Быков 2009b — *Быков Д.* Выход Слуцкого: поэт, который не стремился к гармонии // Русская жизнь. 2009. 20 мая.

Вайскопф 2001 — *Вайскопф М.* Писатель Сталин. М.: НЛО, 2001.

Вайскопф 2008 — *Вайскопф М.* Покрывало Моисея: еврейская тема в эпоху романтизма. Иерусалим: Гешарим, 2008.

Ваксберг 2003 — *Ваксберг А.* Из ада в рай и обратно: еврейский вопрос по Ленину, Сталину и Солженицыну. М.: Олимп, 2003.

Венгерова 2003 — *Венгерова П.* Воспоминания бабушки. Иерусалим: Гешарим, 2003.

Виролайнен 1999 — *Виролайнен М.* Медный всадник. Петербургская повесть // Звезда. 1999. № 6. С. 208–219.

Владимиров 1994 — *Владимиров Л.* Двадцать девятое июня: рассказ // Нева. 1994. № 10. С. 155–173.

Волков 2000 — *Волков С.* Диалоги с Иосифом Бродским. М.: изд-во «Независимая газета», 2000.

Волков 2006 — *Волков С.* Шостакович и Сталин: художник и царь. М.: Эксмо, 2006.

Воронель 2003 — *Воронель А.* И вместе, и врозь. Минск: Мет, 2003.

Гаспаров 1997 — *Гаспаров М. Л.* Избр. труды. М.: Языки русской культуры, 1997. Т. 2.

Гаспаров 2000 — *Гаспаров М. Л.* Записи и выписки. М.: НЛО, 2000.

Гензелева 1999 — *Гензелева Р.* Пути еврейского самосознания. М.: Мосты культуры, 1999.

Гецевич — *Гецевич Г.* Я хорошо, я плохо жил: посмертная слава Яна Сатуновского. URL: www.getsevich.ru/articles/index/html (дата обращения: 11.09.2020).

Гинзбург 1982 — *Гинзбург Л. Я.* О старом и новом: статьи и очерки. Л.: Советский писатель, 1982.

Гинзбург 1997 — *Гинзбург Л. Я.* О лирике. М.: Интрада, 1997.

Гинзбург 1999 — *Гинзбург Л. Я.* О психологической прозе. М.: Интрада, 1999.

Гинзбург 2002 — *Гинзбург Л. Я.* Записные книжки. Воспоминания. Эссе. СПб.: Искусство-СПб, 2002.

Гордин 2000 — Иосиф Бродский и мир: метафизика, античность и современность / сост. Я. Гордин. СПб.: Звезда, 2000.

Горелик 2003 — *Горелик П. З.* Служба и дружба: Попытка воспоминаний. СПб.: «Журнал "Нева"», 2003.

Горелик 2005 — Борис Слуцкий: воспоминания современников / сост. П. З. Горелик. СПб.: «Журнал "Нева"», 2005.

Горелик, Елисеев 2009 — *Горелик П. З., Елисеев Н. Л.* По теченью и против теченья... (Борис Слуцкий: жизнь и творчество). М.: НЛО, 2009.

Гринберг 2005 — *Гринберг М.* В «другом измерении»: Горенштейн и Бабель // Слово / Word. 2005. № 45. URL: magazines.gorky.media/slovo/2005/45/v-8220-drugom-izmerenii-8221-gorenshtejn-i-babel.html (дата обращения: 11.09.2020).

Гринберг 2006 — *Гринберг М.* «Сорвавшийся в ересь»: о трагедии Бориса Слуцкого // Слово / Word, 2006. № 50. С. 84–92.

Гринберг 2008 — *Гринберг М.* Вычитывая Слуцкого: Борис Слуцкий в диалоге с современниками // Крещатик. 2008. № 3. С. 240–276.

Гринберг 2017 — *Гринберг М.* Некий древнейший язык. О Слуцком и «Поэтах Израиля» // Иерусалимский журнал. 2017. № 57. URL: magazines.gorky.media/ier/2017/57/nekij-drevnejshij-yazyk.html (дата обращения: 11.09.2020).

Грозовский 1996 — Свет двуединый: евреи и Россия в современной поэзии / сост. М. Грозовский. М.: АО «Х. Г. С.», 1996.

Громова 2006 — *Громова Н.* Узел. Поэты: дружбы и разрывы. М.: Эллис Лак, 2006.

Громова 2009 — *Громова Н.* Распад: судьба советского критика: 40–50-е годы. М.: Эллис Лак, 2009.

Гуткина 2004 — *Гуткина Н.* Диалоги с Агадой // Еврейская старина. 2004. № 23. URL: http://berkovich-zametki.com/AStarina/Nomer23/Starina23.htm (дата обращения 13.09.2020).

Давыдов 2006 — *Давыдов А.* Самойлов и Слуцкий: история дружбы // Самойловские чтения II. Таллин: Авенариус, 2006. С. 18–27.

Дарк 2003 — *Дарк О.* В сторону мертвых (между Смеляковым и Сапгиром). URL: old.russ.ru/krug/20030714_od.html (дата обращения: 11.09.2020).

Денисенко, Фомичев 2001 — *Денисенко С. В., Фомичев С. А.* Пушкин рисует. Графика Пушкина. СПб.: Нотабене; Нью-Йорк: Туманов&Ко, 2001.

Донат 1973 — *Донат А.* Неопалимая купина: еврейские сюжеты в русской поэзии. Нью-Йорк: New York University Press, 1973.

Дымшиц 2005 — *Дымшиц В.* Еврейско-русский обманщик [И. Бабель] // Хроника еврейских (со)мнений: по страницам журнала «Народ Книги в мире книг», 1995–2005. СПб.: [б. и.], 2005. С. 65–80.

Евсеев 2003 — *Евсеев Б.* Закон сохранения веса // Вопросы литературы. 2003. № 5. С. 224–234.

Елисеев 1995 — *Елисеев Н.* Путь Бориса Слуцкого // Звезда. 1995. № 5. С. 175–183.

Елисеев 2000 — *Елисеев Н.* Полный вздох свободы // Новый мир. 2000. № 3. URL: http://www.nm1925.ru/Archive/Journal6_2000_3/Content/Publication6_4040/Default.aspx (дата обращения 13.09.2020).

Жаботинский 1992 — *Жаботинский В.* Избранное. Иерусалим: Гешарим, 1992.

Жолковский 1996 — *Жолковский А.* Анна Ахматова: пятьдесят лет спустя. URL: ahmatova.niv.ru/ahmatova/vospominaniya/zholkovskij-ahmatova-pyatdesyat-let-spustya.htm (дата обращения: 11.09.2020).

Загвозкина 1983 — *Загвозкина В.* Баратынский в рисунках Пушкина // Временник Пушкинской комиссии. Л.: Наука, 1983. URL: feb-web.ru/feb/pushkin/serial/v83/v83-037-.htm (дата обращения: 11.09.2020).

Іванів 2005 — *Іванів В.* Воспоминание и забвение события в поэтике Яна Сатуновского. URL: www.topos.ru/article/3685 (дата обращения: 11.09.2020).

Иванов 2000 — Мир Велимира Хлебникова: статьи, исследования 1911–1998 / сост. Вяч. Вс. Иванов. М.: Языки русской культуры, 2000.

Иоффе — *Иоффе Д.* Борис Слуцкий как зеркало советского еврейства. URL: ami-moy.narod.ru/A242/A242-071.htm (дата обращения: 11.09.2020).

Искандер 2000 — *Искандер Ф.* Понемногу о многом // Новый мир. 2000. № 10. URL: https://magazines.gorky.media/novyi_mi/2000/10/ponemnogu-o-mnogom.html (дата обращения 13.09.2020).

Кадрина 1965 — Советские поэты, павшие на Великой Отечественной войне / под ред. Е. Кадриной. М.: Советский писатель, 1965.

Йерушалми 2004 — *Йерушалми Й. Х.* Захор. Еврейская история и еврейская память. Иерусалим: Гешарим; М.: Мосты культуры, 2004.

Каиль 2005 — *Каиль М. М.* Европейские параллели в образах пространства в сказке П. П. Ершова «Конек-горбунок» // Aus Sibirien— 2005: научно-информационный сб. Тюмень: Экспресс, 2005. URL: studylib.ru/doc/4018907/--e-lektronnaya-biblioteka-rossijskih-nemcev (дата обращения: 11.09.2020).

Камышникова1998 — *Камышникова Н.* Ночной таксист // Литературное обозрение. 1998. № 6. С. 56–59.

Кацис 2000 — *Кацис Л.* Багрицкий на рубеже веков // Солнечное сплетение. 2000. № 14–15. С. 321–329.

Кацис 2003 — *Кацис Л.* Письмо в редакцию // Солнечное сплетение. 2003. № 24–25. С. 351–360.

Кацис 2009 — *Кацис Л.* Русско-еврейская литература: взгляды с разных сторон // НЛО. 2009. № 3. С. 351–360.

Кизевальтер 2010 — Эти странные семидесятые, или Потеря невинности: эссе, интервью, воспоминания / сост. Г. Кизевальтер. М.: НЛО, 2010.

Кирсанов 1996 — *Кирсанов С.* Стихотворения и поэмы. СПб.: Академический проект, 1996.

Кобрин 2003 — *Кобрин К.* Томный взгляд назад // Арион. 2003. № 1. URL: http://www.arion.ru/mcontent.php?year=2003&number=77&idx=1127 (дата обращения 13.09.2020).

Копелиович — *Копелиович М.* Здравствуй, речь // Новый мир. 2004. № 10. URL: https://magazines.gorky.media/novyi_mi/2004/10/zdravstvuj-rech.html (дата обращения: 20.09.2020).

Корнилов 2004 — *Корнилов В.* Собр. соч.: в 2 т. М.: Хроникер, 2004. Т. 1: Поэзия.

Костырченко 2003— *Костырченко Г. В.* Тайная политика Сталина. Власть и антисемитизм. 2-е изд., испр. и доп. М.: Международные отношения, 2003.

Краснова 2006 — *Краснова М.* Владелец шестисот историй // Новый мир. 2006. № 8. URL: magazines.gorky.media/novyi_mi/2006/8/vladelecz-shestisot-istorij.html (дата обращения: 11.09.2020).

Крейдлина 2002 — *Крейдлина Л.* Дорога в четыре тысячи лет: очерки истории еврейского народа / предисл., подг. текста, соавторство и коммент. М. Гринберга. Нью-Йорк: Слово / Word, 2002.

Кукулин 2005 — *Кукулин И.* Регулирование боли (Предварительные заметки о трансформации травматического опыта Великой Отечественной / Второй мировой войны в русской литературе 1940–1970-х годов) // Неприкосновенный запас. 2005. № 2. URL: magazines.gorky.media/nz/2005/2/regulirovanie-boli.html (дата обращения: 11.09.2020).

Кулаков 1991 — *Кулаков В.* Лианозово (История одной поэтической группы) // Вопросы литературы. 1991. № 3. С. 3–45.

Кулаков 1993 — *Кулаков В.* Ян Сатуновский: «Я — не поэт...» // Вестник новой литературы. 1993. № 6. С. 201–204.

Кулаков 2008 — *Кулаков В.* Свое и чужое в поэме М. Сухотина «Роза Иакова». URL: www.litkarta.ru/dossier/kulakov-o-suhotine/view_print/ (дата обращения: 11.09.2020).

Куняев 1991 — *Куняев С.* «Я вычитал у Энгельса, я разузнал у Маркса» // Наш современник. 1991. № 2. С. 156–168.

Лазарев 2005 — *Лазарев Л.* Записки пожилого человека. М.: Время, 2005.

Лапушин 1998 — *Лапушин Р. Е.* «Народ безмолвствует»? (Борис Годунов и проза Чехова) // Чеховиана: Чехов и Пушкин. М.: Наука, 1998. С. 47–53.

Левитина 2010 — *Левитина В.* Так начинал... воспоминания о Борисе Слуцком // Дружба народов. 2010. № 5. URL: magazines.gorky.media/druzhba/2010/5/tak-nachinal.html (дата обращения: 11.09.2020).

Лекомцева 2007 — *Лекомцева М. И.* Роза от никто // Лекомцева М. И. Устроение языка: сб. трудов. М.: ОГИ, 2007.

Леннквист 1999 — *Леннквист Б.* Мироздание в слове. Поэтика Велимира Хлебникова. СПб.: Академический проект, 1999.

Лихачев 1973 — *Лихачев Д. С.* Развитие русской литературы X–XVII веков: эпохи и стили. Л.: Наука, 1973.

Лихачев 1999 — Библиотека литературы Древней Руси / под ред. Д. С. Лихачева. СПб.: Наука, 1999. Т. 3.

Лобков 2005 — *Лобков Е.* Инженер из Электростали // Зеркало. 2005. № 25.

Лосев 2006 — *Лосев Л. В.* Иосиф Бродский: Опыт литературной биографии. М.: Молодая гвардия, 2006.

Лотман 1972 — *Лотман Ю. М.* Анализ поэтического текста. Структура стиха. Л.: Просвещение, 1972. URL: kozlyk.pu.if.ua/depart/ihor.kozlyk/resource/file/pdf/lotman_yu_m_analiz_poeticheskogo_teksta_struktura_stiha.pdf (дата обращения: 11.09.2020).

Лотман 1992 — *Лотман Ю. М.* Статьи по семиотике и топологии культуры. Таллин: Александра, 1992.

Лотман 2008 — *Лотман Ю. М.* Пушкин: статьи и заметки. М.: Вагриус, 2008.

Лотман 1995 — *Лотман М.* К основаниям моделирующей поэтики // Toronto Slavic Quarterly. 2006. No. 15. URL: sites.utoronto.ca/tsq/15/lotman15.shtml (дата обращения: 11.09.2020).

Львов 1996 — *Львов А.* В поисках русского еврея // Еврейская школа. 1996. № 1–2. URL: lvov.judaica.spb.ru/rusj.shtml (дата обращения: 11.09.2020).

Максимов 1975 — *Максимов Д. Е.* Поэзия и проза Ал. Блока. Л.: Советский писатель, 1975.

Маркиш 2004 — *Маркиш Ш.* Русский писатель и евреи: начало незавершенного очерка о Борисе Слуцком // Иерусалимский журнал. 2004. № 17. С. 238–239.

Маркович 2000 — А. С. Пушкин: proetcontra: личность и творчество Александра Пушкина в оценке русских мыслителей и исследователей: в 2 т. / сост. В. М. Маркович. СПб.: РХГИ, 2000.

Медведева 2010 — Письма литераторов Д. Самойлову / ред. Г. Медведева // Знамя. 2010. № 6. С. 159–170. URL: magazines.gorky.media/znamia/2010/6/pisma-literatorov-d-samojlovu.html (дата обращения: 11.09.2020).

Найдич 2004 — Пауль Целан: материалы, исследования, воспоминания / сост. и ред. Л. Найдич. М.: Мосты культуры; Иерусалим: Гешарим, 2004. Т. 1: Диалоги и переклички.

Непомнящий 1965 — *Непомнящий В.* Двадцать строк (Пушкин в последние годы жизни и стихотворение «Я памятник себе воздвиг нерукотворный») // Вопросы литературы. 1965. № 4. URL: voplit.ru/article/dvadtsat-strok-pushkin-v-poslednie-gody-zhizni-i-stihotvorenie-yapamyatnik-sebe-vozdvig-nerukotvornyj (дата обращения: 11.09.2020).

Николаев 2009 — Русские писатели о евреях / сост. С. Н. Николаев. М.: Книга, 2009.

Николина 2004 — *Николина Н. А.* Грамматические термины в русской поэзии // Русский язык в научном освещении. 2004. № 1. С. 63–79.

Новиков 1999 — *Новиков В.* Год Пушкина: двадцать два мифа о поэте // Время и мы. 1999. № 143. С. 178–199.

Осипов 2008 — *Осипов В.* Варлам Шаламов и его современники. Вологда: Книжное наследие, 2008.

Парамонов 2007 — *Парамонов Б.* Русский европеец Борис Слуцкий. URL: www.svobodanews.ru/Article/2007/10/31/20071031172307047.html (дата обращения: 11.09.2020).

Парамонов 2009 — *Парамонов Б.* Борис Слуцкий: из элегиков в трагики. URL: www.svobodanews.ru/content/article/1741761.html (дата обращения: 11.09.2020).

Плеханова 2003 — *Плеханова И.* Игра в императивном сознании. Лирика Бориса Слуцкого в диалоге с временем // Вопросы литературы. 2003. № 1. С. 46–72.

Полухина 2000 — Иосиф Бродский: большая книга интервью / сост. В. Полухина. М.: Захаров, 2000.

Прусакова 1993 — *Прусакова И.* Б. А. Слуцкий: характер и судьба // Нева. 1993. № 11. С. 273–278.

Раскольников 2004 — *Раскольников Ф.* Пушкин и религия // Вопросы литературы. 2004. № 3. С. 81–112.

Рассадин 2002 — *Рассадин С.* Самоубийцы. М.: Текст, 2002.

Рассадин 2006 — *Рассадин С.* Советская литература: побежденные победители. М.: Новая газета, 2006.

Рассадин 2008 — *Рассадин С.* Книга прощаний. М.: Текст, 2008.

Ронен 2001 — *Ронен О.* Молвь // Звезда. 2001. № 9. С. 232–238.

Ронен 2002 — *Ронен О.* Поэтика Осипа Мандельштама. СПб.: Гиперион, 2002.

Ронен 2004 — *Ронен О.* Космополит // Звезда. 2004. № 1. С. 227–233.

Ройтман 2003 — *Ройтман Г.* Борис Слуцкий: очерк жизни и творчества. Tenafly: Hermitage Publishers, 2003.

Саакянц 1978 — *Саакянц А.* «Поэты с историей и поэты без истории» // Вопросы литературы. 1978. № 11. С. 312–316.

Самойлов 1982 — *Самойлов Д.* Книга о русской рифме. М.: Художественная литература, 1982.

Сапгир 2010 — *Сапгир К.* «Часы, показывающие вечность...» Бродский во сне и наяву. URL: booknik.ru/library/all/chasy-pokazyvayushchie-vechnost (дата обращения: 11.09.2020).

Сарнов 1998 — *Сарнов Б.* Перестаньте удивляться! М.: Аграф, 1998.

Сарнов 2000 — *Сарнов Б.* По существу ли эти споры? // Вопросы литературы. 2000. № 3. С. 308–326.

Сарнов 2001 — *Сарнов Б.* Наш советский новояз // Литература. 2001. № 8. URL: lit.1september.ru/article.php?ID=200100803 (дата обращения: 11.09.2020).

Сарнов 2004a — *Сарнов Б.* Скуки не было. М.: Аграф, 2004.

Сарнов 2004b — *Сарнов Б.* Случай Эренбурга. М.: Текст, 2004.

Сарнов 2007 — *Сарнов Б.* И где опустишь ты копыта? М.: Эксмо, 2007.

Свирский 1995 — *Свирский Г.* Ветка Палестины. М.: Крук, 1995.

Сергеев 1997 — *Сергеев А.* Омнибус. М.: НЛО, 1997.

Серман 2008 — *Серман И.* Вячеслав Иванов — наставник советских поэтов // Пути искусства: материалы конф. «Символизм и европейская культура XX века». Иерусалим, 2003. М.: Водолей Publishers, 2008. С. 358–379. URL: www.v-ivanov.it/wp-content/uploads/2010/12/serman_ivanov_nastavnik_sov_poetov_puti_iskusstva_2008.pdf (дата обращения: 11.09.2020).

Соловьев 2007 — *Соловьев В.* Записки скорпиона: роман с памятью. М.: Рипол классик, 2007.

Суслова 2000 — *Суслова Н.* Борис Слуцкий и Иосиф Бродский: к вопросу о поэтическом контексте // Иосиф Бродский и мир: метафизика, античность, современность. СПб.: Звезда, 2000. С. 190–202.

Сухарев 1996 — *Сухарев Д.* «Семантику выводим из поэтики», или Самодвижение жизни и речи / беседу вела Т. Бек // Вопросы литературы. 1996. № 3. С. 236–255. URL: sukharev.lib.ru/Interview/Bek-1996.htm (дата обращения: 11.09.2020).

Сухарев 2002 — *Сухарев Д.* Другой имеет право быть другим // Иерусалимский журнал. 2002. № 11. С. 243–260.

Сухарев 2003 — *Сухарев Д.* «Скрытопись» Бориса Слуцкого // Вопросы литературы. 2003. № 1. С. 22–45.

Тименчик 1985 — *Осповат А. Л., Тименчик Р. Д.* «Печальну повесть сохранить...»: Об авторе и читателях «Медного всадника». М.: Книга, 1985.

Топоров 1998 — *Топоров В. Н.* Странный Тургенев. М.: РГГУ, 1998.

Тынянов 1977 — *Тынянов Ю. Н.* Поэтика. История литературы. Кино. М.: Наука, 1977.

Урбан 1984 — *Урбан А.* Стих встает как солдат // Звезда. 1984. № 4. С. 175–183.

Фаликов 2000 — *Фаликов И.* Красноречие по-слуцки // Вопросы литературы. 2000. № 2. С. 62–110.

Фаликов 2005 — *Фаликов И.* Сельскохозяйственный рабочий Бродский // Культура. 2005. № 20.

Фаликов 2019 — *Фаликов И. З.* Майор и муза. М.: Молодая гвардия, 2019.

Фатеева 2007 — *Фатеева Н. А.* Интертекст в мире текстов: контрапункт интертекстуальности. М.: УРСС, 2007.

Филевский 1999 — *Филевский Б.* В несколько строк // Октябрь. 1999. № 8. С. 189–190.

Финкель 1988 — *Финкель А.* Опыт лингвистического анализа стихотворения Э. Багрицкого «Происхождение» // StudiaRossicaPosnaniensia. 1988. Т. 20. S. 91–115. URL: bazhum.muzhp.pl/media//files/Studia_Rossica_Posnaniensia/Studia_Rossica_Posnaniensia-r1988-t20/Studia_Rossica_Posnaniensia-r1988-t20-s91–115/Studia_Rossica_Posnaniensia-r1988-t20-s91–115.pdf (дата обращения: 11.09.2020).

Фортунатов 1999 — *Фортунатов Н. М.* Эффект Болдинской осени: А. С. Пушкин: сентябрь-ноябрь 1830 года. Наблюдения и раздумья. Н. Новгород: ДЕКОМ, 1999.

Фрезинский 2006 — Почта Ильи Эренбурга: я слышу всё... 1916–1967 / ред. Б. Фрезинский. М.: Аграф, 2006.

Фризман 1991 — *Фризман Л.* Русская элегия XVIII — начала XX века. Л.: Советский писатель, 1991.

Хазан 2001 — *Хазан В.* Особенный еврейско-русский воздух: к проблематике и поэтике русско-еврейского диалога в XX веке. Иерусалим: Гешарим, 2001.

Харитонов 1998 — *Харитонов М.* Способ существования. М.: НЛО, 1998.

Харитонов 2002 — *Харитонов М.* Стенография конца века. М.: НЛО, 2002.

Хейно 2005 — *Хейно Х.* Память, полифония и психология личности в стихах Бориса Слуцкого // Опус 1–2: Русский мемуар. Соавторство. Вильнюс: Вильнюсский ун-т, 2005. С. 44–52.

Хлебников 2009 — *Хлебников О.* Советский Иов // Новая газета. 2009. № 46. 6 мая. URL: novayagazeta.ru/articles/2009/05/06/42974-covetskiy-iov (дата обращения: 11.09.2020).

Цявловская 1980 — *Цявловская Т. Г.* Рисунки Пушкина. М.: Искусство, 1980.

Чудакова 2001 — *Чудакова М.* «Лишь я, таинственный певец...» // Старое литературное обозрение. 2001. № 1. URL: magazines.gorky.media/slo/2001/1/8220-lish-ya-tainstvennyj-pevecz-8221.html (дата обращения: 11.09.2020).

Чудакова 2006 — *Чудакова М.* XX съезд и XX век. URL: www.polit.ru/lectures/2006/06/08/chudakova.html (дата обращения: 11.09.2020).

Чудакова 2007 — *Чудакова М. О.* Новые работы. 2003–2006. М.: Время, 2007.

Шайтанов 2000 — *Шайтанов И.* Борис Слуцкий: повод вспомнить // Арион. 2000. № 3. С. 106–109.

Шайтанов 2007 — *Шайтанов И.* Дело вкуса: книга о современной поэзии. М.: Время, 2007.

Шалит 2005 — *Шалит Ш.* На круги свои... Литературные страницы на еврейскую тему. Иерусалим: Филобиблон, 2005.

Шапиро 1963 — Иврит-русский словарь / сост. Ф. Л. Шапиро. М.: Гос. изд-во иностранных и национальных словарей, 1963.

Шкловский 1961 — *Шкловский В.* Размышления и разборы. М.: Советский писатель, 1961.

Шраер 2000 — *Шраер М.* Poeziia i evreistvo: s Dmitriem Bobyshevym besedoval Maksim D. Shraer. Nash skopus. 2000. № 18. С. 8–12.

Шраер, Шраер-Петров 2004 — *Шраер М., Шраер-Петров Д.* Генрих Сапгир: классик авангарда. СПб.: Дмитрий Буланин, 2004.

Шраер-Петров 1994 — *Шраер-Петров Д.* Москва златоглавая. Балтимор: Вестник, 1994.

Шубинский 2005 — *Шубинский В.* Господин комиссар // Хроника еврейских (со)мнений: по страницам журнала «Народ Книги в мире книг», 1995–2005. СПб.: [б. и.], 2005. С. 117–126.

Шубинский 2009 — *Шубинский В.* Вещи и осколки // Новая камера хранения. 2009. 2 мая.

Шульман 2008 — *Шульман Э.* Друзья и соперники // Крещатик. 2008. № 1. С. 294–324.

Щеглов 1999 — *Щеглов С.* Последние годы Бориса Слуцкого // Вопросы литературы. 1999. № 4. С. 369–371.

Эпштейн 2007 — *Эпштейн М. Н.* Стихи и стихии. Природа в русской поэзии XVIII–XX вв. М.: Бахрах-М, 2007.

Эткинд 1997 — *Эткинд Е.* Там, внутри: о русской поэзии XX века. СПб.: Максима, 1997.

Юрьев 2009 — *Юрьев О.* Библиотека поэта как машина времени, или Привет участникам погрома // Новая камера хранения. 2009. 2 мая.

Ямпольский 1998 — *Ямпольский Б. Я.* Избранные минуты жизни. Проза последних лет. СПб.: Акрополь, 1998.

Alexander 1994 — *Alexander E.* The Holocaust and the War of Ideas. New Brunswick: Transaction Publishers, 1994.

Alter 1977 — *Alter R.* Defenses of the Imagination: Jewish Writers and Modern Historical Crisis. Philadelphia: JPS, 1977.

Alter 1981 — *Alter R.* The Art of Biblical Narrative. New York: Basic Books, 1981.

Alter 1985 — *Alter R.* The Art of Biblical Poetry. New York: Basic Books, 1985.

Alter 2000 — *Alter R.* Canon and Creativity. New Haven: Yale UP, 2000.

Alter 2008 — The Five Books of Moses / transl. with commentary by R. Alter. New York: W. W. Norton and Company, 2008.

Amichai 1986 — *Amichai Y.* Selected Poetry of Yehuda Amichai / transl. by C. Bloch and S. Mitchell. New York: Harper & Row Publishers, 1986.

Amichai 1990 — *Amichai Y.* Travels. New York: Sheep Meadow Press, 1990.

Anderson 1989 — Reading Kafka: Prague, Politics and the Fin de Siècle / ed. by M. Anderson. New York: Schocken Books, 1989.

Ansky 1992 — *Ansky S.* The Dybbuk and Other Writings. New Haven: Yale UP, 1992.

Averbach 1988 — *Averbach D.* Bialik. New York: Grove Press, 1988.

Bar-Efrat 2004 — *Bar-Efrat S.* Narrative Art in the Bible: Understanding the Bible and Its World. London: T. & T. Clark Publishers, 2004.

Barthes 1981— *Barthes R.* Camera Lucida. New York: Hill & Wang, 1981.

Beevor 2005 — A Writer at War: Vasily Grossman with the Red Army 1941–1945 / ed. by A. Beevor. New York: Pantheon Books, 2005.

Benjamin 1968 — *Benjamin W.* Illuminations. New York: Schocken Books, 1968.

Benjamin 2004 — *Benjamin W.* Selected Writings / ed. by M. Bullock, M. W. Jennings. Cambridge (Mass.): Harvard UP, 2004. Vol. 1.

Berlin 2004 — The Jewish Study Bible / ed. by A. Berlin. Oxford: Oxford UP, 2004.

Bernstein 1999 — *Bernstein C.* Reznikoff's Nearness // The Objectivist Nexus: Essays in Cultural Poetics / ed. by R. Blau Duplessis, P. Quartermain. Tuscaloosa: University of Alabama Press, 1999. P. 210–240.

Bethea 1992 — *Bethea D.* Exile, Elegy and Auden in Brodsky's "Verses on the Death of T. S. Eliot" // PMLA 1992. Vol. 107. No. 2. P. 232–245.

Bethea 1993 — Pushkin Today / ed. by D. Bethea. Bloomington: Indiana UP, 1993.

Bethea 2005 — The Pushkin Handbook / ed. by D. Bethea. Madison: University of Wisconsin Press, 2005.

Biale 1979 — *Biale D.* Gershom Scholem: Kabbalah and Counter-History. Cambridge (Mass.): Harvard UP, 1979.

Bloom 1972 — *Bloom H.* The Sorrows of American-Jewish Poetry // Commentary. 1972. March. P. 69–74.

Bloom 1998 — *Bloom H.* Shakespeare. The Invention of the Human. New York: Riverhead, 1998.

Bloom 2005a — *Bloom H.* Jesus and Yahweh: The Names Divine. New York: Riverhead Books, 2005.

Bloom 2005b — *Bloom H.* Kabbalah and Criticism. New York: Continuum, 2005.

Bloom 2008 — *Bloom H.* The Glories of Yiddish // The New York Review of Books. 2008. Vol. LV. No. 17. URL: https://www.nybooks.com/articles/2008/11/06/the-glories-of-yiddish/ (дата обращения 13.09.2020).

Borges 1964 — *Borges J. L.* Labyrinths. New York: A New Directions Book, 1964.

Boyarin 1990 — *Boyarin D.* Intertextuality and the Reading of Midrash. Bloomington: Indiana UP, 1990.

Brent 2008 — *Brent J.* Inside the Stalin Archives: Discovering the New Russia. New York: Atlas & Co., 2008.

Brodsky 1985 — *Brodsky J.* Literature and War — A Symposium: The Soviet Union // The Times Literary Supplement. 1985. May 17.

Brodsky 1986 — *Brodsky J.* Less than One. New York: Farrar, Straus and Giroux, 1986.

Bruns 1987 — *Bruns G.* The Remembrance of Language: An Introduction to Gadamer's Poetics // Gadamer on Celan: "Who Am I and Who Are You" and Other Essays / transl. and ed. by R. Heinemann, B. Krajewski. Albany: State University of New York Press, 1987. P. 1–53.

Buber, Rosenzweig 1994 — *Buber M., Rosenzweig F.* Scripture and Translation. Bloomington: Indiana UP, 1994.

Bullinger 2003 — *Bullinger E. W.* Figures of Speech Used in the Bible: Explained and Illustrated. Grand Rapids: Baker Books, 2003.

Burnshaw 1989 — The Modern Hebrew Poem Itself / ed. by S. Burnshaw. Cambridge (Mass.): Harvard UP, 1989.

Butler 1993 — *Butler J.* Bodies that Matter: On the Discursive Limits of Sex. New York: Routledge, 1993.

Chiasson 2009 — *Chiasson D.* Man with a Past: Cavafy Revisited // The New Yorker. 2009. March 23. P. 70–75.

Conquest 1990 — *Conquest R.* The Great Terror. New York: Oxford UP, 1990.

Cole 2008 — Hebrew Writers on Writing / ed. by P. Cole. San Antonio: Trinity UP, 2008.

Crone, Day 2004 — *Crone A. L., Day J.* My Petersburg // Myself: Mental Architecture and Imaginative Space in Modern Russian Letters. Bloomington: Slavica, 2004.

Dekoven Ezrahi 1980 — *Dekoven Ezrahi S.* By Words Alone: The Holocaust in Literature. Chicago: The University of Chicago Press, 1980.

Deleuze, Guattari 1986 — *Deleuze G., Guattari F.* Kafka: Toward a Minor Literature. Minneapolis: University of Minnesota Press, 1986.

Ellis 1989 — The Medieval Translator: The Theory and Practice of Translation in the Middle Ages / ed. by R. Ellis. Cambridge: D. S. Brewer, 1989.

Epstein 1999 — Russian Postmodernism/ ed. by M. Epstein. New York: Berghahn Books, 1999.

Estraikh 2005 — *Estraikh G.* In Harness: Yiddish Writers' Romance with Communism. Syracuse: Syracuse UP, 2005.

Felstiner 1995 — *Felstiner J.* Paul Celan: Poet, Survivor, Jew. New Haven: Yale UP, 1995.

Figes 2007 — *Figes O.* The Whisperers: Private Lives in Stalin's Russia. New York: Metropolitan Books, 2007.

Finkelstein 1999 — *Finkelstein N.* Reznikoff's Tradition and Modernity // The Objectivist Nexus: Essays in Cultural Poetics / ed. by R. Blau Du Plessis, P. Quartermain. Tuscaloosa: University of Alabama Press, 1999. P. 191–210.

Foster 1993 — *Foster J.* Nabokov's Art of Memory and European Modernism. Princeton: Princeton UP, 1993.

Foster 1996 — *Foster H.* The Return of the Real: The Avant-Garde at the End of the Century. Cambridge (Mass.): The MIT Press, 1996.

Fredman 2001 — *Fredman S.* A Menorah for Athena: Charles Reznikoff and the Jewish Dilemmas of Objectivist Poetry. Chicago: The University of Chicago Press, 2001.

Freidin 2003 — *Freidin G.* Apropos Bagritskii and the Russian-Jewish Question // The Russian Review. 2003. Vol. 62. No. 3. P. 446–449.

Freud 1995 — *Freud S.* The Freud Reader / ed. by P. Gay. New York: W. W. Norton & Company, 1995.

Friedman 2001 — *Friedman R. E.* Commentary on the Torah. San Francisco: Harper San Francisco, 2001.

Gilman 1986 — *Gilman S.* Jewish Self-Hatred: Anti-Semitism and the Hidden Language of the Jews. Baltimore: Johns Hopkins UP, 1986.

Gitelman 2001 — *Gitelman Z.* A Century of Ambivalence. Bloomington: Indiana UP, 2001.

Gluzman 2003 — *Gluzman M.* The Politics of Canonicity: Lines of Resistance in Modernist Hebrew Poetry. Stanford: Stanford UP, 2003.

Goldhagen 1997 — *Goldhagen D.* Hitler's Willing Executioners: Ordinary Germans and the Holocaust. New York: Vintage, 1997.

Goodman 2008 — Chagall and the Artists of the Russian Jewish Theater / ed. by S. Goodman. New Haven: Yale UP, 2008.

Greenstein 1999 — *Greenstein E.* In Job's Face / Facing Job // The Labour of Reading: Desire, Alienation, and Biblical Interpretation / ed. by F. Black. Atlanta: Society of Biblical Literature, 1999. P. 301–317.

Grinberg 2002 — *Grinberg M.* Hesped // Slovo / Word. 2002. No. 34. P. 1–7.

Grinberg 2005 — *Grinberg M.* The Other Jewish Idea: Gorenshtein and Babel // Slovo / Word. 2005. No. 45. P. 61–69.

Grinberg 2006 — *Grinberg M.* Constructing Jewish Texts in Russian Literature: The Cases of Mandelshtam, Brodsky and Slutsky. Doctoral dissertation. The University of Chicago, 2006.

Grinberg 2007a — *Grinberg M.* "All the Young Poets Have Become Old Jews": Boris Slutsky's Russian Jewish Canon // East European Jewish Affairs. 2007. Vol. 1. P. 29–49.

Grinberg 2007b — *Grinberg M.* Hesped: Five Years Later // Slovo / Word. 2007. No. 54.

Grinberg 2007c — *Grinberg M.* The Midrash from Joseph: "Isaac and Abraham" as Brodsky's Ur-Text // Poetics. Self. Place: Essays in Honor of Anna Lisa Crone / ed. by C. O'Neil. Bloomington: Slavica, 2007. P. 641–661.

Gubar 2003 — *Gubar S.* Poetry After Auschwitz: Remembering what One Never Knew. Bloomington: Indiana UP, 2003.

Gunn, Fewel 1993 — *Gunn D., Fewel D.* Narrative in the Hebrew Bible. London: Oxford UP, 1993.

Gustafson 2006 — *Gustafson R.* Leo Tolstoy: Resident and Stranger. Princeton: Princeton UP, 2006.

Hallberg 2008 — *Hallberg R. von.* Lyric Powers. Chicago: The University of Chicago Press, 2008.

Harshav 1993 — *Harshav B.* Language in Time of Revolution. Berkeley: University of California Press, 1993.

Harshav 2007 — *Harshav B.* Explorations in Poetics. Stanford: Stanford UP, 2007.

Hauman 2002 — *Hauman H.* A History of East European Jews. Budapest: Central European UP, 2002.

Haven 2002 — Joseph Brodsky: Conversations / ed. by C. Haven. Jackson: UP of Mississippi, 2002.

Heschel 1994 — *Heschel A. J.* The Sabbath: Its Meaning for Modern Man. New York: The Noonday Press, 1994.

Hindus 1977 — *Hindus M.* Charles Reznikoff: A Critical Essay. Santa Barbara: Black Sparrow Press, 1977.

Hirsch 1997 — *Hirsch M.* Family Frames: Photography, Narrative and Postmemory. Cambridge (Mass.): Harvard UP, 1997.

Hirsch 1989 — Chapters of the Fathers / ed. by S. R. Hirsch. Jerusalem: Feldheim Publishers, 1989.

Holtz 1992 — Back to the Sources: Reading the Classic Jewish Texts / ed. by B. Holtz. New York: A Touchstone Book, 1992.

Ivanovic 1996 — *Ivanovic C.* Die Sprachutopien Velimir Chlebnikovs // Das Gedicht in Geheimnis der Begegnung. Dichtung und Poetic Celans im Kontext seiner russischen Lektueren. Tübingen: Max Niemeyer Verlag, 1996.

Jabes 1990 — *Jabes E.* La memoire des mots. Comment de lis Paul Celan. Paris: Éditions Fourbis, 1990.

Jameson 1991 — *Jameson F.* Postmodernism, or the Cultural Logic of Late Capitalism. Durham: Duke UP, 1991.

Kelly 2000 — *Kelly A.* The Secret Sharer // The New York Review of Books. 2000. March 9. URL: www.nybooks.com/articles/archives/2000/mar/09/the-secret-sharer (дата обращения: 11.09.2020).

Kochan 1978 — The Jews in Soviet Russia Since 1917 / ed. by L. Kochan. 3rd ed. Oxford: Oxford UP, 1978.

Kornblatt 2004 — *Kornblatt J.* Doubly Chosen: Jewish Identity, the Soviet Intelligentsia and the Russian Orthodox Church. Madison: University of Wisconsin Press, 2004.

Kramer, Wirth-Nesher 2003 — The Cambridge Companion to Jewish American Literature / ed. by M. Kramer, H. Wirth-Nesher. Cambridge: Cambridge UP, 2003. P. 12–31.

Lacan 1998 — *Lacan J.* The Four Fundamental Concepts of Psychoanalysis. The Seminar of Jacques Lacan Book XI. New York: W. W. Norton & Company, 1998.

Lachman 1997 — *Lachman R.* Memory and Literature: Intertextuality in Russian Modernism. Minneapolis: University of Minnesota Press, 1997.

Livak 2007 — *Livak L.* Why Is Dracula Afraid of Garlik, or Anton Chekhov and "the Jews" // The Real Life of Pierre Delalande: Studies in Russian and Comparative Literature to Honor Alexander Dolinin. Stanford: Stanford UP, 2007.

Luri 1998 — *Luri C.* Prosthetic Culture: Photography, Memory, and Identity. London: Routledge, 1998.

MacFadyen 2000 — *MacFadyen D.* Joseph Brodsky and the Soviet Muse. Montreal & Kingston: McGill-Queen's UP, 2000.

Mack 2003 — *Mack M.* German Idealism and the Jew: The Inner Anti-Semitism of Philosophy and German Jewish Responses. Chicago: The University of Chicago Press, 2003.

Markish 1999 — *Markish S.* Russian Jewish Literature after the Second World War and before Perestroika // Jewish Studies at the Central European University. Budapest: CEU Jewish Studies, 1999.

Mazor 2008 — *Mazor Y.* Israeli Poetry of the Holocaust. Dickinson: Fairleigh Dickinson UP, 2008.

May 2001 — The New Oxford Annotated Bible / ed. by H. G. May. New York: Oxford UP, 2001.

McConnell 1986 — *McConnell F.* The Bible and the Narrative Tradition. New York: Oxford UP, 1986.

Miller, Morris 2010 — Radical Poetics and Secular Jewish Culture / ed. by S. M. Miller, D. Morris. Tuscaloosa: The University of Alabama Press, 2010.

Mintz 1996 — *Mintz A.* Hurban: Responses to Catastrophe in Hebrew Literature. Syracuse: Syracuse UP, 1996.

Miron 2010 — *Miron D.* From Continuity to Contiguity: Toward a New Jewish Literary Thinking. Stanford: Stanford UP, 2010.

Murav 2003 — *Murav H.* Identity Theft: The Jews in Imperial Russia and the Case of Avraam Uri Kovner. Stanford: Stanford UP, 2003.

Murav 2008 — *Murav H.* "Soviet and Jewish War and Remembrance: Neglected Literary Works in Russian and Yiddish Written and Published in the 1940s." Presentation at Soviet Jewish Soldiers, Jewish Resistance, and Jews in the USSR during the Holocaust. International conference and workshop. New York University, 2008.

Nakhimovsky 1992 — *Nakhimovsky A.* Russian Jewish Literature and Identity. Baltimore: The Johns Hopkins UP, 1992.

Navrozov 1997 — *Navrozov L.* Tolstoy and the Jews // Midstream. 1997. November. P. 8–13.

Neher 1990 — *Neher A.* They Made Their Souls Anew. Albany: State University of New York Press, 1990.

Nepaulsingh 1995 — *Nepaulsingh C.* Apples of Gold in Filigrees of Silver: Jewish Writing in the Eye of the Unquisition. New York: Holmes & Meier, 1995.

Novak 2005 — *Novak D.* The Jewish Social Contract: An Essay in Political Theology. Princeton: Princeton UP, 2005.

Ofrat 2001 — *Ofrat G.* The Jewish Derrida. Syracuse: Syracuse UP, 2001.

Omer-Sherman 2010 — *Omer-Sherman R.* Revisiting Charles Reznikoff's Urban Poetics // Radical Poetics and Secular Jewish Culture / ed. by S. M. Miller, D. Morris. Tuscaloosa: The University of Alabama Press, 2010. P. 103–127.

Perloff 1985 — *Perloff M.* The Contemporary of Our Grandchildren // Ezra Pound Amongthe Poets / ed. by G.Bornstein. Chicago: The University of Chicago Press, 1985. P. 195–231.

Perloff 2004 — *Perloff M.* The Vienna Paradox: A Memoir. New York: New Directions, 2004.

Pollak 1995 — *Pollak N.* Mandelshtam the Reader. Baltimore: Johns Hopkins UP, 1995.

Rabbinic Stories 2002 — Rabbinic Stories / transl. by J. Rubenstein. Mahwah: Paulist Press, 2002.

Rabinbach 1992 — The Correspondence of Walter Benjamin and Gershom Scholem 1932–1940 / ed. by A. Rabinbach. Cambridge (Mass.): Harvard UP, 1992.

Reznikoff 1996 — *Reznikoff C.* The Complete Poems. Santa Rosa: Black Sparrow Press, 1996.

Reznikoff 2007 — *Reznikoff C.* Holocaust. Jaffrey: A Black Sparrow Press, 2007.

Ricouer 1970 — *Ricouer P.* Freud and Philosophy: An Essay in Interpretation. New Haven: Yale UP, 1970.

Ricouer 2004 — *Ricouer P.* On Translation. London: Routledge, 2004.

Rosenfeld 1980 — *Rosenfeld A.* A Double Dying: Reflections on Holocaust Literature. Bloomington: Indiana UP, 1980.

Roskies 1984 — *Roskies D.* Against the Apocalypse. Cambridge (Mass.): Harvard UP, 1984.

Roskies 1995 — *Roskies D.* A Bridge of Longing: The Lost Art of Yiddish Storytelling. Cambridge (Mass.): Harvard UP, 1995.

Rubenstein 1996 — *Rubenstein J.* Tangled Loyalties: The Life and Times of Ilya Ehrenburg. New York: Basic Books, 1996.

Rylkova 2007 — *Rylkova G.* The Archaeology of Anxiety: The Russian Silver Age and Its Legacy. Pittsburg: University of Pittsburg Press, 2007.

Sandler 2004 — *Sandler S.* Commemorating Pushkin: Russia's Myth of a National Poet. Stanford: Stanford UP, 2004.

Scholem 1971 — *Scholem G.* The Messianic Idea in Judaism and Other Essays on Jewish Spirituality. New York: Schocken Books, 1971.

Seidman 2006 — *Seidman N.* Faithful Renderings: Jewish-Christian Difference and the Politics of Translation. Chicago: The University of Chicago Press, 2006.

Seifrid 2005 — *Seifrid T.* The Word Made Self: Russian Writings on Language, 1860–1930. Ithaca: Cornell UP, 2005.

Shaked 2000 — *Shaked G.* Modern Hebrew Fiction. Bloomington: Indiana UP, 2000.

Shentalinsky 1996 — *Shentalinsky V.* Arrested Voices: Resurrecting the Disappeared Writers of the Soviet Regime. New York: The Free Press, 1996.

Shrayer 1999 — *Shrayer M. D.* The World of Nabokov's Stories. Austin: University of Texas Press, 1999.

Shrayer 2000 — *Shrayer M. D.* Russian Poet / Soviet Jew: The Legacy of Eduard Bagritskii. Lanham: Rowman & Littlefield Publishers, Inc., 2000.

Shreiber 2000 — *Shreiber M.* A Flair for Deviation: The Troublesome Potential of Jewish Poetics // Jewish American Poetry: Poems, Commentary, and Reflections / ed. by J. N. Barron, E. M. Salinger. Hanover: UP of New England, 2000. P. 272–285.

Shreiber 2003 — *Shreiber M.* Jewish American Poetry // The Cambridge Companion to Jewish American Literature / ed. by M. Kramer, H. Wirth-Nesher. Cambridge: Cambridge UP, 2003. P. 149–169.

Shternshis 2006 — *Shternshis A.* Soviet and Kosher: Jewish Popular Culture in the Soviet Union, 1923–1939. Bloomington: Indiana UP, 2006.

Shukman 1996 — Christianity for the Twenty-First Century: The Prophetic Writings of Alexander Men / ed. by A. Shukman. New York: Continuum, 1996.

Sifre 1986 — Sifre: A Tannaitic Commentary on the Book of Deuteronomy / transl. from the Hebrew with introduction and notes by R. Hammer. New Haven: Yale UP, 1986.

Slezkine 2004 — *Slezkine Y.* The Jewish Century. Princeton: Princeton UP, 2004.

Smith 2002 — *Smith M.* The Early History of God: Yahweh and the Other Deities in Ancient Israel. Dearborn: Dove Booksellers, 2002.

Snyder 2009 — *Snyder T.* Holocaust: The Ignored Reality // The New York Review of Books 2009. Vol. 56. No. 12. URL: www.nybooks.com/articles/2009/07/16/holocaust-the-ignored-reality (дата обращения: 11.09.2020).

Soloveichik 2005 — *Soloveichik M.* God's Beloved: A Defense of Chosenness // Azure. 2005. No. 19. URL: http://azure.org.il/article.php?id=201 (дата обращения 13.09.2020).

Sontag 2008 — *Sontag S.* Reborn: Journals and Notebooks 1947–1963. New York: Farrar, Straus and Giroux, 2008.

Spieker 2008 — *Spieker S.* The Big Archive: Art from Bureaucracy. Cambridge (Mass.): The MIT Press, 2008.

Stanislawski 2001 — *Stanislawski M.* Zionism and the Fin de Siècle. Berkeley: University of California Press, 2001.

Steiner 1967 — *Steiner G.* Language and Silence. New York: Atheneum Publishers, 1967.

Steiner 1998 — *Steiner G.* After Babel: Aspects of Language and Translation. Oxford: Oxford UP, 1998.

Sutzkever 1981 — *Sutzkever A.* Burnt Pearls: Ghetto Poems of Abraham Sutzkever. Oakville: Mosaic Press, 1981.

Teichman, Leder 1994 — Truth and Lamentation / ed. by M. Teichman, S. Leder. Urbana: University of Illinois Press, 1994.

Toubiana 2003 — *Toubiana S.* Exiles and Territories: The Cinema of Amos Gitai. New York: Lincoln Center, 2003.

Veidlinger 2009 — *Veidlinger J.* Yiddish Memories of the Soviet Shtetl. Presentation at Jews in the East European Borderlands: Daily Life, Violence, and Memory workshop. Russian, East European, and Eurasian Center, University of Illinois at Urbana-Champaign, 2009.

Wirth-Nesher 2006 — *Wirth-Nesher H.* Call it English: The Languages of Jewish American Literature. Princeton: Princeton UP, 2006.

Wisse 1991 — *Wisse R.* I. L. Peretz and the Making of Modern Jewish Culture. Seattle: University of Washington Press, 1991.

Wyschogrod 1996 — *Wyschogrod M.* The Body of Faith. New Jersey: Jason Aronson, 1996.

Yovel 1989 — *Yovel Y.* Spinoza and Other Heretics. Princeton: Princeton UP, 1989. Vol. 1.

Zubok 2009 — *Zubok V.* Zhivago's Children: The Last Russian Intelligentsia. Cambridge (Mass.): The Belknap Press of Harvard UP, 2009.

Zukofsky 1931 — *Zukofsky L.* Sincerity and Objectification: With Special References to the Work of Charles Reznikoff // Poetry. 1931. Vol. 37. No. 5. P. 272–285.

Именной указатель

Аверинцев Сергей Сергеевич 24, 46–47, 72, 82
Агамбен Джорджо 352
Агнон Шмуэль Йосеф 348
Адорно Теодор 87
Айги Геннадий Николаевич 380–381
Акива бен-Йосеф 399
Акоста Уриэль 48, 60, 63–66, 68–69, 71, 74–77, 109, 144, 157, 197, 202, 204, 207, 231, 299, 392, 406, 416
Александер Эдвард 99
Алигер Маргарита Иосифовна 20–21, 139
Альтер Роберт 33, 36, 74, 92, 132, 188, 425
Альтман Натан Исаевич 358
Амихай Иегуда 427–428, 440–441
Андерсен Ханс 342
Андерсон Марк 252
Анненский Иннокентий Федорович 125, 303
Аннинский Лев Александрович 24, 226, 231, 234–235, 265
Ан-ский Семен Акимович 354
Антокольский Павел Григорьевич 159
Ардов Михаил Викторович 185
Арендт Ханна 115
Ассман Ян 37
Ауэрбах Эрих 151
Ахмадулина Белла Ахатовна 380

Ахматова Анна Андреевна 13, 22, 27, 31, 34, 50, 81, 112, 123, 125–127, 171, 185, 196, 220, 301, 303, 318, 339–340, 396
Баал-Шем-Тов 214
Бабель Исаак Эммануилович 27, 53, 88, 128, 194, 212–215, 218, 221, 224, 227, 246–247, 331–332, 344, 354
Багрицкий Эдуард Георгиевич 27, 105, 196, 212–213, 215–218, 221, 224, 227, 233, 246, 295, 331
Баевский Вадим Соломонович 307, 313, 315, 317, 323
Баратынский Евгений Абрамович 236, 417–419, 422
Барон Сало 246
Барт Ролан 65, 437–438
Басовский Наум 63
Батлер Джудит 146
Бек Татьяна Александровна 439
Белинский Виссарион Григорьевич 57, 409
Белый Андрей 406
Беньямин Вальтер 67, 172, 176, 207, 303, 429
Бергсон Анри 48
Бердяев Николай Александрович 50
Бернстин (Бернштейн) Чарльз 286–288
Бетеа Дэвид 412, 419–420, 438–439

Блок Александр Иванович 20, 34, 45–46, 56–57, 111, 188, 304, 407
Блум Гарольд 30, 54–55, 64–65, 73, 95, 159, 176, 272–273, 292–293, 304–305, 347, 372, 404, 428
Бобышев Дмитрий Васильевич 339–340
Болдырев Юрий Леонардович 13, 15, 82, 134, 143, 199–201, 203, 226, 308, 360
Бомарше Пьер 316
Боровский Тадеуш 87
Борхес Хорхе-Луис 398–399
Босх Иероним 276
Бочаров Сергей Георгиевич 405–407
Боярин Даниэль 31, 34–36, 48
Бранс Джеральд 286
Браунинг Роберт 399
Брент Джонатан 114, 127–128
Брик Лиля Юрьевна 411
Брод Макс 200, 303
Бродский Иосиф Александрович 12–13, 17–18, 20, 26, 39–40, 77, 111–112, 122, 131–132, 149, 247–248, 257, 267, 315–318, 339, 348, 380–381, 400, 432, 435, 438
Бубер Мартин 32, 40, 68, 149
Булгарин Фаддей Венедиктович 411–413, 415, 419–420, 423
Бунин Иван Алексеевич 188, 382–383
Бурков Олег Андреевич 375, 378, 384
Бушин Владимир Сергеевич 202–203
Быков Дмитрий Львович 20, 25, 304, 320
Бялик Хаим Нахман 22, 52, 72–74, 95, 119, 160, 181, 187, 217, 226, 233, 245, 261, 278–279, 358, 364, 366, 379, 403, 424–426
Вайскопф Михаил 59, 128
Ваксберг Аркадий Иосифович 137, 139
Венгерова Полина 53
Вербицкий Н. 349
Вергилий 403
Видок 411
Визель Эли 356
Висс Рут 91, 260
Витковский Евгений Владимирович 345
Владимиров Леонид Михайлович 21
Вознесенский Андрей Александрович 380
Волков Соломон Моисеевич 18, 126
Волошин Максимилиан Александрович 188
Вышогрод Майкл 273
Гадамер Ханс-Георг 27
Галеви Иегуда 30, 292–293
Ганнибал Абрам 411
Гаспаров Михаил Леонович 41, 43, 81, 143, 188
Гваттари Феликс 292
Гейне Генрих 139, 216–217
Генделев Михаил Самуэлевич 42
Гёте Иоганн Вольфганг 180, 403
Гецевич Герман 377
Гилман Сандер 146, 215
Гинзбург Лидия Яковлевна 13, 44, 69, 109, 159, 404
Гитай Амос 246
Глазков Николай Иванович 34, 376
Глатштейн Яков 71, 87, 98–99, 181, 183

Гоголь Николай Васильевич 131, 226, 235, 394, 422, 430
Годунов Борис 57, 106, 109, 126, 411, 423
Голдхаген Даниэль 127
Голдинг Луи 332
Гольдберг Лея 228
Гольдфаден Аврам 65
Гомер 56, 116–117, 132, 366
Горелик Петр Залманович 12, 21, 23, 39, 44, 46, 52, 58, 90–91, 137, 163, 180, 236, 286, 301, 308, 311, 314, 316, 318, 337, 339, 421
Горенштейн Фридрих 222, 224, 230
Грановский Александр Михайлович 65
Грей Томас 254
Греч Николай Иванович 412
Гринберг Ури Цви 52, 87, 92–93, 102, 183
Гринстейн Эдвард 76
Гроссман Аллен 436
Гроссман Василий Семенович 14, 158–159, 212
Гудзенко Семен Петрович 107
Густафсон Ричард 112
Гутсков Карл 65
Давыдов Александр 302, 309
да Коста, см. Акоста Уриэль
Даль Владимир Иванович 267, 274–275
Дансени, лорд 399
Данте 428
Дарк Олег Ильич 11, 162, 374, 381
Дашковская Татьяна Борисовна 79
Деген Иосиф 107
Делёз Жиль 292
Дельвиг Антон Антонович 411
Державин Гавриил Романович 112, 119, 223

Деррида Жак 206, 437
Диоген 46
Долматовский Евгений Аронович 335
Донской Дмитрий 104
Достоевский Федор Михайлович 47, 50, 171, 224, 235, 244, 301, 405, 408–409, 413
Дриз Овсей Овсеевич 385
Дубнов Семен Маркович 291–292
Евсеев Борис Тимофеевич 303–304, 314
Евтушенко Евгений Александрович 308, 380
Екатерина II 104, 272
Елисеев Никита Львович 12, 14–15, 39, 91, 137, 163, 308, 311, 332, 421
Есенин Сергей Александрович 57, 301, 357, 361, 363, 366–367
Жабес Эдмон 348
Жаботинский Владимир 22, 52, 160, 224, 278, 425
Жолковский Александр Константинович 123, 339
Жуковский Василий Андреевич 254–255, 257
Заболоцкий Николай Максимович 238–239
Зак Натан 428
Зелинский Корнелий Люцианович 342
Злотников Натан 202
Зонтаг Сьюзен 35, 245
Зощенко Михаил Михайлович 21
Зубок Владислав Мартинович 22
Зукофски Льюис 286, 384
Иван IV 94–95, 183, 321
Иванив Виктор Иванович 160–161
Иванов Вячеслав Всеволодович 40
Иванов Вячеслав Иванович 46, 82

Иейтс Уильям Батлер 13
Ильф Илья Арнольдович 212
Искандер Фазиль Абдулович 44
Ишмаэль, рабби 41
Йерушалми Й. Х. 379–380
Йовел Й. 65
Кавафис Константинос 13, 39, 112–113, 436
Казакова Римма Федоровна 47
Камышникова Наталия 277
Кант Иммануил 326, 328
Карабчиевский Юрий Аркадьевич 257
Карамзин Николай Михайлович 110
Карпи Анна-Мария 152
Кафка Франц 30, 35, 120, 176, 200, 252, 303, 398–399, 429, 435
Каценельсон Ицхак 87
Кацис Леонид Фридович 109, 216–217, 421
Кацнельсон Берл 53
Кирсанов Семен Исаакович 43
Клее Пауль 172
Кнут Александр 257
Коган Павел Давыдович 34, 88–89, 303
Кожинов Вадим Валерианович 337–338
Конквест Роберт 115
Копелев Лев Зиновьевич 319
Копелиович Михаил 403, 439
Коржавин Наум Моисеевич 107, 333
Корнилов Владимир Николаевич 303–305, 314–315, 330, 400
Костырченко Геннадий Васильевич 57, 136–137, 319
Кропивницкий Евгений Леонидович 376

Кроун Анна Лиза 81, 127, 257
Крутиков Михаил Александрович 258
Крученых Алексей Елисеевич 381
Кулаков Владислав Геннадьевич 375–378, 386, 388
Кульчицкий Михаил Валентинович 34, 108, 134, 193–195, 303, 309, 377, 423
Кукулин Илья Владимирович 101, 107
Куняев Станислав Юрьевич 372, 390–391, 393–394
Кьяссон Дан 112
Лазарев Лазарь 135
Лакан Жак 437–438
Лапушин Радислав Ефимович 224, 238, 411
Лахман Рената 82
Левитанский Юрий Давидович 303
Левитина Виктория 49, 89, 91, 96, 105
Лекомцева Маргарита Ивановна 371–372
Ленин Владимир Ильич 120–121, 214, 217
Леннквист Барбара 186
Лермонтов Михаил Юрьевич 188, 301, 430
Лесков Николай Семенович 108
Лжедмитрий 106
Ливак Леонид 338
Липкин Семен Израилевич 257
Лисицкий Эль 238, 343
Лихачев Дмитрий Сергеевич 27, 50, 113
Лихтарева-Гигузина Суламифь 200
Лосев Лев Владимирович 56, 149, 267

Лотман Юрий Михайлович 36, 38, 159, 190, 272
Львов А. Л. 325
Макконнелл Франк 151, 190
Максимов Дмитрий Евгеньевич 45–46
Макфэдьен Дэвид 35, 122–123, 127
Малюта 106
Мамай 104
Ман Поль де 305
Мандельштам Надежда Яковлевна 58, 370
Мандельштам Осип Эмильевич 7, 13, 17, 20, 29, 31, 34, 40, 48, 58, 106, 112, 117, 125, 138, 142–144, 153, 156, 191, 211–212, 218, 226–227, 229, 233, 236, 239, 244–245, 281, 285, 330, 365, 370, 384, 396, 398, 417, 421, 428, 436–437, 439
Марамзин Владимир Рафаилович 432
Маркиш Давид 236
Маркиш Перец 87
Маркиш Шимон 30, 64, 70–71, 168, 214–215
Мартынов Леонид Николаевич 310
Маршак Самуил Яковлевич 64
Маяковский Владимир Владимирович 12–13, 29, 34, 80–81, 103, 112, 118, 188, 195, 263–264, 301, 309, 343, 376–377, 384, 396–397, 403, 408–411, 413–414, 419, 430
Межиров Александр Петрович 47, 107
Мейерхольд Всеволод Эмильевич 344

Мельвиль Жан-Пьер 367
Мень Александр 274
Милош Чеслав 87
Минц Алан 177, 182–183
Мирон Дэн 29
Михоэлс Соломон 65, 156, 229, 329
Мочульский Константин Васильевич 56
Мурав Гарриет 51, 106, 350, 353, 362
Мэк Майкл 328
Набоков Владимир Владимирович 230
Надсон Семен Яковлевич 71, 384
Найман Анатолий Генрихович 20, 152, 339
Наровчатов Сергей Сергеевич 303
Нахимовски Элис 83, 212
Неер Андре 83
Некрасов Всеволод Николаевич 376
Некрасов Николай Александрович 174, 188, 223, 295, 315
Немзер Андрей Семенович 333
Непомнящий Валентин Семенович 405–406
Николай I 126, 318, 343
Николина Н. А. 182
Нордау Макс 333
Нусинов Исаак 57
Овидий 401
Оден Уистан Хью 55
Олеша Юрий Карлович 344
Омер-Шерман Ранен 289–291
Орбелиани Григол 238
Офрат Гидон 206–207
Ошанин Лев Иванович 335
Панн Лилия 11
Парамонов Борис Михайлович 14–15, 33, 117, 406

Пастернак Борис Леонидович 12–13, 17, 20, 22, 24–25, 29, 34, 48, 50, 112, 117, 138, 142, 191, 212, 233, 295, 301, 303, 311–313, 317, 327, 383–384, 390, 396, 415, 434–435

Паунд Эзра 243, 286, 292, 294, 299–300, 370

Перец Ицхок-Лейбуш 260, 277

Перлофф Марджори 286, 299–300

Петров-Водкин Кузьма Сергеевич 206

Платон 293

Платонов Андрей Платонович 11, 15–17, 39, 236

Плеханова Ирина Иннокентьевна 77, 154, 426

Поллак Нэнси 48

Пушкин Александр Сергеевич 28, 34, 56–57, 60, 70, 106, 109–110, 122, 124–126, 135, 138, 191, 225, 252, 257–258, 265, 272, 292, 301, 303, 316, 318, 336, 343, 384, 389, 392, 395, 396–426, 430–432, 434, 438–439, 442–443

Рабин Оскар 376

Равич Александр 345, 362

Рассадин Станислав Борисович 12, 308, 313, 344

Рахель 7, 378

Раши 34, 208

Рейн Евгений Борисович 12, 26, 39, 339

Резникофф Чарльз 28, 92–93, 285–300

Рембо Артюр 204

Рикёр Поль 36, 48, 305

Рильке Райнер Мария 370

Розенфельд Альвин 371

Розенцвейг Франц 68, 327

Ройтман Григорий 12–13, 18, 32, 79, 188–189, 196, 226, 276–277, 295, 345, 349

Ронен Омри 34, 138, 143–144

Роскис Дэвид 22, 60, 83, 93, 293

Рукейсер Мюриэль 152

Рылеев Кондратий Федорович 70

Рылькова Галина Станиславовна 305

Самойлов Давид Самойлович 17, 27, 38, 88, 107, 139, 204, 301–341, 347, 375, 380, 399

Сандлер Стефани 407, 409

Сапгир Генрих Вениаминович 11, 39, 66, 307, 317, 375–376, 378, 383–385

Сарнов Бенедикт Михайлович 63, 120, 143, 153, 216–217, 301–303, 305, 312, 315, 320, 322, 326, 335, 406

Сатуновский Ян 28, 34, 44, 88, 100, 107–108, 160, 373–395

Светлов Михаил Аркадьевич 212

Свирский Григорий Цезаревич 64

Сейдман Наоми 37, 53

Сейфрид Томас 40

Сельвинский Илья Львович 27, 34, 88, 92, 194, 341–373, 376–377, 381, 438

Серман Илья Захарович 118

Симонов Алексей Кириллович 301, 307–308, 313–314, 316

Симонов Константин Михайлович 301, 305, 319

Синявский Андрей Донатович 406

Слёзкин Юрий Львович 138

Слуцкий Александр 422

Слуцкий Николай 422

Случевский Константин Константинович 382–383
Смит Джеральд 13–14, 18, 418
Снайдер Тимоти 158, 169
Солженицын Александр Исаевич 14, 326
Соловейчик Меир 273
Соловьев Владимир Сергеевич 47, 113, 120, 220, 232–233, 240, 255, 353, 402, 418
Сологуб Федор 382–383
Спиноза Бенедикт 65, 239
Стайнер Джордж 40, 92
Сталин Иосиф Виссарионович 27, 30, 32, 34–35, 47, 57, 60, 71, 77, 104, 108, 113–123, 127–128, 134, 136–137, 139, 143, 151, 155, 158, 168, 173, 179, 193, 206, 233, 241, 271, 311, 319, 321, 323, 330, 333, 344–345, 349, 359, 390, 414–415
Сталлворти Джон 14
Станиславски Майкл 241
Станиславский Константин Сергеевич 120
Стрэнд Марк 111–112, 122, 131
Суслова Наталья Владимировна 38, 317
Сухарев Дмитрий Антонович 37, 41, 67, 194, 330
Суцкевер Авром 87–88, 91
Тарановский Кирилл Федорович 143, 153
Тарковский Арсений Александрович 367
Твардовский Александр Трифонович 205, 349
Товстоногов Георгий Александрович 238
Тоидзе Ираклий 108

Толстой Лев Николаевич 24, 47, 112, 147, 159, 193, 230, 294–295, 301, 321, 333–334, 339, 408–409, 413
Топоров Владимир Николаевич 45
Троцкий Лев Давидович 217, 345
Тувим Юлиан 171–172
Тургенев Иван Сергеевич 45
Тынянов Юрий Николаевич 138, 144, 342
Тютчев Федор Иванович 382–383
Уильямс Уильям Карлос 286, 292
Урбан Адольф Адольфович 14–15
Уткин Иосиф Павлович 212, 331
Фадеев Александр Александрович 57
Фаликов Илья Зиновьевич 12, 39, 112, 125, 196, 232, 265, 317
Фатеева Наталья Александровна 36, 65, 75, 149–150
Фелстинер Джон 102
Фет Афанасий Афанасьевич 382–383
Филевский Борис 42, 45, 182
Финкельстайн Норман 287, 291, 293
Фостер Хэл 438
Фраерман Р. И. 337
Франк Семен 405
Фредман Стивен 288–290, 296, 300
Фрейд Зигмунд 30, 48, 195–196, 421, 437
Фрейдин Грегори 21, 216
Фридберг Морис 355
Фридман Ричард 229, 361
Фруг Семен 257
Хазаз Хаим 246–247
Хазан Владимир Ильич 18, 30, 358
Хайдеггер Мартин 206
Ха-Леви Иехуда, см. Галеви Иегуда

Харитонов Марк Сергеевич 304, 308, 314, 318–324, 330, 340
Харшав Беньямин 79
Хешель Авраам Иешуа 133
Хиндус Мильтон 287
Хлебников Велимир 12–13, 34, 37–38, 40, 75, 113, 186–187, 239, 318, 362, 370, 376–377, 381, 383–384, 393, 416
Хлебников Олег Никитьевич 153, 443
Ходасевич Владислав Фелицианович 181, 379, 398–399
Холин Игорь Сергеевич 376
Холлберг Роберт фон 40, 140, 165, 370
Хрущев Никита Сергеевич 12, 120, 160, 312
Цветаева Марина Ивановна 13, 33, 43, 81, 112, 118, 228, 301, 348, 363, 396, 419, 432, 441
Целан Пауль 44, 101, 159, 285, 344, 348, 360, 364–365, 369–372, 378
Чаплин Чарли 139
Чехов Антон Павлович 224–225, 230, 238, 320, 338, 348, 389, 392, 395
Чудакова Мариэтта Омаровна 18–19, 312
Чуковская Лидия Корнеевна 139, 306, 323, 330
Шагал Марк 238, 338
Шайтанов Игорь Олегович 226, 303–304, 317
Шакед Гершон 246
Шаламов Варлам Тихонович 14, 26, 180
Шапиро Ф. 78
Шевченко Тарас Григорьевич 394, 403
Шекспир Уильям 134, 249, 272, 403–404
Шимони Дэвид 53
Шкловский Виктор Борисович 138, 338
Шклярevский Игорь Иванович 46
Шнеер Дэвид 363–364
Шолем Гершом 172–173, 176, 206–207, 212–214, 217, 246, 429
Шолом-Алейхем 338
Шостакович Дмитрий Дмитриевич 126
Шоу Томас 419–421
Шраер Максим 28–30, 66, 139, 215–216, 218, 326, 329, 355, 360–361, 372, 376, 384
Шраер-Петров Давид 66, 196, 333, 354, 376, 384
Шрайбер Маера 289
Шуйский Василий 106
Шульман Эдуард Аронович 320
Эзоп 21, 46
Эйнштейн Альберт 40, 95, 168, 172
Элиэзер бен Гиркан 359
Элиот Томас Стернс 13, 69, 196, 438
Эпштейн Михаил Наумович 187–188, 362
Эренбург Илья Григорьевич 17, 19, 63, 88, 103, 108, 144, 154, 156, 158, 172, 193, 295, 314, 318, 330–331, 348–349, 370
Юрьев Олег Александрович 19
Якобсон Анатолий Александрович 319
Ямпольский Борис Яковлевич 200, 281
Янечек Джеральд 18

Содержание

Введение. ПОЭТ-ТОЛКОВАТЕЛЬ / ПЕРЕВОДЧИК-ПИСАРЬ
  I. Мифология / жизнь, герменевтика, перевод 11
  II. Координаты: исток-возврат-затвор 42

Часть первая. ИСТОРИОГРАФИЯ
  1. Урсюита 1940–1941 годов: «Стихи о евреях и татарах» .. 87
  2. Поэт-историк: добавление трансплантации 110
  3. Благословенное проклятие: мидраш 1947–1954 годов 136
  4. Глядя на сожженную планету: стихи после холокоста 158
  5. Уцелевшие и воскрешенные: о лошадях и метапоэтике 185

Часть вторая. ПОЛЕМИКА
  6. Написание еврея: генеалогии поэта 211
  7. К вопросу об элегии: внутри кладбищенских стен 253
  8. Разговоры о Боге: между старым и новым 265

Часть третья. ИНТЕРТЕКСТЫ
  9. В кругу объективистов: Чарльз Резникофф 285
  10. Слепота без прозрения: Давид Самойлов 301
  11. «Вождь и мэтр»: Илья Сельвинский 342
  12. «Веские доказательства недоказуемого»:
      Ян Сатуновский 374
  13. Итоговый миф: Пушкин 396

Эпилог. ВЕЧНЫЙ ЧИТАТЕЛЬ 427
Источники 444
Библиография 450
Именной указатель 471

Научное издание

Марат Гринберг
**«Я ЧИТАЮСЬ НЕ СЛЕВА НАПРАВО,
ПО-ЕВРЕЙСКИ: СПРАВА НАЛЕВО»**
Поэтика Бориса Слуцкого

Директор издательства *И. В. Немировский*
Заведующий редакцией *К. Тверьянович*

Ответственный редактор *И. Знаешева*
Дизайн *И. Граве*
Редактор *Ю. Минутина-Лобанова*
Корректоры *А. Бауман, Л. Виноградова*
Верстка *Е. Падалки*

Подписано в печать 23.11.2020.
Формат издания 60 × 90 $^1/_{16}$. Усл. печ. л. 30,0.
Тираж 500 экз.

Academic Studies Press
1577 Beacon Street, Brookline, MA 02446 USA
https://www.academicstudiespress.com

ООО «БиблиоРоссика».
190005, Санкт-Петербург, 7-я Красноармейская ул., д. 25а

Эксклюзивные дистрибьюторы:
ООО «Караван»
ООО «КНИЖНЫЙ КЛУБ 36.6»
http://www.club366.ru
Тел./факс: 8(495)9264544
email: club366@club366.ru

Знак информационной продукции согласно
Федеральному закону от 29.12.2010 № 436-ФЗ